KB159221

상호텍스트성과 텍스트 이해 교육

한국초등국어교육연구소 연구총서 2

상호텍스트성과 텍스트 이해 교육

초 판 발행 2003년 3월 5일
개정판 발행 2014년 9월 5일

지은이 김도남 | **펴낸이** 박찬익 | **편집장** 김려생 | **책임편집** 김지은
펴낸곳 도서출판 **박이정** | **주소** 서울시 동대문구 천호대로 16가길 4
전화 02) 922-1192~3 | **팩스** 02) 928-4683 | **홈페이지** www.pjbook.com
이메일 pijbook@naver.com | **등록** 1991년 3월 12일 제1-1182호

ISBN 978-89-6292-677-4 (93370)
* 책값은 뒤표지에 있습니다.

한국초등국어교육연구소
연구총서 2

상호텍스트성과 텍스트 이해 교육

김도남 저

도서출판

간행사

한국초등국어교육연구소는 초등국어교육의 학문적 기틀을 다지고, 초등학교 국어교육을 실질적으로 지원하는 데 뜻을 둔 모임입니다. 이렇게 이론과 실질을 함께 추구하는 우리 연구소의 정신은 초등교사 경력을 가진 대학원생 이상의 연구자들이 주도하는 본 연구소의 특성을 대변해주는 것이라고도 할 수 있습니다.

본래 이 정신은 1996년부터 전국 초등국어교육전공 대학원생들을 주축으로 초등국어교육학회를 창립할 때부터 지녀온 정신이었습니다. 그리고 이 학회가 교수들 중심의 '한국초등국어교육학회'와 합쳐진 후에도, 이 정신은 한국교원대학교 대학원 초등국어교육전공생들에게 그대로 남아서 한국초등국어교육연구소를 창립하는 기반이 되었던 것입니다. 그리고 이 창립 정신을 바탕으로 하여 전국 교육대학교의 국어과 교수님들을 자문위원으로 모시고 공동연구 활동과 학술 발표 모임을 가져왔습니다. 그리고, 여기에서 논의된 내용들을 바탕으로 초등국어교육에 관련한 연구 성과물을 기획하고 발간해 왔습니다. 그동안 국어 수업 방법 관련 연구물이라 할 수 있는 『국어 수업 방법』(1997)을 필두로 하여 『쓰기 수업 방법』(1998), 『읽기 수업 방법』(1999), 『문학 수업 방법』(2000), 『말하기듣기 수업 방법』(2001) 등이 바로 그 예들이라고 하겠습니다.

그동안 이러한 연구 성과물에 힘입어 초등학교에서도 국어교과 교육에 관한 학문적 담론이 널리 확산되고, 국어교육 이론과 방법에 대한 체계적인 논의가 풍성해졌다는 점은 참으로 고무적이라고 하겠습니다.

진정한 국어교육 이론은 학교 국어교육을 실질적으로 구동하는 힘을 가져야 할 것입니다. 그리고 학교 국어교육에 터하여 얻어진 연구 성과들은 다시 국어교육학 이론을 재창출하는 데 기여할 수 있어야 한다고 봅니다.

이에 한국초등국어교육연구소에서는 국어교육 연구에 매진하고 있는 연구자들의 연구 성과를 널리 공유하고, 국어교육공동체의 활발한 논의와 이를 통한 공동의 발전을 견인하고자 <연구 총서>라는 이름으로 꾸준히 속간하고자 합니다.

우리는 이번의 <연구 총서>가 나오는 과정에서 보여 준 우리 연구소 연구원들의 국어교육에 대한 의욕과 열정을 되새기며, 든든한 마음과 고마움을 느낍니다. 또한 그동안 한국초등국어교육연구소로 하여금 이런 보람된 사업을 펼칠 수 있도록 적극적으로 지원해주신 박이정 출판사의 배려에도 충심으로 감사를 드립니다.

끝으로 한국초등국어교육연구소에서 발간하는 이 <연구 총서>가 우리 나라 국어교육의 학문적인 발전을 이룩하고, 특히 초등학교 국어교육을 실질적으로 지원하는 데 든든한 초석이 되기를 기원하면서, 이를 위해 독자 제현의 충고와 질정을 바라마지 않는 바입니다.

한국초등국어교육 연구소 소장

초판 서문

텍스트 이해 능력은 현대를 살아가는 사람들에게 필수적이다. 말만큼 글이 보편화되었고 누구나 글을 읽고 이해할 수 있어야 하는 시대가 되었다. 과거에는 개인이 사회적인 제도나 신분 관계 속에서 자신의 정체성을 가질 수 있었지만 지금은 텍스트 속에서 의미를 발견하고 받아들임으로써 자신의 정체성을 구성해야 하는 시대가 되었다. 글을 이해할 수 있는 능력은 현대를 살아가기 위하여 필수적으로 요구되는 것이면서 자신을 완성하는 도구이다.

글을 읽고 이해할 수 있는 능력은 자신만의 노력으로 가능할 수도 있지만 교육적으로 텍스트를 효과적으로 읽을 수 있도록 지도할 때 그 효과는 배가된다. 효과적인 텍스트 이해 교육을 위해서는 무엇보다 지도의 내용과 방법을 구체적으로 마련하는 것이 중요하다. 텍스트 이해 교육을 위한 논의는 몇 가지 관점에서 이루어져왔다. 필자나 텍스트를 중심으로 한 이해의 관점과 독자를 중심으로 한 이해의 관점이 대표적이다. 이들 논의들은 텍스트 이해를 위한 교육의 내용과 방법을 나름대로 제시하고 있다. 그러나 텍스트의 이해는 텍스트나 독자 요인만으로는 모두 설명할 수 없는 것이 사실이다. 텍스트 이해에 대한 다양한 관점에서의 접근이 필요하다.

이 책에서는 텍스트 이해를 관련된 여러 텍스트를 활용하여 해야 한다는 관점으로 접근한다. 독자의 텍스트 이해는 텍스트를 읽는 동안 독자의 마음속에 구성되는 내재 텍스트에 의하여 결정된다. 독자의 내재 텍스트는 텍스트의 기호가 지시하는 내용 그대로가 아니라 관련된 다른 텍스트 내용과의 관계 속에서 구성되는 것이다. 다시 말하면, 독자가 마음속에 구성하는 내재 텍스트는 관련된 여러 텍스트의 내용들이 상호텍스트적으로 연결된 것이다. 독자는 텍스트를 읽는 과정에서 읽었던 텍스트의 내용이나 관련된 텍스트의 내용을 참조하여 연결한다. 그래서 독자가 구성한 내재 텍스트는 여러 관련 텍스트의 내용이 병치되고 흡수되고 변형된 것이다. 텍스트 이해 교육에서는 텍스트 이해의 이러한 점을 고려하여야 한다.

이 책에서는 텍스트 이해를 상호텍스트성의 관점에서 보고, 이에 대한 교육적인 접근 방법을 탐색한다. 1부에서는 상호텍스트성을 바탕으로 텍스트 이해에 대한 접근 관점들을 살펴본다. 텍스트 이해에 대하여 어떻게 접근하였는지를 심리학과 기호학, 언어학, 해석학의 입장에서 살펴보고, 상호텍스트성을 바탕으로 한 텍스트 이해 교육의 접근 방향을 알아본다. 2부에서는 상호텍스트성의 개념을 알아보고, 상호텍스트성과 텍스트 이해와의 관계를 살펴본다. 3부에서는 텍스트 이해에 대한 논의들을 살펴보고, 이해의 과정에 따른 이해의 절차를 구조화한다. 4부에서는 상호텍스트성을 바탕으로 한 텍스트 이해 교육의 방법을 탐색한다. 텍스트 이해 교육의 원리와 텍스트 이해 절차에 따른 활동 내용을 알아본다. 그리고 텍스트 이해의 상호텍스트성을 돕기 위한 텍스트 구성 방식을 알아본다. 5부에서는 텍스트 이해를 위한 지도 방법을 알아보고 실제 지도의 예를 살핀다. 그러면서 상호텍스트성을 바탕으로 한 텍스트 이해 지도의 효과도 정리하여 본다.

텍스트 이해에 대한 교육적인 설명 방식은 여러 가지가 있다. 이들 설명 방식들은 텍스트 이해 교육에 대한 접근의 논리적인 기반을 마련한다. 이 책에서 설명하는 내용도 텍스트 이해 교육에 작은 보탬이 되었으면 한다. 이 글의 논의가 개인적인 수준에 머무르는 것은 연구자의 능력 부족에서 온 것으로 함께 공부하는 여러 논자들의 질책과 조언을 바란다. 또한 여기서 취하고 있는 상호텍스트성을 바탕으로 한 텍스트 이해에 대한 교육적 논의가 좀 더 깊이 있게 이루어져 정교화 될 수 있기를 바란다.

이 책을 구성하는데 필요한 생각을 마련하고, 내용을 얽을 수 있었던 것은 지도 교수이신 신헌재님과 함께 공부한 한국교원대학교대학원 선생님들의 덕분이다. 생각에 깊이가 없어 오만하고 비논리적인 저의 생각을 바로 잡아 주기 위해 애써 주신 것에 대하여 이 자리를 빌어 감사의 말씀을 전한다. 또한 이 논의 내용이 실제 수업에 활용될 수 있도록 함께 고민하면서 생각을 나눈 원주초등국어교사모임 선생님들께도 감사를 드린다. 공부한다는 핑계로 가정을 떠나 있을 때가 많았던 남편을 어여삐 생각하고 말없이 용기를 북돋워 준 집사람과 아빠 노릇이 무엇인지도 모르는 사이에 11살이 된 아들에게 이 자리를 빌려 미안함과 고마움을 전한다. 아울러 바쁜 와중에서도 꼼꼼하게 내용을 편집해 준 박이정 출판사 김숙영님과 책을 출판해 준 박찬익 사장님께 감사드린다.

2003년 3월
삼청공원의 솔바람 소리 들으며 필자가

개정판 서문

이 책은 필자의 박사 학위 논문을 근간으로 하고 있다. 박사 학위 논문이 2002년에 제출되었으니 논문 아이디어를 떠올린 지 거의 15년이나 되었다. 현재의 학문 추이로 볼 때, 학위 논문에 대한 독자들의 관심이 그렇게 길지 않은데 이 책을 다시 출판하는 것은 약간의 모험일 수 있다. 책의 내용이 진부하여 독자의 관심을 받지 못할 수 있기 때문이다. 그렇지만 '상호텍스트성'이라는 말과 이를 읽기 교육으로 연결한 아이디어에 대한 독자의 관심은 아직 진행 중 이라고 생각한다. 이는 필자의 착각일 수도 있지만 말이다.

이 책을 새로 내면서 바뀐 내용은 다음과 같다. 첫째, 2부에 3장의 내용을 추가하였다. 추가된 3장의 내용은 독자가 상호텍스트적으로 글을 이해할 때 작용하는 '기제'에 대한 것이다. 독자가 다중 텍스트의 내용을 병치하고 흡수하여 변형시킬 때 작용하는 상호텍스트성의 기제에 대하여 검토한 내용이다. 둘째, 이 책의 주요 용어 하나를 수정하였다. 'inner text'와 관련된 용어인데 초판에서는 이를 '내적 텍스트'라고 하였고, 이 책에서는 '내재 텍스트'로 하였다. 'inner text'는 독자가 글을 읽으며 마음속에 구성한 생각 내용을 가리키는 말인데 후자가 전자보다는 조금 더 적절하다는 판단에서이다. 이 용어는 추가된 3장의 내용을 논문으로 발표할 때부터 사용하였다. 셋째, 부분적으로 용어를 교체하고 윤문을 하였다. 교체한 용어 중 대표적인 것은 '생각'을 부분적으로 '관념'으로 바꾸었다. '생각'은 독자가 구성한 내재 텍스트(인식 텍스트, 해석 텍스트, 이해 텍스트)를 가리키는 말인데, 지시 대상이 분명하지 않다. '관념'은 '이해 텍스트'를 지시하면서 이에 더하여 지속성이 있는 독자의 생각 내용을 지시한다. '생각'보다 '관념'이 필자의 생각을 조금 더 구체적으로 드러내는 측면이 있다. 윤문은 책의 내용을 크게 바꾸지 않는 범위 내에서 이루어졌다.

읽기 교육은 조금씩 변화하고 있다. 이 책도 읽기 교육의 변화에 작은 기여라도 하기를 바란다. 그러면서 읽기에 대한 깊이 있는 이해와 읽기 교육을 효과적으로 할 수 있게 하는 다양한 연구의 초석이 되기를 기대해 본다. 이 책을 다시 출판하는 데 애써 주신 박이정출판사 관계자 여러분께 감사드린다.

2014년 8월
평가원 일을 마무리하며
필자 직전(稷田)* 씀

* 직전(稷田)은 필자의 호(號)이다. 필자의 고향 마을인 직전리(稷田里: 강원도 정선군 사북읍)에서 따왔다. 직(稷)은 '피'나 '기장'을 뜻하는 데, '피'와 '기장'은 볏과의 한해살이풀로 열매는 식용 · 사료로 사용된다. 직전(稷田)은 '피 밭' 또는 '기장 밭'이라는 말로 한빈(寒貧)한 곳을 의미한다. 직전(稷田)이라는 말은 직천(稷川: 2반 마을 이름)과 발전(鉢田: 3반 마을 이름)이 합쳐진 말이다. 직천(稷川)은 '넓게 비탈 진 곳에 위치한 물이 흐르는 곳'이라는 뜻이고, 발전(鉢田)은 '스님의 공양 그릇인 바리[鉢]처럼 생긴 뙈기밭'이라는 뜻이다.(사북읍지(邑誌) 참조)

차 례

제2부 상호텍스트성의 개념과 작용

제3부 상호텍스트성과 텍스트 이해 방법

제1부

텍스트 이해 교육의 접근 방향 탐색

1장. 텍스트 이해 교육에 대한 논의 방향

1. 문제 제기

독자는 기호를 통하여 텍스트의 내용을 마음속에 표상한다. 독자의 텍스트 내용 표상은 기호를 보고 마음속에 이미지를 구성함으로써 이루어진다. 독자가 텍스트를 읽고 마음속에 구성하는 이미지는 배경지식이나 다른 텍스트에서 읽었던 내용을 회상함으로써 가능하다. 독자가 마음속에 가지고 있는 지식이 없다면 이미지는 만들어질 수 없다. 기호는 독자가 텍스트 내용을 마음속에 표상할 수 있게 하는 매개체이다. 독자는 기호를 매개로 하여 텍스트의 내용을 배경지식이나 다른 텍스트의 내용과 연결한다. 즉 독자는 텍스트를 읽을 때 텍스트의 기호가 포함하고 있는 의미를 떠올리게 되는데, 이 의미는 독자가 경험을 통하여 구성한 지식에서 비롯된 것이다. 독자는 읽는 과정에서 텍스트의 내용과 독자의 지식, 그리고 다른 텍스트의 내용을 연결한다. 이 연결 과정을 통하여 독자는 텍스트의 내용을 인식하고 의미를 이해하게 된다.

텍스트 이해 교육은 독자가 텍스트를 읽으면서 관련된 텍스트의 내용을 효과적으로 연결하여 내용을 이해할 수 있도록 돕는 것이다. 독자의 텍스트 이해를 돕기 위해서는 읽기 과정을 해명하고, 이를 바탕으로 텍스트 이해 방법을 찾아야 한다. 그동안에 이루어진 읽기 과정의 해명과 텍스트 이해 방법의 탐색은 주로 인지심리학 연구에 의존하여 이루어졌다. 인지심리학에 기초한 읽기 연구는 독자의 텍스트 이해 과정에 대한 많은 정보를 제공했다. 인지심리학 연구는 텍스트의 이해가 배경지식을 바탕으로 이루어진다고 보았으며, 읽기 과정을 문제 해결 과정으로 보아 텍스트 이해 교육에서는 문제 해결에 필요한 읽기 기능/전략을 강조했다. 그렇지만 독자의 배경지식과 기능/전략의 강조는 독자의 주관적인 텍스트 이해를 부각시켰다. 이것은 텍스트 이해를 독자의 배경지식을 바탕으로 한 사고를 통하여 이루어진다고 봄으로써 의미의 확장이나 타당성을 제한했다.

텍스트 이해 교육 연구는 이러한 제한점을 극복할 수 있도록 이루어져야 한다. 즉 학습자들이 텍스트 내용에 대한 인식의 폭을 넓힐 수 있게 하고, 주관적인 의미 이해에서 벗어나 이해의 타당성[1]을 확보할 수 있게 해야 한다. 또한 텍스트의 의미를 독자가 적극적으로 수용하여 마음의 변화를 가져올 수 있도록 해야 한다. 단순히 텍스트를 읽고 텍스트의 의미를 아는 것이 아니라 텍스트의 의미가 독자의 마음[2]에 바르게 받아들여질 수 있도록 해야 한다.

텍스트 이해[3]에 대하여 독자가 텍스트를 이해하고 난 후의 마음 상태에서 생각해 볼 수 있다. 이것은 텍스트 이해의 결과가 어떻게 되어야

---

1) 이해의 타당성은 독자가 주관에서 벗어나 여러 관련 내용을 참조함으로써 확보할 수 있다. 독자가 텍스트를 이해한다고 할 때, 독자가 이해한 것은 객관적이라고 할 수 없다. 즉 이해라는 것은 의미에 관련된 것이기에 객관적 · 절대적이라는 말이 성립될 수 없다. 따라서 '이해의 타당성'이라는 용어를 사용한다.

2) 교육이 학습자의 마음에 작용하여 마음의 변화에 중점을 두어야 하다는 것은 이홍우(2000)의 교육적 관점을 수용한 것이다. 교육이 학습자의 마음의 문제라는 논의는 이홍우(2000)를 참조할 수 있다.

3) 텍스트의 '이해'라는 용어는 여러 가지 범주를 가지고 있다. 텍스트의 내용을 파악한 것도 이해라고 하고, 텍스트의 심층적인 의미를 파악한 것도 이해라고 한다. 여기서 이해라는 용어의 1차적인 의미는 텍스트를 읽어 내용을 파악하고 의미를 이해하는 독자의 읽기 전체를 지칭한다. 2차적인 의미는 독자가 텍스트의 의미를 자신의 것으로 받아들이는 것을 지칭한다. 여기서 사용된 이해라는 용어는 두 가지 모두를 포함하나 주로 2차적인 의미로 쓰인다.

하는지에 대한 생각에서 텍스트 이해 교육 목표를 추론할 수 있게 해준다. 독자가 텍스트를 읽고 나면, 독자의 마음은 텍스트의 영향을 받아서 달라지게 된다. 이 달라진 상태는 두 가지의 형태로 나타날 수 있다. 첫째는 텍스트에서 필요한 정보를 받아들여 마음의 구조가 양적으로 변화하는 것이고, 둘째는 텍스트의 의미를 받아들임으로써 마음의 구조가 질적으로 변화하는 것이다[4]. 텍스트 이해 교육에서는 이 두 가지가 모두 목표가 된다. 그래서 텍스트에서 필요한 정보를 찾는 방법을 지도하는 것과, 텍스트를 읽어서 의미를 받아들이는 방법을 지도하는 것이 모두 중요하다.

독자가 텍스트를 이해하기 위해서는 텍스트의 내용을 통하여 드러나는 의미를 찾고[5], 이들 의미를 바탕으로 새로운 생각을 할 수 있어야 한다. 독자가 생각을 새롭게 구성하기 위해서는 여러 관련 텍스트의 의미들과 내적 대화[6]를 하여 의미를 융합해야 한다. 텍스트 속에 들어 있는 의미가 어떤 것이라고 알기만 한다거나 텍스트의 내용을 해석하여

---

4) 마음 구조의 양적 변화와 질적 변화는 피아제의 인지 발달 이론의 동화와 조절에 비유될 수 있다. 동화는 마음 구조의 양적인 변화에 해당하고, 조절은 마음 구조의 질적 변화에 해당된다.

5) 읽기 교육의 관점에서 보면, 텍스트의 '내용'과 '의미'라는 용어는 그 구분이 분명하지 않다. 기호학과 관련해서는 '기호'와 '의미'(개념이라 할 수 있음)가 대립되나, 해석학이나 문학에서는 '내용'과 '의미'가 대립된다. 읽기는 기호와 내용과 의미에 관한 모든 것이 관심의 대상이 된다고 할 수 있다. 그래서 여기서는 이들을 구별하여 사용하고자 한다. '의미'와 '내용'은 문맥에 따라 선택되어 사용되지만, 텍스트의 내용은 '뜻'이라는 용어의 의미로 사용하고 '의미'는 '속뜻'이라는 용어의 의미로 사용한다. '뜻'은 텍스트를 이루고 있는 기호(문자)에 의하여 축어적, 사실적으로 인식되는 것을 가리키고, '속뜻'은 뜻을 통하여 드러나는 생각(사상)이나 주장, 신념, 관념 등을 가리킨다.

6) 내적 대화는 텍스트의 의미와 독자의 생각이 상호작용하는 것을 의미한다. 텍스트가 제시하는 의미라는 것은 다른 사람의 생각이기 때문에 의미와의 내적 대화는 결국 의미를 제시한 다른 독자와의 대화라고 할 수 있다. 이 대화가 내적 대화가 되는 것은 실제 독자와 상호작용하는 것이 아니고 텍스트에 드러난 의미를 바탕으로 상호작용하기 때문이다. 여기에 사용된 내적 대화의 개념은 워드(Ward, 1994: 36~47)의 개념을 빌린 것인데, 워드는 필자가 글을 쓸 때 마음속에서 몇몇의 독자를 가정하여 이들과 내적 대화(internal dialogues)를 통하여 의미를 구성한다고 본다. 독자도 글을 읽으면서 의미를 새롭게 구성하기 위해서는 다른 독자와 내적 대화를 하는 것이라 할 수 있다.

속뜻을 아는 것만으로 안 된다. 텍스트의 속뜻을 바탕으로 독자가 이미 가지고 있던 지식이나 관점, 행동을 변화시켜야만 한다.

독자가 텍스트를 읽는 과정에서 구성하는 의미는 여러 가지 내용이 결합되어 이루어진다. 읽고 있는 텍스트의 내용과 여러 관련된 텍스트의 내용이 상호텍스트적으로 결합된다. 이미 읽었던 텍스트의 내용과 지금 읽고 있는 텍스트의 내용, 텍스트를 읽으면서 참조하는 여러 텍스트의 내용들이 함께 작용한다. 단순히 텍스트의 기호가 지시하는 대상을 지각하는 것이 아니다. 독자가 구성하는 의미는 텍스트 밖에 있는 필자의 생각뿐만 아니라 독자의 지식과 다른 텍스트의 내용, 텍스트를 읽고 있는 맥락 요인들에 영향을 받는다. 다시 말하면 독자가 구성하는 의미는 여러 텍스트의 내용이 상호텍스트적으로 연결되어 구성되는 것이다.

텍스트 이해 교육을 위해서는 학습자들이 텍스트를 읽으면서 효과적으로 의미를 구성할 수 있는 방법을 찾아야 한다. 이를 위해서는 특정한 관점에서 독자가 마음속에 구성하는 의미를 탐구하여, 의미를 구성하는 구체적인 방법과 절차를 설명해내야 한다. 텍스트 이해 교육에서 학습자가 마음속에 구성하는 의미의 상호텍스트성을 돕는 구체적인 자료는 다중 텍스트(multiple texts)[7]라 할 수 있다. 다중 텍스트를 활용하는 텍스트 이해 교육은 학습자가 마음속에 구성하는 텍스트[8]를 상호텍스트

---

7) 다중 텍스트(multiple texts)는 텍스트 구성이나 이해에서 상호텍스트적으로 접근하기 위하여 관련된 여러 텍스트를 함께 보게 되는데, 이 관련된 여러 텍스트를 이르는 말이다. 다중 텍스트의 개념은 텍스트와 관련된 언어적 · 비언어적 모든 텍스트를 포함한다.
   다중 텍스트라는 말은 영어의 multi texts를 번역한 말이다. multi는 '많은', '여러 가지의' 뜻을 지닌 결합사로 우리말로 '복합', '다중'이라는 말로 번역되어 쓰인다. 예를 들면 multi intelligence를 '다중지능' 또는 '복합지능'이라는 말로 번역하여 사용한다. 이 글에서는 '다중'이라는 말로 사용한다. 이는 서로 관련이 있는 여러 가지 텍스트를 의미하는 용어로 사용한다.

8) 독자의 마음속에 만들어진 텍스트는 영어로 'inner text'라 하는데, 이것을 '내재 텍스트'로 번역하여 사용한다. 'inner text'를 이성만(2007: 175)은 '머릿속의 테스트'라고 부른다. 이 논의에서 내재 텍스트는 독자가 글을 읽는 과정에서 마음속에 구성한 텍스트를 가리킨다. 독자가 구성한 내재 텍스트는 기호로 표현되기 이전에 마음속에만 있는 텍스트라 할 수

적으로 구성하게 함으로써 학습자의 이해를 폭넓고 깊이 있게 할 수 있다. 이런 다중 텍스트를 교육에서 의도적으로 활용하게 되면, 내용 인식의 확장뿐만 아니라 의미 이해의 타당성도 확보할 수 있다. 또한 독자 마음의 질적인 변화를 적극적으로 이루어지게 할 수 있다.

텍스트 이해 교육을 위해서는 학습자가 텍스트를 읽으면서 마음속에 구성하는 텍스트를 효과적으로 구성할 수 있게 하는 방법의 연구가 필요하다. 그래서 이 글에서는 학습자의 텍스트 이해를 도울 수 있는 교육 방법의 한 가지로 다중 텍스트를 활용한 상호텍스트적 텍스트 이해의 접근 방법을 탐구한다. 상호텍스트적으로 텍스트를 이해하는 과정을 알아보고, 이 과정을 교육적인 관점에서 구체화하여 텍스트 이해 지도 방법을 알아본다.

2. 접근에 대한 논의들

텍스트 이해 교육을 상호텍스트성에 바탕을 두고 접근하는 것은 텍스트 이해가 다른 텍스트와의 연결을 통하여 이루어진다는 관점에서이다. 이 관점은 텍스트에 사용된 기호의 의미가 다른 텍스트의 내용과 연결되어 있다는 인식에서 출발한다. 독자의 의미 구성과 의사소통은 필연적으로 다른 텍스트에서 사용된 기호를 사용해야 하고, 이러한 기호의 사용은 다른 텍스트 내용과의 상호텍스트적인 연결로 이어진다.

의미 구성과 의사소통에서의 상호텍스트적인 연결은 문식성이 형성되어 발달하면서 이루어진다. 문식성의 발달은 아동이 주변 사람들이

있다. 이 책의 필자는 'inner text'를 이전 글에서 '내적 텍스트'라는 말로 번역하여 사용하였는데 '내재 텍스트'가 조금 더 타당하게 생각되어 이 책에서는 이 말을 사용한다. 내재 텍스트는 필자의 다른 논문에서 사용되는 '관념'이라는 용어와 유사한 의미를 갖지만 이 책은 상호텍스트성에 대한 논의여서 '텍스트'와 대비되면서 관념의 구성적 특징을 잘 드러내 준다고 생각하기에 이 말을 사용한다. 이 책에서 '관념'이라는 용어는 뒤에서 사용될 용어인 '이해 텍스트'나 '이해 테스트'를 이루는 독자의 생각 내용을 가리킨다.

사용하는 말에 반복적으로 반응하고 지속적으로 모방함으로써 일어난다. 아동의 읽기와 관련된 문식성 발달에 대한 상호텍스트적인 설명은 로우(Rowe, 1986)의 연구에서 찾을 수 있다. 로우는 3~4세 아동의 문식성 발달이 다른 사람과의 상호작용 속에서 일어난다고 보고, 아동들의 언어사용을 지속적으로 관찰한 결과, 문식성의 발달은 상호텍스트성을 바탕으로 이루어진다고 설명했다. 아동들이 잘 모르는 낱말을 배우게 될 때는 먼저 다른 사람이 사용한 낱말을 살피고, 새로운 낱말이 있으면 그 낱말을 기억한다. 아동들은 기억한 낱말을 자신의 언어활동에서 사용하게 되는데, 사용한 낱말이 주위 사람들에게 바른 것으로 인정되면 그 낱말을 자신의 언어활동에 반복적으로 사용한다. 즉 아동은 다른 사람이 사용한 낱말을 자신의 텍스트 속에 반영함으로써 낱말을 익히게 되고, 텍스트를 구성할 수 있게 되는 것이다. 이러한 설명은 텍스트 이해를 할 수 있는 능력의 발달이 다른 많은 텍스트에서 사용되는 낱말, 어휘, 문장 그리고 내용과 의미 등을 많이 접하고 이를 익혀 자신의 읽기 과정으로 끌어올 수 있을 때, 이루어진다는 것을 알게 한다.

텍스트의 구성에 대한 연구들에서도 의미의 구성은 다른 텍스트를 참조하여 이루어진다는 것을 알 수 있다. 스피비(Spivey, 1984, 1989, 1991, 1997)는 상호텍스트성의 개념을 바탕으로 학습자들의 텍스트 구성에 대한 연구를 하였다. 그녀는 연구에서 다섯 편의 다중 텍스트[9]를 사용하여 피험자들에게 텍스트를 읽히고, 그 내용을 통합하여 한 편의 텍스트를 구성하라는 과제를 제시하였다. 그 결과, 피험자들이 다중 텍스트의 내용을 통합하는 과정에서의 내용 선택과 조직, 연결에 대한 특성을 밝혀냈다. 또한 심리학을 전공하는 대학원생 6명의 논문 작성

9) 다중 텍스트(multiple texts)는 하나의 화제(topic)나 주제(theme)와 관련된 여러 텍스트를 의미한다. 텍스트(text)라는 용어의 개념이 의미 구성과 의사소통에 관계된 언어적, 비언어적 구조물을 모두 포함한다. 다중 텍스트도 이를 모두를 포함한다. 그러나 여기서는 읽기 교육적인 관점에서 논의하므로 주로 언어적 구조물을 말하며, 좀 더 좁히면 인쇄된 텍스트를 지칭한다.

과정을 분석하여 텍스트는 필자 자신의 선행 텍스트뿐만 아니라 관련된 다른 텍스트와의 직·간접적인 영향 관계를 바탕으로 이루어진다는 것을 밝혔다. 학생들의 텍스트 구성에 대한 맥긴리(McGinley, 1992), 데이비스 렌스키와 존(Davis-Lenski & John, 1997)의 연구에서도 학습자들은 텍스트를 구성하기 위하여 관련 텍스트를 찾아 읽고 정리하여 상호텍스트적으로 텍스트를 구성한다는 것을 밝혔다.

이러한 텍스트의 구성 방식을 볼 때, 독자가 텍스트를 읽고 마음속에 구성하는 의미도 이와 같은 방식으로 이루어진다는 것을 추론할 수 있다. 즉 필자는 한 편의 텍스트를 구성하기 위하여 관련된 텍스트의 내용을 참조하여 마음속에서 의미를 구성하고, 이를 문자로 표현하는 것이다. 필자의 의미 구성이 텍스트의 내용을 참조하여 이루어지듯이 독자의 의미 구성 과정도 마찬가지라고 할 수 있다. 독자는 단순히 기호를 해독하여 텍스트의 내용을 인식하고 이해하는 것이 아니라 관련된 여러 텍스트의 연결을 통하여 내용을 파악하고 의미를 이해한다고 할 수 있다.

상호텍스트성을 기반으로 이루어진 텍스트 이해에 대한 연구는 텍스트를 읽는 방식, 텍스트 간의 관계 파악 능력, 관계 파악 능력의 발달, 상호텍스트성에 의한 텍스트 이해 활동의 양상 등에 대한 연구가 있었다.

텍스트를 읽는 방식에 대한 접근은 아이륀(Irwin, 1988, 1989)과 하트만(Hartman, 1991, 1994, 1995)에서 찾아 볼 수 있다. 아이륀(Irwin, 1991)은 독자의 측면에서 결속성(coherence)에 대한 논의를 하면서 독자가 형성하는 결속성을 세 가지의 방식으로 이야기하고 있다. 첫 번째는 텍스트 내적(intratextual)인 연결로 독자는 텍스트를 결속성 있게 이해하기 위해 스크립트[10]와 같은 맥락적인 의미에 의존한다는 것이다. 이

10) 스크립트는 스키마와 같이 독자의 마음속에 있는 구조화된 인식의 틀이다. 보그랑데와 드레슬러(Beaugrande & Dressler, 1981)에 따르면 스크립트는 전국적인 인식의 패턴으로 고정화된 틀로 되어 있다(김태옥, 이현호 역, 1991).

것은 그동안 연구된 스키마 이론에 의한 읽기 방식과 유사하다. 두 번째는 텍스트 외적(extratextual)인 연결로, 텍스트가 언급하거나 텍스트와 관련되어 있는 문화적, 철학적, 인지적, 사회적, 역사적, 정치적인 가정 등을 활용한다는 것이다. 세 번째는 상호텍스트적(intertextual)인 연결로 텍스트 간의 연결을 통하여 내용을 이해한다는 것이다. 아이륀의 이러한 읽기 방식에 대한 논의는 하트만(Hartman, 1991, 1994, 1995)으로 연결되어 구체적으로 논의된다. 하트만은 읽기 과정에서 일어나는 상호텍스트성의 작용 방식을 탐구했다. 그는 여덟 명의 학생들에게 다섯 편의 다중 텍스트를 주고, 텍스트를 읽는 동안 일어나는 연결 양상을 살폈다. 그 결과 모든 학생들은 읽는 과정에서 텍스트 내에서의 연결과 텍스트 간의 연결, 텍스트 외부 요소와 연결을 시도하였고, 그 연결의 양상은 학습자마다 다른 것으로 나타났다. 읽기 전 · 중 · 후 과정에서 서로의 연결 양상도 달랐으며, 연결의 빈도나 양도 서로 다르게 나타남이 밝혀졌다. 이들 연구에서 보면, 독자가 글을 읽고 이해하는 과정은 계속적인 텍스트 간의 연결 관계를 형성하는 사고의 과정임을 알 수 있다. 이 연구 결과는 효과적인 텍스트 이해를 할 수 있도록 하기 위해서는 관련 자료를 함께 제공하는 것이 필요하다는 것을 알려 준다. 즉 텍스트 이해 지도에서 학습자가 관련 텍스트뿐만 아니라 텍스트 외부적인 요소와도 연결할 수 있도록 해야 한다는 것이다.

텍스트 내용의 관계 파악 능력에 대한 연구는 비치와 애플맨, 도로시(Beach & Appleman & Dorsey, 1994), 하트만(Hartman, 1991), 로거(Rogger, 1988) 등에 의하여 이루어졌다. 비치와 애플맨, 도로시(Beach & Appleman & Dorsey, 1994)는 고등학생들과의 면담을 통해, 국어(문학) 시간에 읽었던 텍스트 간의 관계를 어떻게 파악하고 있는지에 대해 연구하였다. 그 결과 상호텍스트적인 관계들을 보여 준 학생들 대부분은 같은 장르의 텍스트들 사이에서 상호텍스트적인 연결 고리를 형성하였으며, 그 연결 고리는 주로 인물의 특성에 초점을 둔 것들이었고, 주제에 초점을 둔 것은 드물었다. 이들의 다른 연구 과제에서는 인터뷰로 상호텍스트적인 연결을 통하여 텍스트를 이해하는 능력도 살폈는데, 학생들에게 소설과 시, 극본 등 여러 텍스트를 읽게 한 후 관계성에 대한 인터뷰를 하였다. 그 결과 학생들은 ①장르 사이의 연결을 잘 하지 못하며 ②주제적인 연결을 잘 하지 못한다. ③개인 간에 차이가 많이 나며 ④능력이 부족한 학생들은 개인적인 경험과 연결하여 정리하는 반면, 우수한 학생들은 문학적인 주제에서 일치점을 찾았다. 또한 능력이 부족한 학생들도 특별한 지적이 있을 때는 연결을 찾을 수 있다고 설명한다.

하트만(Hartman, 1991)은 상호텍스트적인 관계들을 이끌어내기 위한 연구에서, 연구자가 생각하기에 주제 면에서 관련되었다고 여겨지는 다섯 편의 단편 소설을 제시하여, 여덟 명의 고등학교 학생들에게 이 소설들을 읽으면서 사고를 구술하도록 하였다. 그 결과 모든 독자들이 소설과 같은 텍스트들을 이해하는 데 있어서 일반적인 내용에서 상호텍스트적 관련을 지었고, 그들 중의 일부는 인물이나 사건, 배경 등 명시적으로 드러난 것에서 관련성을 찾을 수 있었다. 흥미로운 것은 주제에 명확한 관련성을 갖고 있다하더라도, 일부 학생은 그 관련성을 찾지 못한다는 것이다. 로거(Rogger, 1988)는 인터뷰를 통하여 학생들이 읽은 텍스트에 대한 상호텍스트적인 연결을 조사하였다. 학생들의 반응들 중 약 1%만이 상호텍스트적인 연결을 했다는 것을 밝혀냈다. 또한 학생들은 소재나 인물, 사건과 같은 직접적인 연결점이 있는 것들만을 연결할 수 있었으며, 연결하는 것을 별로 좋아하지 않는 것으로 조사되었다(Beach & Appleman & Dorsey, 1994).

이들 연구에서 볼 때 학생들은 텍스트를 읽으면서 상호텍스트적인 연결을 효과적으로 하지 못한다는 것을 알 수 있다. 학생들의 텍스트 내용 사이의 상호텍스트적 연결은 텍스트의 관계가 분명하게 명시된 것이거나 쉽게 알 수 있는 것에서는 잘 할 수 있지만, 주제적인 측면이나 변형된 텍스트, 장르 간에서는 잘 하지 못한다는 것이다. 따라서 텍스트의 상호텍스트적 관계를 잘 이루게 하기 위해서는 교육적인 접근이 필요함을 알 수 있다. 실제 텍스트 이해 과정 속에서는 학습자들이 여러 텍스트를 참조한다. 그러나 텍스트 이해의 교수-학습에서는 텍스트 간의 관계를 고려할 활동이 이루어지지 못하고 있다고 할 수 있다. 단일 텍스트 중심의 텍스트 이해 지도에서는 이러한 텍스트의 연결에 대한 접근이 제한될 수밖에 없기 때문이다. 그러므로 다중 텍스트를 활용하여 텍스트 내용 사이의 연결을 도와줄 수 있는 지도가 필요하다.

텍스트 간에 이루어지는 관계성을 파악할 수 있는 능력의 발달에 대한 논의가 여러 가지로 탐구되었다. 상호텍스트성의 발달을 연구한 논의들을 보면 다음과 같다. 톰슨(Thomson, 1987)은 문학 반응에 대한 발달을 연구하였다. 이 연구에서 어린 학습자들은 내용을 간단히 기록하고 자신의 자서전적인 경험과 내용을 결합시키며 통일되지 않는 반응을 보였다. 반면 나이가 든 학생들은 예상한 것을 길게 설명할 수 있었으며, 필자의 창작물로서의 텍스트를 재검토하고 필자의 표현이나 자신의 표현을 비교하며 사건의 행동 특성에 의미 있게 반응하였다. 또한 상호텍스트적인 결합을 잘 할 수 있는 것으로 나타났다. 비치와 웬들러(Beach & Wendler, 1987)의 8학년, 11학년, 대학 2학년의 인물에 대한 추론 연구에서 보면, 8학년은 표면적인 것, 드러난 것, 신체적인 행동에 많은 주목을 하였으며, 상급 학년일수록 사회적, 심리적인 면에 초점을 맞춘다는 것을 알아냈다. 레르(Lehr, 1988)는 인터뷰를 통하여 유치원, 2학년, 4학년 학생들에게 주제의 유사성을 가진 사실적인 이야기와 전설적인 이야기책을 읽게 하여 텍스트 간의 관계성을 찾는 것을 연구하였다. 그 결과 학생들은 사실적인 이야기책의 주제들을 잘 찾아냈다. 사실적인 이야기들이 학생들에게 친숙한 것이기 때문이라고 설명한다. 또한 연령에 따라 차이가 나는데 이것은 사전의 경험이나 문학적인 지식에 있어서의 차이점이 상호텍스트성의 연결을 정의하는 능력에 상관이 있음을 보여준다. 학생들은 학년이 높아지고 경험이나 지식이 많을수록 텍스트에 적용할 수 있는 지식이 많으며, 텍스트의 여러 양상에 주의를 기울일수록 과거 텍스트나 지식을 더 많이 생성해 낼 수 있다는 것이다(Beach

& Appleman & Dorsey, 1994).

이러한 연구에서 보면 상호텍스트적인 연결은 학년이 올라갈수록 더 잘 할 수 있으며, 학습자들이 독서에 대한 많은 경험과 배경지식이 많을수록 효과적으로 텍스트의 연결 관계를 찾을 수 있다는 것을 알 수 있다. 그러나 초등학교 1학년 교실에서 일어나는 실제 텍스트 이해 과정을 연구한 욀러와 베리(Oyler & Barry, 1996)의 논의를 보면, 저학년들도 다양한 텍스트 간의 연결을 한다는 것을 알 수 있다. 이러한 연구 결과들은 그동안 이루어진 읽기 지도가 텍스트의 연결을 돕는 방향으로 이루어지지 않았다는 것을 보여 준다. 학습자들은 텍스트의 연결 관계를 바탕으로 텍스트를 이해할 수 있도록 하는 접근이 필요함을 알 수 있다.

상호텍스트성을 바탕으로 한 텍스트 이해 활동 양상에 대한 연구들도 있다. 카르니(Cairny, 1992)는 1학년 교실에서 상호텍스트성이 어떻게 일어나는가를 관찰하였다. 그는 교사가 아동에게 책을 읽어 주고, 그 내용이 어떻게 상호텍스트적으로 연결되는가를 연구하였다. 교사가 학생들에게 읽어 준 이야기 텍스트의 내용이, 아동들이 구성하는 텍스트의 내용과 구조에 어떻게 변형되어 나타나는가를 중심으로 관찰을 하였다. 1학년 아동들의 쓰기는 교사가 읽어 준 텍스트가 복잡한 양상으로 영향을 미친다는 것을 보여 준다. 그는 교사가 읽어 준 텍스트의 내용이나 구조가 학생들의 글 속에 나타나는 시기가 다양할 뿐만 아니라, 텍스트의 내용들이 요약, 첨가, 변형된 형태로 글에 나타나는 것을 발견하였다. 카르니는 이러한 현상을 보면서, 상호텍스트성이 개인적인 것으로 보이지만 풍부한 사회적 현상이라고 규정한다. 그러면서 상호텍스트성을 독자들과 필자들이 한 텍스트의 내용을 다른 텍스트로 고쳐 표현하거나, 한 텍스트에서 다른 텍스트 내용을 흡수할 때, 텍스트들의 내용이 얽혀 모자이크를 구성하는 의미의 끊임없는 구성과 재구성으로 설명한다. 블룸과 에간 로버슨(Bloom & Egan-Robertson, 1993)은 교실 수업의 담화를 학생의 상호작용과 교사와 학생 간의 상호작용으로 나누어 분석하였다. 이 연구에서 보면, 학생들의 텍스트 이해는 그들이 처한 교실 상황 요인과 그들의 경험 요인에 영향을 받아 이루어지며, 교사와 학생의 상호작용을 통하여 다양한 수준(내용, 구조, 장르)에서 일어남을 알 수 있다. 또한 학습자 간의 언어적 · 비언어적 상호작용을 통한 텍스트 구성[11]도 상호텍스트성을 바탕으로 일어남을 알 수 있다. 이러한 점은 상호텍스트성이 의미 구성과 의사소통 활동에서 일어나는 일반적인 현상이라는 것을 알게 한다. 비치, 애플맨, 도로시(Beach & Appleman & Dorsey, 1994)도 고등학교 국어 시간의 활동 양상을 함께 연구하였다. 국어 시간에 학생들은 반응 일지에 자신들이 이해한 것을 기록했다. 학생들이 기록한 것을 분석한 결과, 텍스트에 대한 학생들의 이해는 전체 학급과 소집단 토의에서 동료 학생들의 논평과 교사의 논평에 의해 영향을 받았음을 알 수 있었다. 텍스트에 대한 한 개인의 이해는 다른 사람들의 해석을 듣고, 이에 대해 나름대로 의미를 구성하거나 자기의 생각을 변화시키는 과정에서 공동 구성적인 형태를 취한다는 결론을 얻었다. 윌러와 베리(Oyler & Barry, 1996)도 학급에서 상호텍스트성을 활용한 수업의 양상을 연구했다. 윌러와 베리는 교사가 책을 읽어 주거나 이야기하는 과정에서 학생들이 어떻게 반응하는가를 관찰하였다. 학생들은 교사가 책을 읽어 주거나 이야기를 해 주면 다양한 반응을 보이게 되는데, 선생님이 제시하는 이야기가 자신이 읽었던 책과 비슷한 내용이 있으면 그 책을 찾아와 다른 친구들과 이야기를 하고, 자신의 경험이나 자신의 생활을 끌어들여 이야기하면서 텍스트를 이해한다. 즉 학생들은 교사가 읽어 주는 텍스트와 관련된 자료를 자신의 독서와 생활 경험 속에서 끌어와 이해한다는 것이다.

이들을 통하여 볼 때, 이들 상호텍스트성은 담화 공동체를 만들고 텍스트의 의미를 재구성하는 창문이면서 독자 공동체를 구성하는 중요한 역할을 한다고 할 수 있다. 그리고 상호텍스트성은 학생들이 텍스트

---

11) '비언어적 상호작용을 통한 텍스트 구성'은 학습자들이 수업 시간에 교사 몰래 몸짓으로 서로 주고받는 의사소통 과정에서 생성되는 텍스트를 의미한다.

사이의 연결을 인식하는 것뿐만 아니라 교사가 교실 공동체의 학생들에게 이해와 기쁨과 기억을 공유하도록 하는 기회를 제공한다는 것이다. 상호텍스트성을 활용한 텍스트 이해 교육은 텍스트 이해를 확장시키고, 학급을 풍부한 해석 공동체로 만드는 데 기여할 수 있다. 개별적인 이해의 강조보다는 학습 공동체 차원에서 텍스트의 내용 인식을 확장하고 의미를 깊이 이해할 수 있게 만든다.

3. 접근에 대한 제안들

상호텍스트적인 관점에서 텍스트 이해 교육에 어떻게 접근할 것인가에 대하여 제안한 내용을 몇 가지 살펴본다. 먼저 국내의 문학 중심 연구에서 제안하는 내용을 정리하면 다음과 같다. 김정우(1998)는 상호텍스트성의 개념을 시 교육에 적용하였다. 독자가 시를 이해하는 데 필요한 정보가 시 텍스트에 부재할 때, 이를 채우기 위한 방법으로 상호텍스트성이 필요하다는 것이다. 김정우는 시 텍스트를 읽는 방법을 의문적 독서와 재구적 독서로 구분하였다. 의문적 독서에서는 텍스트의 제목이나 각 요소 간의 상호작용을 분석하고 텍스트의 문법적 이탈이나 인용, 인유 등을 판별하여 독자가 재구성할 정보를 판단한다. 재구적 독서에서는 이를 바탕으로 재구성해야 할 부분들에 대해 독자가 정보를 수집하거나 마련하고 이를 다시 조직하여 텍스트의 의미를 구체화한다는 것이다. 독자는 이러한 독서 과정에서 다른 텍스트들과의 관련 속에서 새로운 맥락을 형성함으로써 다양한 의미를 생산할 수 있게 된다고 한다. 안성수(1998)는 상호텍스트성을 바탕으로 한 문학 교육의 접근 방법에 대한 탐색으로서, 김춘수의 "꽃을 위한 서시"와 양귀자의 "숨은 꽃"을 장르 간의 상호텍스트성과 그 의미 작용을 중심으로 살폈다. 그는 이를 바탕으로 상호텍스트성의 교육적인 인식이 ①매체와 장르의 관점에서 ②입체적 독서의 차원에서 ③구조와 기법의 차원에서 ④인물의

욕망차원에서 ⑤주제의 차원에서 ⑥문학사의 서술 차원에서 이루어져야 한다는 것을 제안한다. 박수경(2000)은 상호텍스트성의 개념을 시 교육에 적용하여 시의 내용을 내면화하는 것에 중점을 두고 논의하였다. 이를 위하여 교수-학습 방법과 평가 면에서 상호텍스트성의 개념을 활용할 수 있음을 제시하고 있다. 시 교육을 위한 교수-학습 방법으로 비판적 관점 세우기와 표현을 통한 내면화 방법을 제시하고, 평가 방법으로 상호텍스트성이 효과적으로 활용될 수 있음을 제시한다. 비판적 관점 세우기는 한 텍스트의 내용 파악을 바탕으로 관련된 다른 텍스트를 활용하여 비판적으로 접근함으로써 이해의 확장을 가져올 수 있다는 것이다. 표현을 통한 내면화는 관계 텍스트를 읽고 이해한 내용을 글로 표현해 봄으로써 내용의 내면화를 할 수 있다고 한다. 평가는 작품을 패러디함으로써 작품의 수용 과정을 알 수 있으며, 문학 작품의 비평적 안목과 재창조에 도움을 줄 수 있다고 설명한다. 이들 논의는 주로 문학 텍스트 읽기에서 상호텍스트성을 도울 수 있는 방법에 대하여 논의하고 있다. 그러면서 단일 텍스트를 중심으로 텍스트의 이해를 도울 수 있는 자료 활용의 필요성을 제기하고 있다.

국외에서의 논의들이 제안하는 내용을 보면, 데니스와 울프(Dennis & Wolf, 1988)는 문학 수업을 관찰하여 분석하였는데 그 결과 학생들은 현재 텍스트를 이해하기 위하여 이전 텍스트의 내용을 회상하는 데 어려움을 느끼며, 학교에서의 문학 수업에서 교사들은 텍스트의 상호 관계를 파악할 수 있도록 학생들을 자극하지 못한다고 비판하면서, 학습 활동에서 상호텍스트적인 연결 관계를 형성할 수 있는 적극적인 접근이 필요하다고 제안한다(Beach, Appleman, Dorsey, 1994). 카르니(Cairney, 1992)도 언어 교육적인 면에서 상호텍스트성의 지도가 필요하다고 제안한다. 그는 '교실에서 허용되는 상호작용의 질과 양은 학생들의 상호텍스트적인 경험을 구성하는 데 유의미한 영향력을 갖기 때문에 교사는 다중 텍스트를 활용하여 읽고, 쓰고, 말하는 문식성 환경을 구성하는 것이 필요하며, 교사의 가장 중요한 역할 중의 하나는 교실에서 학습자들이 상호텍스트적인 경험을 할 수 있는 활동을 하게 하는 것'이라고 말한다. 하트만(Hartman, 1994)도 읽기 교육에 대한 몇 가지 제안을 하였다. 현재까지의 텍스트 이해 지도는 단일 텍스트에 대한 이해나 개인적인 글의 이해에 중점을 두었다. 예를 들어 읽기 수업은 전통적으로 한 편의 글에 대하여 전·중·후 활동이 이루어지는 것으로 보았으며, 텍스트에 대한 이해의 초점이 텍스트 내에 머물면서 텍스트의 내용 표상에만 그쳤다. 다시 말하면, 읽기는 한 텍스트 내에서의 논의로만 끝나고 관련된 텍스트에 대한 이해로 확장되지 못했다는 것이다. 장기적으로 텍스트 사이의 주제적, 화제적, 역사적, 원형적(archetypal), 장르적인 연결을 할 수 있는 단원이나 과정을 조직하여 통합적인 연결을 할 수 있도록 하는 것이 필요하다고 말한다. 교사는 학생들에게 자신의 독특한 사전 읽기 경험 위에서 자신들의 시각을 넓혀 갈 수 있도록 용기를 북돋아 줄 수 있어야 하며, 비형식적인 쓰기를 통하여 반응을 하게 함으로써 기억을 돕고 각각의 텍스트에 대한 구체적인 예들을 기억하도록 도와야 한다고 주장한다. 또한 여가 시간에 문학 작품, 잡지, 신문 등을 읽는 횟수는 상호텍스트적인 연결 능력을 기르는 것과 관계가 있으므로 여러 텍스트를 자주 읽게 하는 것이 필요하다고 제안한다.

이들 제안들은 텍스트 이해 교육이 단일 텍스트를 활용한 접근보다는 다중 텍스트를 활용하여 상호텍스트성을 도울 때, 텍스트 이해가 잘 일어날 수 있음을 시사한다. 학습자들의 효과적인 텍스트 이해를 위해서는 풍부한 자료 환경과 학습 활동 속에서 상호텍스트적인 연결을 돕는 것이 필요하다. 그동안에 이루어진 단일 텍스트 중심의 접근이 텍스트의 내용에 대한 닫힌 접근으로 학습자의 이해를 제한한 측면이 있다. 이러한 제한에서 벗어나기 위해서는 다중 텍스트를 활용하여 텍스트 이해에 대한 열린 접근으로 나가야 한다. 열린 접근은 카르니의 말에서 알 수 있듯이 상호텍스트적인 연결을 돕는 학습에 대한 안내를 제공하는 것이 필요하다. 즉, 텍스트의 연결을 도울 수 있는 지도 방안에는 어떤 것들이 있는지 구체적으로 탐구해야 할 것이다.

2장. 텍스트 이해에 대한 설명 방식

1. 텍스트 이해의 설명 틀

텍스트 이해 교육의 역사는 인류가 문자를 발명하면서부터 시작되었다. 문자가 발명되고 난 후 문자를 사용한 의사소통이 중요한 요인으로 등장했기 때문이다. 문자 사용의 일반화는 오랜 시간에 걸쳐 이루어졌지만, 오늘날에는 사람들의 이해 활동에 필수 조건이 되었다. 그렇기 때문에 텍스트 이해 교육은 문자를 통한 의미 구성과 의사소통 능력을 기르는 데 있어 중요한 자리를 차지하고 있다. 이러한 텍스트 이해에 대한 교육이 어떻게 이루어져야 하는가를 알기 위해서는 여러 학문의 논의를 참조해야 한다. 그동안 텍스트 이해에 대한 접근들이 어떻게 이루어져 왔는지 살펴본다.

텍스트 이해는 문자를 바탕으로 텍스트의 내용(뜻)과 의미(속뜻)를 이해하는 활동이다. 텍스트의 내용은 문자를 통하여 접근이 가능하지만 의미는 또 다른 요소를 필요로 한다. 즉 텍스트의 의미는 내용에 대한 해석을 통하여 접근할 수 있다. 이들 텍스트의 내용과 의미를 이해하는 활동을 독해(reading comprehension)라고 할 수 있다. 이 독해는 기호를 해독하여 텍스트의 내용을 파악하는 활동과 내용을 해석하여 의미를 찾아내는 과정, 그리고 텍스트의 의미를 독자가 마음속으로 받아들이는 과정으로 이루어진다(김도남, 2001). 이들 과정에 대하여 학습자를 적응시키고 과정에 필요한 활동 요소를 지도하는 것이 텍스트 이해 교육이다.

그동안 이루어진 텍스트 이해 교육은 다양한 관점에서 접근되었다. 이 관점들은 텍스트 이해에 대한 효과적인 방법을 제시하기도 하고, 그렇지 못한 것도 있었다. 텍스트 이해 방법을 제공한 여러 관점에 대한 검토는 텍스트 이해에 대한 인식을 넓혀 주고 읽기 교육에 새롭게 접근하게 해 주는 역할을 한다. 텍스트 이해에 대한 그동안의 관점을 살펴보고, 이러한 논의를 통하여 텍스트 이해 교육의 새로운 접근 방법을 찾아본다.

텍스트 이해에 대한 접근 방식의 검토는 먼저 심리학의 관점에서 텍스트 이해 과정을 중심으로 살펴본다. 심리학이 주로 마음속에서 이루어지는 활동에 관심을 가지기 때문에 텍스트 이해 과정에 대한 이해를 넓혀 준다. 다음은 기호학의 관점에서 텍스트 이해의 원리를 검토하여 본다. 기호의 작용을 어떻게 보는가에 따라 텍스트의 내용과 의미에 접근하는 방법이 달라진다고 할 수 있다. 그 다음으로 언어학의 관점에서 텍스트의 내용 파악에 대한 접근 방법을 알아본다. 언어학은 텍스트의 내용의 존재 위치에 대한 관점의 차이에서 내용 파악 방법이 달라짐을 시사한다. 끝으로 해석학의 관점으로 텍스트의 의미 이해에 대한 접근 방법을 검토하여 본다. 해석학은 텍스트의 의미가 어디에 있다고 보는가에 따라 의미 찾기와 이해 방법에 대한 관점을 달리한다. 이들에 대한 검토를 통하여 텍스트 이해를 위한 접근 방법의 방향을 생각해 보겠다.

2. 심리학과 텍스트의 이해 과정

텍스트 이해에 대한 심리적인 논의는 텍스트 이해 과정에 대한 여러 가지 의문점을 풀어 주었다. 텍스트 이해에 대한 심리학적인 탐구는 독자가 어떤 사고 과정을 거쳐 텍스트를 이해하는가를 알게 해 준다. 텍스트를 읽는 독자의 사고 과정이나 생각의 흐름을 탐구하여 텍스트 이해 과정에 대한 정보를 제공한다. 텍스트 이해 과정에 대한 탐구 정보는 독자의 인지 작용에 대한 이해와 텍스트 이해 교육의 내용과 방법에 많은 영향을 주었다. 텍스트 이해에 대한 심리학적인 논의를 행동주의, 인지주의, 정신분석학으로 나누어 살펴본다.

1) 행동주의 심리학

행동주의 심리학은 자극과 반응의 이론으로 파블로브의 연구를 필두로 손다이크나 왓슨, 스키너의 연구로 발전하였다. 행동주의 관점을 바탕으로 한 학습 이론은 한 동안 교육에 상당한 영향력을 행사했으며, 지금도 많은 영향 요소들이 남아 있다.

행동주의의 기본 아이디어는 자극과 반응이다. 유기체는 자극에 대하여 반응한다는 것이다. 자극과 반응 이론은 스키너의 작동적 자극-반응 이론에서 절정에 달했다. 자극-반응 이론은 유기체에 자극을 하였을 때 목적하는 반응이 일어나면, 이 반응을 강화하여 필요한 행동을 유도해 낼 수 있다는 것이다. 이 행동주의의 학습에 대한 관점은 백지설에 의지한다. 백지설을 학습과 관련시켜 보면, 학습자들은 학습에 참여하기 전에는 아무 것도 마음속에 가지고 있지 않다는 것이다. 그래서 자극에 대한 올바른 반응을 강화함으로써 백지 상태인 마음에 학습한 내용들을 채워 갈 수 있다는 것이다. 이러한 활동이 일어날 수 있게 하기 위해서 중요한 것은 자극을 통하여 이끌어낼 목표를 분명히 정하는 것이고, 이러한 목표에 도달하기 위하여 자극 방법과 반응 내용을 세분화하여 단계적으로 해야 한다는 것이다(한충효, 1992). 행동주의 관점에서의 교수-학습의 원리는 학습 목표를 분명히 정하고, 목표에 도달할 수 있는 학습 내용을 세분화하고 단계화하는 것이다. 그 대표적인 교수-학습 방법이 프로그램 학습이다.

행동주의 관점에서 보면, 독자의 텍스트 이해는 기호의 자극으로 반응인 개념을 떠올리는 과정으로 이루어진다. 즉 텍스트의 이해는 기호에 들어있는 내용을 독자 마음속에 떠올림으로써 이루어진다고 본다. 이것은 기호가 지시하고 있는 특정한 개념을 독자가 마음속에 떠올리는 것을 강화함으로써 텍스트를 이해할 수 있다고 보는 것이다. 이 관점에서는 자극에 대한 반응이 분명하게 규정되어 있기 때문에 텍스트의 이해는 텍스트에 제시된 객관적인 내용을 파악함으로써 이루어진다고 본다.

행동주의 관점에서 텍스트 이해 교육을 보면, 몇 가지의 특징을 갖는다. 첫째는 반복적인 소리 내어 읽기를 강조한다. 이것은 읽기의 과정이 문자를 청각영상화함으로써 개념을 지각할 수 있다는 관점에 기초한 것으로 볼 수 있다. 소리의 반복된 자극(청각영상화)으로 텍스트의 내용(개념)을 인식할 수 있다고 보는 것이다. 그래서 읽기의 개념을 '글자 그대로 읽는 것'으로 정의한다. 그러면서 읽기의 과정이 음독에서 묵독으로 발전하는 것(정동화 외, 1984: 264~331)으로 본다.

둘째는 텍스트의 내용을 객관적인 것으로 보고, 그대로 받아들이는 것을 강조한다[12]. 즉 읽기는 텍스트가 제시하고 있는 내용을 그대로 파악하는 것이 중요하다고 본다. 이것은 자극에 대하여 목표로 하는 반응이 있을 때 강화한다는 관점과 백지설의 관점을 반영한 것으로 독자는 텍스트의 내용을 그대로 받아들임으로써 이해할 수 있다는 것이다.

셋째, 텍스트의 부분적인 요소 분석과 결합을 강조한다. 읽기 과정에서 독자가 하는 일은 단어나 문장들을 분석해서 비교하여 결합하는 것

12) "읽어서 이해하는 심리적 과정은 객관적 정신(사상), 즉 객관적 의미를 운반하고 있는 언어 기호 형태인 문장과 글을 읽는 주체의 활동이 (내용을) 체제화하는 과정이다. 다시 말하면 객관적 의미를 가지고 있는 언어 기호 형태의 촉발과 주체의 능동적 활동이 합쳐서 새로운 의미 체제가 생기는 현상이 독서에 있어서 이해다"(정동화 외, 1984: 265).

으로 본다. 이런 분석-결합이 텍스트의 이해를 가능하게 하는 것으로 본다. 이러한 접근은 교재를 잘 분석하고 결합할 수 있게 교재의 구성을 의도적이고 체계적으로 구성할 것[13]을 강조하게 된다. 또한 읽기 지도를 위하여 텍스트의 구성 요소와 표현 방법을 세부적으로 분석하고, 이를 학습의 내용으로 삼는다.

넷째는 텍스트 이해에 필요한 기능을 세분화한다[14]. 독자는 읽기 과정에 필요한 여러 가지 기능이 필요하다고 보고, 이를 세부적으로 나누어 지도함으로써 읽기 능력이 향상될 것이라는 전제를 가진다. 읽기 기능에 대한 세분화된 접근은 루델(Ruddell, 1974)과 바렛(Barrett, 1976)의 논의를 들 수 있다. 루델(1974)은 이해의 기능을 이해의 세부 사항, 줄거리, 원인과 결과, 중심 생각, 결과와 예측, 가치화, 문제해결 등 7가지[15]로 나누었다. 바렛(1976)도 읽기의 기능을 축어적 재인 및 회상, 재조직, 추론, 평가, 감상 등으로 분류[16]하였다. 이러한 기능의 분류는

---

13) 교재를 구성하는 방법으로 저자가 구성하는 것, 학습자와 교사가 구성하는 것, 통합된 교수 계획의 일부로 구성하는 것 등(정동화 외, 1984: 289)을 들고 있다. 이렇게 교재의 구성을 강조하는 것은 교재의 분석이 효과적으로 이루어져야 함을 전제하는 것이다.

14) 행동주의 관점에서의 접근은 인간의 정신 기능을 세분화하던 읽기의 기능 연구와 세분화된 인간의 기능을 지도하면 인간의 능력이 향상되리라고 보는 읽기 기능 중심의 읽기 지도의 연구가 이루어졌고, 이들이 교수-학습에 반영되었다(박수자, 2001: 26).

15) Ruddell의 이해 기능(노명완 외, 1994: 176)

1. 세부사항 - ①확인 ②비교 ③분류 2. 줄거리 3. 원인과 결과 4. 중심 생각
5. 결과와 예측 6. 가치화 - ①개인적 판단 ②인물의 특성 확인 ③작자의 동기 확인
7. 문제해결

16) Barrett의 읽기 기능(노명완, 1988: 175).

1. 축어적 재인 및 회상: ①세분 내용에 대한 재인 및 회상 ② 중심 생각의 재인 또는 회상 ③ 줄거리의 재인 또는 회상 ④비교의 재인 또는 회상 ⑤원인과 결과에 대한 재인 또는 회상 ⑥인물의 특성에 대한 재인 또는 회상
2. 재조직: ①유목화 ②개요 ③요약 ④종합
3. 추론: ①뒷받침이 되는 세분 내용 추론 ②중심 생각 추론 ③줄거리 주론 ④비교 추론 ⑤원인과 결과 관계 추론 ⑥인물의 특성 추론 ⑦결과 예측 ⑧비유적 언어 해석
4. 평가: ①현실과 환상의 판단 ②사실과 의견의 판단 ③정확성과 타당성의 판단 ④적절성의 판단 ⑤수용 가능성의 판단
5. 감상: ① 주제나 구성에 대한 정의적 반응 ②인물이나 사건에 대한 공감 ③자기가

하나의 절차로 작용하여 전체 텍스트의 내용과 의미를 이해하는 과정으로 생각할 수도 있다.

다섯째는 부분에서 전체로 접근하는 방식을 취한다. 텍스트 이해 지도의 관점에서 보면, 텍스트의 내용 파악을 부분에서 전체적으로 나아가는 방법을 사용한다. 이러한 접근 방법은 읽기의 일반적인 방법이라 할 수 있지만, 행동주의 관점에서의 특징은 각 부분의 내용을 파악하여 결합하면 텍스트의 내용 전체를 파악할 수 있다고 전제한 것이다. 그러면서 행동주의 심리학의 관점은 전체에 대한 배려보다는 부분에 관심을 더 많이 두었던 것이 특징이라 할 수 있다. 이러한 접근 방법은 어휘나 구절의 의미 파악을 중요하게 생각하는 텍스트 이해 지도의 접근이 이루어지도록 했다.

행동주의를 바탕으로 한 접근은 텍스트를 읽어서 찾아내야 할 내용과 의미가 정해져 있다고 보며, 학습자는 교사가 유도하는 대로 따라가면 내용과 의미에 도달하는 것으로 설명한다. 교수 방법은 잘 조직된 프로그램을 통한 반복적 학습이다. 텍스트 이해 교육에 대한 행동주의의 영향 요소는 단위 활동 목표의 제시, 학습 내용의 세분화, 적절한 단계화, 교수-학습 과정 체계화 등이다.

2) 인지심리학

형태심리학과 정보처리이론을 포함하여, 인지심리학은 인간 사고의 내적 작용 구조를 탐구하여 사람의 마음 작용 과정을 설명하려고 한다. 이들 세 학문을 한 영역으로 볼 수 없을 수도 있지만 이들의 주요 관심 영역이 인지 작용이라는 데에서 맞닿는 부분이 있다. 형태심리학의 전체에서 부분으로 파악하는 관점과 정보처리 이론의 문제 해결 절차에 대한 관점은 인지심리학의 연구 대상과 관련된 것이 많다. 정보처리 이론과 인지심리학은 인지 작용에 대한 탐구로서 서로 영향 관계를 주

사용한 언어에 대한 반응 ④심상

고받으면서 발전하는 관계에 있다고 할 수 있다.

인지심리학 관점에서의 논의는 읽기 활동을 설명하는 최근 관점의 근간을 이루고 있다. 이 관점에서는 독해가 독자의 배경지식이나 스키마에 의존하여 일어나는 것으로 보며, 텍스트 이해 과정을 문제 해결 과정으로 본다. 텍스트 이해를 문제 해결로 봄으로써 텍스트 이해 교육의 내용을 독자가 이해의 각 과정에서 부딪히는 문제를 해결하기 위한 기능/전략으로 보게 하였다[17]. 읽기 지도 내용이 인지적인 기능/전략이라는 관점은 읽기 교육의 관심이 텍스트에서 인지 활동으로 변화한 것을 의미하기도 한다. 특히 인지 심리학의 연구는 텍스트 이해 교육의 내용을 기능/전략이라고 함으로써 교수-학습 방법[18]의 측면에서 변화를 가져왔다.

인지적 관점에서의 텍스트 이해의 설명 방식은 토마스(Thomas, 1996: 193~196)에 따르면 크게 세 가지 형태를 띠고 있다. 첫째는 스키마 이론(schema theory)으로 텍스트의 이해가 독자의 배경지식을 바탕으로 일어난다는 것이다. 이 배경지식은 독자가 텍스트를 읽는 데 기본이 되는 것으로 스키마로 대표된다. 읽기 과정은 독자의 마음속에 있는 기존의 스키마를 바탕으로 예상과 점검과 추론의 과정을 거쳐 이루어지는 것으로 본다.

둘째는 심상 모형(mental model)으로 독자가 텍스트를 읽으면 텍스트의 내용이 이미지(심상)가 되어 독자의 마음속에 떠오른다는 것이다. 즉 텍스트 이해는 기호를 통하여 독자의 마음속에 심상을 형성함으로써

---

17) 흔히 읽기 교육을 글의 내용을 학습하는 것으로 잘못 알고, 내용을 중심으로 가르치기도 하는데, 이는 읽기 교육의 결과 학생이 자신의 삶 속에서 수행하는 읽기 형태이지, 학교에서 학습할 것이 아니다. 읽기 교육은 학생이 장차 다양한 삶의 현장에서 자신에게 필요한 내용을 적절하게 찾아 읽고 이해할 수 있도록 다양한 읽기 방법을 학습시키는 것이다(최현섭 외, 1999: 268). 여기서 말하는 '읽기 방법'은 텍스트의 내용을 텍스트의 조건에 맞추어 이해하는 데 필요한 '읽기 기능'과 독자의 필요에 맞추어 이해하는 데 필요한 '읽기 전략'을 의미한다고 할 수 있다.

18) 인지적인 읽기 기능/전략을 가르치기 위한 방법으로 개발된 교수 모형은 직접 교수법, 상보적 교수법, 현시적 교수법 등과 같은 것이 있다.

이루어진다는 것이다(Timothy etal, 1991). 심상 모형은 두 가지 형태를 가지는데 작동 심상 모형(A working mental model)과 단위 심상 모형(A passage mental model)이다. 작동 심상 모형은 텍스트를 읽는 과정에서 심상을 구성하는 것이고, 단위 심상 모형은 각 부분의 내용이 결합되어 전체 텍스트에 대한 심상을 구성하는 것이다. 심상 모형은 주로 이야기 글에 적용된다고 할 수 있다.

셋째는 명제 표상 이론(propositional theory)으로 텍스트의 내용을 명제 단위로 나누어 명제들을 구조화시킴으로써 내용을 파악할 수 있다고 본다. 하나의 명제는 하나의 정보에 대한 진술로서 독자가 텍스트를 읽으면서 텍스트의 진술을 명제들로 변형시키는 것으로 본다. 이러한 명제들은 구조를 생성하는 규칙에 의하여 구조를 이룬다. 텍스트의 구조에서 상층에 있는 보편적인 명제들은 하층의 구체적인 명제들보다 잘 회상된다는 것이다. 또한 텍스트 구조의 상층에 속하는 중심 생각과 그 하층에 속하는 세부 내용을 잘 찾을 수 있는 독자는 그렇지 못한 독자보다 텍스트의 정보를 더 잘 이해하고 기억한다고 한다. 텍스트 이해에 대한 명제 표상 이론은 텍스트에 제시된 정보를 중심으로 하기 때문에 텍스트 이해에 대한 설명에서 독자의 역할이 줄어드는 경향을 보인다[19]. 즉 텍스트가 잘 조직되어 있으면 이해가 쉽고 텍스트의 조직이 구조화되어 있지 않으면 이해가 어렵다고 할 수 있다.

이들 세 읽기 모형은 읽기 과정을 통하여 텍스트 내용을 독자가 어떻게 마음속에 표상하게 되는가에 대한 구체적인 이해를 하게 한다. 이들 모형은 텍스트의 내용 파악을 위한 접근을 주로 하고 있는데, 이는 텍스

---

19) Kintch와 van dijk는 이런 명제 모델이 가지는 단점을 세 가지 지적하고 있다. 첫째, 이 모델은 텍스트 자체가 아니라 명제들의 연속체라는 형태로서의 텍스트 베이스에 바탕을 두고 있다. 이 모델은 텍스트가 이미 명제들로 세분된 후에 발생하는 과정을 기술 할 뿐이다. 따라서 텍스트 베이스를 형성하기 위해서 발생하는 담화 이해 과정은 다루지 않는다. 둘째, 독자들이 텍스트에서 제공되지 않는 정보에 근거하여 추론을 해야 하는지가 명확치 않다. 셋째, 이 모델에서는 텍스트를 읽기 전에 독자가 가지고 있는 지식이 고려되지 않고 있다(이원표 역, 1999: 312~313).

트의 내용 파악을 통하여 의미 이해에 이르게 된다고 전제하는 것이라 할 수 있다. 텍스트 이해에 대한 인지심리학적인 접근은 스키마의 중요성을 제기함으로써 읽기 전 활동(배경지식 활성화)을 강조하고 있으며, 학습 활동이 과정을 통하여 이루어진다고 본다. 읽기 교육에서 학습 내용은 구체적인 읽기 기능/전략들이고(최현섭 외, 1999: 268), 교수 방법으로 추론 이론, 텍스트 구조화 이론, 초인지 이론을 제기하기도 한다(박수자, 2001).

텍스트 이해 교육에 대한 인지심리학적 접근의 몇 가지 특징을 비판적인 관점에서 보면 다음과 같다. 첫째, 텍스트 이해의 과정을 전 · 중 · 후로 나누어 각 과정에 따른 기능/전략을 강조한다. 기능/전략의 강조는 행동주의가 학습 활동 전에 활동 목표를 분명히 해야 하는 것과 유사하다. 즉 텍스트 이해의 각 과정에서 필요한 기능/전략을 익혀야 하는 것으로 보고, 학습 목표나 이해 기능/전략에 학습자를 집중하게 함으로써 텍스트가 지닌 전체적인 의미가 소홀하게 취급된다.

둘째, 이해를 사고 과정 속에서의 문제 해결로 봄으로써 읽기 교육의 내용을 기능/전략이라고 본다. 이것은 7차 읽기 교육 과정의 내용을 보면 알 수 있다. 인지적 문제 해결을 위한 기능/전략은 텍스트 이해 과정에서 사고의 조작적 활동을 강조하게 한다. 그래서 읽기 교육은 사고 교육의 한 갈래인 것처럼 생각하게 한다. 이러한 관점은 읽기 교육의 특성을 분명히 하지 못하는 면이 있다.

셋째, 텍스트 이해에서 독자의 역할을 강조하는 면에서 스키마를 중요시한다. 독자가 텍스트를 이해할 수 있는 것은 독자가 이미 가지고 있는 스키마의 작용 때문이라는 것이다. 스키마의 강조는 텍스트 이해가 독자 중심으로 이루어져야 함을 강조하는 것으로써 텍스트에 대한 주관적인 이해를 돕는다.

넷째, 독자의 인지 외적인 활동을 경시한 면이 있다. 텍스트 이해에 있어 인지와 직접 관련되지 않은 정서나 맥락, 텍스트, 독자의 사유 활동을 도외시하였다. 이것은 인지적인 관점이 인지에 대한 구체적인 연구 결과물에 의존했기 때문이라고 할 수 있다. 인지 외적 요소에 대한 경시는 텍스트의 확장적인 이해나 심미적인 이해, 텍스트 의미와 독자의 생각과의 상호작용을 방해하는 요인이 되었다.

다섯째, 텍스트 이해가 독자의 배경지식을 바탕으로 이루어진다는 관점에서 학습자 외부 환경 조건을 무시하는 경향이 있다. 텍스트 이해가 독자 주도적으로 이루어진다는 관점에서 텍스트 이해에 작용하는 사회 · 문화 · 전통 · 역사 · 가치관 등의 역할이 도외시되었다.

여섯째, 텍스트 이해 지도에서 독자 간의 상호작용 역할에 대한 의미부여가 미흡하다. 텍스트의 이해는 다른 사람과의 상호작용을 바탕으로 확장될 수 있는 여지가 많이 있다. 그러나 상호작용이 상호주관적인 관점에서 이루어지느냐 주관적인 관점에서 이루어지느냐에 따라 이해의 폭이 달라진다. 인지적 관점에서는 배경지식에 의한 주관적인 이해를 강조했기 때문에 상호작용을 통한 확장적인 이해를 돕지 못했다.

일곱째, 텍스트의 내용보다는 읽는 방법을 강조함으로써 정전에 대한 학습자의 공유를 무시한 면이 있다. 학교의 교과서는 정전의 성격이 있어 같은 교육과정기의 학습자들이 함께 공유할 수 있는 텍스트의 내용이 있다고 할 수 있는데 인지적인 접근은 텍스트 내용에 대한 기억을 경시한다.

여덟째, 텍스트의 내용이 독자의 마음과 삶에 작용할 수 있는 관점을 제시하지 못했다. 텍스트의 기호 해독을 통하여 내용을 표상하고, 기억 · 회상에 관심의 중점이 놓여 있었기 때문에 텍스트의 의미가 학습자의 마음에 작용해야 한다는 교육적인 관점을 소홀히 한 측면이 있다.

텍스트 이해에 대한 인지적인 접근은 작금의 읽기 교육에 많은 영향을 주고 있다. 이것은 인지적인 관점이 텍스트 이해에 타당한 설명을 제공했기 때문이라 할 수 있다. 그럼에도 불구하고 인지적인 관점은 위와 같은 한계를 가지고 있다. 이러한 한계는 다른 학문의 관점을 취함으로써 극복할 수 있다고 본다.

3) 정신분석학

정신분석학은 사람의 심층적인 심리 작용에 대한 탐구로 텍스트 이해 이론의 특성을 포함하고 있다. 정신분석을 텍스트 이해와 관련하여 생각하여 보면 정신 분석가(상담자)는 피상담자의 텍스트를 수용하여 분석을 하고 텍스트에 대한 해석을 통하여 처방과 진단(이해)을 하게 된다. 다시 말하면, 정신분석가는 피상담자의 말을 듣고, 말한 내용을 인식하여 해석함으로써 그 의미를 찾아내게 되는데 이러한 과정은 독자의 텍스트 이해 과정과 크게 다르지 않다. 정신분석학의 관점에서 문학비평적인 논의는 이루어지고 있으나 텍스트 이해 교육에서의 접근은 이루어지고 있지 않다.

프로이드의 정신분석학 연구에서 보면, 인간의 마음의 구조는 무한한 의미의 보고인 무의식(id)과 무의식을 조절하여 의미가 드러나도록 하는 의식(ego: 자아), 그리고 이들의 활동을 통제하는 초의식(superego: 초자아)으로 이루어져 있다. 이들은 독자의 텍스트의 내용 인식과 이해에 작용한다. 즉 독자는 기호를 통하여 의식적으로 내용을 파악해 가고 있지만 그 이면에는 무의식(id)이나 초의식(superego)이 함께 작용하는 것으로 설명할 수 있다. 또한 한 편의 텍스트는 저자의 의식적인 표현들로 되어 있지만 그 심층에는 무의식적인 내용이나 의미들이 함께 들어 있는데, 읽기는 이들을 찾아내어 이해하는 것이라 할 수 있다.

융의 집단 무의식의 문제도 우리가 텍스트의 의미를 이해하는 과정을 설명하는 데 타당성을 갖는다. 독자의 세계는 자신만의 의식 세계를 통하여 텍스트를 이해하는 것은 아니다. 각 개인이 속해있는 집단의 사회의 전통적인 무의식들이 함께 작용하여 텍스트를 이해하게 한다. 예를 들어, 텍스트에 '용(龍)'에 대한 이야기가 나온다고 하자. 독자는 책 속의 용을 본 일도 없고, 또한 그 용은 세상에 존재하지도 않는다. 그렇지만 텍스트에 나온 용의 이야기를 보면, 독자는 그것이 좋은 일이 일어날 징조를 나타낸다는 것을 무의식적으로 파악한다. 이러한 상징적인 문제뿐만 아니라, 텍스트의 형식적인 문제나 담화의 관습의 문제를 독자는 무의식적으로 인식하고 이들의 의미를 파악하고 있는데 이것은 읽기 이해에 작용하는 무의식의 문제일 수 있다.

이러한 관점은 라캉에서도 찾아 볼 수 있다. 라캉의 설명에 따르면, 기표는 의식의 차원에서 활동하는 것이지만 기의는 무의식의 차원에 존재한다. 즉 독자는 의식의 차원에서 기표를 지각하고 무의식의 차원에 있는 기의를 찾는 것이다(김형효, 1999: 252~268). 여기서 기표를 텍스트의 기호(내용)로 보고, 기의는 의미로 바꾸어 볼 수 있다. 텍스트의 기호와 의미의 관계에서 보면 의미는 무의식과 같이 텍스트의 심층에서 작용하기 때문에 쉽게 파악될 수 없다. 또한 기호와 관련하여 내용과 의미를 보면, 기호는 하나이지만 그 하나의 기호가 드러내는 내용과 의미는 하나일 수 없다[20]. 즉 기호를 통하여 독자가 찾아낼 수 있는 내용과 의미는 여러 가지로 나타날 수 있는 것이다.

텍스트 이해에 적용할 수 있는 정신분석학의 몇 가지 개념을 들면, '고정지점'과 '전이와 역전이', '동일시' 등등이 있다. 고정지점이라는 것은 피상담자의 말에 대한 의미를 파악하기 위해서 상담자는 그 말들을 이해할 수 있는 단서가 필요하다. 상담자는 이 단서들을 이용하여 피상담자의 말에 접근할 수 있게 된다. 즉 환자의 말은 기표와 기의가 분리된 형태로 존재할 수 있는데, 그 사이에 연결점이 필요하다는 것이다. 그 연결점을 라캉은 쿠션(소파)의 단추(le capiton)라고 비유적으로 표현한다(김형효, 1999: 264). 이 고정지점은 텍스트의 내용에 다가갈 수 있는 지점이면서 통로가 될 수 있다. 독자가 텍스트를 이해하는 데 있어서 고정지점을 많이 가지고 있으면 텍스트는 쉽게 이해되고, 적으면 이해하기 어렵게 된다고 할 수 있다.

전이라는 개념은 상담자가 피상담자의 상황에 대하여 공감하는 것을 의미한다. 상담자가 피상담자에 대하여 공감하게 될 때, 피상담자의 상

---

20) 기표와 기의의 이러한 관계를 「$\frac{S}{s(s1, s2, s3 \cdots sn)}$」로 나타낸다(김형효, 1999: 266).

태를 잘 인식할 수 있다. 상담자는 전이된 내용을 바탕으로 내용을 분석함으로써 피상담자에 대한 정보를 잘 찾을 수 있다. 역전이의 개념은 상담자의 마음 상태가 환자에게 전달되는 것을 의미한다. 이것도 텍스트의 이해 과정에 그대로 적용될 수 있는 특징을 갖는다. 즉 텍스트(또는 저자)를 환자의 위치에 놓고 독자를 상담자로 대치할 수 있다. 이것은 텍스트에 대한 독자의 의미 부여와 상통한다.

동일시는 어떤 사람에 대하여 자신이 똑같게 느끼는 것인데 이 개념도 이해에 중요한 단서를 제공하는 역할을 할 수 있다. 내용을 전개하는 필자의 입장에 대한 독자의 동일시나 내용(주요 인물)에 대한 동일시도 의미 이해에 중요하게 작용할 수 있다.

텍스트 이해에 대한 정신분석학적인 접근은 작가의 표현과 작품 자체, 독자의 이해의 무의식의 문제, 상징적인 의미 작용의 문제, 집단적인 무의식과 원형의 문제, 인간의 본능적 성욕(리비도)의 작용 문제 등을 텍스트 이해의 요인으로 활용할 수 있는 논점을 제시하고 있다. 텍스트 이해 교육에서는 아직 이에 대한 인식이 거의 이루어지고 있지 못한 상태이며, 문학 비평에서 제한적으로 원용되는 경향이 있다. 텍스트 이해 교육에서 정신분석학적 연구 결과나 용어의 개념, 상담 원리들을 활용한 논의의 확장이 필요하다.

정신분석학의 관점에서 텍스트 이해 과정은 의식적인 면에서 작용하는 기호를 통한 내용에 대한 접근과 무의식적인 면에서 존재하는 의미의 접근으로 이루어진다. 즉 텍스트를 이해하기 위해서는 의식의 차원으로 표현된 내용 인식을 바탕으로 무의식의 차원에서 작용하는 의미를 해석하는 과정으로 이루어진다. 텍스트 이해에 대한 심리학적인 접근이 주로 기호 작용을 통한 내용 파악에 대한 접근이었다면, 정신분석학의 관점은 텍스트의 의미 이해에 대한 접근으로 발전할 수 있도록 하는 면이 있다.

3. 기호학과 텍스트의 의미 작용

텍스트의 내용은 텍스트 속에 나열된 기호를 통하여 드러난다. 기호는 내용을 드러내는 매개체인데, 이 기호를 어떻게 보는가에 따라 내용에 접근하는 방식이 달라진다. 즉 기호를 보는 관점은 텍스트를 통하여 의미를 이해하는 방식에까지 영향을 준다고 할 수 있다. 기호를 보는 관점은 이분법과 삼분법으로 크게 나눌 수 있다. 이분법으로 보는 학자는 소쉬르와 라캉, 바르트 등이 있고, 삼분법으로 나누는 학자들은 퍼스, 오그덴과 리차즈 등이 있다.

1) 기호의 이분법적 접근

기호를 이분법으로 보는 학자들은 서로 공통점과 차이점을 갖는다. 이들의 공통점은 기호를 기표와 기의로 나누는 것이다. 그러나 기표와 기의를 합쳐진 하나로 보느냐, 아니면 기표가 독립된 형태로 기호를 이루고 있고, 기의는 따로 존재하는 것으로 보느냐 하는 것에서 차이점을 드러낸다. 소쉬르는 기호 속에 내용이 내포되어 있는 것으로 본다. 즉 기표와 기의는 기호 속에서 서로 붙어 있는 형태(최승언 역, 1990: 83~85)를 갖는데, 이것은 기호가 내용을 그대로 드러내는 것으로 보는 것과 같다. 기호를 이렇게 보면, 기호는 기의를 포함하고 있는 것이기 때문에 기호를 읽는 것으로 내용을 파악하여 이해할 수 있다고 보는 것이다. 반면 텍스트 이해가 잘 되지 않는 것은 기호를 잘 읽지 못하여 생기는 것으로 본다. 그래서 텍스트를 잘 이해하기 위해서는 글자를 소리 내어 읽든가, 글자를 암기하면 이해가 일어난다는 가정이 성립될 수 있다. 여기서 외우기는 기호의 '가치'의 측면에서 다시 생각하여 볼 수 있다. 기호의 가치는 기호들의 관계 속에서 드러난다고 보기 때문에 전체 텍스트 암기는 내용을 잘 파악하기 위한 조건이 된다고 할 수 있다. 그러나 텍스트를 유창하게 읽고, 텍스트를 암기하였다고 해서 텍스트의 내용을 이해했다고 할 수 있을지 의문이다.

기호에 대한 라캉의 관점은 소쉬르와 다르다. 라캉은 기표와 기의 관계를 완전 분리된 형태로 본다. 즉 기표와 기의는 서로 관계가 없는 형태로 존재한다(임진수, 1996: 8~9)고 본다. 소쉬르는 기호의 기표(s)와 기의(s′) 관계를 $\frac{s}{s'}$로 나타내는데, 기표와 기의를 나누는 가운데 선(−)은 기표와 기의를 구분하는 선이기는 하지만 의미는 없다(최승언 역, 1990: 83~85). 그래서 기표와 기의는 서로 구분되어 존재하는 것이기는 하지만 분리되지 않는다. 이와 달리 라캉은 기표와 기의의 분리를 주장한다. 즉 가운데 선(−)은 기표와 기의를 가르는 역할을 하는 것으로 본다(김형효, 1999: 259). 그래서 기표가 기의를 드러내기 위해서는 기표와 기의가 일치하는 점이 있어야만 가능하다고 설명한다. 라캉은 기표와 기의의 관계를 소파의 외부 직물과 내부 구조물과의 관계로 예를 들어 설명한다. 기표인 외부 직물이 기의인 내부 구조물을 싸고 있는데 이들은 서로 다른 것이다 그렇지만 소파의 내부 구조물과 외부 직물이 따로 분리되어 움직이지 않게 하는 고정점(소파 등[背]의 고정지점−김형효, 1999: 264)이 있어서 소파의 형태를 유지한다. 라캉은 이 고정점을 기표와 기의를 연결해 주는 것에 비유한다. 즉 기표를 통하여 기의에 다가가기 위해서는 기표와 기의를 연결하여 주는 고정점에 해당하는 접점이 필요하다는 것이다.

기표와 기의를 기호와 내용으로 확대하여 보면, 텍스트를 이루고 있는 기호들은 텍스트 속에 들어 있는 내용을 싸고 있는 포장 직물이다. 독자가 기표인 직물을 통하여 구조물인 내용에 접근하려면 여러 개의 접점이 필요하다. 독자는 접점이 많을수록 텍스트의 내용에 쉽게 파악하고, 접점이 적으면 내용을 파악하기 어렵다고 할 수 있다. 이것은 텍스트의 내용이 기호를 유창하게 읽는다거나 모두 외운다고 해결되는 것이 아니라는 것을 나타낸다. 기호를 통하여 내용에 다가가기 위해서는 독자는 많은 접점을 가질 필요가 있다.

라캉의 이러한 기표와 기의에 대한 설명은 기표와 기의의 관계를 끝없이 차연의 관계로 설명하는 데리다와도 상통한다. 데리다는 기표를 통하여 완전한 기의를 드러낸다는 것은 불가능한 것으로 본다. 기표는 기의의 일부분을 지칭하기 때문에 기의를 완전히 드러내기 위해서는 많은 기표가 존재해야 한다고 본다(김성곤, 1990: 19~21). 그러면서 기표들은 서로 같은 것을 지칭하면서도 다른 형태를 가지기 때문에 서로가 서로를 지칭하는 형태를 띄게 되는 형상을 하게 된다. 그래서 기의를 드러내려고 하는 많은 기표들이 기의 위를 떠다니기는 하지만 기의를 완전히 드러내지 못하고 계속 차연의 과정을 거치게 된다는 것이다. 이러한 기표와 기의 개념은 텍스트가 다른 텍스트와 상호텍스트적인 관계(inter－textuality)나 범텍스트적 관계(pan－textuality)를 형성하고 있다(김성곤, 1990: 20)는 논의를 성립시킨다.

기표와 기의의 관계를 이렇게 보는 것은 기호가 내용을 곧바로 드러내기 어렵다는 것을 의미한다. 즉 기표가 기의 위에서 미끄러지기 때문에 기호는 내용과 분리되어 있어 이들을 연결시킬 도구가 필요함을 의미한다. 따라서 라캉과 데리다의 기호론적인 입장에서 보면 텍스트 내용의 이해는 단순히 기호를 해독하는 것만으로는 다가가기 어렵다. 독자는 텍스트를 읽으면서 곧바로 내용과 의미에 다가갈 수 없고, 기호가 나타내는 내용과 의미를 이해하기 위해서는 해석해야 하고, 해석하기 위해서는 다른 관련된 자료를 참조해야 함을 내포하고 있다고 할 수 있다. 의미에 다가갈 수 있는 접점을 만든다든가 차연되고 있는 의미와 마주 서기 위해서는 또 다른 관련된 의미들을 지니고 있는 기호(다른 텍스트)의 참조는 필연적이라고 할 수 있다.

기호에 대한 바르트의 생각을 보아도 이와 비슷하다. 기호에 대한 바르트의 입장을 보면, 소쉬르의 기호에 대한 관점을 기반으로 하지만 변형된 형태를 지닌다[21]. 바르트의 기호관은 기호가 기표와 기의 관계

21) 바르트의 기호관은 언어적인 기호만이 아니라 이미지나 복식(服飾)에 대한 기호 작용

로 이루어진 것으로 보면서, 기표와 기의로 이루어진 기호는 한 번에 의미를 드러내는 것으로 보지 않는다. 실제 체계에서 기표와 기의로 이루어진 기호는 외시(메타언어)면에서 다시 기표와 기의 관계를 형성한다. 외시에서의 기호는 다시 공시적으로 기표(수사적 표현)와 기의(이데올로기)를 형성하는 것으로 설명한다[22]. 기호에 대한 이러한 설명은 기호를 통한 의미의 작용은 실제적인 수준에서 끝나는 것이 아니라 더 깊은 의미의 층을 형성하고 있음을 드러내는 것이기도 하다. 이것은 단순히 기호만으로 의미를 모두 드러낼 수 없고 기호에 대한 해석의 필요성을 강조하는 것이다.

2) 기호의 삼분법적인 접근

기호에 대한 삼분법적인 접근으로 퍼스의 생각을 먼저 보면 퍼스는 기호(Sign)와 대상(Object)과 해석체(Interpretation)[23]와의 관계로 기호 체계를 설명한다. 기호는 대상을 지칭하는 것이고 기호를 통하여 대상을 인식하기 위해서는 해석을 한다는 것이다. 삼분법에서는 이들의 관계를 기호의 작용 과정으로 보고 있는데, 기호는 그 기호를 보는 사람이 기호가 지칭하는 대상을 마음속에 떠올리게 한다. 이 때 기호가 가리키고 있는 대상과 기호를 보는 사람의 마음속에 생긴 대상은 일치하지 않는다. 그래서 기호를 보고 마음속에 떠오른 대상과 기호가 가리키는 대상과의 관계를 상정하는 해석이 필요한 것이다. 기호를 보고 대상일

등으로 넓혀서 보는 관점을 가지는 특징이 있지만 언어적인 것이 기본이라 할 수 있다.

22) 바르트의 기호 모형 도식(서정철, 1999:383)

<table>
<tr><td>①공시</td><td colspan="3">기표(수사적 표현)</td><td>기의(이데올로기)</td></tr>
<tr><td>②외시(메타언어)</td><td colspan="2">기표</td><td>기의</td><td></td></tr>
<tr><td>③실제 체계</td><td>기표</td><td>기의</td><td></td><td></td></tr>
</table>

23) 해석체(interpretation)는 사람이 기호를 보고 마음속에 떠올린 대상체를 의미한다. 이 해석체는 몇 가지의 해석소로 이루어졌다고 할 수 있는데, 이 해석소가 종합적으로 결합된 것이 해석체이다. 사람이 기호를 보고 몇 가지 해석소를 활용하여 해석체를 만드는 활동을 해석이라 할 수 있다.

것이라고 상정한 해석체는 다양할 수밖에 없다. 이런 관계를 위트(Witte, 1992)는 무한의 해석 작용이 일어나는 것으로 설명한다.

이들 관계를 텍스트와 관련시켜 생각하여 보면, 텍스트의 내용은 텍스트 자체가 지닌 것이 있고, 독자가 기호를 보고 텍스트의 내용일 것이라고 해석하여 마음속에 떠올린 것이 있다. 이 때 독자가 기호를 해석하여 마음속에 생성시킨 내용은 해석하기에 따라 다를 수 있고, 독자마다 다를 수 있다. 때문에 기호를 통하여 독자가 해석한 내용과 텍스트 자체의 내용이 다를 수 있다. 이것은 기호를 통한 텍스트 이해가 텍스트에 대한 충분한 해석을 통하여 일어난다는 것을 의미하는 것이기도 하다.

기호의 삼분법을 제시하는 또 다른 학자는 오그덴과 리차즈(1946)를 들 수 있다. 이들은 기호의 관계를 상징(symbol)과 지시물(referent) 그리고 사고나 지시(thought or reference)로 구분한다(임지룡, 1999). 이들도 퍼스와 같이 기호(symbol)를 인식 작용적인 면에서 접근하여, 기호를 통하여 지시 대상을 떠올리는 것으로 본다. 기호를 보고 떠올리는 지시 대상에 대한 생각은 퍼스와 동일한 해석적인 것으로 보고 있다. 기호의 해석은 기호에 대한 심리적 반응으로 과거의 경험과 현재의 경험에 의하여 결정되는 것으로 설명한다(김봉주 역, 1986: 47~49).

기호에 대한 삼분법적인 설명은 사람의 기호 인식 작용에 초점이 놓여 있다. 기호에 대한 인식 작용은 기호에 대한 해석으로 마음속에 기호가 지시하는 대상을 떠올리는 것이다. 텍스트 이해와 관련하여 보면, 독자는 읽으면서 텍스트의 기호가 지시하는 대상을 마음속에 떠올린다. 그 대상은 해석 작용을 통하여 생겨난 것으로서 텍스트의 기호가 지시하고 있는 대상과 일치하는 것이 아니고, 독자가 자신의 경험 세계를 바탕으로 인식된 대상이다.

요컨대 텍스트의 내용은 기호를 통하여 드러나는 것이 분명하지만 기호를 해석함으로써 얻어지는 것이다. 텍스트가 지닌 내용은 필자의 의미 체계와 관계를 형성하고 있는 것으로, 이것은 독자의 해석 작용을 바탕으로 새롭게 구성된다. 이 말은 독자가 텍스트의 내용에 접근하기 위해서는 기호를 통해야 하지만, 기호에 대한 '해석'을 통하여 접근해야 함을 뜻한다. 또한 이것은 해석으로 만들어지는 텍스트의 내용이 다양해질 수밖에 없음을 전제하는 것이기도 하다.

텍스트에서 기호와 내용이 분리되어 존재한다는 인식은 텍스트의 이해에 대한 접근 방식이 단순히 기호만 읽어서 의미를 알 수 없다는 것을 뜻하는 것이다. 이것은 기호를 읽고 그 속에 포함된 내용을 파악하기 위해서는 독자의 노력이 필요함을 의미한다. 그러나 텍스트에 포함된 내용에 접근하는 방법은 기호를 통해서만 가능한 것이기도 하다. 즉 텍스트에 제시된 기호를 통하지 않고서는 텍스트에 내재하여 있는 내용을 파악하기는 불가능하다. 그렇기 때문에 기호와 내용은 불가분의 관계가 있는 것처럼 여겨질 수밖에 없고, 기호가 내용인 것처럼 생각되는 것은 당연한 일인지도 모른다. 그래서 내용과 기호는 가깝고도 먼 관계를 유지하고 있다고 할 수 있다.

텍스트 내용의 이해를 기호학에서 보면, 독자가 기호로 표현된 대상을 파악하는 것은 해석과 접점과 같은 기제들을 사용하여 파악하는 것으로 볼 수 있다. 해석이나 접점들은 독자가 가지고 있는 배경지식일 수도 있고, 텍스트와 관련된 다른 텍스트들일 수도 있다. 그렇기 때문에 읽기의 능력은 해석을 가능하게 하고, 내용에 다가갈 수 있는 접점을 만들어 주는 여러 텍스트를 다양하게 활용할 수 있는 능력이라 할 수 있다.

지금까지의 텍스트 이해 교육에서는 이들 관점을 모두 반영한 측면이 있다고 할 수 있으나 소쉬르의 관점이 지배적이었다고 본다. 그래서 텍스트는 그 기호적인 분석만 잘 하면 이해할 수 있다는 관점이 지배적이었다. 그렇지만 텍스트의 이해는 기호 분석[decoding]만으로는 해결되지 않는 면이 많이 있다. 그것은 텍스트를 기호를 통해 해석적으로 접근해야 의미 이해가 가능함을 의미한다.

4. 언어학과 텍스트의 의미 구조

언어학은 기호를 통한 내용의 표현과 인식에 관계된 학문이다. 때문에 텍스트의 내용을 독자가 어떻게 인식하고 이해하는가에 시사하는 바가 있다. 텍스트가 내용을 어떻게 포함하고 있으며 어떻게 드러내는가에 대한 언어학적인 관점은 텍스트 내용 파악의 방법과 텍스트 이해 교육의 접근 방법을 결정한다. 즉 텍스트의 내용이 어떻게 기호를 통하여 표현되고, 인식되는가 하는 관점의 차이는 텍스트 이해의 접근을 달리하는 요인이 된다. 여기서는 구조주의 언어학의 관점과 변형생성문법의 관점, 텍스트언어학의 관점에서 내용 표현과 인식의 문제를 살펴본다.

1) 구조주의 언어학

구조주의 언어학은 소쉬르의 '일반언어학 강의'의 관점을 의미한다. 소쉬르는 언어학을 정립하기 위하여 언어활동(langage)을 랑그(langue)와 파롤(parole)로 나누어 나누었다(최승언 역, 1990). 랑그는 언어활동에 작용하는 문법 체계를 말하는 것이고, 파롤은 랑그가 작용하여 기호가 일정한 순서로 배열되어 표출된 텍스트를 의미한다. 언어활동을 랑그와 파롤로 나눔으로써 언어학이 기존의 기록된 문자나 소리로 표현된 언어활동을 탐구하던 것에서, 사람의 마음속에 존재하는 문법 체계라고 할 수 있는 랑그에 대한 탐구로 관심을 바꾸게 하였다.

텍스트는 기호가 랑그에 맞게 배열된 것이다. 텍스트 내용은 기호에서 찾을 수 있다. 텍스트의 기호(낱말)는 기표(청각영상)와 기의(개념)로 이루어져 있어서, 기호 속에 내용이 포함되어 있다고 할 수 있다. 이것은 텍스트의 내용이 텍스트 속에 들어 있음을 의미한다[24]. 독자가 텍스

24) 기호들 간의 관계에서 나타나는 가치의 문제에서 텍스트의 내용을 생각하여 보아도 마찬가지이다. 가치는 관계된 기호들의 체계 속에서 드러난다. 가치가 내용이 될 수 있다고

트 속의 기호에서 내용을 인식할 수 있는 것은 랑그 때문이라 할 수 있다. 독자는 랑그로 기호의 배열 규칙을 인식하게 됨으로써 텍스트의 내용을 파악하게 되는 것이다.

소쉬르의 관점에서 보면, 기호는 필자와 독자가 공유하고 있는 것이 아니라 사회적인 약속에 의하여 규정된 것이다. 때문에 기호의 존재 위치는 필자와 독자의 마음 밖에 있다. 이 말은 언어 사용자는 랑그를 모두 마음속에 가지고 있는 것이지만 기호는 언어 사용자의 마음 밖 즉 사회 속에 있다는 것을 의미한다. 필자와 독자는 랑그를 이용하여 기호를 조작함으로써 텍스트를 구성하고 텍스트의 내용을 파악할 수 있다. 이런 관점에서 보면 텍스트의 내용은 독자와 떨어져 있다. 이것을 읽기와 관련하여 보면, 텍스트의 내용이 독자 밖의 텍스트 기호 속에 존재하기 때문에, 독자가 내용을 파악하기 위해서는 랑그로 파롤의 기호를 인식하는 것이 중요하다. 소쉬르의 관점에서 기호를 인식하는 방법은 기호를 청각영상화하여 개념으로 인식하는 것이다[25]. 이것은 텍스트를 소리 내어 읽는 것을 강조하는 요인이 된다.

텍스트 이해와 관련하여 좀 더 살펴보면, 텍스트의 내용은 기호에 의지해 존재하기 때문에 독자는 내용을 수용하는 측에만 놓이게 되는데, 독자는 랑그를 사용하여 기호들의 관계 구조를 파악하여 기호들의 배열에서 내용을 찾아내는 것으로 설명할 수 있다. 그러나 소쉬르의 설명에

보면, 텍스트의 내용은 기호들 사이에 존재한다. 따라서 독자가 내용을 파악하기 위해서는 기호의 체계를 바탕으로 내용을 파악할 수 있는 것이다. 가치의 측면에서 내용을 생각해 보아도 내용은 텍스트 내에 존재한다.

25) 구조주의 언어학에서 보면, 텍스트의 내용은 기호와 불가분의 관계를 형성하고 있다. 소쉬르의 기호의 관점에서 이들의 기표와 기의가 자의적인 관계라고 하지만 텍스트에 사용된 기호는 이미 기호의 기표와 기의가 사회적으로 공인되어 변하기 어렵게 된 것이다[1]. 때문에 기호를 해독하게 되면 내용을 인식할 수 있는 것으로 본다. 그래서 독자가 기호를 소리 내어 읽게 되면, 소리가 청각영상으로 받아들여져 개념을 즉각 인식할 수 있게 되고, 그 결과 텍스트의 내용을 독자가 곧바로 인식할 수 있다는 관점을 가지게 한다. 요컨대, 구조주의 언어학에서 보면, 텍스트의 내용은 기호 속에 포함되어 있는 형태를 띤다.

서는 랑그의 구체적인 형태를 알 수 없다. 다만 기호들의 관계를 분석하여 텍스트의 내용을 조직하고 파악할 수 있는 기제로 이해할 수 있다. 하여간 독자는 랑그의 체계를 바탕으로 텍스트의 내용을 인식할 수 있게 된다. 이것은 텍스트의 내용이 독자와 떨어져 있는 텍스트 속에 존재하기 때문에 독자는 내용을 파악하기 위하여 텍스트를 랑그를 활용하여 분석해야 함을 의미한다.

그렇지만 텍스트 이해에 작용하는 랑그의 체계에 대한 구체적인 구조를 소쉬르는 제시하지 않았기 때문에 교육적인 접근은 청각영상을 통한 개념의 파악에 제한되는 측면이 있다. 이것은 텍스트 이해를 기호의 해독으로 제한하다. 그래서 텍스트 이해를 위한 활동으로 소리 내어 읽거나 낱말 풀이 중심으로 이루어진다.

소쉬르의 언어 관점에서는 기호 체계와 문법 체계 등의 구조화된 틀을 강조하여 기호의 '가치' 문제를 제기하기도 한다. 이 가치의 문제는 전체적인 구조를 강조하는 면이 있다. 즉 기호가 내용을 드러내는 것은 전체적인 구조(짜임) 속에서라는 것이다. 간단한 예를 보면, '도'는 '도 · 레 · 미 · 파 · 솔 · 라 · 시'라는 구조 속에서 분명한 의미를 갖는다. 이러한 체계나 구조의 강조는 텍스트 이해의 접근에서 텍스트의 구조 파악을 강조하게 되었다. 즉 텍스트의 전체적인 구조를 파악하면 텍스트의 내용을 인식할 수 있다는 생각을 가지게 했다. 그래서 글의 짜임(문단 나누기와 문단 내용 파악하기)에 대한 분석적인 접근을 텍스트 이해 교육의 중요한 교육 활동으로 여기게 하는 역할을 했다. 요컨대 구조주의 언어학은 읽기 교육에 소리 내어 읽기, 글의 짜임 분석과 같은 읽기 방법을 시사하였다.

2) 변형생성문법

텍스트가 드러내게 되는 내용을 변형생성문법(Chomsky, 1957)의 관점에서 보면, 다소 다른 관점을 발견할 수 있다. 변형생성문법은 구절의 구성에 대한 규칙을 마련하는 것에 관심이 많이 있었다고 할 수 있다. 소쉬르가 랑그를 통하여 문법 체계에 대한 제안을 하고 그 체계의 구체적인 모습은 제시하지 못했다면 변형생성문법에서는 문법 체계를 구절구조규칙의 형태로 구체화했다고 할 수 있다. 구절구조규칙은 문장의 생성과 이해를 설명하는 데 중요하게 작용하는 랑그의 문법 체계에 대한 구체적인 해명을 한 것이라 할 수 있다. 또한 촘스키가 제시한 심층 구조(내면 구조), 변형 규칙, 표층 구조(표면 구조), 어휘부의 개념은 파롤이 어떻게 구성되었는가에 대한 해답도 준다.

변형생성문법을 텍스트 구성과 관련지어 보면, 필자(화자)는 마음속에 들어 있는 생각을 나타내기 위해, 구절구조규칙을 사용하여 기호를 순서에 맞게 배열하여 텍스트로 표현한다. 이 텍스트 구성에는 필자의 마음속에 있던 심층 구조의 생각이 표층 구조로 표현되면서 변형이 이루어지게 된다. 변형이 이루어진다는 것은 필자의 마음속 생각과 문자로 표현된 내용이 달라질 수 있음을 의미한다. 이러한 관점은 두 가지 의미를 가지는데, 첫째는 텍스트의 내용이 필자(화자)의 마음속에 있었던 것이라는 것과, 둘째는 필자(화자)가 생각한 의미를 독자가 알기 위해서 독자는 자신의 변형 규칙을 적용해야 한다는 것이다.

첫째의 내용을 좀 더 깊이 생각하여 보면, 텍스트의 내용은 필자의 마음속에 있던 것인데 변형 과정을 통해 기호로 표출된 것이다. 때문에 텍스트 내용의 기반은 필자의 생각이다. 즉 텍스트의 내용이 필자에게 있다는 것이다. 내용이 필자에게 있다는 것은 문법 체계(심층 구조의 구절구조규칙)가 필자 마음속에 있다는 것과 필자의 생각을 구체화된 기호로 바꾸어 주는 어휘부가 언어 사용자 마음속에 있다고 보는 것에서 연유한다.

둘째 내용을 부연하면, 필자의 심층에 있던 내용 구조는 표층의 구조로 나오면서 달라진다. 때문에 변형 규칙이 필요하다. 즉 심층 구조가 표층 구조로 드러날 때는 변형이 이루어진다는 것이다. 이러한 변형 이후에 어휘부의 작용으로 내용이 구체화되기 때문에 심층 구조와 표층 구조가 드러내는 내용은 같다고 전제한다. 그러나 그 실제 형태를 보면 같을 수만 없다는 것이 문제가 된다[26]. 이것은 독자가 텍스트를 읽을 때, 표층 구조를 바탕으로 심층 구조를 파악해야 하는 것으로 볼 수 있는데, 독자가 표층 구조에서 심층 구조를 이해하기 위해서는 다시 변형의 과정을 거쳐야 하는 것으로 볼 수 있다. 다시 말하면, 필자의 입장에서는 심층의 의미와 표층의 의미가 같다고 할 수 있지만, 독자의 입장에서는 표층의 기호와 심층의 의미가 같은 것이라 할 수 없다.

변형생성문법의 관점에서 텍스트의 내용을 이해하는 독자의 언어활동을 생각하여 보면, 독자는 텍스트에 나타난 표층 구조를 자신의 구절구조규칙을 사용하여 해석한다. 여기서 해석을 한다는 의미는 두 가지의 의미를 갖는다. 하나는 독자가 텍스트의 표층 구조에 변형 규칙을 적용하여 심층 구조로 바꾸는 것을 의미한다. 독자는 텍스트의 표층 구조를 구절구조규칙을 활용하여 파악하고, 필자의 생각을 알기 위하여 변형 규칙을 적용하여 심층 구조로 재구성한다는 것이다. 또 다른 하나는 독자는 자신의 어휘부를 활용하여 문장이 드러내고 있는 내용을 인식한다는 것이다. 이것은 변형생성문법에서 어휘부가 언어 사용자 마음 속에 존재한다고 가정하기 때문이다. 이러한 점은 언어 능력을 바탕으로 문장의 적합성을 파악하고, 의미를 인식하는 것을 설명할 수도 있지만, 텍스트 이해에서 독자의 주관적인 의미 이해가 일어날 수 있음을 암시하는 것이기도 하다. 즉 독자들은 각자 어휘부를 가지고 있기 때문에 필자가 제시한 표층 구조를 바탕으로 심층 구조로 변형하여 해석하는 과정에서 내용 파악이 달라질 수 있는 여지를 갖는다. 이것은 텍스트

---

26) 예를 보면 다음과 같다(김민수, 1998: 323~325).

· 도둑이 잡히었다.(표면 구조)
· 도둑이 누구에게 잡히었다.(중간 구조)
· 누가 도둑을 잡았다.(내면 구조)

· 이 개가 저 고양이를 쫓는다.(내면 구조)
· 이 고양이가 저 개에게 쫓긴다.(표면 구조)

의 내용이 필자와 독자 사이에 차이가 날 수 있음을 시사하는 것이다.

이렇게 볼 때, 독자가 텍스트의 내용을 파악하기 위해서는 텍스트의 표면 구조에서 필자의 심층 구조를 추적해야 하는 것으로 볼 수 있다. 이 추적 과정에는 표층 구조의 구절 구조를 변형하여 심층의 구절 구조로 재구성하여야 하고, 그 사이에 어휘부를 동원하여 내용을 파악해야 한다. 이 과정에서 독자는 자신의 언어 구조로 필자의 생각을 읽어 내게 된다. 이것은 텍스트 이해가 다양하게 일어날 수 있는 관점을 제시하는 면이 있다.

이와 관련하여 변형생성문법이 텍스트 이해에 제기하는 또 하나의 의의는 텍스트의 내용이 고정될 수 없다는 관점을 제기한다. 필자가 텍스트를 구성하는 과정이나 독자가 텍스트를 이해하는 과정에 변형 규칙이 작용하기 때문에 텍스트의 내용은 어디에도 고정되어 있지 않다. 이러한 관점은 인지심리학에서 독자의 주관적인 이해를 강조하는 것이나 독자 반응이나 수용 이론이 독자의 지평에서 텍스트를 이해하고, 빈자리를 메움으로써 텍스트를 완성한다는 관점과 상통한다. 즉 텍스트의 이해는 독자에 의하여 완성된다고 보는 것이다.

3) 텍스트언어학

텍스트언어학은 소쉬르의 언어학적인 관점에서 보면 파롤의 영역에 대한 연구라고 할 수 있다. 소쉬르가 랑그에 대한 부분을 연구의 대상으로 삼았다면, 텍스트언어학은 파롤 부분을 연구 대상으로 삼고 있다고 할 수 있다[27]. 소쉬르가 이야기했듯이 파롤은 랑그의 체계와 독립되어 존재할 수 있는 것은 아니다(최승언 역, 1990). 파롤은 랑그의 지배를 받아서 구성된 것이다.

---

27) 구조주의 언어학의 관점에서 보면 파롤의 영역이고, 변성생성문법에서 보면 표면 구조에 해당하는 부분이다.

파롤에 해당하는 텍스트의 구성과 인식 면에서 보면, 텍스트는 기호와 관련된 문제를 제외하더라도 랑그만으로 구성된 것은 아니다. 텍스트의 구성에서 볼 때, 한 편의 텍스트는 필자(화자)의 구절구조규칙이나 어휘부만으로 설명할 수 없는 부분이 많다. 플라워와 헤이즈(flower & Hays, 1980)나 헤이즈(Hays, 2000)의 작문의 인지적 모형에서 보면(이재승, 2002: 60~82), 필자가 텍스트를 구성하는 데는 필자의 배경 지식에 들어 있는 여러 가지 지식 요소와 과제 환경에 들어 있는 여러 가지 사회적 · 물리적 요소들이 작용한다. 독자가 텍스트를 이해하는 과정에서도 필자와 크게 다르지 않다고 할 수 있다. 독자도 배경지식과 과제 환경의 지배를 받아서 텍스트를 이해하기 때문이다. 그렇기 때문에 텍스트의 생산과 인식의 문제는 일반언어학이나 변형생성문법과 같이 기호와 문법 체계만으로는 모두 설명할 수 없는 부분이 있다.

텍스트언어학의 연구 중점은 하나의 텍스트의 구성이 어떻게 이루어졌는가에 있다. 이러한 관점은 언어학에서 다루는 단위가 텍스트로 확장된 것을 의미한다. 할리데이(Halliday, 1978)는 텍스트 구성에 상황 맥락이나 언어 관습, 사회적인 맥락과 같은 내용 외부적인 요소와, 내용(Field)적 요인, 담화 구성의 주체(Tenor)적 요인, 구성 방식(Mode)의 규칙 요인들이 함께 작용한다고 설명한다. 이러한 관점에서 보면 텍스트 내용은 언어사용의 맥락 속에 있다. 즉 텍스트의 의미는 텍스트 자체나 필자에게 있는 것이 아니라 텍스트가 구성되고 이해되는 특정한 맥락에 위치한다. 다시 말하면, 텍스트의 내용은 필자가 텍스트를 구성할 때 독자와의 관계를 상정하고, 독자가 텍스트를 읽을 때도 필자와의 관계를 상정한다. 물론 독자와 필자의 마음속에는 여러 가지 맥락이 함께 작용한다. 때문에 텍스트의 내용은 맥락 속에 존재한다. 이러한 관점에서 텍스트의 이해 방법을 생각해 보면, 텍스트의 내용 파악과 의미 찾기는 다양한 맥락 속에서 이루어져야 한다. 하나의 텍스트의 내용을 이해하기 위해서 독자는 텍스트와 관련된 내외의 다양한 맥락을 고려할 수 밖에 없다.

이러한 논의는 텍스트 이해 교육에서 텍스트의 관점이나 독자의 관점만으로 텍스트의 내용을 파악해서는 안 된다는 것을 나타낸다. 텍스트의 내용과 의미는 텍스트를 어떤 상황 속에서 어떤 의도와 관점으로 보느냐에 따라 달라지기 때문이다. 이러한 관점은 텍스트의 이해에 많은 요소를 고려해야 함을 의미한다. 그렇지만 텍스트 이해를 위하여 고려해야 할 요소가 무엇인지 분명하게 규정하기는 어렵다. 이에 대한 구체적인 논의가 필요하다.

보그랑데와 드레슬러(1981)는 텍스트의 구성 요건을 7가지[28]로 제시하고, 김성도(1996)는 10가지[29]를 제시한다. 텍스트는 이들 요소를 모두 갖추어야 된다는 것이다. 이들 구성 요소를 텍스트의 필수적인 것으로 받아들인다면, 이들 하나하나에 대하여 텍스트 이해와 관련된 연구들이 진척되어야 할 것이다. 여기서는 이들 하나하나에 관심을 가질 수 없기 때문에 텍스트의 내용과 직접 관계된 것을 생각하여 본다.

보그랑데와 드레슬러가 제기하는 텍스트의 구성 요건 중에서 내용에 관한 부분이 될 수 있는 것은 결속구조(coherent)와 결속성(coherence)이다. 이 두 요소는 텍스트의 표면 구조의 어휘 연결과 내면 구조의 내용 연결 관계를 가리키는 것이다. 이것은 텍스트는 표면 구조도 일정한 규칙이 적용되어 구성되어 있으며, 내용의 구조도 일정한 규칙이 적용되어 구성되어 있다는 것을 나타낸다. 그래서 어떤 텍스트는 결속구조는 잘 이루어져 있으나 결속성이 부족한 것이 있고, 어떤 것은 결속성은 잘 이루어져 있으나 결속구조가 잘 맞지 않는 것이 있다고 설명한다(이은희, 2000). 텍스트의 내용에 대한 이러한 설명은 무엇을 의미하는가? 이것은 기호를 통한 표면적인 구조와 기호 이면에 존재하는 개념적인

---

28) 보그랑데와 드레슬러의 7가지 텍스트성은 결속구조, 결속성, 의도성, 용인성, 정보성, 상황성, 상호텍스트성이다(김태옥 · 이현호 역, 1991).

29) 김성도(1996: 11~14)의 10가지 텍스트성은 ①두 문장 이상 ②구어문어의 양면성 ③언어 이용의 요소 ④연결성 ⑤일관성 ⑥의도성 ⑦수용성 ⑧정보성 ⑨상황성 ⑩상호텍스트성이다.

내용이 따로 분리됨을 의미하는 것이다.

텍스트에 대한 결속구조와 결속성의 문제는 동일 텍스트에 적용되는 것이지만 텍스트의 표면적인 내용과 텍스트 내적인 내용이 분리될 수 있음을 인정하는 것이다. 텍스트의 기호(결속구조)와 내용(결속성)이 이렇게 분리되어 존재한다면, 텍스트의 내용에 대한 접근 방식이 지금의 읽기 관점과는 달라져야 한다. 이들 관계를 텍스트 이해와 관련하여 조금 변형하여 생각하여 보면, 텍스트에 쓰인 기호는 모두 해독할 수 있지만 텍스트가 지니고 있는 내용은 이해할 수 없는 경우가 많다. 능숙한 독자의 경우에도 자신이 모르고 있는 분야의 텍스트를 접했을 경우 기호를 통한 표층 구조(결속구조)는 파악할 수 있으나 텍스트에서 다루고 있는 내용은 인식하지 못하는 경우가 많다. 이러한 경우에 어떻게 이 문제를 해결할 수 있는가 하는 것이다.

교육적인 면에서 보면, 학습자들이 접하는 대부분의 텍스트들이 이러한 상황에 놓여 있다고 할 수 있다. 텍스트의 기호는 자신 있게 해독하지만 내용을 파악하는 데 있어서는 자신감이 없다. 기존의 방법은 '백 번 읽으면 그 뜻이 저절로 통한다'고 하였다. 그러나 텍스트를 여러 번 학습자에게 읽힌다고 하여 그 내용을 이해할 수 있는가 하는 것이다. 또한 마음속에 들어 있지 않은 배경지식을 활성화시킨다고 이러한 텍스트를 이해할 수 있는가 하는 것이다.

이러한 문제는 텍스트 이해 지도의 근본적인 문제라고 할 수 있다. 이를 해결하기 위한 한 가지 방법은 내용에 대한 상호텍스트적인 접근이 될 수 있다. 즉 관련된 텍스트를 활용하여 내용에 접근하는 것이다. 여러 번 읽히거나 없는 배경지식을 활성화시킬 것이 아니라 관련된 텍스트 중에서 독자가 이해할 수 있는 텍스트를 활용하여 접근하는 것이다. 물론 교사나 주변 사람들이 쉽게 설명하는 방법도 좋겠지만 텍스트 이해 지도라는 면에서 보면 상호텍스트성을 활용한 접근이 도움이 된다.

텍스트언어학은 텍스트를 하나의 구조체로 보고 그 의미 작용 관계를 논의한다. 이러한 논의는 텍스트 이해에 어떻게 접근해야 할 것인가에 대하여 많은 시사점을 주고 있다. 텍스트를 이해하기 위해서는 텍스트성을 이루고 있는 요소를 활용할 필요가 있음을 시사한다. 텍스트는 텍스트성을 이루고 있는 요소로 이루어져 있기 때문에 이들 요소에서 접근함으로써 텍스트를 이해할 수 있게 된다고 할 수 있다. 읽기와 관련한 텍스트언어학의 연구는 앞으로의 과제라고 할 수 있다.

5. 해석학과 텍스트의 의미 이해

해석학의 관심의 대상은 역사, 사회, 존재, 심리, 텍스트 등 폭넓은 영역이다. 그 중에서 텍스트에 대한 것이 여기서의 관심사라고 할 수 있다. 텍스트 해석에 대한 관심은 오랜 역사를 가지고 있다고 할 수 있지만, 보편적이고 체계적인 접근은 슐라이허마허(1819)의 일반 해석학에서 출발하여 가다머(1960)의 철학적 해석학의 정리에서 절정에 달한 것으로 보고 있다[30]. 가다머의 관점에 대하여 사회 비판적인 관점에서 접근하는 하버마스(1970)나 실용적인 측면에서 비판하고 있는 로티(1992) 등이 이에 도전하고 있는 것으로 볼 수 있다(손유택 역, 1998). 이들 해석학의 관점들은 텍스트의 의미를 어떻게 해석하고 받아들일 것인가에 대한 논의이다. 해석학의 관점에서 이해에 대한 몇 가지 관점을 살펴본다.

이들 해석학적인 접근에서 주요 관심의 대상이 되는 것은 텍스트 내용의 문제를 넘어 의미의 문제에 집중한다. 해석학에서는 텍스트의 의미를 필자가 나타내려고 한 것이라고도 하고, 텍스트의 내용 자체 속에서 찾을 수 있다고 하기도 한다. 또한 독자가 구성한 것이라고도 하고,

---

30) 갤라거(Gallagher, 1992)는 해석학을 ①베티와 허쉬 등의 보수적 해석학 ②가다머와 리쾨르의 중도적 해석학 ③데리다와 푸코 등의 급진적 해석학 ④하버마스와 아펠 등의 비판적 해석학 등으로 나누고 있다(진권장, 1999: 128).

독자와 텍스트의 상호작용 속에 있다고도 한다. 이러한 의미에 대한 관점을 텍스트 이해 교육에서 어떻게 수용했는지 몇 가지 점에서 정리하여 본다.

1) 권위 중심의 의미 이해

텍스트 이해에 대한 전통적인 관점에서 보면, 권위에 의존하여 텍스트의 내용을 파악하고 의미를 수용했다(강돈구, 2000: 278~291;이구슬, 1996: 29~32). 근대 이전의 인식 방식이나 사유 방식들은 개인적인 관점보다는 신(神) 중심이나 공통체적인 관점에서 사물을 보았는데, 우리나라의 조선시대 사고방식은 유교라는 범주 속에서 이루어졌다. 특히 텍스트 해석의 내용은 이러한 관점에서 개인적인 생각보다는 유교적인 테두리 속에서 공동으로 인식한 것을 강조하고, 이들에서 벗어난 것은 인정하지 않았다.

이런 관점에서 텍스트의 의미는 이미 정해져 있는 것이나 다름없다. 독자는 읽기를 통하여 이미 정해져 있는 텍스트의 의미를 찾아 수용했다. 그 예는 유학에 관련된 서적이나 성경 등을 들 수 있다. 이들 텍스트에는 공통된 의미가 존재하고 있다고 보고, 누구나 같은 의미로 텍스트의 내용을 이해하는 것이 중요한 관건이 되었다. 이들 이외의 텍스트들도 마찬가지라 할 수 있다. 사회적으로 공인된 의미나, 권위 있는 사람이나 집단적으로 해석된 의미들을 그대로 받아들이는 것을 이해로 보았다.

이런 관점은 공동체적인 텍스트의 의미가 존재하는 것을 인정하는 것이기 때문에, 텍스트에 대한 새로운 의미가 제기되면 이것의 수용을 꺼리게 된다. 공동체적인 의미에 있어 중요하게 작용하는 요소는 '권위'라고 할 수 있다. 집단에서 특정한 권력을 가진 이들이 내리는 해석이 정당하게 받아들여지고, 이를 따르는 것이 보편적이다. 권위 있는 자로는 정치적인 권력자나 종교 지도자, 학자, 전문가, 연장자 등을 들 수 있다. 오늘날의 권위자들은 해당 분야에 학문적인 권위가 있는 사람들이라고 할 수 있다.

이 관점에서 텍스트 이해 교육은 사회적으로 합의된 의미나 권위자가 제시한 의미를 받아들이게 하는 것이다. 텍스트의 의미는 정해져 있기 때문에 학습자는 그것을 그대로 수용하면 된다. 학습자는 많은 텍스트를 접하고 각 텍스트가 어떤 의미로 받아들여지고 있는지 알면 되는 것이다. 따라서 읽기 교육의 목표는 텍스트의 의미를 공유하고 있는 사회 속에서 함께 살아갈 수 있게 적응시키는 것이었다고 할 수 있다.

2) 필자 중심의 의미 이해

텍스트 이해에 있어 필자의 문제는 소홀히 할 수 없는 것이 분명하다. 텍스트의 내용 구성이 필자로부터 비롯된 것이기에, 필자에 대한 고려는 필연적이다. 그동안 텍스트 이해 교육에서 텍스트를 읽고, 필자가 말하려고 한 것을 찾는 것에 관심을 기울인 때가 있었다.

해석학적인 관점에서 필자의 문제를 다루는 이는 슐라이어마허(1819)와 허쉬(1967)를 들 수 있다. 슐라이어마허의 심리적 해석은 필자 중심의 의미 찾기이다. 심리적 해석에서 텍스트를 해석하는 중요한 요소는 필자가 어떤 마음을 가지고 텍스트를 구성하였느냐 하는 것이다. 그래서 심리학적 해석은 '작가의 사상에 있어 고유하고 개별적인 것'에 대한 의미 찾기이다(강돈구, 2000: 191). 슐라이어마허는 이러한 저자의 개별적인 내적 사상들이 외적인 서술 형식을 만나 드러나게 된다고 설명한다[31](강돈구, 2000: 197). 그래서 심리적 관점에서 중요한 것은 텍

31) 심리학적인 해석에 있어서는 무엇보다도 현실을 자기 자신의 감정, 개인적 인상, 그리고 자기의 경험 등에 의해 자기 안에 받아들이고 그것을 언어에 반영하는 저자의 고유한 방식을 이해하는 것이 문제이다. 심리학적인 해석은 언제나 언어적 배열에 있어서 반영되는 저자의 개별성을 서로 다른 여러 가지 예술 형식에 있어도 늘 같은 것으로 있는 저자의 내면의 본질의 통일적 기본 태도로서, 저자의 문체로 파악하려고 한다(강돈구, 2000: 197)
작품을 생산하는 데 최초의 작가의 사상의 맹아(萌芽)는 이중적인 과정에 기초해 있다고

스트에 들어있는 필자의 사상을 찾아내는 것이다.

허쉬(Hirsch, 1967)는 필자가 텍스트에 제시하려고 한 의미가 따로 존재한다고 주장한다(이경순 역, 1994: 25~26). 허쉬에 따르면 텍스트를 통하여 필자가 제시하려고 한 의미는 하나로 고정된 형태로 존재한다. 좀 더 부연하면, 필자의 의도에서 출발한 의미는 필자에 의하여 주어진 것이기 때문에 텍스트가 지니고 있는 고유한 것이라고 한다. 즉 텍스트의 의미는 필자 고유의 사상에서 나온 것이라는 것이다. 허쉬는 해석의 객관성을 위해 이 의미를 찾아내 인식하는 것이 중요하다고 본다. 허쉬의 이러한 설명이 타당치 못하다(Hoy, 1978)는 의견도 있지만(이경순 역, 1994), 텍스트는 필자에 의하여 구성된 것이기에 필자가 제시하려고 한 것이 있다고 보는 입장이 교육적으로 더 의미 있는 일이 될 수 있다. 텍스트의 이해에서 텍스트 속에 들어 있는 필자의 생각도 중요한 요소로 작용하기 때문이다.

이러한 접근 방식은 텍스트 이해 교육에서도 그대로 드러난다. 즉 텍스트의 의미는 필자가 텍스트를 통하여 드러내려고 한 것이므로, 필자의 의식 세계에서 찾을 수 있다고 보는 것이다. 그래서 텍스트 외부 요소에 있는 필자의 의도에 의존한 의미의 이해 지도가 이루어졌다. 텍스트의 의미를 찾기 위하여 필자의 삶의 과정과 사상에 관심을 두고, 필자가 어떤 환경 속에서 어떤 생각을 가지게 되었는지를 다양한 자료를 살피고 탐구한다. 그래서 텍스트가 누구에 의하여 언제 쓰여 졌으며, 그것이 쓰여 진 상황에 어떤 외부적인 요소들이 작용했으며, 텍스트를 쓸 당시 필자가 어떤 생각을 하고 살았는지 등이 학습의 주요 대상이었

본다. 작가의 사상적인 맹아는 자유로운 결심에서 비롯되는 것으로 이 자유로운 결심은 한 번은 자기 자신을 위해서 대상의 내적인 탐구와 관계를 맺으며, 다른 한번은 일정 사람들을 위해 특정한 형식과 방향에서 철저하게 고려된 서술과 관계를 맺는다. 전자를 성찰, 후자를 구성이라고 한다. 즉 개별적 사상 내용을 내적으로 생산하기 위한 것으로 성찰과 작품의 형식 형성 또는 '전체에 대한 개별자의 연결'로서의 구성에 의해서 항상 이중적인 방식으로 실현된다. 물론 이들은 상호간에 불가분의 관계를 형성하여 서로 보완적인 관계에 있다(강돈구, 2000: 208).

다. 즉 텍스트 외부에 존재하는 필자에 관련된 요인들을 분석하여 텍스트의 의미를 이해할 수 있다고 본 것이다.

필자를 중심으로 의미를 바라보는 관점은 허쉬의 생각처럼 의미가 고정된 불변의 요소라고 인식하는 면이 있다. 그래서 그것을 찾기 위해서는 텍스트에 관련된 주변 정보를 학습자들에게 제시하면서 그 고정된 의미를 받아들일 수 있도록 하는 것이 텍스트 이해 교육의 접근 방식이었다. 이러한 접근 방식은 문학 교육에서 주로 이루어진 것이라 할 수 있지만 일반적인 글에서도 크게 다르지 않다. 구체적인 텍스트 이해 방법은 텍스트와 관련된 여러 자료들을 제시하여 필자의 의도를 찾는 것이라 할 수 있다.

3) 텍스트 중심의 의미 이해

텍스트 중심의 의미 이해는 그동안 많이 이루어진 텍스트 이해 방법으로 텍스트 자체 속에 의미가 있다고 보는 관점이다. 이 관점은 텍스트의 내용과 구조를 구체적으로 분석하여 봄으로써 의미가 드러난다고 본다. 이 접근은 행동주의 심리학과 문학의 신비평적인 관점이 결합되면서 텍스트 이해 교육에 직접 많은 영향을 주었다.

텍스트 중심의 의미 이해에 대한 해석학적인 접근은 슐라이어마허의 문법적인 해석의 관점을 들 수 있다. 문법적인 해석은 낱말에 대한 의미 파악과 텍스트 전체의 의미 파악을 전제로 한다. 텍스트에 사용된 낱말의 의미는 단일한 의미로 규정되어야 하는데, 이 단일하게 규정된 의미는 독자의 예견적인 의미를 그 낱말이 속한 주변 맥락에서 찾아야 하는 것으로 본다(강돈구, 2000: 95~104). 즉 낱말의 의미는 병렬된 구절에서 확인해야 하는 것으로 설명한다[32]. 이렇게 각 부분의 내용을 다른 부분

32) 강돈구(2000)에 따르면, '개별적 단어는 전체 안에서 더 자세하게 설명되며, 개별적인 단어와 마찬가지로 문장 역시 전체의 부분으로서 동일한 뜻의 단일성에 속한다는 "분명한 통찰"을 갖는다면, 말의 의미는 참된 병렬 구절로서 다른 문장의 도움을 받을 수 있을

과의 관계 속에서 파악하여 텍스트의 의미를 규정하려 한다.

슐라이어마허의 관점에서 낱말의 의미 파악은 낱말이 쓰이고 있는 맥락에서 단일한 의미를 확인함으로써 이루어질 수 있다. 낱말의 단일한 의미를 확인하기 위해서는 가까이 있는 병렬된 구절에서와 멀리 떨어져 있는 구절에서 함께 단일한 의미라는 것을 확인할 수 있어야 하는 것으로 설명한다. 즉 낱말의 단일한 의미는 맥락을 통하여 드러나야 하되, 전체 텍스트의 의미와 관련하여 규정되어야 한다. 이러한 설명은 전체 텍스트의 의미는 개별 낱말들에서 파악될 수 있고, 개별적인 낱말의 의미는 전체 속에서 파악될 수 있다는 해석학적 순환을 주장하는 전체적인 맥락과 상통한다.

다시 말하면, 텍스트의 의미는 부분적으로 단일한 의미로 파악되어야 하고, 이 단일 의미는 텍스트의 전체 속에서도 단일하게 파악되어야 한다는 것이다. 그래서 텍스트의 전체적인 의미는 부분들과 전체와의 연관 속에서 통일성 있게 해석되어야 한다는 것이다. 이렇게 부분과 전체에서 의미를 찾는 방식은 구조주의적인 인식 방법과도 연결 지을 수 있다. 즉 텍스트의 구성 요소와 텍스트 각 부분의 내용들은 서로 유기적인 관계를 맺고 있는 데 이들 관계를 인식함으로써 텍스트의 의미를 알 수 있다는 것이다. 이를 확장하여 생각하면, 개별적인 작품의 의미도 관계된 작품의 전체 영역이나 저자의 삶의 역사 전체를 통해 완전하게 이해할 수 있다는 것이다. 이것은 하나의 텍스트는 그것과 관련된 다른 텍스트와의 맥락 속에서 의미가 파악되어야 하며, 개별 작품의 의미는 관련된 전체 텍스트들의 의미에 기여한다는 것으로 넓혀 생각할 수 있다.

이러한 관점에서의 텍스트 이해 교육은 텍스트 분석과 종합을 통하여 의미를 찾을 수 있도록 하는 접근 방식을 취했다. 즉 텍스트 이해에

것이다. 또한 개별적 말의 의미는 직접적으로 문장 안에 주어진 문맥을 넘어 개별적 문장들의 더 큰 연관 관계와 관련되며, 이러한 연관 관계로부터 이해될 수 있다'(강돈구, 2000: 157).

대한 접근 방식은 전체적인 접근, 부분적인 접근, 종합적인 접근으로 이루어지는 교수-학습 활동의 형태를 가진다(정동화 외, 1994; 구인환 외, 1998). 텍스트 이해에 대한 이 접근 방식은 전체적으로 대강의 내용을 파악하고, 텍스트의 부분들을 구체적으로 분석하여 종합적인 구조를 파악해야 함은 물론, 이 구조 속에서 텍스트의 의미를 찾아야 한다고 강조한다. 구체적인 접근 방식은 낱말 분석, 텍스트 구성 요소 파악, 문단 나누기, 부분과 전체의 관계 파악의 형태를 갖는다.

4) 독자 중심의 의미 이해

텍스트 이해에서 독자가 관심의 대상이 된 이후, 독자는 텍스트 이해 교육의 중심에 자리를 잡고 있다. 텍스트 이해에서 독자가 중요하게 떠오른 것은 해석학과 문학 비평 이론(수용 이론, 독자 반응 이론), 인지 심리학의 영향이라 할 수 있다. 해석학적인 관점에서는 하이데거(1927)의 현존재적 해석의 관점과 가다머(1960)의 해석에서 선입견의 문제가 중요한 요인이 되었다고 할 수 있다. 하이데거의 생각을 빌려 보면, 독자가 의식적으로 텍스트를 해석하거나 어떤 사물의 의미를 파악하려고 하기 전에, 이미 독자는 그것을 일정한 맥락 안에 두고(미리 가짐), 일정한 관점에서 그것에 접근하며(미리 봄), 그것을 일정한 방식으로 받아들인다(미리 쥠)(이한우 역, 1999: 141)는 것이다. 하이데거의 이러한 관점은 가다머의 철학적 해석학에서 해석자의 선이해(선입견)의 문제를 발전시킨 것이다. 가다머의 해석학에서 보면 텍스트의 해석은 해석자의 선입견과 전통에 의하여 이루어진다. 선입견의 문제는 해석자가 해석을 함에 있어 해석자가 이미 가지고 있던 관점이 중요한 역할을 한다는 것으로, 해석자 개인의 요소를 강조하는 관점이다. 이것은 선험성을 강조하는 칸트 이후의 인식 방식과 하이데거의 현존재 개념에 많은 영향을 받은 것이다. 독자들은 누구나 텍스트를 객관적으로 인식하는 것이 아니라 자신의 관점으로 이해한다는 것이다. 그렇기 때문에 각 개인의 선입견이 이해에 중요한 요소로 등장하게 된다. 즉 텍스트를 접하게 되면 누구나 텍스트에 대한 자신만의 기대와 인식의 관점을 가지게 마련인데, 이러한 것을 '기대 지평'이라는 용어로 말하기도 한다.

독자 중심의 텍스트 이해의 방식에 따른 교육적인 접근은 인지적인 독해 방법과 상호작용을 하면서 과정적인 텍스트 이해 지도의 형태를 띠고 있다. 즉 텍스트의 이해를 과정적으로 접근하면서 텍스트의 의미 이해를 독자가 나름대로 이해하는 것을 허용하는 쪽으로 이루어지고 있다. 즉 독자의 텍스트 이해에 있어 독자가 가진 선입견(배경지식)이 중요하게 작용하여 이루어진다는 관점을 그대로 수용함으로써 이해의 주관성을 강조하는 텍스트 이해 지도가 이루어지고 있다. 방법적인 문제에서는 배경지식의 활성화나 다른 사람과의 토의 활동을 강조하는 경향이 있다. 이러한 접근 방식은 앞에서 말한 선입견과 전통의 문제를 반영한 것처럼 보이기도 하나 꼭 그런 것은 아니라고 할 수 있다. 텍스트 이해에 있어 상호작용은 하지만 읽기 주체가 주관적으로 그 의미를 찾아 이해하는 것을 중요하게 보기 때문이다.

5) 대화 중심의 의미 이해

그동안의 텍스트의 의미 이해에 대한 접근이 권위, 필자, 텍스트, 독자 중 어느 하나에 중심을 둔 의미 이해였다면 대화를 통한 의미의 이해는 단일한 관점의 이해를 벗어나 합리적인 이해의 길을 모색할 수 있게 한다. 대화를 통한 의미 이해는 텍스트의 의미에 대한 상호주관성[33]을 바탕으로 진정한 대화[34]를 추구하는 가다머(1960)의 관점과 하버마스

---

33) 상호주관성(intersubjectivity)은 개인들의 지각, 체험, 사고가 개인의 천성적 혹은 후천적 차이와 상관없이 모든 주관에 똑같이 불변적으로 주어진 공통적인 계기를 포함하고 있다는 사실을 뜻하는 말이다(윤명로, 1986: 663). 이 논문에서는 다중 텍스트가 드러내는 의미를 모두 존중하여 가치 있는 것으로 인정해야 한다는 의미로 사용된다.

34) 가다머의 '진정한 대화'란 대화에 관여한 사람들이 각각 주제 내용에 전적으로 관심을 갖고 이것에 관한 진리에 도달하는 일에 관심을 갖는 그런 대화이다. 첫째로 이는 가다머가

(1971)의 관점을 들 수 있다.

가다머는 선입견을 강조함으로써 주관적 의미 이해로 나갈 수 있는 문제를 전통의 영향사를 수용하여 해결하려고 한다. 즉 선입견과 전통적인 요인이 텍스트를 이해하는 데 중요한 요인이 된다고 설명한다. 텍스트의 이해가 각 독자의 선입견에 의해 이루어지지만, 이 선입견은 전통적으로 인식되고 있는 의미의 작용으로 합리적인 것이 될 수 있다고 보는 것이다(이한우 역, 1999: 138~150). 선입견과 전통 요인을 받아들임으로써 독자 자신의 생각과 사회적으로 받아들여지고 있는 의미와의 진정한 대화라는 개념이 성립한다. 그래서 선입견과 전통적 의미의 융합의 과정을 진정한 대화로 설명한다(이한우 역, 1999: 179~190). 즉 텍스트에 대한 자신의 생각과 사회적으로 받아들여지고 있는 의미를 인정하고, 서로 충분히 열린 대화를 하여 발전적인 이해로 나갈 수 있다고 보는 것이다. 이러한 대화를 통한 이해가 지평의 융합[35]을 일으킬 수 있게 되고 독자는 이해에 이르게 된다고 설명한다.

하버마스(Harbarmas,1971)의 관점[36]은 같은 대화이지만, 비판적 사회

〈무지의 지〉라고 간주한 것을 전제한다. 진정한 대화는 우리 자신의 가류성(可謬性)의 인정, 즉 우리는 유한하고 역사적인 피조물이며, 따라서 헤겔적인 의미에서의 절대지를 갖지 못한다는 것을 인정하는 데서 출발한다. 우리가 가지는 지식은 소크라테스가 말한 지식에 가깝다. 그것은 다름 아닌 우리는 아는 것이 없다는 앎이며, 따라서 다른 견해도 진리일 수 있다는 가능성에 대한 개방이다. 둘째는 대화에 참여하고 있는 사람들은 각기 모든 다른 참여자들의 입장이 가진 진정한 힘을 찾아내는 데 관심을 가져야 한다. 대화 참여자들은 단순히 서로를 그냥 논파해 버리거나 의표를 찌르려고만 해서는 안 된다. 또 그들은 다른 사람의 견해를 그런 견해들이 나오게 된 조건으로 환원시키려고 해서도 안 된다. 중요한 것은 어떤 사람이 말하는 바의 배후에 놓인 그의 의도가 아니라 바로 그 말하는 바의 가능한 진리이다. 각각의 참여자들은 서로 동등한 상대자로, 즉 표현 능력이나 말솜씨 등에도 불구하고 주제 내용에 대해 자신과 마찬가지로 조명할 능력이 있는 사람으로 간주해야 한다(이한우 역, 1999: 179~180).

35) 지평의 융합이라는 것은 '텍스트에 대한 우리의 이해를 그것들이 독자의 상황에 대해 갖는 의의와 통합하는 것을 말한다'(이한우 역, 1999: 126~127). 이러한 지평 융합에 대해 코레트(1969)는 '이해의 지평은 본질적으로 계속적인 통찰과 경험에 있어서 확장되고 풍부해지며 새롭게 보는 방식과 내용을 통하여 계속 형성되도록 하는 것을 목표로 한다.'(신귀현 역, 1993: 126)고 말한다.

이론의 관점에서의 대화이다. 대화가 이루어지기 위해서는 독자를 이루고 있는 사회에 대한 구조적인 인식을 바탕으로 한 비판적인 안목에서 대화가 이루어져야 한다고 설명한다. 이러한 접근의 의미 이해는 단순히 다른 사람이 제시한 의미를 그대로 수용하여 독자의 의미를 구성하는 것이 아니라 의미에 대한 이성의 반성적인 검토를 바탕으로 이해하는 것을 강조한다. 즉, 독자의 텍스트 이해는 권위적인 전통의 문제가 아니라 인간의 이성적인 비판력을 바탕으로 이루어진다는 것이다. 이러한 관점은 텍스트 이해에 있어서 반성적인 성찰을 요구한다.

대화 중심의 텍스트 이해는 가다머의 지평의 융합[37]을 전제한다. 그러면서 하버마스의 비판적인 관점에서의 반성을 통한 지평의 융합이라 할 수 있다. 지평의 융합을 바탕으로 하는 의미 이해의 방법[38]은 다양한 접근이 가능하겠지만 텍스트를 해석해 나타나는 여러 의미를 상호주관성을 기반으로 한 대화와 반성적인 성찰을 통하여 하는 것이다. 진정한 대화는 상대방에 대한 인정과 자신의 생각에 대한 반성을 바탕으로 일

---

36) 하버마스에 의하면, 해석학이란, 일차적으로 비판적인 이해이며, 전통에 내재되어 있는 허위적인 신념에서 해방되어 이성적인 반성을 의미한다. 하버마스의 해방적 반성이란 전통 속에 내재되어 있는 체계적으로 왜곡된 사상에 대한 정신분석적인 비판까지 확장되기 때문에, 일상 언어적 상호소통의 해석학이 보편적으로 적용될 수 없다고 본다. 해석학적 이해란 따라서 정신분석학적 메타 해석학으로 확장됨으로써 그 포괄적이고, 실천적 모습에까지 도달할 수 있게 한다(김영한, 1993: 327).

37) 가다머가 제기하는 이해에서의 지평은 텍스트의 지평과 독자의 지평뿐만 아니라 텍스트에 대한 과거지평과 현재 지평을 모두 포함한다(김영한, 1993: 259).

38) 이해라는 말은 그 의미가 각기 다르겠지만, 해석학적인 면에서 딜타이의 관점은 생동적인 인간체험을 파악하기 위한 정신과정이며, 우리가 삶 자체를 접촉할 수 있는 가장 좋은 방법이다. 이해란 단순한 사고 행위가 아니라 타자의 세계에 대한 체험의 전위를 통해 추체험하는 것이다. 또 이해는 의식적이고 반성적인 비교 행위가 아니라 반성적인 차원에서 자아를 타자 속으로 전위시키는 사고 행위이다(이한우 역, 1998: 171). 가다머는 이해를 의견의 일치라고 하는데, 의견의 일치는 전통이나 다른 사람들의 의견들을 우리의 〈진리〉 탐색 작업에 통합시켜 그들을 동등한 대화 상대자로 삼고, 그들과 우리 모두가 지지할 수 있는 어떤 새로운 입장에 이르게 되는 것을 말한다(이한우 역, 1999: 183). 하버마스에 의하면 이해가 주어진 사회적 합의의 드러난 의미의 배후에서 의미를 결정하는 사회역사적인 조건에서 이루어진다고 본다. 이것은 해석에 있어 사회적인 이데올로기를 반영하여 해석하고 이해해야 한다(이한우 역, 1999: 200~201)는 것이다.

어나는 것이기 때문이다.

해석학적인 관점에서 볼 때, 텍스트의 의미 이해는 권위와 필자, 텍스트, 독자에 의하여 이루어진다. 그래서 교육적인 접근은 이들 중 어느 한 가지를 지향하는 경향이 있었다고 할 수 있다. 그렇지만 합리적인 이해는 어느 한 가지를 지향하기보다는 여러 의미들을 상호주관적인 관점에서 대화를 통하여 받아들임으로써 이루어질 수 있다. 이런 대화를 통한 이해는 관련 의미들을 고려하여 독자의 마음속에서 새롭게 재구성하는 것이라고 할 수 있다.

텍스트 이해 교육에 대한 비판적인 검토는 기존의 텍스트 이해 교육에 대한 인식과 그 문제점을 찾아보고 그 대안을 제시하기 위한 것이라 할 수 있다. 지금까지의 텍스트 이해 교육은 여러 관점에서 접근이 이루어졌고, 현재에는 인지심리학적인 관점에서 텍스트 이해 교육이 논의되고 있다. 텍스트 이해에 대한 인지심리학적 접근은 독자의 인지적 사고 활동을 중심으로 텍스트 이해 교육의 내용을 선정하고 이를 지도하기 위한 방법을 탐구하고 있다. 독자의 인지 과정에 대한 연구가 텍스트 이해 교육에 많은 시사점을 준 것은 사실이지만 텍스트를 읽고 이해하는 행위는 인지적인 요인만으로는 해결할 수 없다. 다시 말하면 독자의 텍스트 이해에 대한 다각적인 접근이 이루어져야 한다.

텍스트 이해에 대한 교육적인 접근은 폭넓은 학문적인 성과들을 바탕으로 정리되고 논의될 필요가 있다. 특정한 관점에서 논의되는 내용은 읽기에 대한 특정한 부분에 대한 설명으로 그칠 수 있다. 그렇기 때문에 텍스트 이해의 교육적인 관점에서는 텍스트 이해에 대한 다각적인 논의를 참고해야 한다.

3장. 텍스트 이해 교육의 접근 방향 탐색

1. 텍스트 이해 교육의 한계

필자는 마음속에 형성한 의미를 기호를 사용하여 텍스트화 함으로써 독자가 다가갈 수 있는 통로를 만든다. 그 통로인 기호는 독자와 필자가 공유한 것으로서 오래도록 사회 속에서 관습화된 것이다. 관습화되었다는 것은 선대에서 사용된 것을 후대에서 사용한다는 의미도 된다. 이러한 점에서 크리스테바(1967)는 이 세상에 존재하는 모든 언급은 새로운 것이 없다고 했다. 텍스트에 사용된 언어는 누군가 이미 사용한 것을 다시 사용한 것이다. 그러면서 텍스트의 구성 또한 이미 누군가 사용한 표현이나 텍스트의 조각들을 모아 짜깁기하여 만들어진 모자이크라고 했다(김욱동, 1997). 이는 텍스트의 구성이 예전부터 존재한 텍스트들의 영향을 받아서 이루어졌음을 의미한다. 어떤 텍스트이든 다른 텍스트와의 영향 관계에서 벗어나서 존재할 수 없다는 것이다. 바르트(1968)가 저자의 죽음을 이야기하는 큰 이유 중에 하나가 텍스트의 구성이 저자[39]가 선행 텍스트들에서 필요한 부분들을 옮겨와 짜깁기한 것으로

39) 바르트(1968)는 저자를 단순히 다른 텍스트에서 옮겨온 내용을 글로 베껴 쓰는 필사자라고 말한다. 저자를 계승한 필사자는 이제 더 이상 그의 마음속에 정념이나 기분 · 감정 · 인상을 가지고 있지 않고, 다만 하나의 거대한 사전을 가지고 있어, 거기서부터 결코 멈출

보기 때문이다. 바르트는 저자의 역할을 다른 텍스트에서 필요한 내용들을 옮겨와 모아 놓는 것으로 밖에 보지 않는다. 바꾸어 말하자면 모든 텍스트의 구성은 다른 텍스트의 영향 속에서 이루어진다는 것이다. 이것은 개별 독자들이 읽기 과정에서 마음속으로 구성하는 텍스트도 마찬가지라 할 수 있다.

한 편의 텍스트는 여러 텍스트의 영향을 받아서 이루어질 수밖에 없고, 그 텍스트와 관련된 여러 텍스트가 존재한다. 세상의 어떤 개념이나 사건에 대하여 단 한 번의 표현(텍스트)으로 이루어진 것은 없고, 단 하나의 표현으로 완성되는 것도 없다. 예를 들어 '물'이라는 하나의 대상에 대하여 여러 면에서 접근한 설명이 존재한다. 물의 성질에 대한 논의도 있을 수 있고, 물의 화학적 구성에 대하여 논의할 수 있고, 물의 순환에 대한 논의도 있을 수 있으며, 물과 인간과의 관계에 대하여 논의할 수도 있다. 이들은 모두 연관성이 있으며, 물에 대한 충분한 이해를 하기 위해서는 여러 논의들을 두루 살펴보는 것이 필요하다. 독자들은 이들 여러 텍스트를 접하게 됨으로써 마음속에 형성하게 되는 물에 대한 텍스트도 이들이 제공하는 여러 정보들로 구성된다고 할 수 있다. 따라서 텍스트 이해를 지도하는 것은 인쇄된 한 편의 텍스트 내용을 이해하는 것이 될 수도 있지만, 마음속에 존재하는 텍스트를 넓히고 새롭게 하는 것이라 할 수 있다.

텍스트 이해 지도가 텍스트의 이해와 해석의 문제를 다루고 있지만 단일 텍스트(single text)의 관점에서 이들 문제에 대한 접근이 이루어져, 관련된 텍스트를 활용하는 방식에는 충분한 논의를 못한다. 텍스트 이해가 텍스트의 표면적인 기호를 다루려는 것이 아니라 텍스트 속에 들어 있는 내용을 다루는 것이기 때문에, 의미적으로 관련되어 있는 다중텍스트를 활용하는 것이 필요하다. 읽기를 통하여 우리가 접하는 의미

줄 모르는 글쓰기를 길어 올린다. 삶은 책을 모방할 뿐이며, 그리고 이 책 자체도 기호들의 짜임, 상실되고 무한히 지연된 모방일 뿐이다(김영희 역, 1999: 33).

는 한 편의 텍스트로 완결되기보다는 다른 텍스트와의 관계 속에서 확장되기도 하고, 깊은 이해가 이루어질 수 있는 것이다.

따라서 텍스트 이해 지도를 위한 접근 방법으로 다중 텍스트를 활용하여 이해하는 방법으로 접근해야 한다. 그동안에 이루어진 인지적 관점에 바탕을 둔 텍스트 이해 지도 방법이 단일 텍스트 패러다임으로 한 텍스트의 내용 이해를 위한 것이라면, 상호텍스트적인 접근 방법은 후기구조주의 텍스트 이론[40]에 따른 다중 텍스트 패러다임으로 여러 텍스트를 사용하여 의미 구성에 접근하는 방법이라 할 수 있다. 다중 텍스트로 접근하는 텍스트 이해 지도는 아주 새로운 것이라기보다는 일부에서는 실천되었다고 할 수 있다. 읽기를 지도할 때, 여러 가지 관련된 이야기나 자료를 활용하는 경우가 있었기 때문이다. 다만 다중 텍스트를 바탕으로 하는 것이라는 인식이 부족하였다.

상호텍스트성을 바탕으로 한 다중 텍스트를 활용하기 위한 국내 논의는 초보적인 단계에 있다고 할 수 있다. 이를 텍스트 이해 지도에서 효율적으로 활용하기 위해서는 많은 논의들이 있어야 한다는 것을 전제하면서 여기서는 문제 제기의 차원이면서 수업에서 활용해 볼 수 있는 방법을 논의하여 본다. 이 논의는 구체적인 방법에 대한 논의를 하려는 것이지만, 구체적인 방법에 대한 논의를 하기 위해서는 아직은 연구의 기반이 충분히 이루어지지 않은 면이 있다. 따라서 이 논의는 텍스트 이해 지도에 대한 문제 제기의 수준에서 벗어나지 못한 면이 있다.

---

40) ①여기서 후기 구조주의 텍스트 이론이라 함은 크리스테바(1967)나 바르트(1968)가 말하는 상호텍스트성 개념과 데리다(1967)의 범텍스트성(pan－textuality)의 개념이 여기에 속하는 것으로 본다. 범텍스트성 개념은 하나의 텍스트 속의 어느 한 요소의 의미는, 그것이 연관과 맥락에 의해 그 텍스트내의 다른 요소들과 상호 연결되어 있기 때문에, 결코 현존(fully present)할 수 없게 되어, 그것의 의미는 영원한 '차이'를 갖게 되며 끝없이 '유보'된다는 것이다(김성곤 편, 1990). ②후기구조주의 텍스트 이론이 인지적이 관점을 배제했다고 보기보다는 이 관점을 수용하여 좀 더 확장적으로 접근한 것으로 볼 수 있다.

2. 텍스트 이해 교육에 대한 비판적 검토

1) 읽기에 대한 인식

읽기를 어떻게 이해하는가 하는 것은 텍스트 이해 지도에 많은 영향을 미친다. 1960년대 이후 읽기에 대한 연구는 인지적인 관점을 취하면서, 독자의 사고 과정을 중심으로 이루어지게 되었다[41]. 이는 읽기를 기호의 해독을 바탕으로 독자의 스키마에 의해 이루어진다고 보게 된 것이다. 읽기에 대한 이러한 인식은 텍스트의 의미 이해를 사고의 처리 과정으로 보게 하였다. 즉 텍스트 이해는 과정을 바탕으로 이루어지며 스키마에 영향을 받는다는 것이다. 인지적인 관점의 텍스트 이해 특성을 몇 가지로 정리하면 다음과 같다.

첫째, 읽기의 과정을 하향식 모형과 상호작용식 모형으로 설명하려 하였다. 읽기는 독자의 능동적인 사고 과정을 통하여 이루어진다고 보는 것이 이들 두 모형의 특징이다. 하향식 모형은 독자가 텍스트 내용에 대한 가정이나 예상을 토대로 하여, 읽는 과정에서 이를 검증하는 것이다. 다시 말하면 독자는 텍스트를 읽기 전에 나름대로 텍스트의 내용에 대한 기초적인 지식과 목적이나 의도, 기대 등을 가지고 읽는다는 것이다. 독자가 가지고 있는 가정이나 예상은 텍스트를 읽는 과정에 적극적으로 작용하여 텍스트의 이해에 영향을 준다고 보는 것이다. 이러한 접근은 텍스트가 가지고 있거나 필자가 제시했다고 생각되는 의미보다는 독자가 이해하는 의미에 초점을 둔다. 상호작용식 모형은 텍스트를 읽는 과정에서 텍스트의 영향과 독자의 영향 둘 다를 설명한다. 독자가 텍스트를 읽어서 내용을 이해하는 것은 텍스트에 제시된 내용과 독자가 이미 가지고 있던 스키마와의 상호작용을 통하여 이루어진다고 설명한다. 독서 행위에서 텍스트는 독자에게 처리할 새로운 정보(문자－음성

41) Bloome과 Dail(1997)에 따르면 1964년 Goodman이 아동들의 읽기 오독 분석에 대한 연구 논문을 발표하면서 읽기는 내용 이해에 초점이 놓여야 한다는 제안을 긍정적으로 받아들이면서 그 읽기 지도의 방향이 바뀌었다고 설명하고 있다(Bloome & Dail, 1997: 610).

정보, 통사 정보, 의미 정보, 내용 정보)를 제공하고, 독자는 자신의 인지 능력을 바탕으로 스키마와 언어 지식, 문화적인 가치와 신념 등을 바탕으로 텍스트에 제공된 정보들을 처리하여, 자신이 가지고 있던 배경지식과 텍스트의 새로운 내용이 조화되어 이루어진 이해에 이르게 된다는 것이다. 이 상호작용식 모형은 독서 중에 일어나는 인지적인 과정에 대한 효과적인 설명으로 받아들여지고 있다.

둘째, 텍스트 이해에서 독자의 능동적인 사고를 중시하게 됨으로써 독자의 역할(사고)이 강조되었다. 독서에 대한 인지적인 접근은 필자가 텍스트를 통하여 제시한 의미를 독자가 그대로 수용한다는 전제를 버렸다. 즉 앞의 상호작용식 모형에서 설명된 바와 같이, 독자는 텍스트의 정보를 자신의 스키마와의 조화를 바탕으로 받아들이기 때문에, 필자가 제시한 텍스트 내용이 그대로 독자에게 전이될 수 없다. 독자는 텍스트에 제시된 여러 가지 내용을 자신의 목적이나 의도, 배경지식이나 가치관, 자신의 담화 관습에 따라 선택적으로 받아들이게 된다. 이것은 독자마다 텍스트 내용 이해가 다를 수 있음을 전제한 것이고, 고정된 텍스트의 의미를 부정하는 것이다. 또한 텍스트 의미 해석의 유연성과 다양성을 인정하는 것이다. 텍스트 이해에 대한 이러한 인식에서 독자는 텍스트 내용을 수동적인 입장에서 받아들일 수 없다고 인식하였다. 따라서 독자는 텍스트에서 자기 자신의 의미를 찾을 수 있도록 적극적인 사고 활동을 하는 노력이 필요하다는 인식이 성립된 것이다. 즉 텍스트 이해와 해석에 대한 책임이 독자에게 주어짐으로써 독자의 역할을 강조하게 된 것이다.

셋째, 읽기를 의미 구성으로 본다. 텍스트를 통한 의미 구성은 두 가지 의미로 해석될 수 있다. 즉 독자가 텍스트를 통하여 새로운 의미를 생성해 내는 것과 텍스트의 의미를 새롭게 재구성하여 받아들인다는 것이다. 먼저 재구성이라는 면에서 보면 독자는 텍스트에 제시된 내용을 새롭게 조직하여 받아들이는 것이다. 다음과 같은 문장을 예로 살펴볼 수 있다. "①영희는 서울역에 갔다. ②그녀는 부산 가는 표를 샀다.

③새마을 기차표를 샀다. ④그는 내일 부산에 가려고 한다." 이러한 문장이 주어지면 독자는 '⑤영희는 내일 부산에 가기 위해 서울역에 가서 새마을 기차표를 샀다.'와 같이 의미를 파악한다는 것이다(한철우 외, 1996: 244). 의미의 재구성은 텍스트의 내용을 그대로 받아들이지 않고 독자 나름의 새로운 구성을 통하여 ⑤와 같이 재구조화 하여 내용을 받아들이게 된다.

텍스트를 통하여 새로운 의미를 구성해 낸다는 것은 텍스트의 내용을 바탕으로 하되 독자의 의미 구성은 텍스트의 축자적 의미를 넘어 비판적이고 창의적인 의미를 구성하는 것이다. 예로 다음과 같은 이삼형(1998: 228)이 제시한 글과 그에 대한 해석을 통하여 살펴볼 수 있다.

> 우리나라의 부모들이나 학생들은 공통적으로 고등학교를 졸업하고 무조건 대학에 진학하는 것이 최선의 길이라고 생각한다. 그래서 학생들은 대학 입시에 실패하면 단념하는 것이 아니라 가시밭길로 나가는 것을 서슴지 않는다. 이러한 생각은 개인적으로나 국가적으로 엄청난 낭비이고 손해일 뿐만 아니라, 최선의 길도 아니다.
>
> ① 대학 진학만이 최선의 길이 아니라고 말하고 있군.
> ② 대학진학에 매달리는 우리의 학부형이나 학생들을 설득하려고 하는군.
> ③ 대학 입학에 다시 도전하여 대학에 진학하는 것은 개인의 발전이다. 따라서 국가적으로나 개인적으로 낭비라고 할 수 없지 않을까?
> ④ 필자는 객관적인 입장에서 서술하는 것이 아니라 한 쪽을 일방적으로 편들고 있군.
> ⑤ 대학 진학에 매달리는 풍조를 바꾸기 위해서는 학부형이나 학생들을 설득하는 것보다 실력을 중시하는 사회로 전환하는 것이 필요하다.

이삼형(1998)은 ①, ②를 독자가 텍스트의 내용을 이해하고 필자의 의도를 확인하는 단계, ③, ④를 이에 대해 독자가 반응하는 단계, ⑤를 이해를 벗어나 확대하는 단계라고 하면서 ③, ④를 비판적인 이해, ⑤를 창의적인 이해라고 하고 있다. 비판적인 이해나 창의적인 이해를 의미 구성적인 면에서 볼 때, 이것은 텍스트 내용의 재구성이라기보다는 텍스트의 내용을 바탕으로 의미를 새롭게 구성하는 것으로 볼 수 있다. 텍스트를 통하여 의미를 재구조화 하여 의미를 구성하든 확장된 의미로 내용을 구성하든 독자가 의미를 새롭게 구성한다는 입장이다.

넷째, 읽기에서 독자의 배경지식(스키마)을 강조한다. 텍스트의 이해에 대한 인지적인 접근은 독자의 역할과 사고의 과정을 강조하면서 텍스트의 이해가 어떻게 받아들여질 수 있는가를 설명하기 위하여 독자의 스키마에 주목하게 되었다. 텍스트의 이해를 가능하게 하는 것은 독자가 가지고 있는 스키마의 작용이라고 보는 것이다. 이 스키마는 독자가 새로운 텍스트의 내용을 접하게 될 때, 새 텍스트의 내용을 해석하고 이해하는 단초로 작용한다고 설명한다. 이러한 설명은 우리 마음속에 구조화된 지식이 새로운 사태를 접하게 될 때, 그 사태를 해석하여 이해한다는 구조적인 인식론이 작용함을 뜻한다.

그동안 독자의 스키마에 주목하면서 스키마에 대한 논의가 세분화되어 논의되었다. 스키마의 종류를 형식 스키마와 내용 스키마로 분류하는가 하면 스키마의 구조적인 형태를 여러 가지로 나누기도 한다. 보그랑데와 드레슬러(Beaugrande & Dressler, 1981)의 설명을 보면, 독자가 가지고 있는 구조적인 인식의 틀로써 프레임, 스키마, 플랜, 스크립트 등에 대하여 설명한다[42]. 독자가 책을 읽는 과정에서 이들 스키마들이

---

42) 프레임은 어떤 중심 개념에 관한 상식적 지식을 포함하는 전국적인 패턴이다. 프레임은 원칙적으로 어떤 항목들이 함께 포함되는가를 말해 주지만 어떤 순서로 실행되거나 언급되는지는 알려 주지 않는다. 스키마는 시간적인 인접성과 인과관계로 연결된 사상(事象)과 상태들이 일정한 순서로 배열된 전국적인 패턴이다. 프레임과는 달리 스키마는 항상 진행 순서에 따라 배열된다. 그러므로 텍스트 세계에서 다음에 무엇이 실행되거나 언급될 것인가에 대한 가설을 설정하는 것이 가능해진다. 플랜(plan)은 의도된 목표를 향해 가는 사상과 상태들로 구성된 전국적인 패턴이다. 플랜이 스키마와 다른 점은 플랜 작성자(예를 들어 텍스트 생산자)는 모든 요소들을 그가 목표하는 바를 향해서 과연 그들이 잘 가고 있는가 하는 관점에서 평가한다는 점이다. 스크립트는 참가자들의 역할과 기대되는 바 그들의 행위를 명시하기 위하여 매우 빈번히 호출되는 고정화된 플랜이다. 따라서 스크립트는 사전에 정형화된 절차가 있다는 점에서 플랜과 다르다. 이런 종류의 전국적 패턴들이 갖는 중요성은 텍스트 생산과 수용과정의 부가적 절차에서 인정되어 왔다: 즉, 주제는 어떻게 전개될 것인가(프레임), 일련의 사상들을 어떻게 진행할 것인가(스키마), 텍스트

작용하여 텍스트의 이해가 가능한 것으로 설명하고 있다. 스키마에 대한 주목은 읽기 지도에서 배경지식을 활성화활 필요가 있는 인식으로 작용하여 읽기 전 활동의 중요성을 강조하는 쪽으로 작용했다.

다섯째, 읽기의 결과보다는 읽기가 일어나는 과정에 더 주목한다. 인지적인 접근 이전의 읽기에 대한 인식이 읽기의 과정보다는 읽기의 결과에 관심을 두어 텍스트의 내용을 알(암기)고 있는가 모르는가에 중점을 두었던 것이, 인지적인 관점에서는 읽기 행위가 이루어지는 과정에 주목하게 되었다. 그래서 읽기의 과정은 문제의 해결 과정으로서 능숙한 독자들은 내용을 파악하기 위한 전략을 사용하게 된다는 관점이 대두되었다. 그래서 예측하기나 예상하기, 개괄적인 검토와 같은 활동들이 중요한 읽기 요인으로 작용하는 것으로 설명한다. 과정에 대한 접근은 읽는 과정에서의 인지적인 사고 활동에 작용하는 전략에 주목하게 되었다. 글의 처리 과정은 인지적인 조작의 과정이면서 초인지적인 활동의 조절을 통하여 이루어진다는 설명이 이루어졌다. 이러한 읽기 과정을 앤더슨(Anderson, 1981)은 오케스트라를 연주하는 지휘자의 활동에 비유하기도 한다(이재승 · 천경록, 1997). 즉 읽기 활동은 하나의 총체적인 행위로서, 독자의 읽기 과정에 대한 숙련된 활동과 다양한 관점과 전략의 작용을 조절하여 텍스트의 내용을 파악한다는 것이다.

읽기에 대한 이러한 인식은 텍스트 이해 지도에 직접적으로 작용하여 교육에 많은 변화를 가져왔다.

사용자나 텍스트 세계에 등장하는 인물들은 어떻게 자신들의 목표를 추구할 것인가(플랜), 적절한 시기에 특정한 텍스트를 제시할 수 있는 상황은 어떻게 설정될 것인가(스크립트). 서로 다른 패턴의 유형들은 동일한 기본 지식을 서로 다른 관점에서 공유할 수 있다. 전국적 패턴을 사용하면 국지적 패턴을 사용할 때 겪는 복잡성을 격감시킬 수 있으며, 특정 시점에서 훨씬 더 많은 정보를 활동기억 장치에 보유할 수 있게 한다(이현호 · 김태옥 역, 1991: 88).

2) 읽기 지도에 대한 접근

읽기에 대한 인지적인 접근 방식은 읽기가 이루어지는 사고 과정에 주목함으로써 읽기 지도에 많은 가능성 있는 정보를 제공했다. 이는 읽기 지도에 변화를 가져오게 하였으며, 읽기에 새롭게 접근하게 하는 계기를 마련하여 주었다. 그동안의 읽기 지도에 대한 접근 방법은 여러 가지 형태로 나누어 볼 수 있지만 웨버(Weaver, 1994: 15)에 따르면 크게 세 가지 관점으로 나누어질 수 있다고 본다.

첫째, 읽기 학습은 낱말의 발음 학습을 의미한다.

둘째, 읽기 학습은 낱말의 정의와 낱말의 의미를 학습하는 것을 뜻한다.

셋째, 읽기 학습은 하나의 텍스트에서 의미를 얻거나(get) 이해하기(understand) 위하여 한 텍스트에서 의미를 가져오는 방법을 학습하는 것을 의미한다.

첫째 가정은 일단 낱말을 잘 발음하면 의미를 파악할 수 있다는 가정이다. 둘째는 낱말의 의미를 알면 텍스트의 의미를 알 수 있다는 가정이다. 이들 첫째와 둘째의 관점은 텍스트의 이해에 대한 인지적인 관점이 받아들여지기 이전의 논의라고 할 수 있다. 셋째 관점은 텍스트에서 의미 구성은 각 문장 속의 낱말의 정확한 정의로부터 생겨나는 것이 아니라, 텍스트의 언어와 독자의 마음 사이에서 이루어지는 끊임없는 상호작용에서 생긴다는 것이다. 이러한 관점은 앞에서 논의한 읽기의 인지적인 관점을 그대로 수용한 면이 있다. 읽기 지도에 대한 이러한 인지적 관점에서 지향하는 바를 읽기 지도 내용과 방법 면에서 검토하여 본다.

(1) 지도의 내용

읽기를 지도하기 위한 인지적인 접근의 기본적인 방식은 과정 중심이라 할 수 있다. 읽기 지도의 과정 중심 접근은 독자가 한 편의 텍스트를 읽을 때의 인지적인 사고 과정을 전제한다. 즉 독자는 한 편의 텍스트를 읽기 위하여 읽기 전에 텍스트의 내용을 전체적으로 개관하여 내용에 대한 예측과 기대를 가지게 되고, 이것을 읽는 과정 속에서 점검하고 확인하게 되며, 읽은 후에 읽기 전의 예상과 읽는 과정 속에서 드러난 내용들을 비교 검토하면서 반성을 통하여 텍스트의 이해를 마무리하는 사고 활동을 전제한다.

이러한 과정적인 접근에서 학습자들에게 제공되어야 할 구체적인 내용은 무엇인가? 그것은 읽기 활동의 과정 속에서 학습자들이 사용할 수 있는 구체적인 방법, 즉 읽기 기능/전략이라 할 수 있다.

> 흔히 읽기 교육을 글의 내용을 학습하는 것으로 잘못 알고, 내용을 중심으로 가르치기도 하는데, 이는 읽기 교육의 결과 학생이 자신의 삶 속에서 수행하는 읽기 형태이지, 학교에서 학습할 것이 아니다. 읽기 교육은 학생이 장차 다양한 삶의 현장에서 자신에게 필요한 내용을 적절하게 찾아 읽고 이해할 수 있도록 다양한 읽기 방법을 학습시키는 것이다(최현섭 외, 1999: 268).

읽기 교육의 내용에 대한 이러한 규정은 읽기 수업 활동 속에서 다루어야 할 것이 읽기 방법임을 분명하게 못 박고 있다. 이러한 인식을 바탕으로 그동안 읽기 지도에서 다루어야 할 내용으로 다양한 기능/전략들이 개발되었다. 박수자(1994)가 제시한 읽기 전략은 ①읽기 모형(상향식, 하향식, 상호작용식)에 따른 전략 ②글 구조 파악 전략 ③문단 관계 파악 전략 ④ 담화 구조 파악 전략 ⑤중심 내용 파악 전략, ⑥관계 짓기 전략 ⑦문맥 단서 전략 ⑧예측하기 전략 ⑨재구성 전략 ⑩초인지 전략 등이다(최현섭 외, 1999: 278). 최현섭 외(1999)에서는 읽기 과정에 따른 읽기 전략들로 읽기 전에 ①연상하기 ②예측하기 ③미리보기 등을 들고 있고, 읽기 중의 전략으로 ④훑어보기 ⑤중심 찾기 ⑥글 구조 파악하기 ⑦추론하기 ⑧건너뛰며 읽기 등을, 읽은 후의 전략으로 ⑨요약하기, ⑩비판적으로 읽기 ⑪창조적으로 읽기 등을 제시하고 있다. 텍스트를 효과적으로 읽기 위한 전략들은 단위 수업 시간에 다루어져야 할 중요한 내용으로 보는 것이다.

이들 전략들은 텍스트 내용을 이해하는 과정에서 독자들이 필요로 하는 것이다. 즉 텍스트에 표현된 언어를 통하여 의미에 접근하기 위한 구체적인 방법인 것이다. 이러한 기능/전략들이 읽기 지도의 내용이 되면서 읽기 지도 방법에도 변화를 가져오게 되었다.

(2) 지도 방법

교수 방법은 지도해야 할 내용에 따라 달라진다. 앞에서 한 텍스트를 읽는 기능/전략이 읽기 지도의 내용이라 했지만, 그동안 이루어진 읽기 지도에서는 텍스트의 내용 이해를 바탕으로 하는 접근을 포함한다. 그래서 내용적인 접근에 중점이 놓여 있을 때는 내용을 효과적으로 파악할 수 있는 방법으로 접근하고, 전략적인 접근을 하면 전략을 효과적으로 익히게 하는 방법으로 접근했다. 4차 교육과정 이전까지의 지도 방법과 현재까지의 문학 영역에 대한 지도 방법은 많은 부분이 내용을 중심으로 한 접근이라 할 수 있다. 내용을 다루는 교수 방법은 내용을 파악하기 위한 분석적인 읽기 활동을 강조한다. 지도 방법이 구체적으로 드러난 수업 모형을 살펴보면 이를 분명하게 알 수 있다. 정동화 외(1987: 158)의 기본적인 읽기 지도 모형은 도입 · 전개 · 정착의 과정을 이루면서 실질적인 지도 과정을 보면, 1단계가 전체적인 접근, 2단계가 부분적인 접근(형식적 접근－구조분석, 내용적 접근－지식 · 정보 · 주제 · 사상 · 내용 분석), 3단계가 통합적인 접근(형식과 내용, 지식, 정보, 주제, 사상, 줄거리 · · · 등의 체계화)을 하도록 되어 있다. 이 방법은 문학 영역에서도 마찬가지로 적용되고 있다. 예로 구인환 외(1999:

244~320)의 문학 지도 모형에서 지도 절차들을 보면 비슷한 과정과 방법으로 활동하도록 되어 있다[43]. 국외의 읽기 지도 방법으로 SQ3R이나 DRA, 또는 DRTA와 같은 방법들은 모두 내용을 파악할 수 있는 접근법에 속하는 방법들이다.

그렇지만 지금의 읽기 지도에서 다루어야 할 교육 내용은 앞에서 논의된 것과 마찬가지로 읽기 방법적인 면에서 이루어지는 기능/전략에 그 초점이 놓여 있다고 할 수 있다. 이들 기능/전략을 지도하기 위한 방법은 내용을 지도하기 위한 방법과는 다르다. 기능/전략을 지도하기 위한 구체적인 방법은 직접 교수법이나 상보적 교수법, 현시적 교수법과 같은 방법들이다. 이들 방법들은 기능/전략을 가르치는 데 효과적으로 적용될 수 있게 구조화되어 있다. 직접 교수법의 과정을 보면, ①가르칠 전략에 대한 설명을 하고 ②시범 보이고 ③질문하고 ④활동하게 되어 있다[44]. 이러한 접근 방법은 내용적인 것을 지도하기에는 부적합하지만 기능/전략을 지도하기에는 효과적인 모형이 될 수 있다. 현시적 모형이나 상보적 모형도 마찬가지 방법이라 할 수 있다. 이들 모형들의 특징은 교사의 주도에서 학습자 주도로 넘어가는 책임이양의 원리나 인지적 도제의 특성을 지니는 면이 있다. 즉 기능/전략이라는 것이 교사

---

43) 구인환 외(1999: 287)의 소설 수업 모형 중에서 지도 단계만 예시하면 다음과 같다.
지도 단계
1. 텍스트에 대한 개괄적 접근
(1)작품읽기 (2)인물 · 사건 · 배경 파악 (3)관련 경험의 재생과 경험의 교환
2. 텍스트에 대한 분석적 접근
(1)텍스트의 창작 배경 파악 (2)플롯과 스토리의 관계 파악 (3)텍스트의 갈등 구조 파악 (4)서술방식과 주제와의 관련성 파악 (5)소설 제요소 간의 관련성 파악 (6)소설적 세계와 인물에 대한 심화된 이해
3. 텍스트의 종합적 재구성
(1)소설 내 · 외적 세계의 상호관계 파악 (2)작가와 작중 인물의 삶에 대한 자세 이해 (3)허구적 세계의 간접 체험

44) 직접 교수법에 대한 논의는 국어 수업 방법(초등국어교육학회편)의 이성영(1997) 논의를 참조할 수 있다. 여기서는 7차 교육과정 국어과 교사용 지도서에 제시된 정착된 모형을 중심으로 제시하였다.

에게서 학습자에게로 전이되는 것으로 이해될 수 있다.

이들 접근 방식은 개별 텍스트의 내용을 이해하기 위한 전략을 효과적으로 익히게 하는 방법적인 지식을 강조한다. 이들 방법에서 한 가지 간과하는 것은, 필자의 읽는 과정에 따른 방법은 상당히 강조하는 경향이 있지만, 실제적으로 텍스트의 내용을 확장된 방법으로 이해하게 하는 데는 미흡하다.

3) 읽기 지도 방법에 대한 비판

읽기를 인지 심리학적인 면에서 볼 때, 독자는 텍스트를 읽는 과정에서 다양한 기능/전략을 사용한다. 그래서 읽기 지도에서 관심의 대상은 텍스트의 내용을 파악할 수 있는 방법적인 지식인 기능/전략이다. 이 기능/전략의 강조는 텍스트를 읽는 과정에서 독자에게 필요한 방법을 제시한다는 면에서 그 의의가 크다. 다만 과정에 필요한 기능/전략만이 읽기 지도에서 다루어야 할 것의 전부인가 하는 것에서 의문이 남는다.

이런 점에서 인지 과정을 중시하는 읽기 지도 방법에 대한 몇 가지 점을 상호텍스트적인 접근 방법에 비추어 비판적으로 검토하여 논의의 기반을 삼고자 한다.

상호텍스트성을 바탕으로 하는 읽기 지도 면에서 볼 때 인지적인 접근의 문제점은, 첫째 읽기 자료가 단일 텍스트에 제한되어 지도된다는 것이다. 읽기의 초점을 이해에 둘 때, 독자가 텍스트의 내용에 확신을 가지고 이해한다든가 확장된 이해를 하기 위해서는 어떻게 해야 하는가? 또한 텍스트와 관련된 더 많은 내용을 알고자 할 경우에는 어떻게 해야 하는가? 단순히 배경지식만으로 이것들을 모두 해결할 수 없는 경우가 많다. 이때에는 관련된 다른 텍스트를 참고해야 한다. 낱말이 어려울 때는 국어사전을 사용하고, 개념이나 내용이 어려울 때는 해당 분야의 사전이나 백과사전을 이용한다. 또한 그 개념과 관련된 다른 텍스트들을 활용하게 마련이다. 이렇게 다른 자료를 활용하거나 참조하는 것을 인지적인 접근에서는 경시했다.

둘째, 파악된 텍스트 의미의 고정성을 강조하는 면이 있다. 독자가 하나의 텍스트를 읽어서 이해한 내용은 이해 그 자체로서 완결되는 것은 아니다. 텍스트를 통하여 이해된 내용은 스키마의 확장이나 변형을 가져오지만, 다시 새롭게 읽게 될 텍스트를 이해하거나 의미를 파악하는 데 사용될 수 있는 하나의 자료가 된다. 또한 한 편의 텍스트를 통하여 파악한 내용이 모두 구조화된 지식의 형태로 기억 속에 존재하는 것은 아니라고 할 수 있다. 텍스트의 내용들이 파편화 되어 머릿속에 존재하다가 새로운 텍스트를 만나 연결됨으로써 하나의 내용(텍스트)으로 생성되기도 하고, 이해를 확장시키는 역할을 할 수도 있다. 인지적인 접근에서는 읽는 텍스트의 의미가 다른 텍스트와의 의미 관계를 어떻게 형성할 것인가에 대하여 충분히 주목하지 못했다.

셋째, 수업에 활용할 텍스트를 인쇄된 매체에 고정시키는 경향이 있다. 특정한 텍스트의 내용을 효과적으로 파악하기 위해서는 자신의 배경지식만으로는 해결할 수 없는 경우가 많다. 이럴 경우에는 다른 자료의 도움을 받는 것이 효과적일 수 있다. 신문이나 잡지와 같은 언어적인 매체를 활용할 수도 있고, 음악, 미술품, 사진과 같은 비언어적인 매체를 활용할 수도 있으며, 라디오 텔레비전, 인터넷과 같은 전자 매체와 연극이나 영화, 뮤지컬과 같은 공연 매체를 활용할 수 있다. 단일 텍스트 이해를 위한 전략적인 접근에서는 텍스트 외부적인 자료의 활용을 제한한 면이 있었다.

넷째, 인지적인 접근 방법은 단일 텍스트의 내용에 충실한 이해에 중점을 두어 확산적인 해석의 관점을 갖지 못한다. 독자가 텍스트 내용에 대한 나름대로의 이해를 한다는 인식은 있었지만 텍스트에 대한 충분한 해석을 하도록 이끌지는 못했다는 것이다. 확산적인 해석을 하기 위해서는 단일 텍스트 중심의 접근으로는 부족한 면이 많다. 앞의 읽기 이해에 대한 접근에서 이삼형(1998)이 말한 비판적인 이해와 창의적인 이해를 이끌지 못했다는 지적이 이에 관련된다. 단지 텍스트에 대한 내용 이해는 독자의 배경지식에 따라 다양할 수 있다는 정도에서 그쳤다.

다섯째, 자신이 이해한 텍스트 내용에 대한 타당성을 검증할 수 없다. 독자들 각기 다른 배경지식을 바탕으로 내용을 이해했다고 할 때, 텍스트에 대한 이해나 해석의 타당성을 공증 받을 수 없다. 단일 텍스트를 중심으로 내용을 파악했기 때문이다. 이의 문제점을 해결하기 위해서는 관련된 텍스트를 활용하여 자신이 이해한 내용을 검토해 볼 수 있다.

이러한 문제점들을 볼 때, 텍스트의 효과적인 이해를 위한 방법으로 텍스트의 관련성을 활용하여 텍스트의 이해를 넓혀 나가는 방식에 대한 접근이 필요하다.

3. 텍스트 이해 교육의 접근 방향

1) 상호텍스트성과 이해 방식

상호텍스트성은 한 텍스트가 다른 텍스트와의 영향 관계에서 이루어졌다는 개념이다. 텍스트의 영향 관계는 직접적인 인용이나 언급에 의하여 이루어질 수도 있고, 간접적인 언급이나 암시 관계에 의하여 이루어질 수도 있으며, 같은 주제를 다루게 됨으로써 생겨날 수도 있다. 텍스트의 구성과 상호텍스트적인 이해의 측면을 고찰하여 보면 다음과 같다.

텍스트를 이루는 모든 언급은 반복된 것이다. 크리스테바(Kristeva, 1967)에 따르면 본질적으로 언어에 의하여 이루어진 모든 것은 예전에 누군가에 의하여 언급된 진술들이다. 언어를 사용하여 어떤 사물이나 대상을 나타낸다는 것은 반드시 그 대상에 대한 인식을 바탕으로 이루어지게 마련인데, 인식은 반드시 언어로 이미 언급된 것을 바탕으로 하게 된다. 언어로 대상을 마음속에 표상하기 위해서도 다른 사람이 사용한 언어를 빌리지 않을 수 없다. 다시 말하면, 우리가 어떤 대상을 인식하고 그것을 언어로 나타내는 것은 모두 다른 사람이 사용했던 언어를 이용하는 것이다. 우리가 대상인 나무를 인식하려면 '나무'라는 기호를 사용하여 나무를 머릿속으로 그려(개념)야만 된다. 나무라는 개념을 나타내기 위해서도 '나무'라는 기호를 사용해야 하는데, 이 기호는 다른 사람이 사용한 것을 내가 다시 사용하는 것이다. 그러므로 사람이 의미를 언어로 표현하거나 이해하기 위해서는 반드시 다른 사람이 사용한 기호를 이용할 수밖에 없다. 이것은 기호를 통하여 인식되는 모든 것은 전후로 관련(빌린, 영향을 받은)된 언급이 될 수밖에 없음을 나타낸다. 비고츠키는 인간의 고등정신기능이 개인 간 수준에서 개인 내 수준으로 들어오는 것으로 설명한다. 개인이 사고하는 방식, 곧 언어를 통한 모든 사고는 다른 사람에 의하여 사용되던 것이 특정한 개인에게 전이되어 사용되는 것이다. 라캉도 정신분석학적인 면에서의 자아의 발달 과정을 이와 마찬가지로 설명한다. 타자를 내면화함으로써 자아가 발달할 수 있는 것으로 설명하고, 인간의 무의식을 이루고 있는 부분도 타자에 의하여 구성되었다는 것이다. 즉 사람의 모든 의식(사고)과 무의식은 기본적으로 다른 사람들의 의식의 영향으로 성립된 것이다. 달리 표현하면 사람의 의식(사고, 지식, 의미)은 다른 의식들과 전후로 연결된 상관관계들로 구성되어 있다고 할 수 있다.

독자가 구성하는 텍스트를 중심으로 상호텍스트성을 좀 더 생각해 볼 필요가 있다. 독자의 마음속에 만들어지는 텍스트의 구성은, 본질적으로 우리의 정신적인 부분이 다른 사람의 영향 하에서 이루어졌듯이, 다른 텍스트의 영향에서 이루어진다. 직접적인 언급을 수용함으로써 이루어졌을 수도 있고, 간접적인 영향에 의하여 이루어졌을 수도 있다. 각 개인의 마음속에 들어 있는 의미(텍스트)라는 것도 다른 의미(텍스트)와 영향을 주고받으면서 새롭게 만들어지고 변화된다고 할 수 있다. 마음속에 있는 의미가 무에서 만들어진 것이 아니라 다른 사람(텍스트)과의 상호작용을 통하여 여러 가지 요인들이 복합적으로 작용하여 만들어진 것이다. 즉 마음속에 들어 있는 텍스트는 상호텍스트성을 기반으로 이루어질 수밖에 없다[45].

텍스트 이해 활동은 다중 텍스트의 내용과 독자의 배경지식을 상호텍스트적으로 연결하는 과정이다. 텍스트의 내용이 배경지식이 일치할 때에는 그대로 흡수하고, 일치하지 않을 때는 병치하든가 융합하여 변형시킨다. 이러한 활동을 통하여 독자는 마음속에 새로운 텍스트를 구성한다.

텍스트 이해에 대한 교육적인 접근은 텍스트 이해의 이러한 특성을 고려할 필요가 있다. 이러한 텍스트 이해 활동이 심리적인 과정이기는 하지만, 학습자의 사고의 활동에 대한 이해는 학습자를 배려하면서 텍스트 이해에 접근할 수 있게 한다. 효과적인 텍스트 이해를 위하여 필요한 것이 무엇이고 어떤 방향으로 활동을 이끌어 나갈 것인가에 대한 지표를 만들어 준다. 즉 텍스트의 내용을 흡수하게 할 것인지 변형시켜 새롭게 할 것인지를 조절할 수 있게 해 준다.

---

45) 이에 대한 내용을 Hartman(1995)의 견해를 중심으로 정리하면, 다음과 같이 네 가지 특징으로 설명될 수 있다. 첫째, 우리가 대개 텍스트를 읽어야 할 하나의 대상－교재, 글의 한 부분, 한 페이지 위에 문자와 숫자를 조합한 인쇄된 코드－으로 보는 텍스트의 개념은 언어로 인쇄된 것으로 한정될 필요는 없다. 하나의 텍스트는 언어적인 기호와 비언어적인 기호를 모두 포함한다. 그 결과 텍스트는 하나의 발화(utterance)나 하나의 몸짓, 하나의 구조나 미술, 음악, 드라마의 한 부분이 될 수 있다. 이 말은 텍스트는 의사소통적 의미의 특정한 기호라는 뜻을 포함하게 된다고 할 수 있다. 둘째, 텍스트는 구체화(공간이나 시간 속에 존재하는)될 수도 있지만, 그것이 필요하지 않을 수도 있다. 즉 텍스트는 마음속에 기억되어 있는 것이거나 구조화되어 있는 경험이나 생각이 될 수도 있다(Witte, 1992). Pearson과 Tierney(1984)는 의미가 예전에 구성되어서 기억 속에 저장되어 있거나, 어떤 특정한 순간에 구성된 의미를 내재 텍스트(inner text)로 명명하고 있다. 셋째 '의미의 덩어리(chunk of meaning: Rowe, 1987)'를 의미하는 텍스트는 다양한 크기와 많은 수준에서 나타날 수 있다. 예를 들어 의미의 덩어리는 긴 담화나 짧은 요약, 하나의 낱말, 개념, 또는 생각, 주제, 구조, 기능이 될 수 있다(Lemke, 1985). 어떤 크기나 수준의 의미 덩어리는 텍스트로써 특정한 사고가 될 수 있으며 그러한 텍스트는 의미의 유연한 단위이다. 넷째 텍스트는 결코 무에서 만들어지지 않는다는 것이다(Kristeva, 1969). 다른 말로 하면 "모든 텍스트는 다른 텍스트의 반향(echo)이다"(Plottel, 1978). 텍스트라는 말은 라틴어의 유래된 것으로 특정한 직물이나 더미, 조직의 이전 자료로 상호적으로 짜여 진 것을 의미하는 말이다. 텍스트는 일종의 직물로써 날실과 씨줄이 얽혀 짜여 진 것이다(Hartman, 1995).

2) 상호텍스트성과 이해의 확장

상호텍스트성의 개념은 모든 의사소통의 상황 속에 존재한다고 할 수 있다. 두 사람이 대화를 할 때에도 존재하고(Bloome & Egan Robertson, 1993), 필자가 글을 쓸 때에도 존재하며(Spivey, 1988), 글을 읽을 때도 존재한다(Hartman, 1995). 사실, 말하고 듣는 것이나 읽고 쓰는 것이나 모두 의미의 구성 작용인데, 여기에 활용되는 생각이나 신념, 배경지식은 예전의 언급이나 다른 사람의 언급과 계속하여 병치되고, 대립되어 만들어지는 것이기 때문에 서로 영향을 주면서 연결될 수밖에 없다. 그래서 언어적인 텍스트들이나 비언어적인 텍스트들은 서로 간에 관련성이 존재한다. 이러한 관련성이 무의식적으로 파악될 수도 있으나 의식적으로 파악하여 연결 관계를 찾아내는 것이 필요하다.

독자가 다중 텍스트를 읽어 가는 과정에서 볼 때, 독자는 끊임없이 다른 텍스트를 참조하여 텍스트의 내용을 파악해 간다고 할 수 있다. 즉 읽고 있는 텍스트의 내용을 이해하기 위해서는 다른 텍스트와의 관계 설정이 바탕이 되어야 한다. 이들 관계는 독자의 내적인 요소와 외적인 요소가 함께 작용하는 것으로 볼 수 있다. 독자 내적인 요소를 보면, 문법적인 지식도 있어야 하고, 읽고 있는 텍스트와 관련된 내용적인 지식도 있어야 하며, 텍스트를 이루고 있는 담화의 관습도 알아야 하고, 텍스트의 이해를 넘어 해석하기 위해서는 관점이나 신념이 있어야 한다. 독자 외적인 요소로는, 특정한 텍스트를 이해하기 위한 다른 텍스트가 있어야 하며, 그 텍스트의 이해 범위를 넓히기 위한 다른 텍스트가 있어야 하며, 사회 문화적인 인식의 관습이나 해석 체계가 있어야 한다. 이들은 텍스트를 읽는 과정 속에서 함께 작용한다. 이들이 제대로 작용하지 않으면 독자가 내용을 제대로 파악했다고 하기는 어렵다.

상호텍스트성을 바탕으로 한 텍스트 이해에 대한 연구(Oyler & Barry, 1996; Hartman, 1991)에서 보면 독자들은 텍스트 이해 과정에서 다양한 텍스트의 내용을 참조한다. 때문에 텍스트 이해를 위한 교육적인 접근에서도 학습자들이 다양한 텍스트를 활용하여 이해를 할 수 있도록 하는 것이 필요하다. 특히 비판적인 이해나 창의적인 이해를 위해서는 다른 텍스트의 참조는 필연적이라 할 수 있다.

그동안의 읽기 지도에서의 문제는 독자의 내적인 문제에만 집중되는 면이 있다. 그것도 배경지식을 활용하는 문제에만 한정하여 논의된 면이 강하다. 특정한 텍스트를 이해하기 위한 또 다른 텍스트의 역할이 간과된 것이다. 물론 텍스트를 읽고 이에 대한 내용을 효과적으로 파악하기 위한 전략이라는 면에서는 의미 있는 것이라고 할 수 있는 것들이지만 좀 더 폭넓은 접근이 필요하다. 그 한 가지 방법으로 여기서는 독자의 외부적인 면에서 다양한 텍스트를 활용할 수 있는 방법을 제시하려고 한다.

독자가 텍스트를 이해하기 위해서 활용하는 기제는 단순하지 않다. 때문에 특정한 기제들을 중심으로 논의의 폭을 넓혀 나가는 것이 필요하다고 본다. 그 방식 중의 하나가 텍스트를 이해하기 위해서는 다중텍스트를 활용하는 것이 필요하다는 관점을 갖는 것이다. 독자가 텍스트를 이해하기 위하여 활용하는 텍스트를 어떤 것으로 할 것인가 하는 것을 한정한다는 것은 상당히 어려운 일이다[46]. 그렇지만 텍스트는 실제적으로 다른 텍스트와 관계를 맺고 있기 때문에 이들의 관계를 활용하는 것이 필요하다.

3) 상호텍스트성과 텍스트 읽기

독자가 상호텍스트성을 바탕으로 텍스트를 읽는다는 것은 다른 텍스트와의 관계 속에서 텍스트의 내용을 이해하는 것이다. 텍스트의 관계

46) 텍스트의 형식을 몇 가지로 나누어 보면 다음과 같다. 첫째는 독자가 가지고 있는 배경지식이나 이전 독서 경험 내용이 될 것이다. 둘째는 그 텍스트와 관련된 다른 문자 텍스트가 될 수 있다. 셋째, 텍스트와 관련된 비문자 텍스트를 활용할 수 있다. 넷째는 그 텍스트의 내용과 관련된 다른 사람의 경험과 배경지식, 독서 경험이 될 수 있다.

속에서 이해를 한다는 것은 다중 텍스트의 내용들을 연결하고 결합하여 마음속에 내재 텍스트를 만드는 것이다. 내재 텍스트는 읽는 과정에서 끊임없는 생각을 바탕으로 만들어진다. 텍스트를 읽는 과정에서의 생각은 관련된 텍스트의 내용을 연결하기 위한 것이다. 독자는 생각을 통한 텍스트 내용의 연결을 통하여 내용을 인식하고, 의미를 찾아내고, 새로운 생각을 구성하게 된다. ①텍스트 내적인 관계로 접근(interatextuality), ②다른 텍스트와의 상호텍스트적인 접근(intertextuality), ③텍스트 밖에서 텍스트 이해에 영향을 미치는 것과의 관계를 통한 접근(extratextuality)이 그것이다(Irwin, 1991). 텍스트의 이해는 이들 세 가지의 동시적인 작용으로 이루어진다. 어느 한 가지를 결하게 된다면 텍스트의 내용을 이해하는 데는 어려움이 있게 된다.

①의 경우는 텍스트의 이해가 텍스트 내적인 단서들에 의하여 이루어진다는 것이다. 독자는 텍스트를 읽어 내용을 이해하기 위하여, 앞에서 읽은 내용을 계속적으로 참조한다. 이 말은 텍스트의 앞부분에 대한 이해를 가지고 텍스트의 뒷부분을 이해하게 된다는 것을 의미한다. 또한 텍스트 뒷부분이 잘 이해되지 않으면 그것과 관련된 앞부분을 찾아서 그것과의 관계를 설정함으로써 이해를 하게 된다는 것이다.

②의 경우는 텍스트의 내용 이해의 개념을 다른 텍스트와의 관계 속에서 찾는다. 한 편의 텍스트가 독자에게 이해되는 것은 이미 읽은 텍스트의 영향 하에서 이루어진다. 지금 읽고 있는 텍스트와 내용적으로 관련 있는 텍스트를 예전에 읽었을 경우, 지금 읽고 있는 텍스트의 이해는 이미 읽은 텍스트를 참조하여 내용을 파악한다는 것이다. 즉 한 텍스트의 이해는 다른 텍스트와의 상호텍스트적인 관계를 맺으면서 이루어진다. 능숙한 독자도 익숙하지 않은 특정 영역의 학문에 관한 책을 접하게 되면, 한 권의 책을 다 읽어도 그 내용을 제대로 파악할 수 없다. 또한 그 텍스트의 내용을 좀 이해했다고 하더라도 그 텍스트의 내용이 우리의 기억 속에서 안정되게 자리를 잡아 존재하지 않기 때문에 내용을 오래 기억하거나 쉽게 회상하여 설명할 수 없다. 이것은 그 텍스트의

내용이 내재 텍스트와 연관관계를 형성하지 못하기 때문에 일어난다고 할 수 있다.

③의 경우는 텍스트의 이해에 있어 텍스트 외적인 요소의 영향을 의미하는 것이다. 독자는 독서 중에 사고에 영향을 미치고 있는 외부적인 요소들을 활용한다. 독자의 사전 독서 경험이나 신념, 의도, 목적, 담화 관습, 문화적인 배경 등이 텍스트의 이해에 영향을 미친다. 이것은 스키마 이론에서 논의된 내용들을 포함한다고 할 수 있다. 텍스트를 읽고 이를 이해하는 활동은 독자가 가지고 있는 여러 가지 요소들이 작용한다는 것이다. 독자의 수준에 따라 이해의 폭이 다르고, 관점에 따라 내용의 기억을 달리하며, 문화나 성장 배경이 다르면 내용을 달리 해석하게 된다.

하트만(Hartman, 1995)의 다섯 편의 관련 있는 텍스트를 여덟 명의 학생들에게 제시하여 주고, 그것들을 읽고 이해하는 과정을 사고 구술법을 통하여 분석한 결과, 학습자들이 텍스트를 이해하는 방법은 이들 세 가지 형태로 나타났다는 것을 밝혔다. 이들 세 가지 형태들은 모든 학생들에게 다 함께 나타나는 현상이었다. 다만 그 정도와 시기에서는 모두가 달랐다. 어떤 학습자는 텍스트 내적인 연결 관계를 주로 이용하여 텍스트를 이해하는가 하면, 다른 텍스트와의 연결 관계를 통하여 텍스트의 내용을 이해하기도 하고, 자신의 경험과 배경지식을 주로 이용하여 이해하기도 하였다. 또한 읽는 전 · 중 · 후에서도 각자의 접근하는 방식들이 상이하다는 것이 드러났다.

이런 연구를 통하여 시사 받을 수 있는 것은 텍스트 이해 지도에 방법을 좀 더 다양화할 필요가 있다는 것이다. 인지적인 접근도 중요하지만 다른 방법(상호텍스트성을 활용하는 방법)들에 대한 탐구가 활발히 이루어질 필요가 있다.

제2부

상호텍스트성의 개념과 작용

1장. 상호텍스트성의 개념 탐구
2장. 상호텍스트성과 텍스트 이해 방식
3장. 상호텍스트성의 기제와 교육

1장. 상호텍스트성의 개념 탐구

1. 상호텍스트성의 기본 개념

그동안의 텍스트 이해 교육은 학습자의 텍스트의 이해를 돕기 위하여 여러 관점에서 이루어진 연구 성과들을 반영하였다. 여기서는 심리학, 기호학, 언어학, 해석학의 관점을 중심으로 살펴보았지만, 그 외에도 문학이나 인식론 등의 여러 학문의 연구 성과들이 텍스트 이해 교육에 영향을 주고 있다.

상호텍스트성의 개념을 보면, 처음에는 주로 필자의 텍스트 구성을 중심으로 논의가 이루어졌으나, 독자의 의미 이해의 과정에 대한 논의로 확대되고 있다. 텍스트 이해로 확장된 개념에 따르면 독자의 의미 구성도 상호텍스트성을 바탕으로 이루어진다. 여기서는 이러한 상호텍스트성의 개념과 그 변화를 살핀 후 텍스트 이해 과정에 작용하는 상호텍스트적 특성을 정리하여 본다.

상호텍스트성(intertextuality)을 하나의 용어로 정착시킨 사람은 크리스테바(Kristeva, 1966)이다(Worton & Still, 1990: 1). 그렇지만 알렌(Allen, 2000)은 그 개념의 연원을 소쉬르(Saussure)나 바흐친(Bakhtin)에서 찾는다. 이 용어의 개념은 텍스트 간의 영향 관계만을 언급하던 것이 여러 분야의 학문들 속에서 논의되면서 확장되어 왔다. 먼저 상호텍스트성의 개념과 개념의 변화를 살펴본다.

1) 상호텍스트성의 개념

상호텍스트성의 개념을 간단히 말하면 텍스트 간의 상호관련성이라고 할 수 있다. 이 개념이 처음 논의될 때는 한 텍스트가 다른 텍스트와 서로 영향 관계에 있다는 비교적 단순한 것이었지만 여러 논의를 거치면서 개념이 넓혀졌다. 그래서 일반적인 언어 활동과 사고 활동에도 작용하는 것으로 개념이 확대되었다.

상호텍스트성(intertextuality)이라는 낱말의 구성은 '속', '사이' 또는 '상호'의 뜻을 지닌 'inter'라는 접두어가 어떤 물건이 짜여져 있다는 것에서 나온 '원문'이나 '본문'의 뜻을 지닌 'text'와 결합하여 이루어졌다. 여기에 사물의 성질이나 상태를 나타내면서 명사를 만드는 어미 'ity'가 덧붙여져 만들어진 신조어이다. 낱말의 의미로 생각하면 텍스트가 내적으로 서로 관련되어 이루어진 것을 지칭하는 추상적인 개념으로 '텍스트 사이의 관련성'이라고 간단히 말할 수 있다.

상호텍스트성이라는 용어를 처음 만든 이는 크리스테바(1966)이지만 그 개념의 기원은 더 거슬러 올라간다. 상호텍스트성 현상은 인간이 언어를 사용하면서부터라고 할 수 있다[1]. 그렇지만 그 개념에 대한 인식에서 용어가 생겨난 것은 오래되지 않았다. 알렌(Allen, 2000)에 따르면 그 개념의 기원은 소쉬르의 언어학에 있다.

소쉬르의 기호에 대한 설명은 상호텍스트성의 기반을 이룬다. 소쉬르의 언어 이론의 핵심은 기호에 있다. 소쉬르는 기호는 대상과 간접 관계있는 것으로 파악한다. 다시 말하면 기호는 대상과 관계를 맺고 있을 뿐이지 그 대상은 아니다[2]. 기호는 대상과 자유로운 관계를 가지고 있

---

1) 의미 구성과 의사 소통은 본질적으로 다른 사람이 사용한 기호를 사용해야 하기 때문이다.
2) 기호의 지시 대상이 실체가 아니라 개념이라는 인식의 출발은 소쉬르에게서 시작되었다(권택영, 1998: 162~164).

으면서, 대상에 대한 기의(개념)를 포함하고 있다. 이렇게 기호가 대상과 분리되어 있고, 기의(개념)를 포함하고 있다는 관점에서 보면 기호는 개념을 매개하는 도구로 인식되고, 그 결과 기호로 사고한다는 생각을 가지게 한다[3].

이렇게 대상이 없는 기호만의 세계는 기호 간의 상호 관계를 바탕으로 개념을 드러내게 된다. 즉 기호만으로 개념의 세계를 이루게 된 것이다. 그래서 하나의 기호는 개념을 드러내기 위해 반복적으로 사용된다. 기호는 실제의 무수한 대상을 추상하여 개념으로 내포하고 있기 때문에, 무수한 대상을 나타내기 위해서는 하나의 기호가 반복되어 사용될 수밖에 없다. 즉 기호 속의 개념을 사용하여 의미를 구성하고 생각을 주고받기 위해서는 반드시 기호를 반복적으로 사용할 수밖에 없다. 기호의 반복된 사용은 상호텍스트성을 형성하게 된다. 기호를 사용한 표현과 이해는 이미 개념화된 기호를 사용함으로써 서로 영향 관계에 놓일 수밖에 없는 것이다. 그러므로 기호의 사용은 기본적으로 상호텍스트성을 가진다. 이러한 생각은 바흐친의 문학 이론에서 연결되면서 성립되고, 크리스테바에 의하여 하나의 용어로 표현되고 개념이 구체화되었다.

2) 상호텍스트성의 용어 논의

상호텍스트성이라는 용어의 사용은 프랑스 '텔켈'지에 참여한 포스트 구조주의자 중의 한 사람인 줄리아 크리스테바(1967)에 의해서였다.

---

3) 이것은 세계를 인식하게 하는 기본적인 도구로 기호를 사용하는 것을 의미하며, 기호를 통하여 사고한다는 것을 뜻한다. 그렇지만 기호가 기표와 기의로 이루어져 있다는 인식에서 기의는 대상이 아니라는 것에 문제가 있다. 기의는 기호 속에 포함되어 있으므로, 기의는 대상이 될 수 없다. 그래서 대상을 기호화했지만 기호는 대상과 동떨어져 존재하면서, 기호는 기호만의 다른 세계(체계)를 가지게 된 것이다. 이렇게 인식 세계가 기호만의 구성될 수 있는 것은 인간의 의식에 의해서이다. 기호만의 세상은 대상에서 벗어나서 독립적으로 기호를 통한 의미 작용이 가능함을 의미한다. 즉 대상이 없음에도 기호를 통하여 그 대상을 상정할 수 있게 된 것이다.

그렇지만 그 연원은 소련의 학자인 바흐친과 연결되어 있다.

상호텍스트성의 근원이라고 할 수 있는 바흐친의 언급에서부터 살펴보자. 바흐친의 여러 이론들 중에서 상호텍스트성과 관련을 맺고 있는 것은 대화주의 문학 이론이다. 특히 대화주의 문학 이론 중에서도 이어성이나 다성성으로 설명되는 부분들이다. 바흐친이 사용한 다성성이라는 용어는 처음에는 음악 용어였다. 이 음악 용어가 문학 용어로 사용되기 사작한 것은 프랑스 상징주의 시인들에 의해서였으며, 폴란드의 철학자이며 문학 이론가인 로만 잉가르덴 역시 그의 저서 <문학 예술 작품>(1931)에서 이 용어를 도입한 바 있다[4](김욱동, 1993). 다성성의 개념은 상호텍스트성과 밀접한 관련이 있으므로 자세히 살펴보면 다음과 같다.

다성적 문학을 간단히 정의한다면, 그것은 하나 이상의 다양한 의식이나 목소리들이 완전히 독립적인 실체로서 존재하는 문학(작품)을 가리킨다. 이 경우 작중 인물은 단순히 작가에 의해 조정되는 수동적인 객체가 아니라 어디까지나 작가와 나란히 공존하는 능동적인 주체이다(김욱동, 1994: 163). 즉 작중 인물들은 그들 나름의 이데올로기와 세계관을 가지고 주어진 상황 하에서 공통의 의미를 형성하는 대화를 한다고 할 수 있다. 이 과정에서 작중 인물들의 서로 다른 목소리가 섞이면서 내용이 만들어져 텍스트를 구성한다. 텍스트 구성에 대한 이러한 설명에서 볼 때, 텍스트는 다양한 목소리들이 의미를 형성해 가는 장이라고 할 수 있다. 즉 텍스트는 다양한 목소리들이 모자이크처럼 배치된 형태로 이루어진다고 할 수 있다. 모자이크 기법이 하나의 완성된 그림을 만들어내듯 텍스트도 하나의 통일된 의미를 가진다. 문학 작품에서의 작가와 작중 인물에 대한 이러한 개념의 정립은 작가와 작중 인물을

4) 다성성이라는 용어를 처음으로 사용한 이는 바실리 코마로비치라고 할 수 있다. 바흐친이 밝히고 있는 바와 같이 다성성이라는 용어는 바흐친과 동시대 비평가인 바실리 코마로비치가 도스토예프스키의 작품과 관련하여 사용하였다. 그렇지만 이 용어를 문학 이론에 본격적으로 적용한 사람은 바흐친이다(김욱동, 1993).

분리하게 하고, 작가를 작중 인물들을 통제하고 조정하는 능력의 소지자로서가 아니라 작중 인물과 함께 대화를 통하여 의미를 구성하는 역할을 하는 것으로 보게 한다. 이런 인물들의 목소리가 뒤섞이는 상황은 문학 텍스트에 국한된 상호텍스트성의 개념을 갖는다고 할 수 있다.

바흐친의 다성성의 개념이 포스트 모더니즘과 만나게 되면서 용어와 의미가 다소 변화하게 된다. 1960년대 프랑스의 포스트 모더니스트 중의 한 사람인 크리스테바는 바흐친의 문학 이론을 소개하면서 다성성의 개념을 상호텍스트성이라는 용어로 변화시킨다. 김욱동(1993:196)의 설명에 따르면, 크리스테바는 한 발화가 화자(작가)나 청자(독자) 또는 다른 발화(문학 작품)와 맺고 있는 상호 관계를 '수평적' 관계와 '수직적' 관계의 두 유형으로 구분하였다. 여기서 수평적 관계란 발화가 화자와 청자가 맺는 관계를 가리키며, 수직적 관계란 발화가 그 이전 또는 동시대적인 다른 발화와 맺는 관계를 가리킨다. 그런데 크리스테바는 바로 발화의 수직적 관계를 가리키기 위하여 상호텍스트성이라는 용어를 사용하였다. 그녀에 따르면 "모든 텍스트(발화)는 마치 모자이크와 같아서 여러 인용문들로 구성되어 있으며, 어디까지나 다른 텍스트들을 흡수하고 그것들을 변형시킨 것에 지나지 않는 것"이라 할 수 있다.

크리스테바의 이러한 설명은 바흐친의 다성성의 개념에서 한 발 더 나아가 텍스트의 구성에서 필자 외부에 존재하는 다른 필자의 영향력을 의미하는 것으로 변화된 것이다. 즉 다성성의 의미는 크리스테바의 수평적인 관계와 수직적인 관계가 뒤섞여 있는 것을 의미한다고 할 수 있지만, 상호텍스트성은 이를 세분함으로써 그 개념을 구체화한 것이라고 할 수 있다.

상호텍스트성이라는 개념에서 보면, 크리스테바는 용어를 만들어 내고 그 의미를 구체화했다. 크리스테바의 상호텍스트성의 정의는 우리가 지금 일반적으로 알고 있는 개념이라 할 수 있다. 즉 그녀의 정의는 한 텍스트는 그 텍스트 이전의 담화나 동시대적인 담화의 영향으로 이루어진다고 설명함으로써, 이후의 여러 가지 논의들에 지대한 영향을 미치게 된다.

토도로프(1984)도 바흐친의 대화적인 담론을 설명하면서, 크리스테바가 사용한 상호텍스트성이라는 말을 빌려 사용한다(최현무 역, 1990). 그는 바흐친이 말하는 문학의 대화적 속성을 상호텍스트성으로 설명하고 있다. 토도로프는 담화 속에 사용되는 단어들은 늘 사용되었을 뿐 아니라 내부에 이미 사용된 흔적들을 가지고 있으며, <사물들> 또한 상태는 전과 같다고 해도 다른 담론들이 이미 건드렸기 때문에, 이 사물에 대한 언급은 다른 담론들과 만나지 않을 수 없다고 했다. 이러한 설명은 하나의 담론은 다른 담론의 관계 속에서 이루어짐을 나타내고, 재현을 통하여 텍스트들이 서로 연결되어 있음을 설명하는 것이다. 토도로프의 이러한 설명은 선행하여 언급된 내용들이 반복적으로 사용되며, 이 반복은 텍스트가 서로 관련성을 갖게 한다는 것이다.

그러면서 토도로프는 바흐친이 상호텍스트적 관계가 본질적으로 드러난 담론 유형의 목록을 만들었는데 그것은 일상회화, 법, 종교, 인문과학, 정치적 담론과 같은 수사적 장르이며, 반면 자연과학에서 상호텍스트성의 역할은 미소하여 자연과학에서 나타나는 타자의 담론은 대개 인용부호 속에 갇혀 있다(최현무 역, 1990: 99~100)고 설명한다.

또한 토도로프(1984)는 바흐친이 말하는 독백도 대화의 속성을 지닌 상호텍스트적인 것이며, 서정시의 경우도 상호텍스트적인 요소가 없는 것 같지만 실제로는 있다고 설명한다. 바흐친이 처음에는 시에서의 대화적인 속성을 부정하는 표현을 했지만 나중에는 결국 모든 담론의 언어가 재현적인 성격을 가짐으로써 상호텍스트적인 연결이 이루어진다고 생각했음을 설명한다.

상호텍스트성에 대한 토도로프의 관점과 비슷하게 조내선 컬러(1975)는 <구조시학>에서 다음과 같이 설명한다. “시는 다른 시 그리고 독서 습관과의 관련성을 벗어나서는 창조될 수 없다. 시가 시로서 존재하는 것은 바로 이러한 관련성 때문이며, 그 위치는 그것이 출판된 다음에도 변하지 않는다. 만약 나중에 의미가 변한다면, 그것은 그 뒤에 씌어진 책들과 새로운 관련성을 맺기 때문이다." 여기서 컬러가 사용하는 시라는 용어는 소설이나 희곡과 같은 어느 특정한 장르를 가리킨다기보다는 더 넓은 의미에서 문학 일반을 가리키는 제유적 표현이다(김욱동, 1993: 197). 컬러의 이러한 말은 상호텍스트성에 대한 직접적인 언급은 아니지만 상호텍스성의 의미를 그대로 내포하고 있는 개념이라고 할 수 있다. 컬러는 시(문학 작품)가 창조되기 위해서는 다른 시를 읽고, 읽은 내용을 바탕으로 새로운 관련성을 맺어야만 한다고 설명한다. 이러한 설명은 시의 의미는 다른 시들과 관련을 맺음으로써 새로운 의미의 창출을 위한 상호텍스트적인 연결 관계를 형성한다는 것이다. 이것은 토도로프가 말한 담론의 재현과 같은 것으로 볼 수 있으며, 이러한 재현은 또 다른 재현을 위한 것임을 말한다고 할 수 있다. 컬러의 이러한 설명은 현재의 텍스트가 이루어지기까지의 상호텍스트적인 관계뿐만 아니라 나중에 이루어질 상호텍스트적인 관계를 언급한 것이라 할 수 있다.

앞에서 사용된 상호텍스트성이라는 용어는 문학 작품과 관련하여 쓰이는 개념을 포함하고 있다. 즉 앞에서 사용된 용어는 문학 작품 간의 영향 관계를 이론화하기 위한 방편으로 상호텍스트성을 개념화한 것이다. 문학 연구에서 사용하기 시작한 상호텍스트성은 좁은 의미의 상호텍스트성이라고 할 수 있을 것이다. 좁은 의미의 상호텍스트성은 작품들이 서로 영향 관계를 형성하고 있다는 것을 설명하기 위한 것이라 할 수 있다.

넓은 의미에서 상호텍스트성은 텍스트와 텍스트, 주체와 주체 사이, 텍스트와 사회문화적인 영향 관계에서 일어나는 모든 지식의 총체적인 연결에서 나타나는 현상들에 대한 개념이라 할 수 있다. 이 경우 주어진 텍스트는 단순히 문학 텍스트뿐만 아니라 다른 기호 체계 더 나아가서는 문화 일반까지 포함한다. 크리스테바는 상호텍스트성을 한 문학 체계에서 다른 문학 체계로 뿐만 아니라 비학문적 체계에서 학문 체계로 전이되는 기호적 과정의 일부로 본다. 또한 그녀는 상호텍스트성이라는 말이 '기원의 연구'라는 진부한 의미로 이해된다면서 "모든 의미 행위는 다양한 의미 체계들의 전위(轉位)의 장(場)에 지나지 않는다"라고 하여 상호텍스트라는 용어 대신 '전위'라는 용어를 사용하기도 한다(김욱동, 1993: 189~190). 크리스테바의 전위 개념은 단순히 문학적인 텍스트의 관련성의 개념을 넘어선 모든 텍스트 상호텍스트적으로 관계를 맺는 보편적인 현상으로 이해할 수 있다. 이렇게 넓혀진 개념은 컬러가 텍스트 간의 관계를 규정하는 개념과 상통하는 면이 있다. 컬러는 "상호텍스트성은 어느 한 작품이 그 이전의 특정한 텍스트들과 맺고 있는 관련성을 가리키는 명칭이라기보다는 오히려 그 작품이 한 문화의 담론 공간에 참여하는 것을 가리키는 명칭이 된다. 즉 그것은 한 텍스트가 한 문화의 다양한 언어나 의미 행위와 맺고 있는 관련성을 가리킨다" (김욱동, 1993: 199)라고 설명한다. 이러한 컬러의 상호텍스트 개념은 텍스트의 의미가 텍스트 간의 관계만을 나타내는 것이 아니라 텍스트가 내포하고 있는 문화나 사회 역사적인 맥락을 포함하는 것이라 할 수 있다. 그는 또한 어느 한 텍스트가 이해되는 '일반적인 추론의 공간'으로 상호텍스트성을 파악하면서 상호텍스트성은 주어진 문화를 떠나서는 도저히 상상할 수 없다(김욱동, 1993: 199)고 주장한다. 컬러가 가지고 있는 상호텍스트적인 관점에서 보면, 이 세상에 존재하는 모든 텍스트는 서로 상관되지 않는 것이 없으며, 다른 사회, 문화, 역사적인 것과 필연적인 관계를 갖는다고 할 수 있다. 이러한 설명에서 보면 상호텍스트적인 연결 관계는 인간이 언어로 의사소통을 하기 시작하면서부터 존재한 것이라 할 수 있으며, 인간이 존재하는 한 계속 존재하는 것이라 할 수 있다.

상호텍스트성은 문학 이론에서 출발하여 그 범위가 사회문화적인 모든 국면의 관계성으로 확대되고 있다. 실제로 우리가 사용하는 텍스트나 언어들은 사회문화적으로 약속된 규칙을 사용하여 다른 사람과 의사소통을 하게 되는데, 서로 간에 의사소통을 한다는 것이 혼자만의 독특한 언어적인 표출이 아니라 서로 이해할 수 있는 기호와 규칙을 사용하는 것이다. 서로 간에 이해할 수 있는 기호와 언어 규칙의 사용은 이미 상호텍스트적인 연결 관계를 근본적으로 내포하고 있는 것이라 할 수 있다. 즉 사람들의 모든 의사소통은 근본적으로 상호텍스트성을 갖는다고 하겠다.

2. 상호텍스트성의 개념 변화

상호텍스트성의 이러한 개념의 확대는 기존에 없던 것을 새롭게 창조한 것이라기보다는 우리의 삶 속에 깊이 자리잡고 있던 언어적인 현상을 새롭게 규정한 것이라 할 수 있다. 우리가 동양의 고전이라고 하는 <논어>나 <맹자>의 내용을 살펴보아도 이러한 상호텍스트적인 관계를 쉽게 발견할 수 있으며, 지금 쓰고 있는 이 글도 상호텍스트적인 연결 관계를 한두 줄만 읽어도 쉽게 발견할 수 있다. 그렇지만 상호텍스트성의 현상을 인식하여 텍스트를 바라보기 시작한 것은 그리 오래 되지 않았다고 할 수 있다. 여기서는 상호텍스트성의 개념이 문학과 문학 외의 다른 영역으로 활용되는 면을 간단히 살펴본다.

1) 상호텍스트성 개념의 인식

앞에서 살펴보았듯이 상호텍스트성의 용어는 줄리아 크리스테바에 의하여 사용되었지만 상호텍스트성의 개념은 그 이전에 이미 존재한 것이라 할 수 있다. 그래서 누가 이러한 개념을 먼저 사용하였나 하는 것은 그 의미가 없다고 할 수도 있다. 그렇지만 어떠한 개념이나 용어가 사용되기까지는 사람들이 그 현상을 인식하지 못한다. 그런 측면에서 상호텍스트성이라는 용어가 만들어지기 이전에 이루어진 개념 인식을 김욱동(1993)의 설명을 중심으로 간단히 살펴본다.

김욱동(1993)은 엘리어트를 예로 들면서 상호텍스트성이라는 개념이 처음으로 본격 도입된 것은 모더니즘에 이르러서라고 언급하고 있다. 대표적인 모더니스트인 엘리어트는 상호텍스트성에 남다른 관심을 가지고 있었으며, 논문 '전통과 개인의 재능'(1919)은 이 문제를 다룬 대표적인 글이라 할 수 있다. 엘리어트의 작품 가운데서도 <황무지>(1922)는 이러한 상호텍스트성이 예술적으로 형상화된 대표적인 작품에 해당할 것이라고 했다. 모더니즘 작가인 마르셀 푸르스트도 상호텍스트성에 관심을 보였는데 그의 연작 소설인 <잃어버린 시간을 찾아서>(1913~1927)는 플로베르, 발자크, 에르네스트 르낭, 그리고 공쿠르 형제들과 같은 프랑스 대표 작가들의 작품과 상호텍스트적인 관계를 갖고 있다(김욱동, 1993)는 것이다.

모더니스트 외에도 신화 비평가들 역시 간접적인 방법이긴 하지만 상호텍스트성 문제에 관심을 보였으며, 문학 작품의 기원이나 영향 관계를 주로 연구하는 역사 비평, 그 중에서도 특히 발생학적 비평 이론 또한 넓은 의미에서 상호텍스트성과 관련이 있으며, 최근 들어 유물론적 관점에서 문학을 파악하고자 하는 레이먼드 윌리암스와 마르크스 이론가들, 그리고 생산 이론을 주장하는 피에르 마슈레와 같은 네오마르크스주의의 문학 이론가들 역시 이 문제에 관심을 보인다고 한다. 그러면서 상호텍스트성을 가장 핵심적인 지배소로 대두시키고 체계적으로 이론화한 것은 포스트모더니즘에 이르러서라고(김욱동, 1993: 195~196) 설명한다.

2) 해체주의의 상호텍스트성 개념

포스트모더니즘의 관점에서는 텍스트에 대한 새로운 시각을 갖게 된다. 기존에 사용되던 '모더니즘'이나 '구조주의'와 같은 용어에 '포스트'나, '후기', '탈'과 같은 용어가 붙여지고 '해체'라는 용어가 등장했다. 이러한 현상은 기존의 인식의 관념과는 다른 것을 추구하기 위한 시도라고 할 수 있다. 텍스트에 대한 모더니즘적인 인식이 정전이나 한 작품으로서의 완결성을 갖는 것이었다면 포스트모더니즘의 관점에서는 이들을 부인하는 경향을 보인다.

포스트모더니즘 관점에서 볼 때, 모든 텍스트는 어디까지나 그 이전에 이미 존재해 있던 것을 다시 재결합시켜 놓거나 새롭게 바꾸어 놓은 것에 지나지 않는다(김욱동, 1993: 201). 즉 텍스트는 이미 언급된 내용들을 변형하거나 짜깁기를 통하여 재조직하여 놓은 것이라는 것이다. 이러한 생각은 텍스트가 필자에 의하여 창의적으로 만들어졌다는 독창성을 부인한다. 또한 텍스트가 기본적으로 고유의 의미를 가지고 있다는 것을 부정하게 됨으로써 텍스트의 완결성도 부인된다. 그래서 텍스트는 그 속에 쓰여진 상호텍스트적인 특성으로 인하여 의미의 내재성을 인정받지 못하고 있으며, 텍스트 상호 간의 관련성에 의한 의미 구성이 강조된다.

이러한 텍스트의 개념을 강조하는 대표적인 학자는 데리다라고 할 수 있다. 그는 상호텍스트성의 개념을 철학적인 면과 문학적인 면에서 새롭게 정리하고 있다.

해체주의의 대표자인 데리다의 관점을 살펴보면, 해체주의에서 인식하고 있는 상호텍스트성에 대한 관점을 알 수 있다. 데리다는 서구의 형이상학적 사고방식에 회의를 던지면서 근원과 현존의 부재를 주장한다. 그는 소쉬르의 언어에 대한 기표와 기의의 구분이 실제를 도외시한 면에 주목하면서 기표와 기의로 된 언어는 실재(현존)의 부재를 가질 수밖에 없다고 전제한다. 즉 언어의 기의는 실재와 같은 것을 볼 수 없으며, 기의는 실재와 유리되어 기표와 관계 속에서 존재하는 것이라고 본다. 기의가 실재의 한 부분을 의미한다고는 할 수 있지만 실재 그 자체는 아니기 때문에 언어와 실재는 유리될 수밖에 없으며, 언어는 실재를 그대로 드러내지 못한다는 것이다. 그래서 언어가 완전한 실재(현존)를 재현하는 것이 불가능하다는 것이다. 그래서 많은 기표들이 실재를 드러내기 위하여 쓰이며 의미는 기표들 사이의 차이에 의하여 존재한다고 본다.

그러므로 언어를 통해서는 완전한 현존이나 재현은 불가능하며 말과 글이 모두 현존이 결핍된 의미화의 과정이라고 생각했다(김성곤, 1990). 그는 이런 개념을 설명하기 위하여 '차연(Différance)'이라는 신조어를 만들어 낸다. 차연은 의미는 하나의 텍스트 속에 있는 의미는, 그것이 연관된 맥락 즉 그 텍스트 내의 다른 요소들과 상호 관계에서 드러나기 때문에, 결코 완전한 형태로 인식될 수 없다는 것이다. 따라서 그 의미는 실재와 영원히 '차이'를 갖게 되며 끝없이 '유보'된다는 것이다. 이 논의는 의미를 드러내는 기표들의 관계 속에서 생기는 한 텍스트 자체 속의 상호텍스트성을 말한다. 텍스트 내의 상호텍스트성은 저자의 부재와 해석의 불가능성 및 동시에 의미의 무한성을 함의한다(김성곤, 1990)고 할 수 있다.

데리다의 이러한 개념은 상호텍스트성 또는 범텍스트성 이론으로 발전을 하게 된다. 데리다의 상호텍스트성의 개념은 텍스트들이 서로 연관 되어 있다는 생각에서 일층 더 나아가 텍스트들이 서로 그물망처럼 연결되어 있고, 그러한 연결들이 의미를 드러낼 수 있다고 본다. 즉 한 텍스트는 이전의 텍스트에 영향을 받아서 이루어질 뿐만 아니라 그 텍스트는 다른 텍스트와 연결된 그물의 한 교점에 놓임으로써 의미의 한 부분으로 작용한다는 것이다. 이는 한 텍스트는 그 자체로서의 의미를 가질 수 없고 다른 텍스트와의 관련성 속에서만 의미를 갖는다는 뜻이 된다. 이러한 의미에서의 텍스트는 그 자체로서는 아주 미약하지만 다른 텍스트와의 관련성에서 그의 의미를 어느 정도 드러낼 수 있다. 데리다의 해체주의관점에서의 상호텍스트성 개념은 텍스트들이 독자와 필자로부터 독립된 상태에서 효율적으로 작용하는 것으로 보게 하여 텍스트의 상호텍스트적 관계를 넓게 이해할 수 있는 시각을 열어 준다.

3) 텍스트 언어학의 상호텍스트성 개념

상호텍스트성에 대한 개념은 텍스트 언어학에서도 활용하고 있다.

텍스트 언어학이 문장의 단위를 넘어선 텍스트의 관점에서 언어를 분석하고 텍스트 구성 요소의 관계를 규명하기 때문에 텍스트의 구조나 관련성을 설명하기 위하여 필수적으로 상호텍스트성에 관한 개념을 갖는다고 할 수 있다. 상호텍스트성에 대한 접근은 문학 이론에서 이야기하는 것과는 차이점이 있지만 하나의 텍스트는 여러 요소들의 관계에서 이루어진다는 개념은 비슷하다고 할 수 있다.

박여성(1995)의 설명에 따르면 텍스트 이론가인 코세리우(1981)는 상호텍스트성을 기호학의 입장에서 "텍스트가 다른 텍스트에 있는 기호들과 가지는 관계"라고 규정하면서 "이 관계를 통하여 새로운 텍스트들의 의미 생성에 기여한다"라고 규정한다. 또한 하르베크(1979)는 텍스트 구성의 기준을 대용화(substitution)에 두어 텍스트를 "연속적으로 전개되는 이차원적인 대용의 연속체로 정의한다. 대용화를 중심으로 전개되는 원리는 앞 문장의 어떤 성분이 뒤 문장에서 다른 성분으로 대체되는 것(Nach－einander)과 어떤 성분이 똑같은 자리에서 그 대신 다른 성분으로 대체될 수 있는 것(Statt－einander)이 있다고 설명한다[5]. 쥬네트(1982/1991)는 상호텍스트성을 '종이가 귀하던 시절에 양피지에 썼던 글을 지우고 그 위에 다시 글을 쓰면, 먼저 있던 글이 희미하게 겹쳐 보인다'는 의미에서 기생 텍스트(Paratexte)라는 개념으로 사용하였다.

챠우더(1989)는 거시 텍스트의 연구에서 상호텍스트성을 통사론의 국면에서 논의하고 있다(김진권, 1997: 208). 차우더는 상호텍스트성을 거시 텍스트를 구성하는 요소로서 개별 텍스트 또는 미시 텍스트의 층위를 뛰어 넘어 이루어지는 개별 텍스트의 연쇄로 보았다. 즉 상호텍스트성은 미시 텍스트가 텍스트 문법의 규칙에 따라 구성되는 것과 같이 거시 텍스트의 규칙에 따라 성립한다는 것이다. 김진권(1997)도 이러한 입장에서 고유 명사, 보통 명사, 인용 구문을 중심으로 거시 텍스트가

---

5) 그리고 나서 이렇게 구성된 독자적인 텍스트들끼리 서로 가지는 관계들로 Nebenen－einander, Bei－einander, Aus－einander, Mit－einander 등이 있다고 설명한다(박여성, 1995).

이루어지는 원리를 설명하면서 거시 텍스트의 구조는 상호텍스트성을 중심으로 이루어진다는 입장을 밝히고 있다.

텍스트 언어학에서의 상호텍스트성은 텍스트의 구조와 의미 면에서 텍스트들이 서로 연결되어짐을 설명한다. 즉 텍스트의 여러 요소들이 반복되거나 다른 요소들로 대치되는 현상들과 미시 텍스트들이 거시 텍스트를 이루는 현상을 상호텍스트성으로 본다고 할 수 있다.

보그랑데와 드레슬러(1981)는 텍스트의 구성 조건으로 결속구조, 결속성, 의도성과 용인성, 정보성, 상황성, 상호텍스트성 등 일곱 가지를 제시하였다. 여기서의 상호텍스트성은 텍스트를 이루는 필수적인 요인으로 필자나 독자가 어떤 텍스트를 사용함에 있어서 사전에 경험한 하나 또는 그 이상의 텍스트에 대한 지식에 의존하도록 만드는 요인에 관계된 것이다. 이런 상호텍스트성은 풍자, 비평, 반박, 혹은 보고와 같은 유형에서 텍스트 생산자는 선행하는 텍스트를 끊임없이 참조해야 하며, 텍스트 수용자들로서도 선행 텍스트에 대한 지식이 어느 정도 필요하게 마련이라는 것이다.[6] 이들의 설명은 텍스트의 구성과 인식에 있어서 인지심리학적인 연구들을 의식하여 상호텍스트성을 설명한다. 즉 텍스트의 구성들은 필자의 인지나 독자의 인지를 바탕으로 이루어지며 이들은 서로 상관관계를 갖고 있다는 것이다.

박여성(1995)은 구성주의적인 입장에서 상호텍스트성을 '구조적인 접속의 매체인 미디어 제공물이 다시 다른 미디어 제공물과 관계를 가지는, 즉 구조적 접속의 중첩으로 규정한다. 상호텍스트적인 산출은 일종의 현실 구성 놀이로써, 기존의 현실을 토대로 또다른 인지적 현실을 구상하는 수단이자 결과라고 설명한다. 이러한 설명은 미디어 매체로 확장된 상호텍스트성 현상을 제시한 것이라 할 수 있다.

독일 문학 장르에서 알려진 상호텍스트에 대한 박여성(1995: 85)의

6) 박여성(1995)은 상호텍스트성을 텍스트 구성 요소의 필수 조건으로 보는 것에는 반대하는 의견을 갖는다. 상호텍스트성이 텍스트의 일차적인 속성이 아니기 때문이라는 것이다.

소개를 보면 다음과 같은 것들이 있으며, 여기 제시된 것은 상호텍스트로 나타난 텍스트 유형의 일부분이라고 하고 있다.

> 풍자, 번안, 골계극, 절취 단장하여 엮은 시가(Cento), 콜라주, 다이제스트, 발췌록, 시가 등의 단편(Fragment), 심층 텍스트, 주해, 회상록, 모방, 해석, 주석, 상반모방(Kontrafaktur), 해설, 모사, 짜깁기, 모작, 원본, 풍자적 희화, 비방한 시를 취소하는 시(Palinodie), 의역, 기생 텍스트, 혼성모방(Pastiche), 빈정거리는 야유(Persiflage), 현상/현실 텍스트(Phänotext) 표절, 후 텍스트, 전 텍스트, 원전, 편집, 재탕, 회상록, 요약, 서평, 풍자시, 일람, 형식 개작, 번역, 서문, 삽입된 선전 문구, 인용, 요약

이러한 용례는 텍스트의 다양한 관련성을 제시해 주면서 맥락적 상황이 가미된 미시 장르의 성격을 갖는 모든 텍스트가 관련되어 있음을 나타낸다. 장르는 거시 장르 수준에서 논하는 장르의 개념이나 미시 수준의 장르 개념이 모두 상호텍스트성의 개념을 내포한 것이라 할 수 있지만, 미시 장르들은 주제나 내용적인 면에서의 상호텍스트적인 성격이 더 강하게 드러난 다고 할 수 있다.

텍스트 언어학에서의 논의는 문학적인 차원보다는 글의 구조나 형식의 관계성 측면에서 접근하면서 텍스트의 관계성을 탐색한다고 할 수 있다. 텍스트 언어학에서의 상호텍스트성의 개념은 텍스트를 구성하고 있는 요소들의 기호학적인 상호 관계나 용어들의 대용적인 면과 거시 텍스트의 구성에서 일어나는 미시 텍스트들의 연결 관계에 대한 측면에서 접근하고 있다. 또한 장르적인 면에서 한 텍스트와 관련되어 발생할 수 있는 다양한 텍스트들의 유형에 관심을 갖는다고 할 수 있다. 이러한 접근은 문학적인 내용 위주의 접근과는 달리 텍스트의 구성 형식면에서의 접근이라 할 수 있다.

4) 언어 교육의 상호텍스트성 개념

언어 교육은 텍스트의 생성과 이해를 중심으로 하기 때문에 상호텍스트성에 대한 논의는 필연적인 것이다. 그렇지만 상호텍스트성의 범위가 넓기 때문에 그 접근 방식은 다양하다. 즉 상호텍스트성의 개념을 어떻게 받아들이느냐에 따라 그 적용 방식에서 많은 차이를 가져온다. 여기서는 언어 교육적인 입장에서 사회적인 상호작용의 실제적인 활동으로 보는 상호텍스트성에 대한 논의를 몇 가지 살펴본다.

카르니(1992)는 1학년 교실에서 상호텍스트성이 어떻게 일어나는가를 관찰하였다. 그는 교사가 학생들에게 읽어 주는 이야기 텍스트가 어떻게 글로 변형되어 나타나는가를 중심으로 관찰을 하였다. 교사가 읽어 준 텍스트가 학생들의 글 속에 나타나는 시기는 모두 달랐지만 텍스트의 내용들을 변형하여 이야기를 만드는 현상들은 많이 발견되었다. 이러한 현상을 보면서 상호텍스트성은 풍부한 사회적 현상이라고 규정한다. 그러면서 상호텍스트성을 독자들과 필자들이 한 텍스트의 내용을 다른 텍스트들로 고쳐 표현하거나, 한 텍스트에서 다른 텍스트 내용을 흡수할 때, 텍스트들의 내용이 얽혀 모자이크를 구성하는 의미의 끊임없는 구성과 재구성으로 설명한다. 이러한 설명은 상호텍스트성의 문학적인 논의의 개념을 수용하여 교육의 현상을 설명하려한 시도라고 할 수 있다.

블룸과 에간 로버슨(Bloome & Egan−Robertson, 1993)은 상호텍스트성의 개념을 사회적인 행동의 일환으로 보고 있다. 즉 상호텍스트성은 개인이나 집단 내에서 이루어지는 상호작용을 통한 의미 구성 과정이라는 것이다. 이들은 상호텍스트성에 대한 접근을 ①문학적인 연구 ②사회 의미론적인 견해 ③읽기 · 쓰기의 교육적인 연구 등의 세 가지 형태로 구분하고 있다. 이중 ③읽기 · 쓰기의 교육적인 연구는 문학적인 연구나 사회 의미론적인 견해를 모두 수용하는 것으로 본다. 학생들의 텍스트 이해는 그들이 있는 교실 상황 요인과 경험 요인에 영향을 받아 이루어지며 교사와 학생의 사회적인 상호작용을 통하여 다양한 수준(내용, 구조, 장르)에서 일어난다고 설명한다. 쓰기에 있어서도 학생들은 예전에 책을 읽은 경험이나 쓰기 경험을 활용하는 것들이 모두 상호텍스트성을 바탕으로 이루어지는 것이라고 설명한다.

이들은 1학년 교실에서 형성된 상호텍스트적인 연결 고리에 대한 제안들을 연구하였다. 교실 환경 속에서 의미 구성의 중심적인 부분으로 사회적인 인식과 용인 그리고 사회적인 의미를 들고 있는데, 이들은 의미가 교사와 학생 또는 학생과 학생 간의 상호작용 속에서 만들어지는 텍스트에 병치되어 나타난다고 설명한다. 그러면서 상호텍스트성이 텍스트나 독자의 마음에 있지 않고 사회적 상호작용에 있다고 주장한다. 이러한 설명은 상호텍스트성이 보다 확대된 사회적인 상호작용의 형식으로 나타난다는 것이다.

윌러와 베리(Oyler & Barry, 1996)는 1학년 교실에서 텍스트를 통한 상호텍스트적인 연결이 이루어지는 현상을 관찰하였다. 이들은 교사가 책을 읽어 주거나 이야기하는 과정에서 학생들이 어떻게 반응하는가를 관찰하였다. 학생들은 교사가 책을 읽어 주거나 이야기를 하면 다양한 반응을 보이게 되는데, 선생님이 제시하는 이야기가 자신이 읽었던 책과 비슷한 내용이 있으면 그 책을 찾아와 다른 친구들과 이야기를 하거나, 또는 자신의 경험이나 자신의 생활을 끌어들여 이야기하면서 텍스트를 이해한다. 이러한 활동으로 1년을 보낸 후의 학생들은 교실에 있는 책의 대부분의 내용을 자연스럽게 이해하는 과정을 거쳐 간다고 하였다. 이것은 교실에서의 상호텍스트적인 연결은 실생활적인 면에서 일어나는 것을 보여 준다. 또한 이들은 상호텍스트성이 문학 공동체를 만들어 가는 중요한 역할을 하며, 텍스트의 의미를 재구성하는 창문이면서 독자 공동체를 구성하고 알리는 기회를 만들어 주는 것으로 설명하다. 그리고 상호텍스트성은 학생들이 텍스트들 사이의 연결을 인식하는 것뿐만 아니라 교사가 교실 공동체의 학생들에게 이해와 기쁨과 기억을 공유하도록 하는 기회를 제공한다는 것이다.

이러한 언어 교육적인 활동들은 상호텍스트성의 개념들을 실제적인 행위 측면에서의 접근이라 할 수 있다. 앞의 논의들이 이론적이고 추상적인 면에서의 상호텍스트성을 설명한 것이라면, 언어교육적인 면에서의 상호텍스트성은 사회적 상호작용 속에서 일어나는 실제적이고 활동적인 개념을 갖는 것이라 할 수 있다.

5) 상호텍스트성 개념의 종합

크리스테바가 상호텍스트성이라는 용어를 만들어 사용하는 그 개념의 기반은 소쉬르의 언어학 이론과 바흐친의 문학 이론에서 찾을 수 있다. 앞에서도 잠시 언급하였지만, 소쉬르의 기호에 대한 설명[7]은 상호텍스트성의 기반을 이룬다. 그의 언어 이론의 핵심은 기호에 있다. 그는 기호가 어떤 대상을 지칭하는 것으로 파악한다. 그렇지만 기호는 대상을 단지 지칭할 뿐이지 그 실체는 아니다. 인간은 대상을 기호화함으로써 기호를 도구로 사용하게 되었고 그 결과 인식이 실체로부터 자유롭게 되었다. 이것은 세계를 이해하는 기본적인 도구로 기호를 사용하는 것을 의미하며, 기호를 통하여 사고한다는 것을 뜻한다. 그렇지만 기호가 기표와 기의로 이루어져 있다는 인식에서 기의는 실체가 아니기 때문에 기의는 실체를 모두 드러낼 수 없다는 것이다. 기호는 기의를 내포하고 있지만, 기의는 실체가 될 수 없다. 그래서 실체를 기호화했지만 기호는 실체와 동떨어져 존재하면서, 기호는 기호만의 다른 세계를 가지게 된 것이다.

이렇게 실제 세계가 기호만의 세계로 구성될 수 있는 것은 인간의 의식에 의해서이다. 기호만의 세상은 인간이 실체에서 벗어나서 독립적

7) 소쉬르의 언어이론은 기표/기의, 통시태/공시태, 랑그/파롤, 연합/통합체, 자의성, 선조성, 가치 등 몇 가지의 이론적인 공리와 몇 가지의 기호의 기본 원리로 압축될 수 있다(임봉길 등, 2000). 이러한 언어의 원리들은 언어가 가지고 있는 일반적인 특성을 말하는 것이다. 이들 공리들이나 원리들은 언어의 존재 형태와 작용 방식에 대한 것으로 기본적으로 상호텍스트성의 개념적 요소들을 포함하고 있다.

으로 기호를 통한 의미 작용을 가능하게 했다. 즉 대상이 없음에도 기호를 통하여 그 대상을 상정할 수 있게 된 것이다. 때문에 관념의 작용에서 기호를 통하여 그 의미를 파악하기 위해서는 새로운 장치가 필요한데 그것이 '대립'의 개념이다. 기호를 통하여 의미를 드러낼 때 기호는 실체가 아니므로, 실체를 모두 드러낼 수 없다. 그래서 기호는 기호들의 대립을 통하여 그 의미를 드러낼 수밖에 없다. 예를 들어 '수'의 의미를 인식하기 위해서는 '수 · 우 · 미 · 양 · 가' 등과 같이 다른 낱말(기호)과의 관계에서 생기는 대립을 통하여 알 수밖에 없다.

이러한 대립의 관계는 언어로 의미(사물)을 인식하는 기본적인 전제가 된다. 또한 기호에 대한 이러한 설명은 기호화된 어떠한 의미도 다른 것과의 대립적인 관계를 형성하지 못하면 의미를 갖지 못하는 것이라 할 수 있다. 의미를 가지는 기본적인 단위인 낱말이나 낱말이 모여 만들어진 구나 문장, 이들의 집합체인 텍스트는 기호적인 성격을 가지고 있기 때문에 다른 것과의 관계 속에서만 그 의미를 갖는다고 할 수 있다. 따라서 텍스트를 구성하고 의미를 드러내기 위해서는 다른 것들과의 상호텍스트적인 관계를 맺는 것은 필연적이라 할 수 있다.

소쉬르의 이러한 구조주의적인 인식의 틀은 바흐친으로 연결된다. 바흐친의 대화주의 문학 이론은 소설 텍스트의 구성에 초점이 놓여 있다. 바흐친의 문학 이론에서 소설 텍스트의 구성은 각 인물들 각자가 의식적인 목소리를 가지고 상호작용을 하는 것으로 본다. 이것을 소쉬르의 방법으로 설명하면 한 인물이 말한 의미는 다른 주인공의 말과 대립적인 관계에 있기에 의미가 드러난다고 할 수 있다.

바흐친의 문학(대화) 이론의 기본은 그렇지만, 상호텍스트성의 개념을 한 단계 발전시켰다. 이는 실제적인 언어사용 맥락이 반영된 텍스트 속에서 상호텍스트성의 개념을 알 수 있게 했기 때문이다. 바흐친은 도스또예프스키의 소설을 분석하면서 그의 소설의 구성이 다성성을 기반으로 한 대화를 통하여 구성되어 있음을 설명한다. 또한 도스또예프스키의 소설 속에서는 신문, 풍자, 패러디, 거리 풍경, 그로테스크 혹은

팜플렛 등이 소설과 결합되고, 일상적 현실의 생생한 단편들이 소설 속에 들어있다는 것에 주목한다(김근식 옮김, 1989: 23). 소설 속의 인물들이 필자의 생각을 대변하는 역할을 맡은 것이 아니고, 각 인물들은 그들의 이데올로기를 바탕으로 서로의 생각을 주고받는다는 것이다[8]. 또한 한 편의 소설 텍스트 구성은 다른 종류의 텍스트가 끼어들어 만들어졌다는 것에 대한 인식은 텍스트에 대해 접근할 수 있는 실마리를 제공한다. 소설의 텍스트의 구성에 대한 이러한 설명은 텍스트들의 상호텍스트적인 병치와 대립의 의미를 내포한다.

바흐친의 이러한 인식은 크리스테바(1967)에 와서 정교화된다. 크리스테바는 텍스트의 구성을 통시적인 면에서 텍스트 상호간에 영향을 미친다는 수직적인 영향과 공시적인 면에서 그 당시의 사회나 문화적인 요소가 텍스트에 영향을 미친다는 수평적인 영향 관계로 설명한다. 이 중에서 상호텍스트적인 것으로 설명하는 것은 수직적인 영향 관계에 있는 것을 지칭하는 것이다(김욱동, 1993). 즉 하나의 텍스트의 구성은 이미 앞서 만들어진 텍스트들에 영향을 받아서 이루어진 것이라는 것이다. 이것은 텍스트의 구성이 이전 텍스트의 파편들로 이루어진 모자이크라는 인식을 갖게 했다. 텍스트의 구성이 모자이크라는 것은 필자가 새롭게 인식해 언급한 것은 없고 다만 글의 조각들을 모아 짜깁기를 했다는 것을 의미한다.

여기까지의 논의는 실제적인 텍스트를 상정하고 상호텍스트적인 연결 관계를 논의한 면이 있다. 그렇지만 데리다에 오면 더욱 포괄적인 텍스트를 상정하고 상호텍스트성을 논의하는 면이 있다.

---

8) 소설 속의 상황이지만 인물들이 각자의 주체성을 가지고 대화에 참여한다는 것은 기존의 소설 텍스트에 대한 많은 관념을 깨뜨리게 한다. 당연히 필자의 생각만으로 구성되어 있다고 보았던 텍스트에 대한 생각을 바흐친은 텍스트 속의 각 인물들은 그들만의 개성을 가짐으로써 필자의 세계에서 벗어나 각자의 개성을 바탕으로 상호작용하는 것으로 본다. 이것은 하나의 텍스트는 여러 인물들이 가지고 있는 관념의 세계들이 병치되어 이루어졌음을 의미하기도 한다. 각각의 인물들은 각자의 관념을 가지고 있기 때문에 그들의 대화는 관념들의 병치일 수밖에 없다.

상호텍스트성을 바탕으로 텍스트가 이루어졌다고 보는 이러한 인식은 데리다에 의하여 범텍스트성의 개념(김성곤 편, 1990)으로 발전을 하게 된다. 하나의 텍스트는 그 자체로서는 의미를 가질 수 없고 다른 텍스트들과의 관계에서만 의미를 가질 수 있다는 것이다. 즉 모든 텍스트는 그물과 같이 서로 연결된 망을 형성하고 있는데, 하나의 텍스트는 그 그물의 한 교차점에 놓여 있다는 것이다. 텍스트는 다른 텍스트들과의 관계 속에서 전후좌우로 연결되어 존재한다는 것을 의미한다. 다른 텍스트들과의 연결 고리가 끊어진 텍스트는 텍스트로서 존재할 수 없다. 한 텍스트가 그물의 한 교차점에 비유되는 것은 텍스트가 다른 것에 영향을 받고 다른 것에 영향을 주면서 이루어진 것으로 다른 텍스트에 구속될 수밖에 없음을 나타낸 것이라 할 수 있다.

데리다까지의 설명은 상호텍스트성 개념의 발전이 독자와 동떨어진 면에서 이루어진 논의라 할 수 있다. 텍스트의 구성에 독자의 참여와 텍스트의 의미 해석에 대한 독자의 능동적인 역할에 대한 인식 및 기호론적인 의사소통 이론이 대두되면서 상호텍스트성의 개념은 또 다른 변화를 하게 된다. 텍스트의 구성이 상호텍스트적으로 이루어진다는 것에는 동의하지만 그 제한점을 문서화된 텍스트에 국한시키지 않는다.

상호텍스트성을 바탕으로 한 텍스트의 구성에 대한 인식은 바르트(Barthes, 1968, 1971)가 '저자의 죽음'과 '작품에서 텍스트로'라는 논문을 발표한 후에 달라지게 된다. 그것은 텍스트의 의미에 대한 독자의 역할을 강조한 것이다. 텍스트에 대한 이해를 필자가 제시한 내용을 그대로 받아들이는 것이 독자의 임무라고 생각했던 것에서, 텍스트에 대한 이해는 독자 나름의 것으로 규정되면서 상호텍스트성은 새로운 전개를 맞이하게 된다. 다시 말하면 독자는 텍스트를 이해하는 과정에서 또 다른 텍스트들과의 연결을 통하여 새로운 텍스트(작품)를 구성한다는 것이다. 또한 사회 기호학과 의사소통 이론의 발전으로 텍스트에 대한 인식의 변화가 이루어졌다. 기존의 텍스트에 대한 인식이 구체적으로 문자화되어 표현된 것에서 문자화되지 않고 하나의 내적인 기호의 형태로 존재한다는 인식이다. 텍스트가 문자로 표현된 것이 아니고 독자나 필자의 머리 속이나 맥락 속에 존재할 수 있다는 인식은 상호텍스트성이 독자의 영역으로 확대되는 변화를 가져왔다.

바르트(Barthes, 1971)는 텍스트와 작품을 구별하였는데, 텍스트는 필자에 의하여 구성된 것이고 작품은 독자에게 인식된 것이라고 본다. 텍스트를 하나의 기호로 작용하여 독자가 의미를 가질 수 있게 하는 하나의 단순한 도구로 인식하게 된 것이다. 이러한 인식은 수용 이론이나 독자반응 비평과 같이 독자의 역할을 강조하는 것과 동궤에 놓인다.

텍스트에 대한 인식의 전환은 사회기호학적으로 개인 간의 대화 분석을 하는 과정에서 새롭게 부각된 면이 있다. 바흐친의 문학 이론에서는 두 인물 간의 대립적인 이데올로기의 작용으로 상호텍스트성이 이루어진다는 전제를 갖지만 일상적인 대화에서의 상호텍스트성은 실제적인 대화자 간의 생각이나 의도의 차이에서 상호텍스트성을 찾을 수 있다. 두 대화자 간의 대립적인 면에서는 분명한 상호텍스트성이 존재한다는 것을 인식하지만, 상호 협력적인 관계에서의 대화도 상호텍스트성을 바탕으로 이루어진다고 보는 것이다. 이러한 개념은 교실에서 이루어지는 대화를 분석한 블룸과 에간 로버슨(Bloome & Egan-Robertson, 1993)의 주장에서 알 수 있다.

3. 상호텍스트성의 작용태

상호텍스트성의 개념은 현재까지 오면서 많은 변화를 했다. 상호텍스트성이 어디에 있느냐 하는 것에 대한 논의에서 많은 변화를 보이고 있다. 사실 상호텍스트성에서 대한 논의가 대개 문학 작품의 분석 문제에 놓여 있기[9] 때문에 상호텍스트성의 개념에 대한 논의의 진전을 찾아

9) 오승은(1998), 최인훈 소설의 상호텍스트성 연구, 서강대 석사.
원철(1997), 포스트 구조주의의 상호텍스트성 연구, 부산대 석사.

볼 수 없다. 또한 상호텍스트성에 대한 논의 부족으로 이에 대한 실체를 파악하기 어려운 점이 많다. 상호텍스트성에 대한 위치의 문제를 제기한 사람은 블룸과 에간 로버슨(Bloome & Egan-Robertson, 1993)인데 이를 더욱 상세화하여 정리한 사람은 하트만(Hartman, 1995)이다. 여기서는 하트만의 정리를 소개하는 것으로 한정한다. 하트만은 상호텍스트성이 위치하는 곳을 지금까지의 학자들의 연구를 분류하여 크게 매체 환경, 생산 기제, 담화 관습, 시간으로 나누어 설명하고 있다. 이를 구체적으로 살펴보면 다음과 같다.

1) 매체 환경

상호텍스트성을 매체 환경에 위치시키는 접근은 상호텍스트성의 작용이 구체적인 대상들 속에서 이루어진다는 것이다. 그 대상은 텍스트와 독자, 필자, 맥락과 언어이다. ①상호텍스트성이 텍스트에 있다고 보는 관점은 텍스트 속의 각 낱말, 구, 문장, 문단은 그것들을 둘러싸고 있는 다른 낱말, 구, 문장, 문단에 의하여 정의된다는 언어학적인 접근과 제목이나 내용 등이 다른 텍스트를 모방하거나 은연중에 언급한다는 문학 이론가나 종교 학자들에 의한 접근이다. ②상호텍스트성이 독자에 있다고 보는 관점은 문학 이론과 인지심리학 이론에서 나왔다. 독자들이 하나 이상의 텍스트를 다른 텍스트에 병치시키고, 텍스트를 읽는 동안 다른 텍스트의 양상을 참조한다는 문학 비평적인 접근과 독자가 마음속에서 한 텍스트를 다른 텍스트로 전이시키고, 흡수시키고, 교차시켜 모자이크를 만드는 것으로 보는 인지심리학적인 접근이 그것이다. ③상호텍스트성이 필자에 있다고 보는 관점은 문학 이론, 인지심리학, 기호학 연구에서 왔는데, 필자는 이미 읽은 자료 텍스트에서 내용을 끌어와 짜깁기를 하는 사람이나, 자료 텍스트에서 정보를 선택하고, 연

이호록(1999), 상호텍스트성에 의한 시 교육 방법론, 연세대학교 석사논문.
김정우(1998), 상호텍스트적 시 교육에 관한 연구, 서울대학교 석사논문.

결하고, 조직하는 사람으로 본다. 그리고 기호학적인 관점에서는 필자를 다양한 기호 체계(말, 움직임, 쓰기, 말하기)에서 자료를 끌어 와서 자신의 다양한 텍스트 형태(글 · 미술 · 음악 · 극 텍스트)를 구성하는 사람으로 본다. ④상호텍스트성이 맥락에 있다고 보는 관점은 사회언어학에 기초하여, 독자와 필자가 그들 사이에서 협상을 통하여 연결하는 사회적인 상호작용 속에 있다고 본다. 개별 텍스트, 독자, 필자는 분석의 기본 단위로 보지 않는다. 오히려 필자와 독자가 텍스트 주위에서 상호작용으로 구성하는 맥락에 초점이 놓이게 된다. 그리고 텍스트 간의 관계는 언어, 몸짓, 억양과 같은 맥락적인 단서를 사용하여 사회적인 의미를 제안하고, 인식하고, 할당하는 것이라고 본다. ⑤상호텍스트성을 사용되는 언어 속에 있다고 보는 입장은 언어학과 사회 기호학으로부터 온 것인데, 상호텍스트성을 언어 그 자체 속에 포함된 것으로 본다. 상호텍스트성이 언어 속에 내재한 물리적인 매재로서의 관점은 의미 형성이 하나의 텍스트 속에 다른 하나의 텍스트가 끼어 들어가는 것으로 본다.

2) 생산 기제

상호텍스트성을 생산(변형) 기제로 보는 접근은 상호텍스트성을 만드는 공간에 대한 언급이다. 지금까지의 연구에서 학자들은 7가지의 생산 기제에 상호텍스트성을 위치시켰다. 즉 인지적, 사회적, 문화적, 정치적, 역사적, 언어적, 기호적인 것이다. 비록 겹치는 듯한 기제(사회문화적)들이 있지만 독립적으로 살펴본다.

①상호텍스트성을 인지적 생산 기제 속에 위치시키는 접근은 상호텍스트성이 일어나는 곳을 독자나 필자의 마음속에 있다고 본다. ②상호텍스트성을 사회적 생산 기제 속에 위치시키는 접근은 사람들이 행위하고 반응하는 속에 자리한 것으로 본다. ③상호텍스트성을 문화적 생산 기제 속에 위치시키는 접근법은 한 사회 속에 내재한 문화적 속성에

내재한 것으로 본다. ④상호텍스트성을 정치적 생산 기제에 위치시키는 접근법은 권력 관계의 표현 속에서 이루어지는 것으로 본다. ⑤역사적 생산 기제 속에 상호텍스트성을 위치시키는 접근법은 다른 시간대를 가로질러 현재에 이른 규범과 관습 체계 속에 있다고 본다. ⑥상호텍스트성을 언어적 생산 기제 속에 위치시키는 접근법은 구어나 문어로 쓰이는 언어 속에 위치한 것으로 본다. ⑦기호학적 생산 기제 속에 상호텍스트성을 위치시키는 접근법은 기호의 체계 속에 위치해서 연결을 만드는 것으로 본다.

3) 담화 관습

광범위한 담화 습관에 상호텍스트성이 있다는 접근법에서는 상호텍스트성이 위치하고 있는 곳을 '담화 공동체'로 본다. 지금까지의 연구로 보면, 학자들은 학문, 전문성, 제도, 개인 등 네 가지 광범위한 관습 속에 상호텍스트성을 위치시키고 있다. 학문, 전문성, 제도 등이 공동체에서 개인의 상황에 위치한 것이라면, 네 번째는 개인 안에서의 공동체 상황에 위치하고 있다.

①학문 속에 상호텍스트성을 위치시키는 접근법은 텍스트 간의 연결이 만들어지는 것을 학문의 연구 과정 관습으로 본다. ②전문성 속에서 상호텍스트성을 위치시키는 접근은 전문 업무의 도구로써 상호텍스트적 연결이 이용되며 업무를 조절하는 권력 관계 망으로서의 관습으로 보았다. ③상호텍스트성을 제도적인 조직 체계 속에 위치시키는 접근법은 제도 속에서 이루어지는 활동에서 발생하는 텍스트의 생산, 통제, 선택, 조직, 재분배하는 절차를 조직적인 관습으로 생각한다. ④개인적인 독자/필자 속에 상호텍스트성을 위치시키는 접근법은 이해와 구성 활동 속에서 내재하여 작용하는 것으로서 읽기/쓰기 행위의 기본적인 습관으로 본다.

4) 시간

시간 속에 발생하는 것으로 보는 접근은 상호텍스트성이 읽기 전·중·후에 관찰되고 학습되는 특정한 시간 동안 이루어진다는 것과 과거 현재 미래로 지적되는 방향(direction)으로 보는 것이 있다. 지금까지의 연구에서 학자들은 두 가지 시간적인 발생에 대하여 상호텍스트성을 위치시켰다. ①상호텍스트성을 회상에 의하여 일어나는 것으로 보는데 숨겨진 상태에서 일어난다고 본다. 즉 텍스트를 다 읽고 난 후에 예전 텍스트를 상기함으로써 일어날 수 있는 것으로 본다. ②상호텍스트성을 현재 활동(on－line)에 위치시키는 접근은 읽고 쓰는 행위 속에서 만들어지는 것으로 본다.

이러한 상호텍스트성의 존재 위치에 대한 논의는 우리의 언어적인 삶이 어떻게 상호텍스트적으로 구성되어 있는가를 밝히는 쪽으로 이루어지고 있다. 결국 우리의 모든 언어 생활은 상호텍스트성을 기반으로 이루어진다는 것을 밝히게 될 것이다.

2장. 상호텍스트성과 텍스트 이해 방식

1. 상호텍스트성의 작용 방식

필자가 텍스트를 구성하고, 독자가 텍스트를 이해하는 과정은 기호를 사용해 내용(뜻)과 의미(속뜻)를 상호텍스트적으로 연결하는 과정이다. 즉 필자나 독자가 의미를 구성한다는 것은 여러 텍스트의 내용과 의미를 연결하여 상호텍스트적으로 종합하는 것이다. 여기서는 텍스트의 구성과 이해에서 상호텍스트성의 작용 방식을 살펴보도록 한다.

상호텍스트성이 텍스트의 기호 작용에 의하여 구성되는 면을 먼저 살펴본다. 텍스트의 표면 구조는 기호로 이루어져 있다. 텍스트를 구성하고 있는 기호들은 필자가 새롭게 만든 것이 아니고, 이미 다른 텍스트에서 사용되었던 것이다. 필자가 이미 사용되었던 기호를 사용하는 것은 그 기호가 사용되었던 텍스트와의 관계를 함의한다고 할 수 있다. 즉 하나의 텍스트에 사용된 기호가 다른 텍스트에 다시 사용되는 것은 '전치(轉置)'라고 할 수 있는데, 전치는 텍스트의 기호가 다른 텍스트로 옮겨짐으로써 그 기호가 포함하고 있던 개념이 함께 옮겨져 연결됨을 뜻한다. 이 전치된 기호들은 일정한 순서로 배열되어 '병치(juxtaposition)' 됨으로써 텍스트를 이루게 된다(Bloom & Egan-Roberson, 1993). 상호텍스트성의 관점에서 보면, 하나의 텍스트는 여러 텍스트에서 사용되었던 기호들이 전치되어 병치를 이루고 있다. 이렇게 병치된 기호들은 서로 간에 차이를 가지고 있는데 이들 차이 때문에 기호들은 대립 관계를 가진다. 즉 기호들이 전치되어 텍스트 속에 놓임으로써 병치가 이루어지고, 병치된 기호들은 '대립'을 통하여 의미를 드러낸다.

기호가 이렇게 전치되어, 병치와 대립을 통하여 개념을 드러낼 수 있는 것은 기호의 속성 때문이다. 소쉬르의 관점에서 보면, 기호는 기호의 체계 속에서 개념을 드러낸다. 예를 들어 '수'의 의미를 인식하기 위해서는 '수 · 우 · 미 · 양 · 가' 등과 같이 다른 낱말(기호)과의 관계에서 생기는 대립을 통하여 할 수밖에 없다. 이러한 병치와 대립의 관계는 기호로 개념을 인식하는 기본적인 전제가 된다. 또한 기호에 대한 이러한 설명은 기호화된 어떠한 의미도 다른 것과의 병치와 대립적인 관계를 형성하지 못하면 의미를 갖지 못하는 것이라 할 수 있다. 의미를 가지는 기본적인 단위인 낱말이나 낱말이 모여 만들어진 구나 문장, 이들의 집합체인 텍스트도 기호적인 성격을 가지고 있기 때문에 다른 것과의 관계 속에서만 그 의미를 갖는다고 할 수 있다[10]. 따라서 기호가 텍스트를 구성하고 의미를 드러내기 위해서는 다른 것들과의 상호텍스트적인 관계를 맺는 것은 필연적인 것이다.

텍스트를 이루는 개념의 관계에서 기호를 보면, 텍스트 구성에서 개념을 지시하는 기호는 '대용(substitution)'에 의하여 상호텍스트성을 드러낸다. 한 텍스트에 사용되었던 개념들이 다른 텍스트로 전치되면서 그 개념은 다른 기호로 표현되기도 한다. 기호 면에서는 전치가 일어나지만 개념에서는 대용적인 표현이 쓰이게 되는 것이다. 데리다(Derrida, 1967)에 따르면 하나의 기호는 기호가 지칭하는 개념을 전체적으로 드러낼 수 없다. 따라서 하나의 개념을 지칭하는 기호는 여러 가지로 존재할 수 있다. 때문에 다른 텍스트에 있는 개념을 옮겨와서 사용하지만

---

10) 코세리우(1981)는 상호텍스트성을 기호학의 입장에서 "텍스트가 다른 텍스트에 있는 기호들과 가지는 관계"라고 규정하면서 "이 관계를 통하여 새로운 텍스트들의 의미 생성에 기여한다"라고 규정한다(박여성, 1995).

그 개념을 가리키는 기호는 다른 것으로 대용될 수 있다(김성곤, 1990). 이러한 대용은 단일 텍스트 내에서도 흔히 일어나는 일이다. 하르베크(1979)는 텍스트 구성의 기준을 대용(substitution)에 두어 텍스트를 연속적으로 전개되는 이차원적인 대용의 연속체로 정의한다. 대용을 중심으로 전개되는 원리는 앞 문장의 어떤 성분이 뒤 문장에서 다른 성분으로 대체되는 것(Nach－einander)과 어떤 성분이 똑같은 자리에서 그 대신 다른 성분으로 대체될 수 있는 것(Statt－einander)이 있다고 설명한다(박여성, 1995). 이 설명은 텍스트의 내용을 드러내기 위하여 단일 텍스트 내에서의 대용 표현을 말하고 있으나 대용의 개념을 넓게 보면 다른 텍스트와의 관계에서도 작용하는 것으로 볼 수 있다.

또한 텍스트의 전체적인 구조에서도 상호텍스트성의 작용을 살펴볼 수 있다. 앞에서 살펴본 차우더의 미시 텍스트와 거시 텍스트의 관계에서 성립되는 상호텍스트성에 대한 설명(김진권, 1996: 208)과 김진권(1997)의 거시 텍스트 구성이 상호텍스트성을 바탕으로 이루어진다는 논의는 전체적인 구조 속에서의 전치와 대용에 대한 것이라 할 수 있다.

상호텍스트성의 구성을 내용과 의미에서 보면, 크리스테바(1967)가 말하는 '흡수'와 '변형'이라고 할 수 있다. 각각의 텍스트는 다른 텍스트에서 제시하고 있는 내용들을 흡수하여 이를 변형된 형태로 새롭게 구성한다. 이들의 구체적인 예를 독일 문학 장르에서 알려진 상호텍스트성의 예에 대한 박여성(1995: 85)의 소개를 보면, 이들은 다른 텍스트의 의미를 흡수하고 변형한 형태를 제시하는 것들이라 할 수 있다.

박여성이 든 예는 상호텍스트성을 바탕으로 구성된 텍스트 유형의 일부분이다. 이들 텍스트의 유형들은 결국 다른 텍스트의 내용과 의미가 흡수되고 변형되어 이루어진 텍스트를 분류한 것이라고 할 수 있다.

상호텍스트성의 작용을 텍스트 이해와의 관련하여 보면, 독자가 구성하는 내재 텍스트[11]도 전치 · 병치 · 대립 · 대용 · 흡수 · 변형의 요소를

11) 텍스트 이해 과정을 설명하기 위하여 '텍스트'라는 용어를 많이 사용한다. 이 텍스트는

모두 포함한다. 독자는 기호 면에서 전치 · 병치 · 대립 · 대용을 통하여 개념을 파악하고, 텍스트의 내용과 의미를 흡수하고 변형하여 텍스트를 이해한다. 텍스트 이해의 과정에서 독자들은 텍스트의 내용과 의미를 자신의 관점을 바탕으로 받아들이거나, 텍스트의 영향을 받아서 새로운 의미를 구성한다. 그렇기 때문에 독자 마음속에서 구성되는 텍스트의 외적 구조는 기호 작용으로 여러 텍스트의 내용과 의미가 전치되고 병치되어 있는 형태를 이루고, 그 내적 구성은 다른 여러 텍스트 의미들이 흡수되어 변형된 것이다.

독자가 텍스트를 읽으면서 마음속에 구성하는 내재 텍스트(inner text)는 여러 가지 요인들을 바탕으로 이루어진다. 읽고 있는 텍스트의 요소와 독자의 배경지식, 다른 텍스트의 내용들이 내재 텍스트를 구성하고 있다. 그래서 이 내재 텍스트는 상호텍스트성을 바탕으로 형성된다. 텍스트 이해에서 볼 때, 독자가 텍스트를 읽으며 마음속에 구성하게 되는 내재 텍스트는 읽고 있는 텍스트와 이미 읽은 텍스트, 함께 읽는 텍스트의 내용들이 상호텍스트적으로 작용하여 구성되는 형태를 가진다. 요컨대, 상호텍스트성은 독자가 텍스트를 읽고 마음속으로 텍스트

읽는 '자료'와 독자가 마음속에 구성한 '의미'를 모두 가리킨다. 텍스트에 대한 이러한 구분은 일찍부터 이루어 졌다. 잉가르덴은 작품과 텍스트로 구분하였고(차봉희, 1992: 98~100), 최현섭 외(1999)는 일차 텍스트와 이차 텍스트로 구분하였다. 스콜즈는 독자가 구성하는 텍스트의 종류는 텍스트 안(within), 텍스트 위(upon), 텍스트에 대항(against)하여 마음속에 텍스트를 구성한다고 보았다(김상욱 역, 1995: 32). 이들 텍스트의 개념을 정리하여 구분하여 보면 다음과 같다. 첫째, '자료 텍스트'가 있다. 자료 텍스트는 독자의 이해에 중심이 되는 '단일 텍스트'(이 글에서는 주로 '텍스트'라고 씀)와 중심 텍스트를 이해하는데 참조하는 '다중 텍스트'로 나누어진다. 다중 텍스트는 독자가 텍스트를 읽는 과정에 활용하는 텍스트들로 언어적인 텍스트와 비언적인 텍스트를 모두 포함한다. 교사나 동료의 말은 물론 모든 자료가 다중 텍스트를 구성한다. 둘째는 '독자 텍스트'가 있다. 독자의 텍스트는 독자가 이미 가지고 있는 배경 지식에 속하는 '기존 텍스트'와 독자가 새롭게 구성하게 되는 '내재 텍스트(inner text: 생성 텍스트)'가 그것이다. 기존 텍스트는 독자의 텍스트 이해 과정에서 자료 텍스트의 내용을 인식하고 구조화하고 해석하는 데 활용된다. 생성 텍스트는 독자가 텍스트를 읽고 이해하는 과정에 독자가 마음속에 새롭게 구성하는 텍스트를 가리킨다.

를 구성하는 과정에 작용하여 그 결과 내재 텍스트를 구성하게 된다.

2. 상호텍스트성과 텍스트 이해

독자가 텍스트를 읽어 가는 과정에서 독자의 마음속에 형성되는 내재 텍스트는 필연적으로 여러 텍스트의 요소들이 작용하여 이루어진다고 할 수 있다. 독자는 텍스트의 내용을 그대로 암기하는 것이 아니라 독자 나름대로 내용을 새롭게 구성하기 때문이다. 이러한 과정은 필자가 텍스트를 구성하는 과정과 같이[12] 여러 관련 텍스트의 도움으로 이루어진

---

12) 텍스트 구성에 대한 상호텍스트적 접근은 스피비(Spivey, 1984, 1989, 1991, 1997)의 연구를 들 수 있다. 스피비(Spivey, 1989)는 대학생들에게 아르마딜로(천상갑), 오징어, 로데오 경기를 설명한 텍스트를 백과 사전에서 다섯 편씩 선정하여 제시하고, 이들 다중 텍스트(multiple texts)를 읽고 이들을 저학년 학생들이 읽을 수 있는 하나의 텍스트로 구성할 것을 제시했다. 이 연구에서 스피비는 다중 텍스트로부터 담화의 통합 과정에서 조직하기, 선택하기, 연결하기의 역할에 대하여 논의하였다. 필자들은 내용을 통합하여 보고서를 쓰기 위해 조직하기, 선택하기, 연결하기의 변형을 만들었다. 그것을 분석한 결과 조직하기와 관련하여 모든 참여 학생들은 재료를 주어진 텍스트의 구조(수집구조)와 같은 조직하기 유형을 사용하였다. 선택하기와 관련하여 필자들은 텍스트들의 내용에서 제공된 자료의 부분들을 선택하였으며, 이들 선택은 텍스트들 전체에서 나타나는 내용들이 상호텍스트적인 기준에 의하여 이루어진 것이었다. 연결하기에서 필자들은 그들의 읽기와 그들 자신의 독자들을 위한 연결의 단서들을 추론하여 만들었다. 또 다른 연구에서 스피비(1997)는 대학원생들의 논문 작성 과정을 관찰하여 필자들의 텍스트 구성은 자신이 이미 구성했던 텍스트의 영향과 다른 사람들이 구성한 텍스트들의 영향으로 이루어짐을 밝혔다. 또한 한 편의 텍스트 구성 과정에도 다양한 공동의 필자들이 함께 활동을 통하여 텍스트를 구성하는 양상에 대한 논의를 하였다. 이들 연구에서 알 수 있는 것은 텍스트의 구성은 실제적으로 여러 텍스트의 조각들이 짜깁기되어 구성된다는 것이다.

데이비스 렌스키와 존(Davis-Lenski & John, 1997)은 6명의 학생들이 다중 텍스트를 이용하여 주어진 작문 과제를 해결하는 동안 이루어지는 활동의 형식(patterns)을 연구하였다. 이들은 다중 텍스트를 활용하는 쓰기의 과정을 (정보)찾기 활동(searching behaviors: 도서 목록, 카드 목록 이용, 독자 안내 이용, 도서관에서 책 빌리기, 동료와 상호작용, 어른과 상호작용), 읽기 활동(reading behaviors: 한 텍스트 훑어보기, 두 텍스트씩 훑어보기, 텍스트 읽기, 공책에 적기, 동료와 상호작용, 어른과 상호작용), 쓰기 활동(writing behaviors: 조직하기, 쓰기, 쓴 글 읽기, 도서 정보에 대한 기록하기, 동료와 상호작용, 어른과 상호작용)으로 나누었다. 그리고 학생들이 과제를 해결하는 동안에 활용하는 활동

다. 상호텍스트성을 바탕으로 이루어지는 텍스트 이해에 대하여 정리하여 보면 다음과 같다.

1) 텍스트 이해와 상호텍스트성

필자가 구성하는 텍스트가 다른 텍스트와 갖는 영향 관계는 직접적인 인용이나 공유를 통하여 이루어질 수도 있고, 간접적인 언급이나 암시 관계에 의하여 이루어질 수도 있으며, 같은 소재나 주제를 다루게 됨으로써 생겨날 수도 있다. 이러한 관계는 독자가 구성하는 내재 텍스트에도 그대로 적용된다. 독자 마음속에 구성되는 내재 텍스트는 본질적으로 우리의 정신적인 부분(의식, 무의식)이 다른 사람의 영향하에서 이루어졌듯이[13], 다른 텍스트의 영향을 받아서 이루어진다. 각 독자의 마음

요소들을 점검하였다. 그래서 주요 활동과 그 과정이 이루어지는 활동 유형을 살폈다. 찾기 활동은 도서관에서 책 빌리기, 동료와의 상호작용, 어른과의 상호작용 순으로 많이 일어났으며, 읽기 활동은 텍스트 읽기, 공책에 적기, 한 권 텍스트 훑어보기 순으로 나타났으며, 쓰기 활동은 쓰기, 자신의 글 읽기, 동료와의 상호작용하기의 순으로 나타났다.

맥긴리(McGinley, 1992)도 학생들이 다중 텍스트를 읽고 글을 쓰는 과정에 사용되는 시간 사용 비율을 연구하였다. 결과 분석의 내용을 보면, 첫 단계는 자료 읽기가 압도적으로 높고 메모하기가 그 다음 높은 비율을 차지했다. 두 번째 단계에서는 쓰기, 자료 읽기, 초고 읽기의 순으로 비율이 나타났으며, 세 번째와 네 번째는 쓰기, 초고 읽기, 자료 읽기 순서로 나타났지만 네 번째로 갈수록 쓰기의 비율이 높아졌다. 결국 필자의 텍스트 구성은 다중 텍스트의 내용들을 바탕으로 상호텍스트적으로 이루어진다는 것이다.

13) 비고츠키(Vygotsky)는 인간의 고등정신 기능이 개인 간 수준에서 개인 내 수준으로 발달하는 것으로 설명한다(한양대 사회인지 발달 모임 역, 1995). 개인이 사고하는 방식, 곧 언어를 통한 모든 사고는 다른 사람에 의하여 사용되던 것이 특정한 개인에게 전이되어 사용되는 것이다. 라캉(Lacan, 1966)도 정신분석학적인 면에서의 자아의 발달과정을 이와 마찬가지로 설명한다. 타아를 내면화함으로써 자아가 발달할 수 있으며, 인간의 무의식을 이루고 있는 부분도 타자에 의하여 구성된다고 설명한다. 즉 사람의 모든 의식(사고)과 무의식은 기본적으로 다른 사람들의 의식의 영향으로 성립된 것이다(김형효, 1999). 달리 표현하면 사람의 의식(사고, 지식, 의미)은 다른 의식들과 전후로 연결된 상관 관계들로 구성되어 있다고 할 수 있다. 미드(Meed, 1934)의 자아형성에 대한 설명에서도 개인들의 자아는 많은 다른 사람의 역할을 인식하고 받아들임으로써 구성된다(손장권 외, 1994)고 한다. 즉 사람들의 모든 마음의 구성은 외부의 타자와의 관계에서 이루어지는 것이다. 필자가 한 편의 텍스트를 구성하는 것도 이와 마찬가지로 관련된 여러 텍스트의 요인들을

속에 이미 들어 있는 생각도 다른 생각에 영향을 받아서 이루어진 것이고, 이것은 다른 생각과 영향을 주고받으면서 새롭게 변화된다. 다시 말하면 독자의 마음속에 들어 있는 내재 텍스트는 상호텍스트성을 기반으로 이루어질 수밖에 없다. 독자가 텍스트를 이해하는 것은 텍스트의 내용과 독자의 마음속에 있던 내용이 상호텍스트적으로 새롭게 구성되기 때문이다. 텍스트의 내용이 독자 마음속의 텍스트 내용과 일치할 때는 그대로 흡수되고, 텍스트의 내용이 새로운 것이면 기존의 내용과 병치되기도 하고, 또는 관련이 있으면서 상반될 경우에는 혼합되어 새로운 것으로 변할 수도 있다. 요컨대 텍스트에 대한 이해는 여러 텍스트가 상호텍스트적으로 짜여 이루어진다.

하트만(Hartman, 1995)은 인지심리학, 기호학, 문학 이론의 세 가지 학문적인 전통에 기반을 두고 읽기의 상호텍스트적 특성을 설명한다[14]. 이 세 가지 학문적 전통에 따른 학자들은 텍스트 이해를 다음과 같이 설명한다. ㉠독자는 마음속에 있는 잠재적인 의미의 조각들을 구체적인 텍스트 구성 상황 속으로 끌어들여 결합함으로써 의미를 만들고, ㉡독자는 텍스트의 기호와 만남으로써 의미를 형성하여 마음속에 의미를 표상하고, ㉢독자는 텍스트를 다른 텍스트로 전치하고 한 텍스트를 다

바탕으로 내용을 구성하는 것이다.

14) 이들 학문의 전통은 역사나 사고방식에 있어 매우 다른 전통을 가지고 있지만, 그들은 몇 가지 두드러진 방식으로 서로 교차되고 있다. Hartman(1995)은 세 가지 공통점을 들어 관계성을 설명한다. 첫 번째 공통점은 의미의 소재를 다룬다. 역사적으로 의미의 소재는 텍스트 내의 입장에서 텍스트밖에 있는 것으로 발전하였다. 텍스트 밖의 의미는 독자 속에 존재하며 독자가 살고 있는 문화 체계 속에 존재하며, 읽기와의 상호거래 속에 존재한다. 인지심리학, 기호학, 문학 이론은 각각은 인쇄된 텍스트가 소유하고 있어서 찾아낼 수 있는 객관적이고 인식할 수 있는 의미의 관점에서는 떨어진 관점을 제시한다. 두 번째 공통점은 의미의 상호연결성을 강조한다. 이들은 은유를 사용하여 – 전경, 웹, 연결 – 의미는 다른 의미 사이에 위치하거나 연결되며 독자 속에 있거나 독자의 문화 체계 속, 상호작용 속에 있다고 제안한다. 세 번째 공통점은 의미의 개방성을 나타낸다. 이들 각각은 의미의 개념을 닫혀 있거나 고정되어 있는 것이 아니라 열려 있고 확정되어 있지 않아, 맥락, 문화, 사회적 상황을 포함한 여러 요소의 조건에 따라 달라지는 것으로 본다(Hartman, 1995).

른 텍스트에 흡수시키고, 텍스트의 교차로 모자이크를 만든다. 이들은 텍스트 이해의 과정이 모두 상호텍스트성에 기초함을 암시한다. 특히 문학 이론에서의 독자의 이해에 대한 이와 같은 설명 방식은 크리스테바가 '독자는 정신적으로 텍스트를 다른 텍스트에 전치시키고, 한 텍스트를 다른 텍스트에 흡수시키고, 텍스트를 읽음으로써 텍스트를 교차시켜 모자이크를 구성한다'(Hartman, 1995: 526)고 말한 것에 영향받은 것이다. 즉 독자는 읽었던 텍스트나 읽고 있는 텍스트의 내용을 상호텍스트적으로 연결하여 의미를 구성한다는 것이다.

이러한 관점은 독자의 텍스트 이해가 이미 읽은 텍스트의 내용 조각들과 지금 읽고 있는 텍스트의 내용 조각들이 연결되어 이루어지는 것으로 본다. 하트만(1991)은 텍스트의 내용과 의미의 조각들이 새롭게 구성되는 형태를 몇 가지로 구분한다. 읽기에서 독자는 텍스트 내용 간의 연결이 이루어지는 관계 짓기(associating)가 있고, 텍스트의 내용과 독자의 배경지식이 연결되어 결합되는 연합하기(assembling)가 있으며, 독자가 텍스트를 읽어서 마음속에 새롭게 구성한 텍스트와 독자의 마음속에 이미 있던 텍스트와 결합되는 내적 재구성(looping)이 있다. 이 내적 재구성은 독자가 마음속에 있던 텍스트를 계속하여 새롭게 바꾸게 되는 것을 의미한다. 즉 새로운 연결 관계를 만들고(relinking), 텍스트를 새롭게 구성하며(reconstructing), 새로운 형태로 변형하고(revamping), 텍스트를 새롭게 정렬하는 것(rearranging)이다. 이러한 논의는 텍스트 이해 과정에서 텍스트 간의 관계 짓기와 텍스트와 독자의 관계 짓기, 독자 내부에서 텍스트의 의미와 독자의 생각을 관계 짓는 활동이 필요함을 의미한다. 그동안 인지적 관점에서는 읽기 과정에서 텍스트와 독자의 관계 짓기만을 강조함으로써 텍스트의 의미 이해에 대한 주관성을 강조하게 되었다. 그렇지만 텍스트 이해에 있어 텍스트 간의 내용 관계를 따져 본다든가 텍스트의 의미를 인식하고, 이들 의미와 독자의 생각을 연결시키는 것은 텍스트의 이해를 심화하기 위하여 중요하다. 또한 이것은 텍스트의 내용과 의미가 독자의 생각과 상호작용하여 독자의 마음에 적극적으로 작용해야 함을 의미하는 것이기도 하다.

상호텍스트적으로 텍스트의 내용과 의미를 연결하여 내재 텍스트를 구성하는 과정을 설명하는 데 있어 스피로와 펠토비치(Spiro & Feltovich, 1994) 등의 인지심리학자들이 제시한 인지적 유연성 모델은 유용한 설명력을 갖는다. 인지적 유연성 이론[15]에 따르면 의미의 구성은 주어진 맥락에서 지식(의미)의 조각을 적절히 이동시키고, 이들이 복합적으로 결합함으로써 이루어진다. 이 관점에서 보면, 텍스트를 이해하는 과정에 있는 독자의 마음속에는 내용과 의미의 여러 조각들이 존재한다. 이들 조각들은 더 큰 단위들로 뭉쳐질 수 있는 마음속의 조각이다. 하트만(Hartman, 1995)의 설명에 따르면, 이들 조각들은 좀 더 큰 의미로 구성될 수 있는 참조 체계를 형성한다. 독자들이 의미를 구성할 때, 이 참조 체계는 특정한 맥락이나 상황의 작용에 의하여 의미 조각들 사이의 상호텍스트적인 연결이 이루어진다. 즉 독자가 구성하는 의미는 독자가 함께 하는 다른 텍스트의 맥락과 상황에 의하여 조절된다는 것이다. 이러한 의미 조각들의 연결은 마음속에 확장된 의미나 새로운 의미를 구성하게 한다. 이렇게 형성된 의미(텍스트)들은 다시 독자의 지식 체계 속으로 들어가는데, 이들 지식 체계(지식 저장고)들은 새로운 텍스트를 접하게 되면 다시 새로운 텍스트 조각으로 활동하게 된다. 인지적 유연성 이론의 관점에서 보면, 독자의 마음속에 구성되는 텍스트[16]는

---

15) 황윤환(1999)은 인지적 유연성 이론의 특징을 네 가지로 요약하였다. 첫째, 학습 활동은 다양한 내용의 제시가 있어야 한다. 둘째, 학습 자료는 너무 단순한 내용을 피하는 것이 좋고 정황에 따른 지식을 얻을 수 있는 것이어야 하다. 셋째, 수업은 반드시 사례에 근거를 두어야 하며 정보 전달보다는 지식의 구성을 강조해야 한다. 넷째, 지식 요소들은 단편적이지 않고 고도로 통합적이어야 한다. 또한 인지적 유연성 이론은 이미 구성된 지식의 중요성을 강조하고, 좋은 교육이 일어나기 위해서는 학습자가 주어진 정보를 가지고 자기 자신이 새롭게 개발할 수 있는 기회를 가져야 한다고 주장한다(황윤환, 1999: 59).

16) 이에 대한 텍스트의 개념을 Hartman(1995)의 견해를 중심으로 정리하면, 다음과 같이 네 가지 특징으로 설명할 수 있다. 첫째, 우리가 대개 텍스트를 읽어야 할 하나의 대상-교재, 글의 한 부분, 한 페이지 위에 문자와 숫자를 조합한 인쇄된 코드-으로 보는 텍스트의 개념은 언어로 인쇄된 것으로 한정될 필요는 없다. 하나의 텍스트는 언어적인 기호와 비언어적인 기호를 모두 포함한다. 그 결과 텍스트는 하나의 발화(utterance)나 하나의

독자가 읽은 다양한 텍스트의 내용과 의미의 조각들이 맥락에 의하여 서로 결합되어 이루어진다. 이렇게 결합된 결과가 독자의 텍스트 이해이다.

독자의 텍스트 이해 과정은 참조 체계에 있는 의미 조각들을 동원하기 위한 조직화된 노력으로, 텍스트와 독자의 참조 체계(배경지식) 사이에 연결을 만듦으로써 의미의 망(web)을 만들게 된다. 피어슨과 티르니(Pearson & Tierney, 1984)는 이 의미망을 '내재 텍스트(inner text)'라고 명명하였다(Hartman, 1995: 526~527). 하트만(Hartman, 1995)에 의하면, 내재 텍스트는 중요한 두 가지 특징이 있다. 첫째는 기호학적인 전통에 의한 것으로, 이 내재 텍스트의 구성은 인지적인 생산 기제 속에서 사회문화적인 담화의 관습적인 영향을 받아서 이루어진다. 즉 개인적인 의미의 구성이지만 독자가 속해 있는 담화 공동체의 담화 관습에 따라 내재 텍스트가 형성된다. 둘째는 문식성 이론의 전통에 의한 것으로 독자는 활성화된 텍스트뿐만 아니라 과거 텍스트로 내재 텍스트를 구성하면서, 텍스트에 대한 현행 경험을 통하여 이미 가지고 있던 텍스트를 새롭게 고침으로써 텍스트들 사이의 연결이 이루어진다.

독자들은 현행 내재 텍스트의 새로운 시각을 예전 내재 텍스트를 교정하는 데 사용하고, 이 교정된 텍스트는 현행 텍스트를 이해하는 것으

몸짓, 하나의 구조나 미술, 음악, 드라마의 한 부분이 될 수 있다. 이 말은 텍스트는 의사소통에서 의미를 갖는 특정한 기호라는 뜻을 포함하게 된다. 둘째, 텍스트는 구체화(공간이나 시간 속에 존재하는)될 수도 있지만, 그것이 필요하지 않을 수도 있다. 즉 텍스트는 마음 속에 기억되어 있는 것이거나 구조화되어 있는 경험이나 생각이 될 수도 있다(Witte, 1992). 셋째, '의미의 덩어리(chunk of meanimg:Rowe, 1987)'를 의미하는 텍스트는 다양한 크기와 많은 수준에서 나타날 수 있다. 예를 들어 의미의 덩어리는 긴 담화나 짧은 요약, 하나의 낱말, 개념, 또는 생각, 주제, 구조, 기능이 될 수 있다(Lemke, 1985). 어떤 크기나 수준의 의미 덩어리는 텍스트로서 특정한 사고가 될 수 있으며 그러한 텍스트는 의미의 유연한 단위이다. 넷째, 텍스트는 결코 무에서 만들어지지 않는다는 것이다(Kristeva, 1969). 다른 말로 하면 "모든 텍스트는 다른 텍스트의 반향(echo)이다"(Plottel, 1978). 텍스트라는 말은 라틴어에서 유래된 것으로 특정한 직물이나 더미, 조직의 이전 자료로 상호적으로 짜여진 것을 의미하는 말이다. 텍스트는 일종의 직물로써 날실과 씨줄이 얽혀 짜여진 것이다(Hartman, 1995).

로 되돌아간다. 이 상보적이고 교류적인 과정을 계속하여 이전의 텍스트를 재구성함으로써 독자가 새로운 내재 텍스트를 구성하는 것을 가능하게 한다. 새롭게 구성된 내재 텍스트는 텍스트 조각들 사이(관계)를 활성화시키고 강화시키기도 하고 비활성화하거나 약하게 하는 기능도 한다. 그 결과 하나의 텍스트는 다른 텍스트 맥락 속에서 다른 의미를 나타낼 수 있게 된다. 다른 말로 하면, 같은 텍스트라도 다른 '내재 텍스트'를 표상하기 위한 위치에 놓이게 되면 자동적으로 다른 의미로 바뀔 수 있다. 그래서 하트만(Hartman, 1995: 527)은 '읽기 행위는 텍스트 조각의 해체와 재구성이다'라고 말한다.

텍스트를 읽고 이해하는 과정은 독자의 마음속에 텍스트를 구성하는 과정이다. 독자의 마음속에 구성되는 텍스트는 이전부터 독자의 마음속에 있던 텍스트와 연결된 내용(참조 체계)뿐만 아니라 읽고 있는 텍스트의 내용과 의미의 조각들이 서로 연결 관계를 형성함으로써 새로운 텍스트를 구성한다. 마음속에 구성되는 텍스트는 참조 체계의 바탕이 되는 다중 텍스트에 따라 달라질 수 있기 때문에 텍스트의 내용 인식의 확장과 의미 이해의 타당성을 위해서는 다중 텍스트를 충분히 활용하는 것이 필요하다.

2) 상호텍스트적 읽기의 특성

독자가 상호텍스트적으로 의미를 구성한다는 것은 텍스트들의 관계 속에서 의미를 이해한다는 것을 뜻한다. 한 편의 텍스트는 그 자체로써 완결된 의미를 내포하고 있다고 볼 수 있지만 텍스트가 해석되고 이해되는 과정에서는 그 자체로 완결된 것으로 받아들여지지 않는다. 독자의 입장에서 보면, 텍스트의 내용은 완결될 수 없고 다른 텍스트와의 관계 속에 존재한다. 그래서 독자가 텍스트를 읽을 때 마음속에 표상되는 내용이나 의미는 단일 텍스트 속에 제한되지 않고 다른 텍스트와 계속 연결된다. 따라서 텍스트의 이해는 관련된 텍스트를 활용함으로써 효과적으로 이루어질 수있다.

읽기 방식에 대하여 아이륀(Irwin, 1991)은 상호텍스트성을 바탕으로 결속성 있게 의미를 구성하는 세 가지 방식을 제시했다. ①텍스트 내부 요소들의 관계를 통해 의미를 구성하는 내적 관계 텍스트성(intratextuality), ②다른 텍스트와의 관계를 통해 의미를 구성하는 상호 관계 텍스트성(intertextuality)[17], ③텍스트 외부에 있는 내용을 통해 의미를 구성하는 외적 관계 텍스트성(extratextuality)이 그것이다. 이들 세 가지의 연결 방식은 독자의 텍스트 이해 과정에서 함께 이루어진다. 이들 중 어느 한 가지를 결하게 된다면 텍스트의 내용을 이해하는 데 어려움을 갖게 된다. 이는 독자가 텍스트를 읽는 과정에서 이루어지는 사고 작용에 대한 설명으로, 독자는 읽는 과정에서 텍스트와 자신의 배경지식과 관련된 텍스트를 계속 연결한다는 것이다.

하트만(Hartman, 1995)은 다섯 편의 관련 있는 텍스트를 여덟 명의 학생들에게 제시하여 주고, 그것들을 읽고 이해하는 과정을 구술(think－aloud)하도록 하여 분석한 결과, 학습자들이 텍스트를 이해하는 방법은 이들 세 가지 형태로 나타난다는 것을 밝혔다. 하트만은 읽기 과정에서 단일 텍스트의 내적인 요인을 참조하는 방식을 '1차 내인성(primary endogenous)', 다중 텍스트의 내용을 참조하는 방식을 '2차 내인성(secondary endogenous)', 그리고 텍스트의 외적인 요소를 관련지어 이해하는 방식을 '외인성(exogenous)'이라고 하였다. 내인성은 현재 읽고 있는 텍스트 간의 관계를 가지며, 외인성은 과거에 읽은 텍스트와의 관계를 의미하는 것이기도 하다. 이들 세 가지 형태들은 모든 학생들에게 나타나는 현상인데, 다만 그 정도와 시기에서는 각기 다르다. 어떤 학습자는 1차 내인성을 주로 이용하여 텍스트를 이해하는가 하면, 2차 내인성을 통하여 주로 텍스트의 내용을 이해하기도 하고, 외인성을 주

17) 상호텍스트성을 이루는 세부 방법에는 intratextuality, intertextuality, extratextuality 등 세 가지가 있다. 이중 intertextuality를 상위 범주의 상호텍스트성(intertextuality)의 개념과 구별하기 위하여 '상호 관계 텍스트성'이라는 용어로 사용한다.

로 이용하여 이해하기도 하였다. 또한 읽는 전 · 중 · 후에서도 이들을 활용하는 방식들이 각기 상이하게 드러났다. 아이륀의 용어를 바탕으로 읽기 방식을 정리하면 다음과 같다.

내적 관계 텍스트성(intratextuality)의 경우는 텍스트의 이해가 텍스트 내적인 단서들의 연결에 의하여 이루어진다는 것이다. 독자는 텍스트를 읽어 내용을 이해하기 위하여, 앞에서 읽은 내용을 계속적으로 참조한다. 이 말은 텍스트의 앞부분에 대한 이해를 가지고 텍스트의 뒷부분을 이해하게 된다는 것을 의미한다. 또한 텍스트 뒷부분이 잘 이해되지 않으면 그것과 관련된 앞부분을 찾아서 그것과의 관계를 설정함으로써 이해를 하게 된다는 것이다. 아이륀은 이 방식을 스키마의 작용으로 내용을 파악하는 것으로 설명한다. 즉 독자는 텍스트의 내용과 관련된 배경 지식을 활성화시킴으로써 텍스트의 내용을 파악한다는 것이다. 내적 관계 텍스트성은 단일 텍스트와 관련된 내용을 바탕으로 텍스트 내에서의 내용과 독자가 이미 가지고 있던 내용과 연결을 통하여 텍스트 내용을 인식한다는 것이다.

상호 관계 텍스트성(intertextuality)의 경우는 텍스트의 내용 이해의 개념을 다른 텍스트와의 관계 속에서 찾는다. 한 편의 텍스트가 독자에게 이해되는 것은 이미 읽은 텍스트의 영향에서 이루어진다. 지금 읽고 있는 텍스트와 내용적으로 관련 있는 텍스트를 예전에 읽었을 경우, 이미 읽은 텍스트를 참조하여 내용을 파악한다는 것이다. 상호텍스트성은 텍스트의 내용(뜻)과 의미(속뜻)에 함께 관련된다. 독자는 다중 텍스트를 활용하여 읽을 경우 텍스트의 내용 간에 연결 관계를 탐색할 뿐만 아니라 의미를 찾거나 주제 면에서 관련성을 찾으려고 접근한다. 상호텍스트성의 접근은 독자 경험의 개입보다는 텍스트 간의 관계를 바탕으로 의미를 구성하려는 접근이다.

외적 관계 텍스트성(extratextuality)의 경우는 텍스트의 이해에 있어 텍스트 외적인 내용이 영향을 미친다는 것이다. 즉 독자는 읽고 있는 텍스트와 내용적으로 직접 관계가 없는 내용을 끌어와서 연결한다. 독자의 사전 독서 경험이나 목적, 담화 관습, 문화적인 배경 등이 이와 관련된다. 이것은 독자의 다양한 경험의 요소들이 텍스트 이해에 작용함을 의미한다. 그래서 독자의 수준에 따라 이해의 폭이 다르고, 관점에 따라 내용의 기억을 달리하며, 문화나 성장 배경이 다르면 내용을 달리 해석하게 된다는 것을 의미한다. 이러한 접근은 텍스트와 독자가 연결됨을 나타내는 것이다.

독자의 의미 구성이 상호텍스트성을 바탕으로 이루어진다는 것은 읽기 과정에 여러 요인들이 함께 작용함을 의미한다. 독자가 텍스트를 읽는 과정에는 읽고 있는 텍스트의 내용뿐만 아니라 다른 텍스트나 읽고 있는 맥락이나 상황, 사회적인 언어 관습이나 텍스트에 대한 사회적인 인식들이 연결된다. 하트만(Hartman, 1991)은 이들이 연결되는 기제를 공간과 시간의 측면에서 나누었다. 공간의 연결은 부분적인(local) 연결과 장면적인(legional) 연결과 전국적인(global) 연결로 나누었다. 부분적인 연결은 주로 텍스트 내에서 이루어지는 것으로 낱말이나 문장 수준에서 이루어지는 연결을 의미하는데 이러한 연결은 내적 관계 텍스트성과 관련된다. 장면적인 연결은 텍스트의 특정 내용 부분의 연결이 이루어지는 것으로써 상호 관계 텍스트성과 관련된다. 전국적인 연결은 텍스트 전체의 내용과 의미가 서로 연결되는 것을 나타내는 것으로써 외적 관계 텍스트성과 관련된다. 시간적인 연결은 시간은 현재와 과거, 무시간(no temporal evidence)으로 나누어 설명한다. 현재는 읽고 있는 텍스트 간의 연결이고, 과거는 이미 읽었거나 학습한 것과의 연결이고, 무시간은 자신의 직접적인 경험이나 신념 등과의 연결을 의미한다.

독자가 텍스트를 읽어 가는 과정은 끊임없이 다른 텍스트를 참조하여 의미를 구성하는 과정이다. 그동안 읽기를 설명한 관점은 단일 텍스트를 중심으로, 텍스트의 내용과 배경지식만으로 설명하였다. 그러나 텍스트의 이해라는 것이 독자의 배경지식 만으로는 해결되지 않는다. 독자는 텍스트를 읽는 과정에서 다른 텍스트와 연결함으로써 이해한다. 낱말에 관계된 것은 사전을 이용하고, 내용에 관계된 것은 다른 사람에게 조언을 구하거나, 관련된 다른 텍스트를 참조한다. 상호텍스트성의 관점에서 읽기를 보면 독자는 내용을 인식하고 의미를 이해하기 위하여 다양한 관련 텍스트를 활용해야 한다.

3. 상호텍스트성과 읽기 방식

텍스트는 어떻게 만들어지고 이해되는가? 이 질문은 많은 관심을 불러일으키지만 명쾌한 답을 얻을 수 없는, 국어과 교육의 큰 화두이다. 텍스트가 어떻게 만들어지고 이해되는지를 명확하게 알 수 있다면, 국어교육은 훨씬 쉬워질 수 있기 때문이다. 텍스트 구성과 이해에 대한 언어학적인 접근과 인지적인 접근이 국어교육에 많은 시사점을 준 것은 사실이지만 아직은 풀어야 할 과제가 많다.

텍스트에 대한 상호텍스트적인 논의도 구성과 이해에 대한 한 가지의 접근 방법이다. 상호텍스트적인 면에서 보면, 구성된 텍스트는 어떠한 방식으로든 다른 텍스트들과 관계를 맺을 수밖에 없다. 텍스트를 이루는 언어와 내용, 형식들은 사회적으로 공유된 것이기 때문이다. 즉 필자가 가지고 있는 텍스트 구성의 형식과 절차, 내용들도 사회적으로 공유한 것을 바탕으로 이루어지고, 독자가 텍스트를 해석하는 방식도 마찬가지이다.

여기서 텍스트를 무엇으로 볼 것인가 하는 것은 많은 논란이 있을 수 있지만 의사소통을 전제한 텍스트는 문자로 된 텍스트뿐만 아니라 문자로 표현되지는 않았지만 공유될 수 있는 내용을 포함한 것이면 텍스트로 볼 수 있다. 억양이나 표정, 몸짓 등도 의사소통의 상황 속에서 의미를 갖는 것이라면 텍스트가 될 수 있다. 그것에는 의미가 내포되어 있으며, 담화의 공간에서 상호작용을 전제로 이루어지기 때문이다. 또한 독자가 텍스트를 읽은 것이 기호화되어 머리 속에 존재하는 것도 텍스트이다. 일상생활의 대화 속에서도 문자화되어 존재하지는 않지만 대화자들이 공유한 의미들도 텍스트로 존재한다.

텍스트는 문자화 된 것이든 문자화되지 않은 것이든, 그것은 필연적으로 텍스트의 구성 요건이라 할 수 있는 상호텍스트성을 기반으로 한다. 따라서 상호텍스트성을 인쇄된 텍스트 간의 영향 관계로만 볼 것이 아니라 모든 텍스트의 구성에 작용하는 것으로 보아야 한다.

텍스트의 구성이 상호텍스트성을 기반으로 한 것이라면 텍스트를 읽는 방식도 상호텍스트성을 기반으로 이루어져야 한다는 것을 전제한다. 텍스트의 구성은 상호텍스트성을 바탕으로 하여 이루어졌는데 이해의 활동이 이 방식을 배제한다면 제대로 된 텍스트 이해가 될 수 없다. 사실, 학교 교육에서 많은 부분은 상호텍스트성를 기반으로 이루어지고 있다. 단지 이들 활동들이 상호텍스트성에 기초한 것이라는 것을 인식하지 못할 뿐이다. 예를 들어 수업 시간에 한 편의 텍스트를 지도할 때 교사는 그 텍스트에 관련된 다른 내용들을 많이 이야기하게 마련이다. 교사는 자신의 경험도 이야기하고, 텍스트와 관련된 다른 텍스트 이야기도 하며, 나름대로의 텍스트에 대한 가치를 평가하기도 한다. 또한 주어진 텍스트를 통하여 다른 무엇인가를 찾기 위한 노력도 함께 이루어진다. 이러한 활동들은 모두 상호텍스트성을 바탕으로 한 것이라 할 수 있다.

실생활에서 어떤 개념이나 내용을 공부하는 활동에서도 상호텍스트성을 토대로 한 활동이 이루어지고 있다. 예를 들어 학생들은 공룡에 대한 이야기를 이해하기 위해서는 사전을 찾아보고, 공룡에 관련된 책을 찾아보고, 공룡과 관련된 영화를 보며, 공룡에 관련된 질문을 주변 사람들에게 함으로써 공룡에 대한 이해를 넓혀 나간다.

이러한 상호텍스트적인 활동을 좀 더 분명하게 인식하고 이를 표면화하여 교수-학습의 장 속에서 이루어지게 하는 것이 필요하다. 읽기 수업에서 텍스트의 이해를 위한 기능/전략을 가르치거나 내용을 가르칠 때 단일 텍스트만을 가지고 한다는 것은 많은 제한점과 한계점을 가지고 있다. 따라서 텍스트의 범위를 넓혀 나가는 방법과 이해의 폭을 넓히고 좀 더 구조화된 지식을 학습자들이 획득할 수 있도록 하기 위해서는 상호텍스트성에 대한 인식을 바탕으로 텍스트 이해를 지도하는 것이 필요하다.

1) 상호텍스트적 텍스트 구성과 읽기

상호텍스트성을 바탕으로 텍스트 이해에 접근하는 것은 기존의 방법과는 면이 있다. 기존의 읽기 지도 방법이 단일 텍스트를 통하여 이해를 수월하게 할 수 있는 기능/전략을 학습하는 것에 중점을 둔 접근이었다면, 상호텍스트성을 바탕으로 한 접근은 텍스트에 대한 폭넓은 의미 구성을 통하여 이해에 접근하는 방식이다. 이것은 텍스트 이해에 직접적으로 접근하는 방식이며, 독자가 지식을 구성하기 위한 실제적인 방법이라 할 수 있다. 즉 주어진 텍스트를 확장된 방법으로 이해하는 방법이라 할 수 있다.

상호텍스트적인 접근은 전략적인 접근임과 동시에 텍스트에 대한 이해를 직접적으로 넓혀가는 방법이다. 이 말은 주어진 텍스트는 텍스트 이해를 위한 기능/전략을 배우는 재료임과 동시에 텍스트가 가지고 있는 내용을 바탕으로 직접적으로 학습자의 이해(지식)를 넓혀 가는 방법이라는 것이다. 전략적인 접근이라는 것은 상호텍스트적으로 텍스트를 읽는 방법을 학습한다는 의미이다. 텍스트의 이해를 직접적으로 한다는 것은 그 텍스트의 내용을 다른 텍스트와의 관계 속에서 실제적으로 이해하는 것을 뜻한다. 즉 기능/전략과 내용을 동시에 접근하는 통합적인 방법이 된다[18].

---

18) 상호텍스트성을 바탕으로 하는 읽기 지도의 방법이 통합적으로 운영된다고 할 때, 교과의 내용적인 면에서 다른 교과와의 관계가 문제될 수 있다. 국어과에서 모든 교과의 내용을 가르칠 수 있다는 논의를 생각할 수 있다. 그렇지만 각 교과를 모두 국어과에서 다룬다는 것은 상식이 없는 말일 수도 있다. 각 교과가 지향하는 것은 각 교과마다 다르다. 국어과는 언어적인 것을 바탕으로 이해를 넓혀가는 것이 목적이고, 수학은 수를 바탕으로 수의 세계를 이해하는 것이 목적이라 할 수 있다. 사회과나 과학과 및 다른 교과도 마찬가지로

텍스트 이해에 대한 상호텍스트적인 접근은 기존의 접근에서 한 발 더 진보한 것을 뜻한다. 기존의 이론이 내용적인 접근에 제한점을 가진 것이라면, 이는 읽기의 제한점을 보완하는 방법이라 할 수 있다. 따라서 그동안 학습 자료로 제시되는 텍스트(교과서)의 의미가 기능/전략을 익히기 위한 자료의 성격을 띤 것이었다면, 상호텍스트성을 바탕으로 한 접근에서는 학습자들의 실제적인 이해를 목적으로 하는 것으로 변화된다는 것을 의미한다.

텍스트 이해에 대한 이러한 접근을 위해서는 여러 면에서 변화가 필요하다. 미시적으로는 교사의 텍스트 이해 지도에 대한 인식의 변화는 물론, 수업을 이끌어 가는 방식과 교실 환경도 달라져야 한다. 또한 텍스트의 제시 방식도 많이 달라져야 한다. 거시적으로 학습 환경의 변화와 교육과정과 교재 구성 방식도 변화를 요구한다고 할 수 있다. 여기서는 이러한 문제를 모두 다루지 못하고 실제적인 수업을 위해서 어떻게 할 수 있는지에 대한 방법 중심으로 정리하여 본다.

(1) 텍스트 구성에 대한 인식

상호텍스트성을 바탕으로 한 텍스트 이해 지도를 전제할 때, 텍스트 구성에 대한 인식의 변화와 텍스트의 이해에 대한 접근 방법 면에서 그 의미를 찾아 볼 수 있다.

상호텍스트성을 바탕으로 읽기 지도를 이해하기 위해서는 지금까지의 텍스트의 개념의 변화와 아울러 텍스트 구성에 대한 이해의 변화를 촉구한다. 지금까지 국어과 교육에서 텍스트라고 하면 대개 교과서에

그들이 추구하는 것이 각기 다르다. 다만 국어과에서 이들 텍스트들을 국어 교육적으로 활용할 수 있는 면이 있지만 이들 교과의 본질적인 내용을 어떻게 할 수는 없다. 모든 텍스트가 언어로 이루어져 있기 때문에 언어를 이해하는 방법적인 면에서 다른 교과의 도움이 될 수 있는 면이 있을 뿐이다. 여기서의 통합은 국어과의 고유한 내용 즉 다양한 텍스트를 이해하는 방식과 이를 통한 인문과학적인 지식의 습득을 전제한 통합적인 접근이라 할 수 있다.

실린 글을 중심으로 생각하는 면이 많이 있었다. 그러나 지금은 인간이 의사소통을 하기 위하여 사용하는 모든 유 · 무형의 텍스트(Hartman, 1994)로 넓혀 이해하고 있다. 대화자의 사이에서 이루어지는 대화와 독자가 책을 읽고 머리 속에 형성한 의미도 하나의 텍스트로 본다.

이들 모든 텍스트의 구성은 본질적으로 상호텍스트성을 바탕으로 하여 형성되어 있다. 크리스테바(Kristeva, 1967)나 토도로프(Todorov, 1984), 컬러(Culler, 1975), 바르트(Barthes, 1968, 1971) 등의 텍스트 구성에 대한 설명을 보면, 텍스트는 모두 다른 텍스트의 영향 하에서 생겨난 것이다[19]. 다른 텍스트의 영향을 받지 않고 존재할 수 있는 텍스트는 있을 수 없다. 바르트는 '텍스트를 이루는 인용은 익명의, 인지할 수 없는, 그렇지만 이미 읽혀진 것이다. 그것은 인용부호도 붙지 않은 인용이다'(김희영 역, 1999: 43)라고 말한다. 그러면서 '필자가 글을 쓴다는 것은 더 이상 기록 · 확인 · 재현 · 묘사의 조작을 가리키는 것이 아니라, 옥스퍼드의 철학의 영향을 받은 언어학자들이 수행동사[20]라고 부르는 것, 정확히 말해 언술행위로 발화하는 행위 외에 어떤 내용(어떤 언표도)도 가지지 아니하는 진귀한 언술적 형태를 가리킨다'(김희영 역, 1999: 31~32)라고 말하고 있다. 또한 바르트는 저자를 필사자로 보면서 '이제 더 이상 그의 마음속에 정념이나 기분 · 감정 · 인상을 가지지 않고, 다만 하나의 거대한 사전을 가지고 있어, 거기서부터 결코 멈출 줄 모르는 글쓰기를 길어 올린다'(김희영 역, 1999: 33)라고 말하고 있다.

결국 텍스트의 구성은 필자가 가지고 있는 백과사전적인 지식이나 경험들 속에서 짜깁기를 통하여 형성된 것 이외의 의미를 갖지 않는다

19) 여기서는 바르트의 견해만 간단히 살펴본다. 다른 이들의 의견은 김도남(2000)을 참고.

20) 언어학 사전(한신문화사)에 보면, 수행동사는 '명령하다 · 선언하다 · 약속하다'라는 동사처럼 말하는 동시에 하나의 행동을 수행하는 동사를 가리킨다. 수행동사 혹은 언어 수행이라고 불리는 이 언어학 용어는 언어능력(competence)에 대립되는 것으로 '구체적인 언어의 실제적인 사용을 의미한다.(……) 언어능력은 추상적이고도 이상적인 것이지만, (……) 언어 수행은 구체적이며, 기억의 한계, 고쳐 말하는 것, 부주의 등 언어 이외의 요소에서 오는 불완전한 형식까지도 요구한다(김희영 역, 1999: 31~32 재인용).

는 것을 말한다. 이러한 짜깁기를 통한 텍스트가 의미를 가지는 것은 독자를 통하여 이루어진다고 밝히고 있다. 독자가 독서를 통하여 구성하는 텍스트도 이와 마찬가지로 설명할 수 있다. 독자들은 기본적으로 그들의 머리 속에 많은 텍스트들을 담고 있다. 이들 텍스트들도 사실은 많은 다른 텍스트와의 연관 속에서 이루어진 것이며 새롭게 구성될 수 있는 준비를 항상 하고 있다. 하트만(Hartman, 1994)은 상호텍스트성을 바탕으로 학습하는 방법을 설명하면서, 학생들은 그들이 예전에 텍스트를 읽어서 머리 속에 들어있는 텍스트를 새로운 텍스트를 읽음으로써 새롭게 교정하여 나간다고 설명한다.

블룸과 에간 로버슨(Bloome & Egan−Robertson, 1993)은 텍스트는 사람들 간에 상호작용을 하는 대화 속에서 구성되며, 상호텍스트성을 바탕으로 이루어진다고 본다. 교실 수업에서의 대화는 학생과 교사, 학생과 학생, 교사와 반 전체로 이루어지는 세 가지 형태가 있는데 이들 대화로 텍스트를 형성한다. 그들은 학생과 학생의 대화에서, 수업 중에 교사 몰래 책상 밑에서 말없이 장난감을 만지면서 하는 놀이의 형식도 상대방을 의식한 의사 소통의 행위이며, 상호텍스트성을 바탕으로 이루어지는 텍스트로 규정하고 있다. 우리가 인식하고 있는 모든 텍스트는 다른 텍스트와의 관계 속에서 이루어진 것이고 다른 텍스트와 관계를 떠나서 존재할 수 없다. 텍스트에 대한 이러한 인식을 읽기 교육적인 면에 적극 수용하여 이를 바탕으로 한 지도 방안을 마련할 필요가 있다.

(2) 상호텍스트적 읽기 방식

텍스트의 연결 관계를 중심으로 텍스트를 읽는 방식은 크게 세 가지 방식으로 나누어진다. ①텍스트 내에서 상호텍스트적인 접근(intratextuality), ②다른 텍스트와의 관계에서의 상호텍스트적인 접근(intertextuality), ③텍스트 밖에서 텍스트 이해에 영향을 미치는 것과의 관계를 통한 상호텍스트적인 접근(extratextuality)이 그것이다[21]. 물론 텍스트의 이해는 이들 세 가지의 동시적인 작용으로 이루어진다. 어느 한 가지를 결하게 된다면 텍스트의 내용을 이해하는 데는 어려움이 있게 된다. 그렇지만 설명의 편의를 위하여 나누어 살핀다.

①의 경우는 텍스트의 이해가 텍스트 내적인 단서들에 의하여 이루어진다는 것이다. 앞의 상호텍스트의 개념에서 소쉬르의 언어학적인 관점에서 이야기 된 것과 같이 텍스트 속에 들어 있는 낱말, 구, 문장, 문단은 다른 낱말, 구, 문장, 문단에 의하여 의미가 변별된다. 독자가 글을 읽어가면서 텍스트를 이해할 수 있는 것은 텍스트의 다른 요소들의 관계를 파악함으로써 이루어지는 것이다. 예를 들어 하나의 문단이 의미를 갖기 위해서는 다른 문단의 도움을 받지 않는다면 그 의미를 가질 수 없는 것이다[22]. 또한 텍스트의 이해는 텍스트의 앞부분에서 읽은 내용을 참조하여 뒷부분의 내용을 파악하게 된다.

②의 경우는 ①의 경우와 달리 텍스트의 내용 이해의 개념이 좀 확장된 면을 가진다. 한 편의 텍스트가 독자에게 분명한 이해를 가져오기 위해서는 이미 읽은 텍스트의 영향 하에서 이루어져야 한다. 즉 한 텍스트의 이해는 다른 텍스트와의 상호텍스트적인 관계를 맺어야 된다. 우리가 익숙하지 않은 특정 영역의 학문에 관한 책을 접하게 되면, 한 권의 책을 다 읽어도 그 내용을 제대로 파악할 수 없다. 또한 그 텍스트의 내용을 좀 이해했다고 하더라도 그 텍스트의 내용이 우리의 기억 속에서 안정되게 자리를 잡아 존재하지 않기 때문에 내용을 오래 기억하거나 쉽게 회상하여 설명할 수 없다. 이것은 그 텍스트의 내용이 다른

21) 텍스트의 이해 방식에 대한 세 가지 관점은 Irwin(1988)이 제기한 적이 있다. Hartman(1991)도 이를 참조하여 연구하였다.

22) 이것을 확인할 수 있는 방법은 우리가 처음 접하는 개념을 담고 있는 어떤 글 속에서 한 문단을 따로 분리하여 독립된 형태로 제시하면 그것이 무슨 의미인지 제대로 파악할 수 없다. 물론 대강의 내용을 짐작할 수 있는 면이 있는데 그것은 개별 독자들이 가지고 있는 배경지식의 영향으로 이루어 진 것이라고 할 수 있다. 본질적으로 우리가 그 문단의 내용을 제대로 파악 할 수 없는 것은 그 문단과 관련된 다른 문단과의 의미 관계를 알 수 없기 때문이다.

텍스트와 연관 관계를 형성하지 못하기 때문에 일어난다.

③의 경우는 텍스트의 이해에 있어 독자의 사전 독서 경험이나 신념, 의도, 목적, 문화적인 배경 등에 텍스트의 이해가 영향을 받는다는 것이다. 이것은 스키마 이론에서 많이 논의된 것이다. 텍스트를 읽고 이를 이해하는 활동은 독자가 가지고 있는 배경 지식에 의하여 이루어진다. 독자의 수준에 따라 이해의 폭이 다르고, 관점에 따라 내용의 기억을 달리하며, 문화나 성장 배경이 다르면 내용을 달리 해석하게 된다.

텍스트에 대한 이해가 이러한 세 가지 방식으로 이루어진다면 텍스트 이해 교육에서 구체적인 방법으로 이를 수용할 필요가 있다. 그동안의 읽기 교육적인 면에서 이루어진 접근 방식은 ③형태에 가깝다. ①의 형태는 자연스럽게 읽기 행위 속에서 이루어지는 것이라고 전제하는 면이 있다. 따라서 텍스트 이해를 위한 접근에서 관심의 대상이 되는 것은 ②의 면에서 이루어지는 것이다. ②의 문제는 ①[23]과 ③의 문제에 직접적인 관련을 맺고 있으며, ②가 확대될수록 다른 것들도 확대될 수 있다. 따라서 여기서는 ②의 면에서 어떻게 접근할 것인가에 대한 것을 중점적으로 논의하고자 한다.

2) 상호텍스트적 텍스트 이해 지도

텍스트 구성이 상호텍스트적으로 이루어져 있다면 텍스트를 이해하는 방법도 상호텍스트성을 바탕으로 하는 것이 효과적인 방법이라 할 수 있다. 학습자들이 문서화된 하나의 텍스트를 구성하든 아니면 마음 속에서 작품화된 하나의 텍스트를 구성하는 그것은 상호텍스트적인 기반을 가지지 않으면 일어날 수 없음을 인식하는 것이 필요하다. 즉 텍스트의 구성이 본질적으로 상호텍스트적으로 이루어질 수밖에 없음을 인식하고 이를 활용하기 위한 노력을 해야 한다.

---

23) 상호텍스트적인 관계가 텍스트 내에서 이루어져 이해가 된다고 할 수 있지만 넓게 보면 다른 텍스트와 관계를 배제하고는 이해가 일어날 없다고 할 수 있다.

텍스트를 이해할 때, 상호텍스트적인 연결이 어떻게 일어나는가 하는 것은 텍스트의 구성적인 측면에서 이론적으로만 볼 것이 아니라, 읽기 텍스트 이해 면에서 실제적으로 어떻게 일어나는가 하는 것을 이해하는 것이 필요하다. 텍스트 이해에서의 상호텍스트적인 구성에 대한 가장 일차적인 논의는 실제의 학습 활동에서 찾아야 한다. 그 몇 가지 예는 앞에서 살펴보았다.

로우(Rowe, 1986)의 문식성 발달에 나타나는 상호텍스트성에 대한 연구나 욀러와 베리(Oyler & Barry, 1996)의 초등학교 1학년 학생들의 텍스트 이해 과정에서의 상호텍스트적 반응에 대한 분석이 그것이다. 또한 블룸과 에간 로버슨(Bloom & Egan-Roberson, 1993)의 교수-학습 장면의 상호작용에서 드러나는 상호텍스트성에 대한 분석과 하트만(Hartman, 1991, 1995)의 개별 독자의 읽기 과정에서 일어나는 상호텍스트성에 대한 연구들이 있었다. 이들 연구는 독자가 텍스트를 이해할 때 다양한 외부 텍스트들과 상호작용하여 의미를 구성한다는 것을 밝혀냈다.

이들의 연구를 통하여 볼 때, 텍스트 이해의 활동은 상호텍스트성이 기반이 됨을 알 수 있다. 여기서 상호텍스트성에 의한 텍스트 이해 지도의 몇 가지 전제를 정리하여 본다.

첫째, 기본적으로 상호텍스트성은 소쉬르의 기호에 대한 관점에서 유추해 볼 수 있듯이 인간의 인식의 기반이다. 인간이 언어로 사고하기 때문에 언어가 가지는 기본적인 속성인 다른 것과의 관계를 통하여 의미를 드러내고 다른 것과의 연결을 통하여 의미를 확장한다. 때문에 인간 인식의 기반은 상호텍스트성을 바탕으로 한다고 할 수 있다.

둘째, 상호텍스트성은 텍스트 이해 학습 활동의 기반이다. 모든 학습 활동은 언어를 바탕으로 이루어진다. 교사와 학습자가 언어로 의미를 주고받아 인식을 확장하는 것은 근본적으로 상호텍스트성을 바탕으로 일어난다. 언어를 배우는 행위는 물론 언어를 사용하여 의미를 소통하는 행위는 상호텍스트성의 개념을 기반으로 이루어진다.

셋째, 상호텍스트성은 이해의 기반이다. 텍스트의 구성이 다른 텍스트와의 관계에서 이루어진다는 것은 필연적이다. 따라서 독자가 글을 읽어 내용을 이해할 수 있는 것은 이전의 독서 경험과 배경지식 그리고 관련있는 다른 텍스트의 참조 활동 때문이다. 이것은 상호텍스트성이 텍스트의 이해의 바탕이 됨을 의미하는 것이다.

넷째, 상호텍스트성은 자발적이며 의도적 학습 활동을 할 때 효과적이다. 우리가 텍스트를 읽어가면서 상황 맥락 속에서 텍스트의 내용을 파악할 때는 상호텍스트성이 무의식적으로 일어날 수 있다. 그렇지만 깊고 넓은 이해를 하기 위해서는 의도적이고 자발적인 접근이 필요하다. 텍스트 이해는 사고 내적인 작용이기 때문에 자발적으로 일어나지 않으면 그 효과는 미미할 수 있다. 또한 효과적인 관계를 파악하기 위해서는 의도적인 접근을 해야만 한다.

4. 상호텍스트성의 교육적 의의

1) 텍스트 이해 교육적 의의

텍스트 이해 과정은 상호텍스트성을 바탕으로 이루어지기 때문에, 텍스트 이해 지도도 독자가 상호텍스트적으로 읽을 수 있도록 이루어져야 한다. 다시 말해, 텍스트 이해 지도 과정에서 다중 텍스트를 활용함으로 학습자들의 텍스트 이해를 적극적으로 도울 수 있도록 해야 한다. 그동안 이루어진 텍스트 이해의 지도 방식이 단일 텍스트를 중심으로 읽기를 효과적으로 할 수 있는 전략에 집중된 접근이 이루어졌다면, 상호텍스트성을 바탕으로 접근하는 방식은 다중 텍스트를 활용하여 확장적으로 내용을 파악하고 타당성 있게 의미를 이해할 수 있도록 한다. 상호텍스트성을 바탕으로 읽기 교육에 접근하였을 때의 의의를 세분하여 정리하면 다음과 같다.

(1) 읽기 과정과 읽기 결과를 함께 중시한다.

상호텍스트성은 의미 구성의 과정과 결과에 함께 작용한다. 읽기를 상호텍스트성의 관점에서 보면, 독자의 의미 구성 과정은 다른 텍스트와의 연결 과정이며, 그 결과인 내재 텍스트는 여러 텍스트의 내용과 의미가 연결되어 구성된다. 텍스트 이해 교육은 상호텍스트적으로 의미를 구성하는 활동 과정뿐만 아니라 상호텍스트적으로 구성된 내재 텍스트에도 관심을 가진다. 따라서 텍스트 이해 지도를 위해서는 학습자의 읽기 과정에서 상호텍스트성을 강화할 수 있는 방법을 찾아야 하고, 이해의 결과가 어떻게 되어야 하는지에 관심을 가져야 한다. 다시 말하면 텍스트와 독자의 상호작용 과정과 상호작용 결과에 대한 관심이 함께 이루어져야 한다. 이것은 텍스트 이해 지도에서 이루어지는 활동이 독자의 생각 변화와 관계를 갖도록 해야 함을 의미한다. 즉 독자는 텍스트를 읽는 과정에서 마음속에 텍스트를 구성하게 되는데 이 텍스트는 마음의 구조와 관련되어 있다. 그렇기 때문에 텍스트의 의미들을 활용하여 마음의 구조를 효과적으로 변화시킬 수 있도록 하는 것이 필요하다. 독자는 자신이 가지고 있던 생각을 여러 텍스트 의미들과 비교하게 됨으로써 자신의 생각을 수정하든가 새로운 생각을 할 수 있다. 이러한 생각의 변화는 텍스트 이해 지도의 결과와 관련된다.

(2) 다중 텍스트를 활용한 읽기 지도로 접근하게 한다.

학생들에게 텍스트의 내용을 작가, 인물, 장소, 사건, 주제, 사상 등을 관련시켜 보게 하는 활동은 텍스트 이해의 자연스런 접근 방식이다. 누구나 텍스트를 이해하기 위하여 자신의 경험을 회상하고, 읽었던 텍스트의 내용과 연결하고, 관련된 텍스트를 찾아 읽는다. 이러한 텍스트 이해 과정의 자연스런 접근 방식이 텍스트 이해 교육에서는 충분히 활용되지 못한 것이다. 따라서 독자들의 마음속에 형성되는 텍스트의 상호텍스트성을 강화하여 효과적인 이해를 하도록 하기 위해서는 다중 텍스트를 활용하는 것이 필요하다.

액커맨(Ackerman, 1989)은 그동안에 이루어진 단일 텍스트를 바탕으로 한 이해 · 반응 활동과 평가 활동 및 연구 활동을 지칭하여 '단일 텍스트 패러다임(single-passage paradigm)' 이라고 이름 붙였다(Hartman, 1994). 또한 하트만(Hartman, 1994)은 이러한 관점에서 학교 교실에서의 읽기 문화를 단테의 '신곡의 지옥편'에 비유하여 다른 것과는 전혀 연결이 이루어지지 않는 '지옥'과 닮았다고 지적한다[24]. 이러한 논의는 텍스트 이해 지도가 관련된 텍스트의 내용을 활용하여 이루어져야 한다는 것을 강조하는 것이다.

학습자들이 마음속에 구성하는 텍스트를 상호텍스트적으로 구성하기 위해서는 다중 텍스트의 활용은 필연적이다. 때문에 텍스트 이해 교육에서는 여러 관련 텍스트를 활용하여 교수-학습 활동이 일어날 수 있게 하는 것이 필요하다.

(3) 텍스트의 내용에 대한 인식을 넓혀 준다.

그동안의 텍스트 이해 지도가 주로 단일 텍스트의 내용을 파악하기 위한 접근으로 이루어졌지만, 이에서 벗어난 접근이 필요하다. 단일 텍스트에서 벗어나 다중 텍스트를 활용함으로써 내용의 인식을 확장하고 의미 찾기나 의미 이해의 폭을 넓힐 수 있다. 독자는 읽기를 통하여 마음속에 텍스트를 구성하게 되는데, 이 텍스트의 구성은 여러 텍스트의 내용들이 복합적으로 서로 얽혀 이루어진다. 따라서 다중 텍스트를 활용하는 것은 독자의 마음속에 구성되는 텍스트를 확장적으로 구성하게 한다. 텍스트 이해 지도에서 서로 관계있는 여러 텍스트를 활용할수

24) Hartman(1994)은 읽기 교육의 역사를 통하여 볼 때, 진보적인 교육자들에 의하여 영역별로 읽기(local reading)에 대한 관심이 표명된 바가 있으며, 학생들의 범텍스트적(across texts) 읽기를 돕기 위한 접근들이 있었다고 한다(Hatfield, 1935; Weeks, 1936; Henry, 1974). 오늘날 다중 텍스트(multiple texts)에 대한 접근은 이들에 대하여 새롭게 접근하는 것이라고 말한다.

록 학습자의 내용에 대한 인식의 확장을 가져온다. 그렇기 때문에 텍스트 이해 지도에서 학습자의 내용 인식의 확장을 위하여 다중 텍스트를 바탕으로 이루어질 필요가 있다.

독자는 읽기 과정에서 관련된 책을 찾아보고, 다른 사람의 이야기를 들으며, 미디어 텍스트[25]를 통하여 내용에 접근한다. 이렇게 텍스트가 담고 있는 내용과 관련하여 다중 텍스트를 사용하게 되면 텍스트가 다루고 있는 내용의 인식을 확장할 수 있다. 하나의 텍스트에 들어 있는 내용은 필자의 특정한 관점에 제한될 수밖에 없는데 이러한 제한을 다른 텍스트들이 보충해 줄 수 있다. 때문에 다중 텍스트를 활용한 접근은 독자의 마음속에서 구성되는 텍스트의 상호텍스트성을 확장하여 이해의 폭을 넓히게 된다.

(4) 의미 이해의 타당성을 높인다.

독자가 구성하는 내재 텍스트의 상호텍스트성을 돕기 위하여 다중 텍스트를 활용하는 것은 의미 이해에 대한 타당성을 높인다. 텍스트의 의미 이해에서 독자가 특정한 의미만을 받아들이는 것은 타당한 이해라고 할 수 없다. 텍스트의 의미는 권위, 필자, 텍스트, 독자 등 여러 곳에서 찾을 수 있다. 이들 의미들은 나름대로의 근거를 가지고 있다고 할 수 있다. 그렇지만 이들 의미를 그대로 텍스트의 의미라고 인정하는 것도 타당하지 않다. 예를 들어 독자가 자신의 관점으로만 텍스트의 내용을 바라보고 의미를 찾는다면 텍스트의 의미는 어디에도 없는 것과 마찬가지가 될 것이다. 누구나 다 각기 다르게 텍스트의 의미를 말할 수 있기 때문이다. 다른 텍스트를 함께 읽어 봄으로써 이들 텍스트의 의미를 고려하여 텍스트의 의미를 이해하게 되면 독자는 의미 이해의 타당성을 높일 수 있다. 다시 말하면, 독자가 다중 텍스트에서 제시되는

25) 미디어 텍스트는 신문, 잡지, 텔레비전, 라디오, 컴퓨터, 인터넷 등을 통하여 소통되는 텍스트를 말한다.

여러 의미들을 비판적으로 검토하여 의미를 이해함으로써 타당성이 높아지게 된다.

(5) 추론적 이해, 창의적 이해, 비판적 이해를 돕는다.

읽기 지도에서 사실적 이해를 벗어난 이해, 즉 추론적 이해, 창의적 이해, 비판적 이해 등을 할 수 있어야 한다. 이들 이해는 단일 텍스트 접근에서는 제한되는 면이 있다. 단일 텍스트를 중심으로 접근하게 되면 추론적, 창의적, 비판적인 이해는 독자의 배경지식에 의존할 수밖에 없다. 배경지식에 의존하여 이들 이해를 잘 할 수 있는 독자는 배경지식을 풍부하게 갖춘 능숙한 독자들뿐이다. 배경지식이 부족한 학습자들이나 배경지식의 활성화가 미숙한 독자들은 이들 이해에 제한을 받게 된다. 이해에 제한을 받는다는 것은 결국 이해를 잘 할 수 없다는 것과 같다.

추론적 이해나 창의적 이해, 비판적 이해를 돕기 위해서는 관련된 텍스트를 활용할 필요가 있다. 추론을 하거나 창의적으로 생각하고, 텍스트의 내용에 대하여 비판하기 위해서는 이들 활동을 도울 수 있는 자료와 방법이 있어야 한다. 추론을 위해서는 관계된 다른 내용이 필요하고, 창의적인 이해를 위해서도 새로운 관점을 열어 주는 다른 텍스트가 필요하며, 비판을 위해서도 비판할 수 있는 근거와 기준들이 마련되어야 한다. 따라서 추론적, 창의적, 비판적 이해는 다중 텍스트를 활용할 때 효과적으로 일어날 수 있다. 독자의 이해에 있어 상호텍스트성을 돕기 위하여 다중 텍스트를 활용하는 것은 미숙한 독자뿐만 아니라 능숙한 독자의 이해에도 도움이 된다.

(6) 역동적인 사고 활동을 요구한다.

상호텍스트성을 바탕으로 한 텍스트 이해 지도는 다중 텍스트를 활용하기 때문에 역동적인 사고 활동을 요구한다. 확장적이고 타당한 내재 텍스트를 구성하기 위하여 독자는 다중 텍스트를 읽고, 그 내용과 의미들을 분석, 비교, 비판하는 활동을 해야 하기 때문에 역동적인 사고 활동이 요구된다. 단일 텍스트 중심의 접근에서는 독자가 한 편의 텍스트의 내용을 효과적으로 구조화하여 마음속에 표상한다. 내용에서 부족한 부분을 배경지식(스키마)을 동원하여 추론함으로써 모든 내용을 파악할 수 있다고 본다. 그렇기 때문에 텍스트를 읽는 과정에서 역동적인 사고 활동은 제약을 받게 된다.

반면에 다중 텍스트를 활용하여 읽기 활동에서 독자는 다양하고 적극적인 사고 활동을 해야 한다. 다중 텍스트를 활용하여 의미를 구성하기 위해서는 각각의 텍스트가 드러내는 의미를 찾고 비교하고, 융합해야 한다. 이 과정에서 독자는 다중 텍스트 사이의 관계성을 찾아 연결하고, 이들 내용들을 비판적으로 검토하고 통합하여 내재 텍스트를 구성해야 한다. 이 과정은 적극적이고 역동적인 사고를 바탕으로 일어난다. 그렇기 때문에 텍스트 이해의 상호텍스트성을 위하여 다중 텍스트를 활용하게 되면 역동적인 사고를 자연스럽게 도울 수 있게 된다.

2) 국어과 교육에 주는 시사점

이러한 상호텍스트성을 중심으로 한 연구들이 우리의 국어교육에 시사하는 점을 몇 가지 정리하여 보면 다음과 같다.

(1) 읽기나 문학을 지도할 때 단일 텍스트 내에 국한된 수업에서 탈피해야 한다. 비취, 애플맨, 도르시(Beach, Appleman, Dorsey, 1994)가 지적하였듯이 지금까지의 읽기나 문학 교육에 있어서는 주어진 하나의 텍스트를 완결된 형태로 여겨서 그 내에서만 의미를 찾는 활동들이 주를 이루었다. 즉 텍스트 간의 상호텍스트적 연결을 하지 못하였다. 학생들이 텍스트를 통하여 얻는 지식의 확장은 단일 텍스트보다는 그 텍스트와 관련된 다른 텍스트들과의 연결을 통해서 이루어진다고 볼 때, 상호텍스

트성을 활용하여 지도하는 것은 필수적이라 할 수 있다. 따라서 읽기나 문학 그 외의 영역에서도 단일 텍스트에만 의존하여 문제를 해결하기보다는 상호텍스트적성을 바탕으로 접근하는 것이 필요하다 하겠다.

(2) 기능적인 접근과 함께 분석 · 종합적인 사고력을 통하여 이해력과 표현력을 기르는 활동이 필요하다. 국어과 교육에서 가르치는 내용이 무엇이냐고 할 때, 그것은 이해나 표현을 위한 전략이나 기능이며, 국어교육의 목표는 국어사용능력을 신장시키는 것이라 한다. 국어사용능력이라는 것을 지도할 때, 각 기능들을 세분화하여 가르치게 되는데, 이러한 접근 방법은 상호텍스트성을 바탕으로 하는 국어교육에 제한을 가하는 면이 있다. 따라서 상호텍스트성을 바탕으로 한 분석 · 비판 · 종합적인 사고력을 기를 수 있는 활동이 강조될 필요가 있다.

(3) 텍스트를 지도할 때 텍스트들 사이에서의 연결을 넘어서 개인의 경험과 사회문화의 영역으로 연결 관계를 넓혀 이해하도록 해야 한다. 이저(Iser)가 말하는 텍스트의 간극을 메우는 활동은 개인적인 경험이나 개인적인 지식을 중요시하는 것이며, 반응 중심의 문학 교육도 같은 맥락을 갖는 것이라 할 수 있다. 또한 텍스트와 관련된 사회문화적인 맥락에서의 텍스트와의 관련성을 이해할 수 있도록 학습의 활동을 넓혀 나갈 필요가 있다.

(4) 텍스트 이해와 관련하여 다양한 장르적인 접근을 할 필요가 있다. 지금까지의 국어 교육적인 면에서 텍스트를 다룰 때 단일 장르를 중심으로 영역을 갈라놓으려는 노력이 더 많았다고 할 수 있다. 이런 장르에 대한 인식이 텍스트의 이해나 생산에 기여한 면도 있지만, 다양한 접근을 방해한 면도 있다. 한 주제에 대하여 생산되었거나 생산할 수 있는 장르적인 방식은 다양하다. 이런 장르의 벽을 열어 놓음으로써 상호텍스트성을 기반으로 하는 다양한 면에서의 이해와 표현이 이루어질 수

있다. 장르적인 영역의 확장은 이해와 표현을 위하여 다양한 텍스트 자료를 활용해야 함을 뜻한다고 할 수 있다.

(5) 국어과의 각 영역의 통합적인 면을 강조할 필요가 있다. 스피비(Spivey, 1997)의 연구에서 볼 수 있듯이 필자가 글을 쓰는 행위는 텍스트를 읽는 활동과 맞물려 있다. 즉 글을 읽는 활동이 텍스트를 생산하는 과정이며, 텍스트 생산 과정은 글을 읽는 활동을 전제로 이루어지는 것이다. 또한 이 과정은 다른 사람과 대화하면서 의견을 조정하면서 생각을 넓혀가는 말하기 듣기의 활동이다. 이러한 관계를 통해 볼 때, 이해나 표현 활동은 서로 긴밀한 관계에 있으므로 단일 영역을 강조하기보다는 이들이 통합될 수 있는 부분에 대한 강조도 함께 이루어져야 한다. 텍스트의 생산과 이해는 다른 텍스트와의 관계나 다른 사람들과의 관계를 새롭게 형성해가는 상호텍스트성을 바탕으로 하기 때문이다.

(6) 교육과정의 내용 속에 상호텍스트적인 요소를 확대할 수 있는 내용을 넣어야 한다. 국어교육적인 활동에서 상호텍스트적인 요소들을 지도하기 위해서는 교육과정에 이들을 지도할 수 있는 영역이 선정되어야만 활동이 체계적으로 이루어질 수 있다. 6차 고등학교 문학 교육과정(해설서, 1995: 386~7)에서 상호텍스트성에 대한 언급이 있는데 이들을 넓혀 초등학교 교육과정에까지 넓혀 지도를 할 수 있도록 하는 것이 필요하다.

여기서는 단지 상호텍스트성의 개념과 활용 양상에 초점을 맞추어 국어 교육적인 면에서의 활용 가능성만을 탐색하여 보았다. 이 부분에 대한 구체적인 논의가 앞으로 많이 이루어져 국어교육에서 상호텍스트성의 위치를 분명하게 드러낼 수 있도록 해야 할 것이다.

3장. 상호텍스트성의 기제와 교육[26)]

1. 상호텍스트성 기제 범주

상호텍스트성은 텍스트의 여러 속성 중 한 가지이다[27)]. 한 텍스트가 다른 텍스트의 '텍스트 요소'(text element)[28)]를 공유하는 속성을 가리킨다. 상호텍스트성은 텍스트의 본질적 속성이다. 그래서 어떤 텍스트이든 상호텍스트성을 지니고 있다. 독자가 구성하는 내재 텍스트도 마찬가지이다. 독자가 구성하는 내재 텍스트는 외재 텍스트[29)]와 기존의 내

26) 이 부분은 한국초등국어교육 제40집(2009)에 '읽기 상호텍스트성의 기제와 교육'으로 게재했던 내용을 부분적으로 수정한 것이다.

27) 보그랑드와 드레슬러는 텍스트의 속성으로 결속구조, 결속성, 의도성, 용인성, 정보성, 상황성, 상호텍스트성 등을 들었다(김태옥, 이현호 역, 1991).

28) 텍스트 요소(要素)는 텍스트의 형식적 부분이나 내용적 부분을 모두 포함한다. 형식적 부분으로는 기호, 낱말, 문장, 문단, 텍스트, 구조, 관습, 형태 등을 포함한다. 그리고 내용적 부분으로는 관점, 논리, 화제, 주제, 내용, 의도, 지향 등을 포함한다. 이들 텍스트 요소들은 한 텍스트에서 다른 텍스트로 모사(模寫)되어 이동된다. 모사는 원본 그대로 복사되기도 하지만 여러 가지 변이된 형태로 이루어진다. 텍스트는 이 텍스트 요소들을 주고받음으로 인하여 직접 · 간접적인 영향 관계를 맺는 것이다. 텍스트 요소들의 모사로 이루어진 텍스트의 형태는 다양하다. 이 텍스트 요소의 모사로 인하여 텍스트는 상호텍스트성을 갖는다.

29) 외재 텍스트는 필자가 쓴 텍스트를 말한다. 독자의 의식 밖에 있다는 의미에서 외재 텍스트라고 하였다. 그리고 외재 텍스트가 읽기 행위와 관련될 때에는 '텍스트 요소'를

재 텍스트의 텍스트 요소들이 결합되어 있다. 그렇다고 모든 텍스트 요소들의 결합이 그대로 내재 텍스트가 되는 것은 아니다. 특정한 텍스트 요소들이 독자의 의도에 맞게 선택되고, 내재 텍스트의 구성 맥락에 맞게 결합되어야 한다. 읽기의 상호텍스트성은 독자가 구성하는 내재 텍스트의 속성이다. 즉, 독자의 내재 텍스트 구성에서 텍스트 요소의 결합 작용과 텍스트 요소의 결합 양상을 가리킨다.

읽기는 외형적으로 독자가 외재 텍스트로 내재 텍스트를 구성하는 행위이다. 독자는 이 행위에서 외재 텍스트와는 다른 내재 텍스트를 구성한다. 이 내재 텍스트는 텍스트 요소들을 긴밀히 결합한 하나의 완결된 관념이다. 독자는 완결된 내재 텍스트를 구성하기 위하여 읽기 과정에서 텍스트 요소들을 조정하게 된다. 이 조정으로 인하여 텍스트 요소는 변형되고, 다른 기능을 가지게 된다. 조정은 텍스트 요소들을 상보적으로 기능하게 하여 하나의 내재 텍스트를 구성하게 한다. 이들 텍스트 요소들의 결합이 내재 텍스트가 상호텍스트성을 지니게 만든다.

독자는 상호텍스트적으로 내재 텍스트를 구성하기 위하여 여러 가지 기제를 사용한다. 내재 텍스트의 구성을 돕는 기제들은 읽기 상황에 따라 달라질 수 있다. 이들 기제들을 내재 텍스트를 구성하는 활동 형태에 따라 세 가지 속성으로 구분하여 범주화할 수 있다. 첫째는 내재 텍스트를 구성할 때 형식 조건에 따라 내재 텍스트 외부에 드러나 작용하는 '외현 기제' 범주이다. 둘째는 내재 텍스트를 구성하는 활동 조건에 따라 외재 텍스트와 내재 텍스트 사이에서 작용하는 '매개 기제' 범주이다. 셋째는 내재 텍스트를 구성하는 내용 조건에 따라 내재 텍스트 내부에서 작용하는 '내포 기제' 범주이다.

독자는 이들 상호텍스트성의 기제를 활용하여 내재 텍스트를 구성한다. 읽기 교육은 학생들이 상호텍스트성을 갖춘 내재 텍스트를 구성할

공유한 여러 종류의 텍스트 즉, 다중 텍스트(multiple texts)를 지시한다. 다중 텍스트(김도남, 2005: 20)는 텍스트 요소를 공유함으로써 서로 관계를 맺고 있는 여러 종류의 텍스트를 말한다.

수 있도록 돕는 것이다. 읽기 교육에서는 학생이 외재 텍스트로 내재 텍스트를 구성할 때 필요한 기제를 익히도록 하고, 이들 기제를 활용할 수 있도록 해야 한다. 이를 위해서는 상호텍스트성의 속성에 대한 이해가 뒷받침되어야 한다. 그러고 나서 상호텍스트성의 기제를 활용하게 되면 내재 텍스트 구성에 큰 효과를 낼 수 있다.

2. 상호텍스트성의 기제

상호텍스트성은 서로 다른 목소리가 한 텍스트에 나타남을 지적한 것에서 비롯되었다. 목소리의 다름은 두 목소리의 구분보다는 조화를 의미한다. 조화는 이질적인 목소리가 하나의 텍스트를 이룸을 뜻한다. 마치 문장이 주어, 목적어, 서술어 등이 어우러져 있는 것과 같다. 개별 요소들은 그 고유 특성을 버리지 않으면서 문장 속에서 조화를 이룬다. 내재 텍스트의 구성도 마찬가지이다. 텍스트는 각기 다른 특성을 지닌 텍스트 요소들이 어우러져 구성된다. 독자는 텍스트의 요소들로 내재 텍스트를 만드는 데 여러 기제를 활용한다. 독자의 내재 텍스트 구성에 작용하는 상호텍스트성의 기제들에 대하여 구체적으로 살펴본다.

1) 외현 기제

외현 기제는 내재 텍스트 구성에서 밖으로 드러나 보이는 상호텍스트성의 기제이다. 밖으로 드러났다는 것은 내재 텍스트 구성의 현상을 분석하여 규명할 수 있음을 의미한다. 외현 기제는 텍스트나 텍스트 구성 행위에서 드러나는 기제 범주이다. 상호텍스트성의 외현 기제를 수용(受容), 변형(變形), 생성(生成) 등으로 구분할 수 있다[30]. 수용은

30) 크리스테바(1967)가 말한 상호텍스트성의 속성은 '흡수'와 '변형'이다(박여성 1995:85). 상호텍스트성이 갖는 흡수와 변형은 텍스트의 '생산'과 관련된다. 그리고 이들 흡수, 변형,

텍스트 요소를 받아들임이고, 변형은 텍스트 요소를 내재 텍스트 구성 조건에 맞춤이고, 생성은 내재 텍스트를 만들어 내는 것이다.

(1) 수용

수용은 독자가 외재 텍스트의 특정 텍스트 요소를 의식 속에 받아들이는 것이다. 수용은 특정 텍스트 요소에 주의를 집중하여 그 가치를 인식할 때 이루어진다. 독자는 다중 텍스트를 읽으면서 내재 텍스트 구성에 필요한 텍스트 요소에 주의를 집중하여 텍스트 요소를 인식한다. 독자가 텍스트를 읽으면서 인식은 하였으나 의식에 환기되지 않은 텍스트 요소는 수용되지 못한다. 이 수용은 내재 텍스트를 구성하기 위한 일차적인 활동이다. 인지적 읽기 관점에서 보면, 독자가 외재 텍스트의 텍스트 요소를 의식에 표상할 때 기존 내재 텍스트의 텍스트 요소들도 함께 표상된다.

텍스트 요소의 수용이 이루어지는 토대는 차이이다. 독자는 외재 텍스트의 텍스트 요소가 내재 텍스트의 텍스트 요소와 다름을 발견하게 되면 주의를 집중한다. 텍스트 요소 사이의 차이를 만드는 요인은 다양하다. 형식, 구조, 관점, 사건, 필자, 대상, 기호, 표현, 방법, 주제, 배경 등 텍스트 구성 요소는 무엇이든 가능하다. 독자가 텍스트 요소의 다름을 발견하면 주의를 집중하게 된다. 이 주의 집중이 텍스트 요소를 의식에 표상하게 만든다.

수용은 차이의 확인에서 비롯된다. 차이의 확인이란 같은 점을 토대로 다른 점을 파악하는 것이다. 차이는 공통의 요인을 토대로 한 다름이다[31]. 텍스트 요소가 공통점이 없는 별개의 것일 때는 차이가 존재하지

생산은 필자의 텍스트 생성 기제라고 할 수 있지만 읽기에서 보면 독자의 상호텍스트적 관념 구성 기제이기도 하다. 독자가 내재 텍스트를 구성하기 위해서는 이들 기제들을 활용해야 하기 때문이다.

31) 텍스트 요소의 다름을 구별하는 토대로 형식 스키마를 들 수 있다. 형식 스키마는 텍스트 요소의 수용 공간을 만들고(김도남, 2004: 23~24) 그 공간들은 서로 다른 내용을 요구하면

않는다. 차이가 존재하지 않으면 상호텍스트적 수용은 일어날 수 없다. 이는 독자가 관념을 구성할 때 본질적으로 다른 다중 텍스트는 상호텍스트성을 이루기 어렵다는 말이다. 다른 다중 텍스트를 연결하기 위해서는 새로운 공통 요소(같은 점)를 마련해야 한다. 독자는 이런 텍스트 요소의 차이를 확인할 때 텍스트 요소를 수용하는 것이다.

수용에는 인력(引力)이 작용한다. 차이 인식에서 생긴 관심이 텍스트 요소를 끌어당기는 역할을 한다. 텍스트 요소를 끌어당기는 힘이 없으면 상호텍스트성은 성립하지 않는다. 독자는 내재 텍스트 구성에 필요함을 느껴 텍스트 요소를 끌어당기게 된다. 텍스트 요소의 끌어당김은 임의성과 의도성을 갖는다. 임의성은 상황에 따라 텍스트 요소를 수용하는 특성이다. 독자가 수용할 특정 텍스트 요소를 미리 확정해 놓기보다는 내재 텍스트 구성 맥락에 따라 수용한다. 의도성은 텍스트 요소를 수용하려는 의지적 특성이다. 독자가 내재 텍스트 구성에 필요한 특정 텍스트 요소를 끌어당긴다는 것이다. 독자가 특정 텍스트 요소에 주의를 집중하지 않았는데도 수용되는 일은 없다.

수용은 텍스트 요소가 반복되게 한다. 텍스트 요소의 수용은 외재 텍스트의 특정 요소가 내재 텍스트로 옮겨가게 한다. 이로 인해 특정 텍스트 요소가 다른 텍스트로 모사되면서 반복된다. 수용한다는 것은 텍스트 요소의 반복을 통하여 새 텍스트를 만드는 조건을 갖추는 것이다. 독자가 텍스트 요소를 다른 텍스트에서 수용했을 때 내재 텍스트를 형성할 수 있는 준비가 갖추어진다. 수용은 텍스트 요소의 반복으로 텍스트들 간에 상호텍스트성이 존재할 수 있게 한다.

수용은 텍스트 요소들의 연결이 일어나게 한다. 수용은 텍스트 요소를 받아들여 의식의 한쪽에 방치하는 것이 아니라 다른 텍스트 요소들과 함께 늘어놓는다. 그렇게 되면 텍스트 요소들은 서로 관련성을 찾아 연결된다. 텍스트 요소의 연결은 텍스트의 표면이나 이면에 연결 흔적

서도 긴밀한 관련이 있는 내용을 요구한다.

을 남긴다. 표면에 있는 연결 흔적은 기호로 구분할 수 있지만, 이면의 연결 흔적은 잘 드러나지 않는다. 이 텍스트 요소의 연결은 하나의 텍스트를 구성하기 위한 것이다. 텍스트 요소들의 연결이 효과적으로 이루어져야 하나의 내재 텍스트가 만들어진다.

(2) 변형

변형은 수용된 텍스트 요소의 모습이 바뀌는 것이다. 수용된 텍스트 요소는 그 내용보다 외형이 바뀌게 된다. 텍스트 요소의 내용이 바뀌면 변형이라 할 수 없다. 다른 텍스트 요소가 되기 때문이다. 외형의 바뀜은 텍스트 요소가 내재 텍스트로 들어가기 위한 방편이다. 변형되어 내재 텍스트에 자리 잡은 텍스트 요소는 내재 텍스트에서 요구하는 기능을 수행하게 된다. 그러면서 텍스트 요소는 내재 텍스트 맥락에 의하여 파생된 기능이나 내용을 다시 가지게 된다. 텍스트 요소의 내용이 바뀌지 않음으로 인하여 상호텍스트적으로 연결되어도 텍스트 요소를 인식할 수 있다. 물론 변형이 많이 이루어진 텍스트 요소를 알아보기 위해서는 노력이 필요한 경우도 있다.

텍스트 요소는 바뀐 외형으로 내재 텍스트 요소와 결합한다. 이 결합의 대표적인 예가 모자이크이다. 모자이크의 특정 부분을 보면 다양한 색상을 가진 조각들이지만 전체적으로 보면 하나의 형태를 이루고 있다. 모자이크의 단편 조각들은 의식을 집중하지 않으면 개별적으로 인식하기 어렵다. 모자이크 내에서 개별 조각들은 통합되어 하나의 그림을 이루고 있기 때문이다. 텍스트 요소의 결합도 모자이크와 같다. 개별 텍스트 요소는 하나의 내재 텍스트를 구성하는 데 기여한다. 내재 텍스트는 이들 텍스트 요소들의 조화로운 결합으로 구성된다.

텍스트 요소의 변형은 텍스트 요소들 간의 연결 고리에 의하여 이루어진다. 특정 텍스트에서 독자의 의식에 옮겨진 텍스트 요소는 불안정하다. 불안정하다는 것은 다른 텍스트 요소에 의지해야 함을 의미한다.

텍스트 요소는 다른 텍스트 요소와 의지하기 위해서 연결 고리를 갖는다. 텍스트 요소의 연결 고리는 독자가 필요에 의하여 만들어 낸다. 이 연결 고리를 어떻게 만드는가에 따라 텍스트 요소의 변형이 달라진다. 연결 고리는 결합할 텍스트 요소에 따라 달라진다. 텍스트 요소가 어떤 텍스트 요소와 연결할지에 따라 변형이 일어나는 것이다.

텍스트 요소의 변형을 일으키는 대표적인 조건이 구성 중인 내재 텍스트의 맥락이다. 독자는 내재 텍스트를 구성하는 맥락에 따라 텍스트 요소를 변형시킨다. 논문을 쓰기 위하여 텍스트를 읽을 때 독자는 논문 주제와 관련하여 텍스트 요소의 연결 고리를 만든다. 그리고 소설을 쓰기 위하여 텍스트를 읽을 때는 소설의 주제와 관련된 텍스트 요소의 연결 고리를 만든다. 텍스트 요소는 다양한 연결 고리 형성의 가능성을 지니고 있다가 맥락에 따라 적절한 연결 고리를 만들어 변형되어 결합된다.

변형은 연결에 의하여 완결된다. 텍스트 요소는 많은 변형 요인을 가지고 있다. 이들 변형 요인이 맥락에 의하여 결정되면 텍스트 요소가 변화한다. 텍스트 요소가 변화하여 새로운 텍스트 요소와 연결되면 안정감을 갖는다. 텍스트 요소가 글의 일부분이든 특정 관점이거나 특정 내용이든 다른 텍스트 요소와 연결되면 그 텍스트 내에서는 안정된다. 모자이크의 조각들은 옆에 있는 조각들에 의하여 색깔과 모양이 달리 보인다. 독자가 텍스트 요소를 활용한 내재 텍스트의 모자이크에서도 텍스트 요소들은 변형하여 조화를 이루어 각자의 역할을 한다.

(3) 생성

상호텍스트성의 본질적 속성은 생성이다. 생성은 새로운 텍스트를 만드는 것이다. 텍스트 요소를 수용하고 변형하는 일련의 활동은 텍스트 생성을 위한 것이다. 상호텍스트성이 텍스트의 생성을 위한 작용이 아니라면 그 존재 의의를 잃게 된다. 독자는 텍스트를 읽고 텍스트 요소의 수용과 변형을 통하여 내재 텍스트를 생성하여 낸다. 상호텍스트성의 외현 기제의 핵심이 텍스트의 생성이다.

텍스트 생성은 새로움과 분리의 의미를 가진다. 새로움은 지금까지 없었던 것이 있게 된 것이다. 독자가 구성해보지 못했던 다른 내재 텍스트를 만드는 것이다. 내재 텍스트의 생성은 독자가 일시적으로 떠올려 본 생각 내용이 아니라 조리를 세워 확립한 관념을 만드는 활동이다. 텍스트 요소들을 논리적 체계에 맞게 결합하여 독립된 내재 텍스트로 구성해 내는 것이다. 생성의 새로움은 이러한 내재 텍스트를 구성하는 것이다. 구성한 내재 텍스트가 새로운 것이 아니면 독자는 내재 텍스트를 구성한 것이 아니다. 이 내재 텍스트의 새로움은 상호텍스트성에 기초한다. 상호텍스트적으로 텍스트 요소의 결합이 이루어져야만 새 텍스트가 만들어지기 때문이다.

텍스트 생성이 분리를 의미한다는 것은 내재 텍스트가 독립된 텍스트가 되어야 함을 말한다. 독자가 텍스트 요소를 연결하여 내재 텍스트를 완결하면 기존의 내재 텍스트와 분리되어야 한다. 텍스트 분리를 통하여 새 텍스트가 생성된다. 분리는 한정이고 독립이다. 한정이라는 말은 일정한 범위와 한계를 가짐을 말하고, 독립은 다른 것에 의지하지 않음을 의미한다. 독자가 구성한 내재 텍스트가 일정한 내용 범위를 가지고 있으면서 다른 내재 텍스트와 구분되는 완결된 것이어야 함을 뜻한다.

생성된 내재 텍스트는 척력(斥力)을 갖는다. 척력은 서로 밀어내는 힘이다. 척력은 다른 텍스트와 구별하려는 성질이다. 상호텍스트성을 바탕으로 만들어진 텍스트이지만 다른 텍스트와 구별하려는 힘이 작용한다. 일차적으로는 외재 텍스트를 밀어내는 힘이다. 독자는 외재 텍스트를 읽어서 내재 텍스트를 구성하였지만 구성한 내재 텍스트는 외재 텍스트와는 구분해야 한다. 이차적으로는 독자의 마음속에 있는 내재 텍스트 간에 밀어내는 힘이다. 독자가 외재 텍스트를 읽어 구성한 내재 텍스트는 기존 내재 텍스트와는 다른 것이어야 한다. 이들 내재 텍스트 간의 척력으로 인하여 독립된 내재 텍스트를 갖게 된 독자는 인지적,

정서적으로 변화하고 발전하게 된다.

2) 매개 기제

매개 기제는 외재 텍스트와 내재 텍스트를 매개하는 상호텍스트성 기제이다. 독자는 상호텍스트성의 외현 기제이나 내포 기제만으로는 내재 텍스트를 원만하게 구성하지 못한다. 외재 텍스트와 내재 텍스트 사이에서 일어나는 상호텍스트성의 기제가 필요하기 때문이다. 매개 기제는 외재와 내재 텍스트 사이에 존재하고 있는 상호텍스트성 기제이다. 내재 텍스트의 상호텍스트성을 이루는 매개 기제는 선택, 전치, 융합이다[32]. 선택은 필요한 텍스트 요소를 지정하는 기제이고, 전치는 외재 텍스트에서 내재 텍스트로 텍스트 요소를 옮겨 놓는 기제이다. 그리고 융합은 텍스트 요소들이 단일의 발전된 관념을 지닌 내재 텍스트를 구성하는 기제이다.

(1) 선택

선택은 독자가 텍스트에서 필요한 텍스트 요소를 골라 취하는 것이다. 텍스트 요소의 취함은 독자가 외재 텍스트 요소를 내재 텍스트의 구성 재료로 삼아 의식 속으로 옮겨오는 것이다. 텍스트 요소를 의식 속으로 옮겨옴은 그 텍스트 요소를 독자의 의지대로 다룰 수 있음을 의미한다. 텍스트 요소의 선택은 배경지식이 있어 텍스트 요소를 받아들일 준비가 되어 있어야 가능하다. 텍스트 요소를 받아들일 준비가 되어 있지 않으면 텍스트 요소는 의식 속에 잠시 머물렀다 사라진다.

---

32) 스피비(spivey, 1997)는 담화 통합을 연구하면서 담화 통합의 기제로 '조직, 선택, 연결'을 들었다(신헌재 외, 2005: 223~304). 조직은 텍스트의 내용 조직 방식이고, 선택은 텍스트에서 필요한 정보를 고르는 것이며, 연결은 텍스트 구성에 필요한 선택한 정보의 결합을 말한다. 이들 기제는 필자가 다중 텍스트(multiple texts)를 이용하여 한 텍스트를 구성할 때 사용하는 기제들이다. 이 논의에서는 이를 용어를 선택, 전치, 융합이라고 바꾸어 사용한다.

그래서 선택이 이루어지면 외재 텍스트에서 텍스트 요소를 가져왔지만 독자는 배경지식에 있던 것을 활성화한 것같이 느낀다.

독자의 텍스트 요소의 선택은 의도적이다. 독자는 텍스트를 읽는 매 순간 텍스트 요소들을 파악하고 확인하지만 모든 텍스트 요소를 취하지는 않는다. 내재 텍스트 구성에 필요한 텍스트 요소만을 취하게 된다. 이 텍스트 요소의 선택은 독자의 읽기 의도에서 비롯된다[33]. 그리고 텍스트 요소의 선택에 관여하는 읽기 의도는 교육을 통하여 학습된 것이다[34].

선택은 특정 텍스트 요소에 주의를 집중하는 것에서 비롯된다. 주의 집중은 텍스트 요소가 갖는 형식이나 내용에 관심의 초점을 두는 것이다. 독자는 텍스트를 읽으면서 특정 텍스트 요소에만 관심을 집중한다. 어떤 텍스트를 읽든 관심의 대상이 되는 텍스트 요소가 있게 마련이다. 텍스트를 다 외우고 있어도 특정 텍스트 요소에는 관심을 두지 않는다. 관심을 받지 못한 텍스트 요소는 선택되지 못하여 적극적인 기능을 할 수 없게 된다. 독자가 관심을 가져서 주의 집중을 받은 텍스트 요소만이 선택되어 의식에 들어와 다른 텍스트 요소와 관계를 맺는다.

선택은 텍스트 요소에 대한 필요성의 인식에서 이루어진다. 독자가 텍스트 요소를 선택하는 것은 내재 텍스트 구성에 필요하기 때문이다. 필요한 텍스트 요소를 선택했을 때 독자는 의도하는 내재 텍스트를 구성할 수 있게 된다. 텍스트 요소의 필요를 스키마 이론의 관점에서 보면, 형식 스키마의 빈칸을 지각함으로써 생긴다. 형식 스키마의 빈칸을 지각하면 그 빈칸을 채울 텍스트 요소를 필요로 하는 것이다[35]. 이 필요는

---

33) 보그랑데(Beaugrande, 1984)는 필자의 쓰기 행위를 평행적 단계 모형으로 도식화하였다(이삼형 외 2007: 211). 필자의 쓰기 행위는 '음소/문자, 구절 구조, 표현, 아이디어 발전, 사고의 생산, 목표-계획하기를 정해진 순서 없이 이동하면서 이루어진다는 것이다. 독서도 텍스트 생성의 과정으로 볼 때 독서 의도는 독서 과정에서 계속 수정된다고 할 수 있다.

34) 한 예로 신비평의 관점에서 문학 교육을 받은 사람들은 소설을 읽으면 '인물, 사건, 배경'을 잘 인식하고 기억한다.

35) 독자의 스키마를 활용한 의미 표상에 대한 연구는 김도남의 논의(2004: 23~26)를 참조할

독자가 의도에 맞게 형식 스키마의 빈자리를 메워야 한다는 의식이다.

선택은 텍스트 요소를 외재 텍스트에서 내재 텍스트로 모사(模寫)하여 옮기는 행위이다. 모사는 원본의 형식이나 내용을 베끼는 것이다. 베낌은 모든 것을 똑같게 만드는 복제와는 다르다. 모사된 텍스트 요소는 원 텍스트 요소의 일부 특성을 유지하고 있지만 달라진 부분을 갖는다. 외재 텍스트에 있던 텍스트 요소가 내재 텍스트로 옮겨지면서 달라지는 것이다. 이 달라짐으로 인하여 텍스트 요소는 다른 텍스트 요소와 조화를 이룰 수 있게 된다.

텍스트 요소 선택이 모사로 이루어지는 것은 기존의 내재 텍스트나 구성 중인 내재 텍스트의 영향을 받기 때문이다. 독자의 마음속에는 내재 텍스트와 텍스트 요소들이 존재한다. 이들이 텍스트 요소의 선택에 영향력을 행사하는 것이다. 이들은 텍스트 요소를 필요한 형태로 바꾸거나 텍스트 요소의 필요한 내용을 부각시킨다. 이로 인하여 선택된 텍스트 요소는 달라진 형태를 가지게 되는 것이다. 다시 말하면, 독자는 내재 텍스트에 맞추어 텍스트 요소를 변형시켜 받아들이는 것이다. 물론 기존의 내재 텍스트나 텍스트 요소도 새 텍스트 요소가 들어오면 달라진다. 그래서 두 종류의 텍스트 요소들이 조화를 이루게 되고 달라진 형태로 내재 텍스트를 구성하게 된다.

(2) 전치

전치는 텍스트 요소의 위치 바뀜이다. 텍스트 요소를 외재 텍스트에서 내재 텍스트로 옮겨와 자리를 잡게 하는 활동이다. 읽기에서는 일차적으로는 텍스트 요소가 외재 텍스트에서 독자의 의식 활동 속으로 옮겨간다. 그리고 이차적으로 의식 활동에서 내재 텍스트로 옮겨간다. 더 나아가서는 텍스트 표현과 관련되어 내재 텍스트에서 외재 텍스트로 옮겨진다. 이 전치를 통하여 텍스트의 상호텍스트성이 드러난다. 이 텍

수 있다.

스트 요소의 전치가 새로운 텍스트의 구성을 가능하게 하고, 상호텍스트성의 존재를 알 수 있게 한다.

전치는 텍스트 요소의 기능을 바꾼다. 텍스트 요소는 각 텍스트 내에서의 기능이 있다. 그 기능에 따라 그 존재의 가치를 인정받는다. 그러던 텍스트 요소들이 전치되면 그 기능은 새롭게 주어진다. 텍스트의 맥락이 텍스트 요소의 기능을 결정하기 때문이다. 예를 들어, 한용운의 『님의 沈黙』에 있는 「알 수 없어요」가 김영미의 논문 「분리와 통합, 그 순환 구조: 만해, 「알 수 없어요」를 대상으로」에 옮겨지게 되면 이 시는 그 기능이 달라진다. 형태는 같지만 두 시는 다른 기능을 수행한다. 어떤 텍스트 요소이든 한 텍스트에서 다른 텍스트로 전치되면 전치된 텍스트의 조건에 따른 기능을 갖게 된다.

전치된 텍스트 요소는 다른 텍스트 요소에 의지한다. 어떤 텍스트 요소도 독립적으로 존재할 수 없다. 다른 텍스트 요소들에 의지해야만 한다. 다른 텍스트 요소에 의지한다는 것은 전치한 곳의 조건에 맞게 변화해야 함을 의미한다. 다른 텍스트 요소에 의지하지 못하는 텍스트 요소는 개별적으로 존재하게 되는데, 그런 텍스트 요소는 독자의 의식에서 사라지게 된다. 그래서 다른 텍스트 요소와의 상호 의지를 통하여 텍스트 요소들은 내재 텍스트 구성에 기여할 수 있게 된다. 독자는 텍스트 요소를 전치할 때는 다양한 방법을 통하여 다른 텍스트 요소와 관계를 맺어 주는 것이 필요하다.

텍스트 요소의 전치는 내재 텍스트의 변화를 이루는 것이다. 독자가 텍스트 요소를 전치시키는 것은 새로운 내재 텍스트를 구성하는 것이 된다. 텍스트 요소의 전치로 인하여 내재 텍스트가 구성된다. 이때 하나의 텍스트 요소의 전치는 내재 텍스트 전체의 변화를 만든다. 내재 텍스트의 전체적인 변화가 있어야 하는 것이다. 어떤 텍스트 요소를 어디에 놓는가에 따라 다른 텍스트 요소의 위치가 바뀌고 기능이 달라진다. 이러한 변화는 결국 구성할 텍스트의 전체적인 변화를 이루게 된다.

텍스트 요소의 전치에서는 알맞은 자리 잡기가 중요하다. 텍스트 요소들이 내재 텍스트 내로 들어오면 적절한 자리에 위치해야 한다. 외재 텍스트를 읽고 특정한 텍스트 요소가 적절한 위치를 찾지 못하게 되면 독자는 혼란스럽게 된다. 텍스트 이해가 이루어지지 않게 되는 것이다. 즉, 내재 텍스트가 구성되지 않는 것이다. 텍스트 요소가 알맞은 위치에 자리를 잡으면 내재 텍스트가 구성되어 텍스트 이해가 일어나게 된다. 독자는 읽기 과정에서 지속적으로 텍스트 요소의 바른 위치를 찾아 다른 텍스트 요소와 연결함으로써 내재 텍스트를 수정한다.

(3) 융합

융합은 텍스트 요소들이 완결된 단일 내재 텍스트를 만드는 활동이다. 융합은 텍스트 조각들이 각기 가진 속성을 내세우지 않고 전체 속에서 하나가 되게 한다. 융합은 텍스트 요소들이 결합함으로써 독자의 이상적 관념을 담은 내재 텍스트로 변화하는 것을 지향한다. 그래서 완결된 단일 내재 텍스트를 완성하는 것이다. 그렇게 하기 위해 텍스트 요소들이 내재 텍스트를 위하여 조화로운 결합을 이루도록 해야 한다. 텍스트 요소의 융합은 질적으로 우수한 내재 텍스트를 구성하기 위한 독자의 의지적 사고로 이루어진다.

융합은 완결된 단일 내재 텍스트를 구성하는 기제이다. 내재 텍스트 속에서 텍스트 요소들이 긴밀하게 결합하여 하나의 관념을 이루기 위한 시너지(synergy) 효과를 갖는 것이다. 그래서 구성된 내재 텍스트가 하나의 독립된 관념이 되도록 한다. 텍스트 요소의 융합은 독자가 다중 텍스트로 화제나 주제에 대한 통찰을 얻기 위한 사고가 바탕이 되어야 한다. 다중 텍스트의 텍스트 요소에서 화제나 주제와 관련된 완결된 단일 관념을 구성하려는 독자의 의지로 이루어진다. 독자는 텍스트 요소들을 융합시킴으로써 이상적 관념을 구성할 수 있게 된다. 독자가 주제에 대하여 만족을 느낄 수 있는 관념을 구성하게 되는 것이다.

융합은 텍스트 요소들의 긴밀한 결합으로 질적으로 향상된 내재 텍스트를 구성하는 사고 작용이다. 융합은 내재 텍스트의 새로운 변화를 지향한다. 독자는 융합을 통하여 이상적으로 바라는 단일의 독립된 내재 텍스트 구성을 할 수 있게 된다. 이를 위해서는 독자는 텍스트 요소들의 새로운 결합 가능성을 계속 탐색해야 한다. 이는 다중 텍스트에 대한 비판적 이해를 필요로 한다. 하나의 관념을 지닌 새로운 내재 텍스트 구성을 위해 독자는 다른 관점, 의도, 방법으로 텍스트 요소들의 결합을 시도해야 한다. 그렇게 하였을 때 독자는 텍스트 요소들이 융합된 새로운 내재 텍스트를 구성할 수 있다. 상호텍스트성은 텍스트 요소의 융합을 통한 단일 관념 구성의 속성이기도 하다.

융합은 독자가 주체적 관념을 갖도록 한다. 주체적 관념은 독자가 합리적으로 구성한 독자만의 내재 텍스트이다. 텍스트 요소의 융합 주체는 항상 독자이다. 그렇기 때문에 융합을 통해 구성된 내재 텍스트는 주체적 관념이 될 수밖에 없다. 주체적 관념은 분명한 목적과 계획에 따른 독자의 읽기 실천에서 구성된다. 융합은 독자의 의지에 의하여 이루어지는 것이기 때문이다. 그렇기 때문에 융합을 통한 내재 텍스트 구성은 독자의 읽기 능력뿐만 아니라 의식의 발전을 이끌게 된다. 완결된 주체적 내재 텍스트 구성을 위해서는 세련된 상호텍스트성의 기제를 활용해야 하고, 그렇게 구성된 관념은 독자의 기존 의식을 새롭게 하기 때문이다.

3) 내포 기제

내포 기제는 내재 텍스트 구성의 내부에서 기능하는 상호텍스트성의 기제이다. 외재 텍스트이든 내재 텍스트이든 상호텍스트적 내용 구성 방법은 크게 다르지 않다. 하나의 완결된 텍스트를 구성하기 위해 텍스트 요소들이 유기적으로 연결되어야 한다. 독자는 읽기 상호텍스트성의 내포 기제를 이용하여 텍스트 요소를 유기적으로 연결하여 내재 텍스트를 구성한다. 내재 텍스트 구성에 작용하는 상호텍스트성의 내포 기제는 텍스트 요소 간의 결합에 관련된 '결속'과 텍스트 전체 구성과 관련된 '구성', 그리고 내재 텍스트의 존재적 가치를 갖게 하는 '승화' 등이다.

(1) 결속

결속은 텍스트 요소들을 결합하는 것이다. 텍스트 요소들이 하나의 의미 단위 텍스트를 이룰 수 있게 하는 기제이다. 상호텍스트성의 관점에서 보면 내재 텍스트는 텍스트 요소의 결속에 의하여 이루어진다. 하나의 텍스트가 구성되기 위해서는 텍스트 요소가 단순히 모아져 있어서는 안 된다. 텍스트 요소들이 긴밀한 연관성을 바탕으로 결합해야 한다. 텍스트 요소의 연관성은 독자가 내재 텍스트 전체 내용과의 관계를 고려하여 부여하는 것이다[36]. 텍스트 요소는 다른 텍스트 요소와의 긴밀한 관계로 결합될 때 비로소 한 내재 텍스트 속에 자리 잡게 된다.

결속은 텍스트 요소들 간의 조화를 필요로 한다. 조화는 텍스트 요소들의 어울림이다. 어울림은 서로의 특성을 버리는 것이 아니라 각자의 특성을 가진 상태에서 서로 조화를 이루는 것이다. 독자의 입장에서 보면, 내재 텍스트 구성 과정은 외재 텍스트의 텍스트 요소들을 수용해 어울리게 결합하는 활동이다. 텍스트 요소의 결합은 서로의 연결 고리를 찾아 이어주되 텍스트 요소들이 각기 특성을 가지고 있으면서 내재 텍스트 속에서 기능할 수 있도록 하는 것이다. 텍스트 요소들이 조화로운 결합을 이루었을 때 내재 텍스트가 구성된다.

결속은 내재 텍스트의 통일성에 기여한다. 텍스트 요소들의 결합은 하나의 텍스트 덩이(cluster)를 만든다. 텍스트 덩이들은 각기 내용과 기

---

36) 이러한 고려 행위를 '해석'이라 할 수 있다. 켄트(Kent, 1991)는 쓰기 행위를 공개적, 해석적, 상황적이라고 밝혔다(이수진, 2001: 39~40). 여기서 '해석적'이라는 말은 텍스트 생산자가 담화를 수용하고 생산하는 데 관련된 요인들을 자기 방식으로 해석함을 의미한다. 그래서 해석은 담화 생산자의 필요에 맞게 텍스트 요소를 연결 지어 결합하는 것이라 할 수 있다.

능을 갖는다. 이들 덩이들이 여러 개 연결되어 하나의 내재 텍스트를 이룬다. 결속은 텍스트 요소들이 텍스트 덩이를 만들고, 텍스트 덩이들이 하나의 내재 텍스트를 이루도록 작용한다. 텍스트 요소들의 결합이 전체를 위한 통일성에 기여하지 못하면 그것은 결속력을 가진 결합이 되지 못한다. 결합은 이루어질 수 있겠지만 하나의 관념이 담긴 내재 텍스트 구성이 되지 못하는 것이다. 즉, 독자는 하나의 완결된 관념을 구성하지 못함으로써 혼란을 겪게 된다. 텍스트 요소들이 통일성 있는 결합을 이루게 될 때 독자는 내재 텍스트를 구성하게 되고, 외재 텍스트 이해를 할 수 있게 된다.

텍스트 요소의 결속은 결속 인자에 의하여 이루어진다. 결속 인자는 텍스트 요소들이 효율적으로 결속되도록 돕는 요인이다. 텍스트 요소가 결속 되도록 하는 인자는 맥락에 따라 달라진다. 읽는 텍스트, 읽는 목표, 읽기 의도, 읽는 상황, 읽는 방법 등이 결속 인자이다. 이 결속 인자는 텍스트 요소들의 틈새에서 작용하여 독자가 추구하는 목표에 맞는 내재 텍스트를 구성하게 한다. 이들 결속 인자의 역할이 분명할수록 결속이 잘 이루어져 통일성 있는 내재 텍스트를 구성하게 된다.

(2) 구성

구성은 텍스트 요소들을 유기적으로 결합하여 내재 텍스트를 만드는 기제이다. 구성은 텍스트 요소를 조직적으로 배열하고 결합하는 활동이다. 독자의 구성 활동으로 텍스트 요소들이 일정한 배열 논리에 따라 위치를 잡아 내적 체계를 갖춘 내재 텍스트가 만들어진다. 내재 텍스트는 구성에 의하여 하나의 통일성 있는 완결된 텍스트가 되는 것이다. 독자는 구성 기제로 내재 텍스트의 형식과 내용이 갖추어지도록 텍스트 요소를 결합한다. 이 구성 기제의 작용으로 내재 텍스트는 하나의 독립적인 실체가 된다.

구성은 내재 텍스트가 형식적 조직성을 갖추게 한다. 조직성은 내재 텍스트를 이루는 텍스트 요소들의 조직 방식에서 드러난다. 독자는 다중 텍스트를 읽으면서 어떤 관념을 구성할지 예정하고 있다. 이 구성할 관념에 따라 텍스트 요소들의 조직 방식이 달라진다. 텍스트 요소들의 조직은 내재 텍스트가 논리성과 체계성을 갖도록 해야 한다. 논리성은 텍스트 요소들이 내재 텍스트 내에서 전후의 논리적 연결 관계를 맺도록 배열함으로써 갖게 된다. 텍스트 요소들 간의 의미 관계를 따지고, 내재 텍스트의 내용 전개를 조절함으로써 생긴다. 논리성은 텍스트 요소들이 내재 텍스트 전체와의 관계에서 의미와 가치를 가지는 특성이다. 반면 체계성은 내재 텍스트 전체에서 텍스트 요소의 위치와 기능을 부여하는 특성이다. 전체와 부분 간의 관계를 따지고, 의미 단위 텍스트들의 위치와 배열을 조절함으로써 생긴다. 조직은 내재 텍스트의 완결성을 높이는 측면에서 텍스트 요소를 결합하는 것이다.

구성은 내재 텍스트의 내용 적합성을 갖추게 한다. 내용 적합성은 독자가 바라는 내재 텍스트가 되도록 텍스트 요소를 조직하는 것이다. 독자가 목표로 하는 내재 텍스트를 구성하기 위해서는 타당한 텍스트 요소를 선정하고 결합해야 한다. 내용 적합성은 내용의 타당성과 충실성을 내부 요인으로 포함한다. 내용 타당성은 독자가 구성해야 할 내재 텍스트에 맞는 텍스트 요소를 가려 배열해야 하는 특성이다. 독자가 구성해야 할 내재 텍스트는 읽기 목표에 따라 달라진다. 독자의 목표 조건에 맞게 텍스트 요소들을 선별하여 제 위치에 결합하는 것이 타당성이다. 내용의 충실성은 내재 텍스트가 필요로 하는 텍스트 요소들이 빠짐없이 채워 넣어야 하는 속성이다. 불필요한 텍스트 요소를 제거하고, 내재 텍스트의 질적 향상을 가져오는 텍스트 요소로 구성하는 특성이다.

구성의 조직성과 적합성은 범주화와 명료화를 지향한다. 범주화는 내재 텍스트의 범위를 규정하는 것이고, 명료화는 내재 텍스트의 내용을 부각시킨다. 독자가 내재 텍스트를 구성할 때 텍스트의 한계 범주를 분명히 함으로써 완결된 구조를 가질 수 있다. 그리고 한계 범위 내에서 타당하고 충실한 텍스트 요소를 결합함으로써 완결된 관념을 가질 수 있다. 범주화는 내재 텍스트의 구조를 정하고, 명료화는 내재 텍스트의 내용을 결정한다. 한계 지어진 범위에 적합한 내용이 구성되면 내재 텍스트는 명료화를 갖추게 된다. 정해진 내용 범주와 명료한 내용 구성은 내재 텍스트의 완결성을 높이게 된다.

(3) 승화

승화는 내재 텍스트를 독자의 이상(理想)적 관념을 담아내도록 전환시키는 작업이다. 이상적 관념은 독자의 판단으로 가장 완전하다고 여기는 관념이다. 독자는 읽기 목표와 의도를 바탕으로 텍스트 요소들의 관계를 조절하고 결합하여 긴밀도를 높임으로써 내재 텍스트가 이상적 관념이 되도록 한다. 승화를 거친 내재 텍스트는 텍스트 요소들의 결합체가 아닌 독자의 이상적 관념을 담은 내재 텍스트가 된다. 승화는 핵심이 되는 텍스트 요소들을 재조직함으로써 주제에 대한 통찰력이 깃든 내재 텍스트를 구성하는 활동이다. 독자가 승화된 내재 텍스트를 구성할 때 읽기의 의의는 높아진다. 독자의 정신 성장이 이루어지기 때문이다[37].

승화는 내재 텍스트가 질적 전환을 이루게 하는 기제이다. 내재 텍스트의 질적 전환은 독자의 관점에서 내재 텍스트를 재생성하는 일이다. 질적 전환은 텍스트 요소들을 다른 눈으로 바라보는 것에서 비롯된다. 텍스트 요소들을 외재 텍스트와 다른 관점에서 봄으로써 새로운 내재

---

37) 이중 반사는 임병덕 논의(1998: 96~98)를 참조할 수 있다. "이중 반사의 1차 반사는 자아의 새로운 가능성이 관념의 형태로 제시되고 그 관념에 대한 주체적 사고가 일어나게 되는 과정을 가리킨다. 이 때 사고의 결과는 주체에게 '반사'되어 사고의 주체를 새롭게 규정한다.(중략) 관념으로서의 '가능성'은 현실적 자아에 다시 한 번 반사될 필요가 있다. 이 경우가 '2차 반사'이다. 1차 반사에서는 관념이 개인의 실존과 무관한 것과는 달리, 이중 반사된 관념은 개인의 실존에 구체적으로 나타나지 않으면 안 된다." 내재 텍스트가 1차 반사의 가능성을 가진 사고의 결과라면 독자는 이 내재 텍스트를 다시 자아(정신)에 반사시켜 자기화 함으로써 정신의 성장을 이룬다.

텍스트의 구성을 이루는 것이다. 예를 들어 조삼모사의 고사에 나오는 원숭이는 셈을 못하는 어리석음으로 인해 비웃음의 대상이 되지만, 현대에는 앞날을 기약할 수 없는 상황에서 먼저 네 개를 확보하는 것이 현명한 처사라는 점을 들어 원숭이들의 현명함을 배워야 한다고 본다. 이는 텍스트 요소들 경제적 관점에서 실리를 따지는 현대적 시각에서 봄으로써 원래 텍스트와는 다른 관념을 확립한 것이다.

승화는 내재 텍스트가 종합성과 독창성을 갖추도록 한다. 종합성은 여러 텍스트 요소의 결합으로 이루어진 내재 텍스트가 한 가지 관념을 드러내는 것이다. 다중 텍스트에서 선택한 텍스트 요소들을 내재 텍스트 속에서 하나의 관념을 드러내도록 기능하게 하는 것이다. 독창성은 내재 텍스트가 독자만의 고유한 관념을 담도록 하는 것이다. 독자가 화제나 주제에 대하여 주체적이면서 특별한 내재 텍스트를 구성하는 것이다. 이 종합성과 독창성은 상호텍스트성의 고차적 기제라 할 수 있다. 이들은 텍스트 요소의 결합을 바탕으로 하지만 독자의 주체적 참여로 이루어지기 때문이다. 독자의 주체적 참여는 의지적 사고를 요구한다. 텍스트 요소들의 결합에서 새로운 가능성의 요인을 찾아내고, 주제에 관한 독자만의 내재 텍스트를 구성해야 하기 때문이다. 종합성과 독창성이 바탕이 된 내재 텍스트 구성으로 의식의 전환이 이루어진다. 이 내재 텍스트의 질적 변화도 상호텍스트성을 바탕으로 하는 것이다.

승화는 독자의 의식의 발전을 가져온다. 의식의 발전은 사물의 본질을 꿰뚫어 보고, 생각이 깊어지고, 사리에 맞게 판단하는 할 수 있는 능력 발달이다. 이 의식의 성장은 내재 텍스트가 의식에 반영됨으로써 일어난다. 의식의 성장은 '객체적' 내재 텍스트가 '주체적' 내재 텍스트가 됨으로써 이루어진다. 독자가 구성한 내재 텍스트라도 독자의 신념이 바탕이 된 의식 내용은 아니다. 독자가 내재 텍스트에 자신의 신념을 넣어 의식의 일부로 재구성하였을 때 주체적 내재 텍스트가 될 수 있다. 승화는 객체적 내재 텍스트를 주체적 내재 텍스트로 재구성하는 작용이다. 이 작용에 의하여 독자의 정신 성장이 일어나게 된다.

3. 상호텍스트성의 기제와 교육 방향

읽기 교육에서는 학생들이 상호텍스트성의 기제를 활용하여 내재 텍스트를 구성할 수 있도록 하는 접근이 필요하다. 상호텍스트성의 기제를 활용한 내재 텍스트 구성은 다중 텍스트를 활용한 관념 구성 방식이다. 이는 학생들이 독서를 통하여 구성할 관념의 질을 높이기 위한 한 가지 방법인 것이다. 읽기 교육에서 상호텍스트성을 활용한 접근을 위해서는 상호텍스트성의 관점에서 드러나는 읽기 교육의 문제를 파악하고, 문제를 해결할 수 있는 방법을 찾아야 한다. 여기서는 상호텍스트성을 바탕으로 이루어져야 할 읽기 교육의 방향을 앞에서 살핀 상호텍스트성의 기제를 바탕으로 짚어본다.

1) 읽기 교육의 문제

읽기 교육에서는 다중 텍스트의 텍스트 요소들을 학생들이 결합하는 것에 대하여 고민을 많이 하지 않았다. 지금의 읽기 교육은 단일 텍스트를 중심으로 한 '내용 확인', '추론', '평가 및 감상'을 교육 내용으로 하고 있다[38]. 내용 확인은 단일 텍스트에 제시된 내용을 파악하는 활동이다. 추론은 단일 텍스트에서 생략된 내용이나 이어질 내용을 짐작하거나 제목이나 주제를 찾는 것을 주요 내용으로 한다. 평가 및 감상에서는 문제 해결 방안의 타당성, 표현의 타당성, 주장과 근거의 타당성을 따지거나 사실과 의견 구분, 내용의 전개 구조 파악, 함축적 의미 해석 등을 주요 내용으로 한다. 현재의 읽기 교육에서는 단일 텍스트를 효과적으로 읽는 방법을 지도하고 있다.

이 읽기 교육은 학생들이 외재 텍스트를 바탕으로 현재적 수준을 넘어 관념을 구성할 수 있는 기회를 충분히 주지 못한다. 단일 텍스트에

38) 국어과 교육과정의 읽기 영역 내용 조직표 참조할 수 있다(교육인적자원부, 1998: 30; 2007: 4).

한정된 범위 내에서 관념을 구성하도록 요구하기 때문이다. 다중 텍스트의 텍스트 요소들을 연결하여 융합하고 관념을 더 높은 수준으로 승화시킬 기회를 주지 않는 것이다. 이를 벗어나기 위해서는 다중 텍스트를 활용한 독서와 독서 과정에서 상호텍스트성의 기제를 활용해야 한다. 상호텍스트성의 기제들을 활용할 때 학생들은 읽기를 통하여 발전된 관념을 구성할 수 있다.

상호텍스트성의 기본 전제는 다중 텍스트를 활용하는 것이다. 여러 외재 텍스트에 있는 텍스트 요소들을 바탕으로 내재 텍스트 구성하는 것이다. 다중 텍스트를 활용하는 방법은 단일 텍스트를 활용하는 방법과는 다르다. 여러 외재 텍스트들에 들어 있는 텍스트 요소들의 선택하여 연결해야 하기 때문이다. 각 텍스트의 텍스트 요소들을 서로 비교하고, 관계를 따지고, 이질적인 요소를 연결해야 한다. 이런 읽기는 화제나 주제에 대한 이해나 관념의 질을 높이게 된다. 이는 텍스트에 한정된 관념 구성보다는 텍스트를 벗어난 독자 고유의 관념 구성을 하게 한다. 독자 고유의 관념 구성은 결국 독자의 내적 성장을 이루게 한다.

읽기 교육에서는 상호텍스트성의 기제 활용에 관심을 두어야 한다. 학생들이 텍스트 요소의 상호텍스트적 결합을 통하여 관념을 구성하도록 지도하는 것이 필요하다. 이 접근은 학생들의 읽기 능력을 단일 텍스트 중심에서 다중 텍스트 중심으로 확장하는 것이다. 이들 두 능력은 상호보완적으로 작용하여 학생들의 내재 텍스트의 질적 전환을 이루게 할 것이다. 텍스트를 읽으면서 텍스트에 종속되기보다는 텍스트와 대등하거나 독립적인 위치에서 텍스트의 내용을 인식하게 만든다. 텍스트에 대한 이러한 인식은 독자가 이치에 맞는 질 높은 자신의 관념을 구성하게 한다.

읽기 교육은 학생들이 텍스트 내용의 이해에서 한발 더 나갈 수 있도록 해야 한다. '내용 확인', '추론', '평가 및 감상'은 텍스트 내용 이해에 머물게 하는 교육 내용이다. 새롭고 질적으로 변화된 내재 텍스트 구성을 요구하지 않기 때문이다. '평가 및 감상'이 읽기의 최상위 교육 내용 범주지만 이 범주의 교육 내용 속에 학생들이 구성한 관념의 질적 수준을 높일 수 있는 요인은 들어 있지 않다. 현재의 읽기 교육의 접근 관점이 이에 대한 고려를 하지 않고 있기 때문이다. 학생들이 구성해야 하는 내재 텍스트에 대한 고려가 부족한 것이다.

이런 점에서 읽기 교육은 상호텍스트성을 활용한 접근이 필요하다. 상호텍스트성을 활용한 접근은 학생들이 구성해야 할 관념 내용에 대한 다른 접근을 요구한다. 이는 학생들이 구성할 관념의 질을 높이기 위한 한 가지 수단을 확보하는 것이기도 하다. 읽기 교육에서 상호텍스트성을 활용한 접근을 적극 수용할 필요가 있다. 이를 통하여 학생들이 다른 관점에서 읽기를 이해하고, 읽기를 할 수 있도록 하는 것이 필요하다.

2) 읽기 관점의 이해

상호텍스트성이 바탕이 된 내재 텍스트 구성을 위해서는 내재 텍스트의 상호텍스트적 구성에 대한 관점의 이해가 선행돼야 한다. 학생들이 내재 텍스트의 상호텍스트적 구성에 대한 이해가 있을 때 내재 텍스트의 상호텍스트적 구성을 효과적으로 할 수 있게 된다. 내재 텍스트의 상호텍스트적 구성에 대한 이해는 읽기 교육을 통해 이루어진다. 읽기 교육에서는 학생들에게 내재 텍스트 구성의 특징, 지향, 속성, 기제 등을 이해할 수 있도록 해야 한다.

모든 텍스트는 상호텍스트성을 내포하고 상호텍스트적으로 존재한다. 학생들이 구성하는 내재 텍스트도 상호텍스트성을 내포하고, 상호텍스트적으로 존재한다. 따라서 학생들이 읽기를 통하여 질 높은 내재 텍스트를 구성하도록 하기 위해서는 구성 관념의 상호텍스트성을 이해하게 해야 한다. 즉 상호텍스트성의 관점에서 읽기를 인식하고, 내재 텍스트의 상호텍스트적 구성의 원리를 이해하도록 하는 것이다. 이해가 선행된 활동은 그 효율성이 높아 목표를 수월하게 이루게 한다. 즉 학생들이 내재 텍스트 구성의 상호텍스트성을 이해함으로써 효율적으로 질 높은 상호텍스트적 내재 텍스트를 구성할 수 있게 된다.

읽기 교육은 학생들에게 내재 텍스트의 상호텍스트적 구성이 지향하는 바를 이해시켜야 한다. 상호텍스트적 텍스트 구성의 지향은 내재 텍스트의 질 향상이다. 내재 텍스트의 질은 학생이 관심을 갖는 화제나 주제에 대해 주체적 내재 텍스트를 구성하게 함으로써 높아진다. 화제나 주제에 대한 주체적 내재 텍스트의 구성은 다중 텍스트들의 텍스트 요소를 활용하여 자신의 신념이 바탕이 된 관념을 구성할 때 이루어진다. 주체적 내재 텍스트는 분명한 출처가 있는 텍스트 요소들로 타당성 있고 완결된 형태로 구성된 학생만의 구성 관념이다. 이 내재 텍스트는 텍스트 요소들이 융합으로 승화된 텍스트이다. 상호텍스트성의 관점을 수용한 읽기 교육의 지향이 이 질 높은 내재 텍스트를 학생들이 구성하도록 하는 것이다.

내재 텍스트의 상호텍스트적 구성에 대한 이해는 읽기의 상호텍스트성의 속성 인식에서 비롯된다. 읽기에 작용하는 상호텍스트성의 속성의 이해는 텍스트 구성에 반영된 필자의 심리 활동을 추론하여 인식할 때 일어난다. 필자가 쓴 한 편의 글이 상호텍스트성을 반영하고 있다는 점을 바탕으로 독자가 구성하는 내재 텍스트도 상호텍스트성을 반영하고 있음을 알 수 있다. 이 인식을 토대로 내재 텍스트의 구성에 기능하는 상호텍스트성의 속성을 이해해야 한다. 즉, 내재 텍스트의 상호텍스트적 구성에 작용하는 외현 기제, 매개 기제, 내포 기제들을 알아야 한다.

상호텍스트성의 속성을 이루는 기제들은 독자가 다중 텍스트의 텍스트 요소들을 모사를 통하여 의식으로 수용하여 내재 텍스트를 구성하는 것을 돕는다. 독자의 의식에 수용된 텍스트 요소들은 내재 텍스트의 맥락에 맞게 변형되어 자리를 잡고 서로 결속됨으로써 새로운 내재 텍스트를 생성한다. 또한 텍스트 요소들을 독자의 의도에 맞는 통일성 있고 완결된 관념으로 만들어 낸다. 이러한 내재 텍스트의 구성은 이들이 이루어지게 하는 기제들의 작용에 의하여 이루어진다. 학생들은 상호텍스트성이 강화된 내재 텍스트 구성을 위하여 이에 작용하는 기제들을 이해하는 것이 필요하다.

읽기 교육에서는 상호텍스트성이 강화된 내재 텍스트 구성에 대한 이해를 위한 노력을 해야 한다. 학생들이 내재 텍스트의 상호텍스트성에 대한 이해가 있어야만 이 관점을 받아들이고, 이 관점을 바탕으로 한 내재 텍스트 구성에 관심을 갖게 된다. 학생들의 상호텍스트성이 강화된 내재 텍스트 구성 행위는 이 관심에서 비롯된다고 할 수 있다.

3) 기제의 학습과 활용

학생들이 상호텍스트성을 가진 내재 텍스트를 구성하기 위해서는 상호텍스트 구성 기제를 활용해야 한다. 내재 텍스트의 상호텍스트성은 독자의 인지 활동의 결과이다. 상호텍스트성을 지닌 내재 텍스트 구성을 위한 독자의 인지 활동은 기제의 도움으로 이루어진다. 읽기의 인지적 문제를 해결하기 위한 인지 활동은 문제를 해결할 수 있는 기제가 필요한 것이다. 상호텍스트성을 지닌 내재 텍스트 구성을 위한 인지 활동은 상호텍스트적으로 내재 텍스트를 구성하는 데 필요한 기제를 사용해야 한다.

내재 텍스트 구성을 위한 상호텍스트성 기제의 사용에는 기제의 학습이 선행돼야 한다. 기제를 익히지 않으면 내재 텍스트를 상호텍스트적으로 구성 하는 인지 활동을 효율적으로 할 수 없다. 학생들이 내재 텍스트 구성 활동에 필요한 기제를 사용할 수 있도록 지도하는 것이 읽기 교육이다. 학생들에게 기제를 지도하는 방법은 인지적 시범이 효과적이다. 다시 말하면 인지적 도제를 활용하여 지도하는 것이다[39]. 기제는 인지적 문제를 효과적으로 해결하는 데 사용되는 생각의 원리이다. 이러한 기제는 교사의 개념 설명만으로는 익힐 수 없다. 설명과 함께 기제 사용의 절차를 학생들이 인식하도록 보여주어야 한다. 외현 ·

---

39) 인지적 도제 이론에 대해서는 강인애(1996: 6~9)를 참조할 수 있다.

매개 · 내포 기제는 모두 교사의 인지적 도제가 있을 때 효과적으로 익힐 수 있다.

상호텍스트적으로 내재 텍스트를 구성하는 기제를 학습하고 나면 이를 내재 텍스트 구성에 활용해야 한다. 이들 기제를 학생들이 자주 활용함으로써 기제 사용 능력은 정교화되고, 세련된다. 상호텍스트성을 가진 내재 텍스트는 이들 기제를 얼마나 효과적으로 사용할 수 있는가에 따라 달라진다. 외재 텍스트에서 텍스트 요소를 선택하여 전치시킴으로써 수용하고, 변형시켜 결속하여 완결된 내재 텍스트를 구성해 내야 한다. 이들 과정에 사용되는 여러 기제들은 개별적인 역할을 하면서도 상호보완적으로 작용한다. 학생들은 이들 기제를 필요한 조건에 따라 개별적으로 또는 상호보완적으로 사용할 수 있어야 한다. 이러한 기제는 적극적인 사용을 통하여 체득함으로써 활용의 효율성을 높일 수 있다.

학생들이 상호텍스트성의 기제 활용으로 다중 텍스트를 읽는 것에 늘 관심을 갖도록 해야 한다. 관심을 갖지 않으면 상호텍스트성을 바탕으로 한 내재 텍스트를 만들 수 없다. 상호텍스트성의 기제들은 반복하여 사용하면 능숙해 질 수 있기에 기제들의 사용을 의식적으로 해야 한다. 그리고 읽은 목적, 방법, 주제 등의 상황 조건에 맞게 기제들을 조절해야 한다. 상호텍스트성의 기제들을 의식적으로 조절하여 사용할수록 내재 텍스트 구성 능력은 신장된다. 독자가 다중 텍스트로 내재 텍스트 구성의 문제를 효율적으로 해결할 수 있게 되기 때문이다.

읽기 교육에서는 읽기 상호텍스트성 기제의 적용에 관심을 가져야 한다. 그래서 학생들이 읽기를 할 때마다 상호텍스트성의 기제를 의식할 수 있도록 해야 한다. 읽기 수업에서 텍스트 요소의 선택, 전치, 승화로 완결된 주체적 관념 구성을 하도록 요구하는 것이다. 교사가 요구하게 되면 학생들은 이들에 관심을 가질 수밖에 없다. 그래서 이들 기제의 작용 효과를 인식하게 되면 교사가 요구하지 않아도 학생들은 내재 텍스틀 구성할 때 기제를 사용할 수밖에 없다. 이를 통하여 내적 발전을 이룰 수 있는 내재 텍스트를 구성할 수 있는 능력이 신장된다.

학생들이 상호텍스트성의 기제를 일상의 텍스트 읽기에서 활용하도록 요구하고, 이들이 습관화되도록 해야 한다. 몸에 익숙해지지 않은 활동은 어색하다. 그런 기제는 텍스트 이해의 효과를 높일 수 없다. 텍스트 이해의 효과를 높일 수 있기 위해서는 기제들을 자연스럽게 활용될 수 있도록 해야 한다. 그래서 학생들이 언제든지 다중 텍스트를 읽을 때 활용할 수 있어야 한다. 그러기 위해서는 읽기 교육에서 자주 강조하고, 이를 점검하는 것이 필요하다.

읽기의 상호텍스트성 기제를 탐구하고 개발해야 한다. 학생들의 내재 텍스트의 상호텍스트성을 강화하기 위해서는 다중 텍스트 읽기의 상황과 맥락에 필요한 기제가 있어야 한다. 학생들이 다중 텍스트를 읽으면서 찾을 수도 있지만 읽기 교육 연구에서 이들을 개발해 내야 한다. 기제의 개발을 통한 읽기 지도는 학생들의 내재 텍스트 구성 능력을 더 높이게 된다. 여러 가지 기제를 알려 주면 학생들은 이들 기제를 활용하여 내재 텍스트의 상호텍스트성을 다양한 방식으로 구성할 수 있게 되기 때문이다. 내재 텍스트의 상호텍스트성을 다각적 관점으로 바라보면, 각 관점에 따라 각기 다른 기제들을 개발할 수 있다. 이에 대한 관심을 제고해야 한다.

4) 내재 텍스트의 생성

읽기 교육에서는 학생들이 상호텍스트성을 지닌 내재 텍스트를 생성할 수 있도록 도와주어야 한다. 이를 위해서는 교육에서 상호텍스트성이 강조된 내재 텍스트 구성에 관심을 가져야 한다. 읽기 교육 활동의 과정에서 상호텍스트적 내재 텍스트 구성을 강조하는 것이다. 교사가 텍스트 요소들의 전치와 변형을 강조하고, 새로운 내재 텍스트에 대하여 정성어린 반응을 보여야 한다. 교사의 반응에 학생들은 호기심과 흥미를 가지고 내재 텍스트 구성 활동에 참여하여 상호텍스트적 내재 텍스트를 구성하게 된다.

학생들에게 완결된 내재 텍스트의 구성을 강조해야 한다. 완결된 내재 텍스트는 화제나 주제에 대하여 텍스트 요소들이 융합되어 승화된 주체적 내재 텍스트이다. 주체적 내재 텍스트는 학생이 화제나 주제가 관련된 다중 텍스트에 대한 탐구로 통찰을 얻어 구성한 깊이 있는 관념이다. 다중 텍스트가 다루고 있는 화제나 주제를 종합하여 창의적으로 구성한 내재 텍스트는 학생의 주체적 관념이 될 수밖에 없다. 요컨대, 다중 텍스트 독서를 통한 통찰은 텍스트 요소들을 융합하고 승화할 수 있게 하여 통일성 있는 완결된 내재 텍스트를 구성할 수 있게 한다.

읽기 교육에서는 학생들이 질 높은 내재 텍스트 구성을 할 수 있도록 해야 한다. 내재 텍스트의 질은 내용의 충실성과 전환성에서 찾을 수 있다. 충실성은 핵심 텍스트 요소로 내재 텍스트를 구성한 것이다. 핵심 텍스트 요소라는 것은 화제나 주제의 본질을 알 수 있게 하는 요소이다. 독자는 다중 텍스트에서 핵심 텍스트 요소들을 뽑아 내재 텍스트를 구성해야 한다. 물론 핵심 텍스트 요소는 독자가 구성하려는 내재 텍스트의 질을 높일 수 있다고 판단되는 것이다. 전환성은 내재 텍스트가 텍스트 요소들의 결합을 넘어 독자의 승화된 단일 관념을 지닌 것으로 바뀜을 말한다. 전환은 텍스트 요소들의 융합을 통한 내재 텍스트의 질적 변화이다. 학생들이 화제나 주제에 대하여 독자만의 승화된 관념을 구성하는 것이다.

읽기 교육에서는 내재 텍스트 구성이 정신 성장과 함께 하도록 해야 한다. 질 높은 내재 텍스트는 화제나 주제에 대한 깊이 있는 이해를 통하여 합리적 문제 해결력과 합리적 판단을 통한 이성적 행동을 할 수 있게 한다. 물론 풍부한 정의적 품성도 함께 갖추게 한다. 이 정신 성장은 텍스트가 담고 있는 체계적인 정보 이해만으로는 얻을 수 없다. 학생들이 구성한 관념에 대한 반성과 성찰을 통하여 주체적 의식으로 승화하였을 때 가능하다. 앞에서 언급한 주체적 내재 텍스트 구성 원리가 이를 위한 한 가지 예가 될 수 있다. 상호텍스트성은 읽기가 화제나 주제의 한 측면만 보아서는 안 됨을 시사한다. 다중 텍스트들이 화제와 주제를 다각도로 보여 주기 때문이다. 학생은 다중 텍스트를 통하여 질 높은 내재 텍스트를 구성하고, 이 내재 텍스트를 의식에 비춰 보아야 한다. 의식에 비춰 봄을 통하여 의식의 부족함으로 인식하고, 의식의 부족함을 보완함으로써 정신 성장을 이룰 수 있다. 읽기 교육에서는 주체적 내재 텍스트 구성으로 정신 성장을 이룰 수 있도록 학생들을 지도해야 한다.

학생들이 상호텍스트성을 바탕으로 한 읽기를 하도록 하는 데 필요한 것이 이 읽기의 지향을 분명히 하는 것이다. 상호텍스트성을 활용한 읽기가 지향하는 것은 텍스트 요소를 연결하여 내재 텍스트를 구성하는 것이 아니다. 본질적으로 대상에 대한 깊이 있고 폭넓은 이해를 얻는 것이고, 궁극적으로는 학생의 정신 성장을 이루자는 것이다. 본질적 지향은 읽기에 내재된 바람이고, 궁극적 지향은 교육에 내재된 바람이다. 이들은 읽기 교육에서 하나로 결합될 수 있다. 학생들이 대상에 대한 깊고 폭넓은 이해를 바탕으로 정신 성장을 이루어야 한다는 것이다.

제3부

상호텍스트성과 텍스트 이해 방법

1장. 텍스트 이해 과정에 대한 논의 고찰

2장. 텍스트 이해 절차의 탐색

3장. 텍스트 이해 방법의 구조화

4장. 상호텍스트성과 텍스트 이해

1장. 텍스트 이해 과정에 대한 논의 고찰

1. 텍스트 이해 과정 구분

텍스트 이해 지도는 텍스트 이해를 할 수 있는 방법을 가르치는 교육 활동이다. 이 텍스트 이해의 지도는 텍스트 이해 과정과 지도 절차를 어떻게 보는가에 따라 달라진다. 텍스트 이해의 지도 절차에 대한 논의는 여러 관점에서 이루어졌고, 이에 따라 지도 방법도 달랐다. 텍스트 이해의 지도에 영향을 주는 것으로는 언어학, 심리학, 문학 비평, 해석학 등을 들 수 있다. 이들은 각기 텍스트 이해의 과정을 특정한 방식으로 보게 하며, 실제 이해 교육에 직접적으로 영향을 준다. 작금에 이루어지고 있는 텍스트 이해 교육은 인지적인 관점을 중심으로 이루어지고 있으나 여러 관점을 반영하고 있다. 읽기 교육 과정의 내용을 보면, 텍스트 요인도 있고, 독자의 요인도 있으며, 언어적 요인이나 문학적 요인도 있다. 다시 말하면 지금의 텍스트 이해 교육은 텍스트 이해 방식의 여러 관점을 수용하고 있다.

텍스트 이해의 과정은 몇 가지 관점에서 논의되었다. 이 논의들은 텍스트 이해에 대한 교육적인 관점이라는 데서 공통점을 갖지만 그 배경이나 의도는 달리한다. 텍스트 이해 과정에 대한 논의를 비판적으로 검토하여 타당성을 따져볼 필요가 있다. 또한 교육적인 관점[1)]에서 텍스트 이해의 지도 절차를 규정할 필요가 있다. 텍스트 이해의 절차를 어떻게 설정하는가에 따라 지도 방법이 달라질 수 있기 때문이다.

독자의 텍스트 이해 과정은 텍스트와 독자의 복잡한 상호작용으로 이루어진다. 독자의 텍스트 이해 과정은 명확하게 몇 가지 활동이나 절차로 구분되어 이루어지는 과정이 아니다. 그렇다고 읽기의 과정을 복합적으로 설명할 수도 없다. 때문에 텍스트 이해의 과정을 일정한 절차나 단계로 나누는 것은 논리적인 구분이 될 수밖에 없다. 즉 학습자의 텍스트 이해 과정에 대한 논의는 논리적인 논의를 바탕으로 이루어질 수밖에 없다. 또한 텍스트 이해의 절차를 나누는 것은 텍스트 이해를 보는 관점을 반영할 수 밖에 없다.

텍스트 이해 과정에 대한 교육적인 논의는 몇 가지로 구분된다. 인지적 관점에서는 텍스트 이해 절차를 전 · 중 · 후로 구분한다(박영목 외, 1996; 최현섭 외, 1999; 박수자, 2001) 문학 교육의 관점에서는 이해, 해석, 평가의 과정으로 나눈다(구인환 외, 1999). 그리고 읽기의 활동이 상호텍스트성을 바탕으로 이루어져야 한다고 보는 관점에서는 연합하기(associating) · 결합하기(assembling) · 재구성하기(looping)[2] 과정으로 설명한다[3](Hartman, 1991). 이들 논의 내용을 살펴보면서 텍스트 이해 교육에서 텍스트 이해 과정을 어떻게 설정해야 할 것인지를 생각하여 본다.

---

1) 여기서 취한 교육적인 관점은 이홍우(2001) 등이 제기한 '교육은 학습자의 마음에 작용하는 것이어야 한다'는 주장을 수용한 것이다.

2) Looping은 반지 모양의 고리(Loop)를 만드는 것을 의미한다. 이것은 은유적인 표현으로 독자가 자신의 생각과 텍스트의 내용을 결합하여 새로운 생각을 구성하는 것을 가리킨다. 여기서는 재구성하기 또는 고리 만들기로 번역한다.

3) 이 과정은 교육적인 접근 절차로 규정된 것은 아니지만 그 내용으로 보아 텍스트 이해 과정 지도 절차로 볼 수 있는 측면이 있다. 즉 읽기 과정이 텍스트 구성 요소간의 연결을 통하여 내용을 표상하고, 표상된 내용과 독자의 관점을 결합시켜 의미를 찾고, 찾은 의미를 독자의 생각과 융합시켜 새로운 생각을 가지게 하는 과정으로 변형하여 생각하면 텍스트 이해의 지도 절차로 볼 수 있다.

2. 전 · 중 · 후의 접근 방식

텍스트 이해의 과정이 전 · 중 · 후로 이루어져야 한다고 보는 것은 인지적 관점이다. 인지적 관점은 텍스트 이해가 독자의 배경지식을 바탕으로 이루어지며, 사고 활동을 통한 문제 해결 과정으로 이루어진다고 본다. 배경지식에 대한 강조는 텍스트 이해에서 독자가 중요한 요인으로 문제 해결의 강조는 읽기를 사고의 활동과 과정 중심으로 보게 하고, 텍스트 이해를 위한 지도 요소를 문제 해결에 필요한 기능/전략으로 보게 하였다. 또한 읽기 과정에 작용하는 배경지식과 사고 과정에 대한 강조는 텍스트 이해가 전 · 중 · 후 활동으로 이루어져야한다[4]는 논리를 세웠다.

읽기 전 활동은 배경지식의 문제와 관련된다. 인지적 관점은 텍스트 이해를 독자의 배경지식이 텍스트 내용과 관계를 맺어 텍스트의 내용을 마음속에 표상하는 것으로 본다. 즉 텍스트 내용의 이해에 있어 배경지식은 텍스트의 내용을 인식할 수 있게 하는 바탕이 되는 것으로 여긴다. 이러한 인식은 배경지식을 독자가 텍스트를 읽기 전에 갖추어야 할 것으로 인식하게 했다. 이것은 독자가 텍스트를 접하기 전에 미리 텍스트에 대한 정보를 가져야 한다는 관점에서 읽기 전 활동의 중요성의 부각

---

4) Graves(1998: 236~265) 등은 읽기 전 · 중 · 후의 활동으로 다음과 같은 것을 제시하였다. (1)읽기 전 활동: ①동기 유발과 읽기 목적 설정하기 ②배경지식 활성화하기와 구성하기 ③텍스트 관련지식(text-specific knowledge) 구성하기 ④읽기와 학습자의 생활과 관련짓기 ⑤어휘와 개념의 사전 지도 ⑥예비 질문하기, 예견하기, 방향 설정하기 ⑦이해 전략의 제시 (2)읽기 중 활동: ①묵독 ②학생에게 읽어 주기 ③학생의 낭독 ④안내된 읽기 ⑤텍스트 변형하기 (3)읽기 후 활동: ①질문하기 ②토론하기 ③쓰기 ④극화하기 ⑤예능과 비언어적 활동하기 ⑥적용과 확장 ⑦발전적 재지도.

Blachowicz & Ogle (2001: 31~34)의 읽기 전 · 중 · 후 활동 전략은 다음과 같다. (1)읽기 전: ①미리 살펴보기 ②예견하기 ③질문을 통한 읽기 목적 설정 ④적절한 전략 선택하기. (2)읽기 중: ①이해(understanding) 점검하기 ②구정보와 신정보 통합하기 ③이해 과정(comprehension) 조정하기 ④예견/질문 계속하기 (3)읽기 후 활동: ①읽은 내용 요약과 통합하기 ②적절한 반응하기 ③다른 정보들과 비교 검토하기 ④읽기 목적과 비교 점검 ⑤읽은 내용 활용하기

시켰다. 이 관점에서 읽기 전 활동 전략으로 여러 가지가 제시되었다. 박수자(2001: 147)는 읽기 전 활동으로 '텍스트 어휘를 통한 사전 지식의 활성화, 텍스트 제목을 통한 스키마의 활성화, 필요한 정보의 추가' 등을 제시하였고, 최현섭 외(1999: 286~289)에서는 '연상하기, 예측하기, 미리보기' 등을 제시하였다.

읽기 중 활동은 텍스트 읽기 과정에 대한 연구에서 비롯된 것이다. 읽기 과정은 복잡한 사고 과정으로 이루어진다고 본다. 이 과정을 '독해(reading comprehension)'라 하며, 그 세부 활동은 문자(기호)의 개념 파악 활동에 해당하는 '해독'과 텍스트로부터 독자가 의미를 구성하는 '이해'로 본다(박수자, 2001, 최현섭 외, 1999). 독해의 과정이 텍스트 중심으로 이루어지는 것을 상향식이라고 하며, 독자 중심으로 이루어지는 것을 하향식이라 한다. 그리고 텍스트와 독자의 역할을 함께 중시하는 것을 상호작용식이라고 한다. 또한 독해의 층위를 사실적 이해, 추론적 이해, 비판적 이해로 나누기도 한다. 읽기 중의 활동은 독자의 사고 과정에 중점이 놓이므로 다양한 독해 기능/전략의 활용을 강조한다. 따라서 텍스트 이해 지도의 주요 내용은 이 읽는 중의 활동에 관련된 기능/전략이다. 읽기 중의 활동 기능/전략으로 박수자(2001: 181~182)는 '글자 인식하기, 단어 지식 늘이기, 제목과 중심 생각 찾기, 글 조직 유형 찾기'등을 제시하였고, 최현섭 외(1999: 288~290)는 '훑어보기, 중심 생각 찾기, 글 구조 파악하기, 추론하기, 건너뛰며 읽기' 등을 제안하였다.

읽기 후 활동은 교육적인 의도에서 텍스트 내용에 대한 확장적인 인식의 필요성에서 제시된 것이다. 읽기 후 활동은 독해 활동 후에 텍스트 이해의 내용을 점검하여 확장하고 정교화하기 위한 것이라 할 수 있다. 이 활동은 독해 활동의 연장선에 있는 것으로 볼 수 있는 면도 있고, 독해 이후 독자의 확장된 이해의 활동이라 할 수도 있다. 그러나 읽기 후의 활동에 대한 분명한 의미 규정은 이루어지지 않은 면이 있다. 읽기 후 활동은 텍스트 내용에 대한 비판적인 검토(이해)와 창의적인 해석(이해)을 통한 의미 구성이라고 할 수 있으나 이 활동들이 읽기 중의 활동과 명확하게 구분되지 않는다. 즉 내용에 대한 비판적인 검토와 창의적인 해석은 읽기 중 활동의 연장선에서 볼 수도 있다. 읽기 후 활동으로 제시된 주요 학습 활동으로는 '빨리 읽기, 훑어보기, 묶어보기, 정교화하기, 요약하기, 연결짓기, 빈칸 메우기, 자기 점검하기'(박수자, 2001: 193~186)와, '요약하기, 비판적으로 읽기, 창조적으로 읽기'(최현섭 외, 1999: 290~292) 등이 있다.

이 인지적 관점은 텍스트 이해의 지도 절차를 전·중·후로 나눈 것은 읽기 전에 이루어지는 활동과 읽기 후에 이루어지는 활동에 의미를 두기 때문이다. 읽기 전에 이루어지는 활동의 의의는 독자가 텍스트를 읽기 전에 텍스트의 이해에 영향을 미치는 배경지식을 활성화하거나 구성해야 한다는 관점의 제기이다. 또한 읽기 후의 활동을 강조하는 것은 읽고 나서 독자가 파악한 내용에 대하여 재정리하고 확장할 필요성의 제기이다. 이러한 인지적 관점은 독자의 이해 과정에 중점이 있어야 한다고 보기 때문에 텍스트의 이해는 완성될 수 있는 것이라기보다는 계속적인 이해 과정 속에 놓여 있는 것으로 본다. 텍스트 이해가 과정 속에 있다는 말은 의미 구성 결과에 대해서 열린 관점을 가지게 한다. 열린 관점은 텍스트의 의미에 대한 불확정성과 다양한 의미의 해석을 인정한다. 따라서 텍스트의 의미는 독자나 글을 읽는 상황에 따라 달라질 수 있다는 면에서 독자가 강조될 수밖에 없다. 독자에 대한 강조는 읽기 지도의 관심이 독자가 어떤 사고 과정을 거쳐 의미를 구성하는가에 집중되고, 그 결과 읽기 지도는 독자의 사고 활동을 도와야 한다는 관점을 가지게 한다. 이러한 사고 활동의 강조는 교육적으로 사고 방법에 초점이 놓이게 한다. 그래서 학습자가 텍스트를 읽고 난 후에 무엇을 어떻게 해야 하는지를 모호하게 한다. 읽고 난 후의 활동에 대한 논의가 미흡한 것은 인지 연구의 관심 대상과도 관련이 있다. 즉 인지 연구의 대상은 사고 과정이기 때문에 사고의 결과보다는 그 과정에 관심을 더 갖는다. 이러한 점에서 읽기 후, 즉 결과가 어떤 것이어야 하는지에 대한 접근이 미흡하다. 인지적 관점은 의미 이해의 주관성

극복과 읽기 후의 결과가 어떻게 되어야 하는지에 대한 논의를 필요로 한다.

3. 이해 · 해석 · 평가의 접근 방식

텍스트 이해의 과정을 이해 · 해석 · 평가로 보는 것은 문학 교육에서이다. 문학 교육에서는 텍스트 내용에 대한 표상이나 기억, 회상보다는 텍스트 내용의 해석이나 가치 평가에 관심을 갖는다. 문학 교육의 관점에서는 텍스트 이해의 절차를 독자가 텍스트를 직접 대면하여 내용을 파악하는 인식과 텍스트와의 대면을 벗어나 의미를 찾는 해석과 해석한 의미에 대하여 가치를 따져보는 평가로 본다. 이러한 관점은 내용을 통하여 해석되어야 하는 의미에 관심을 두고 접근한다는 것을 알 수 있다. 그러면서 텍스트가 드러내는 의미를 독자가 어떻게 바라보아야 할 것인가에 초점이 놓여 있다.

문학에서의 텍스트 이해에 대한 관점은 필자의 사상이나 의도를 중심으로 텍스트의 의미를 찾아 이해하려는 접근이 있으며(역사 · 전기적 비평), 텍스트 자체가 가지고 있는 의미를 구조적으로 분석해 내려는 접근이 있고(신비평, 형식주의 비평), 독자의 의도나 지평, 선입견을 바탕으로 텍스트의 의미를 찾아 이해하려는 접근(수용 이론, 독자 반응 비평)이 있다. 텍스트의 의미 찾기에 대한 해석학의 관점도 이들 문학 이론과 궤를 같이 한다. 슐라리어마허의 문법적 해석이나 심리적 해석은 텍스트와 필자의 양 측면을 고려해야 하고(강돈구, 2000), 허쉬의 의도와 의미의 구별은 필자와 독자의 측면을 문학 작품 읽기에서 고려해야 한다(이경순 역, 1994)는 것이다. 또한 가다머의 지평의 문제나 전통의 문제는 독자와 공동체의 상호작용의 요인을 강조한다(이한우 역, 1999). 이들 문학이나 해석학에서는 최근에 독자 중심의 접근과 텍스트 이해 활동을 융합[5])의 관점에서 접근하는데 이는 텍스트와 독자의 의견의 일치 또는 독자의 생각과 텍스트의 의미가 합일되어야 한다는 관점을 가진다.

문학 교육의 관점에서 텍스트 이해 과정에 대한 접근 방식은 학자에 따라 그 절차를 조금씩 달리한다. 스콜즈는 읽기의 과정을 읽기 · 해석 · 비평으로 구분한다(김상욱 역, 1996). 읽기는 '텍스트 안에서 텍스트 만들기(text within text)'로서 텍스트 내용 파악을 의미하며, 해석은 '텍스트 위에서 텍스트 만들기(text upon text)'로서 텍스트의 내용 파악을 바탕으로 텍스트의 의미를 찾는 활동을 의미하고, 비평은 '텍스트에 대항하여 텍스트 만들기(text against text)'로서 텍스트의 의미의 확장과 가치를 알아보는 활동이다. 구인환 외(1999: 353)에서는 문학 교육은 학습자가 텍스트 비평가와 같은 역할을 할 수 있어야 한다고 보면서 텍스트 이해 지도 과정을 이해, 해석, 평가의 과정으로 본다. 이에 영향을 받은 김정희(1999)는 시 이해 지도 과정을 인식 · 해석 · 평가로 본다.

텍스트 이해의 과정에 대한 이들 관점은 텍스트의 의미에 대하여 타당한 평가를 내려 텍스트의 가치를 평가해야 한다는 것이다. 이들 관점에서는 텍스트와의 일정한 거리 두기를 강조한다. 이것은 문학 비평 방법을 지도하기 위한 접근이라고 할 수 있다. 이 비평적 접근은 텍스트의 내용이 독자의 마음에 작용하는 것에 관심이 있다기보다는 텍스트에 대한 합당한 평가를 할 수 있는 것에 관심이 있다. 이러한 접근은 텍스트의 해석 방법을 지도할 수 있으나 텍스트와 독자의 상호작용으로 이해가 효과적으로 이루어지게 하기는 어렵다. 문학에서의 텍스트 이해를 인식, 해석, 평가의 과정으로 나누어 살펴본다.

인식은 스콜즈의 '읽기'와 구인환 외의 '이해'를 가리키는 것으로 텍스트의 내용 파악이라 할 수 있다. 독자가 텍스트의 내용을 텍스트의

---

5) 융합이라는 말은 가다머의 지평의 융합(Fusion of Horizons)에서 빌려온 말이다. 지평의 융합이라는 말은 텍스트나 역사적 사건에 대한 우리의 이해를 그것들이 우리의 상황에 대해 갖는 의의와 통합하는 것을 말한다(이한우 역(1999: 127). 본고에서의 융합이라는 말의 텍스트의 의미와 독자의 생각이 상호작용하여 새로운 의미를 구성하는 것을 가리킨다.

기호에 충실하게 인식하는 것을 뜻한다. 인식은 독자의 배경 지식의 작용도 인정하지만, 독자의 내용 파악을 텍스트에 중점을 두고 한다. 스콜즈는 이 단계에서 장르적인 약호와 문화적인 약호를 지도하여(김상욱 역, 1995: 34~38) 텍스트를 읽을 수 있도록 해야 한다고 하고, 김정희는 '형식적 특성 파악, 의미의 파악 및 미정성 발견'을 하도록 지도해야 한다고 본다.

텍스트에 대한 해석은 인식된 내용을 바탕으로 텍스트 이면에 들어 있는 의미를 찾아내는 활동을 뜻한다. 즉 텍스트 속에 은폐되어 있거나 함축되어 있어 텍스트 표면에는 명시적으로 드러나 있지 않은 의미를 찾아내는 것이다. 텍스트의 의미 찾기를 해석학의 관점에서는 어휘나 내용 간의 관계를 바탕으로 찾든가, 필자의 생각을 알아봄으로 찾을 수 있고, 독자의 선이해나 기대 지평을 바탕으로 찾아야 한다고 본다. 텍스트 해석에 대한 문학 교육 관점을 보면, 스콜즈는 해석을 텍스트 속에 명명된 사실들로부터 일반화된 주제 및 가치를 찾는 것으로 본다. 이를 위해 다른 텍스트와 관계 짓고, 텍스트 요소 간의 관계를 살피고, 특정한 어휘의 상징적인 의미를 밝히고, 문화적인 의미를 알아내는 활동을 해야 한다고 말한다. 이에 대하여 김정희(1999)는 '형식적 특성과 내용 관련짓기, 텍스트의 확정성과 미정성의 변증법적 작용'을 제시하고 있다.

텍스트에 대한 평가는 스콜즈의 '비평'을 포함한 것으로써 텍스트의 의미의 적용과 확장 및 텍스트의 내용과 의미에 대한 가치를 평가하는 것을 의미한다. 텍스트의 의미에 대하여 깊이 있는 이해를 목적으로 하면서 텍스트의 의미가 얼마나 가치 있는 내용을 담고 있는가를 점검하는 것이다. 스콜즈는 비평 교육에서 내용에 대한 사회문화적으로 확장된 인식이 이루어져야 하며, 작품의 경향과 세계관, 표현 방식에 대한 효과 등을 학생들이 알 수 있어야 한다고 본다(김상욱 역, 1995: 45~50). 김정희(1999)는 비평 활동으로 '미적 효과에 대한 내재적 평가, 텍스트에 대한 외재적 평가'를 제시하고 있다.

문학 교육에서 텍스트에 대한 타당한 해석을 해야한다는 점에서 독자와 텍스트는 일정한 거리 두기를 해야 한다는 관점을 수용할 수 있다. 그러나 텍스트의 내용에 대한 독자의 거리 두기는 텍스트의 내용이나 의미가 독자의 마음에 작용해야 한다는 관점에서 보면 문제가 있다. 즉 학습자는 텍스트의 내용에 대하여 가치 평가를 위한 비평적 입장만을 강조함으로써 텍스트 이해 교육의 의미를 약화시킨다. 교육의 관점에서 텍스트 이해는 텍스트의 내용이 독자에게 작용하여 학습자가 느끼고 생각하게 하여 마음의 변화를 이끌 수 있도록 해야 한다.[6]

문학 교육의 관점에서는 텍스트 이해 지도 절차가 인식 · 해석 · 평가로 이루어지는 것으로 본다. 그러면서 텍스트와 독자의 관계를 대립의 관계로 보는 경향이 있다. 그래서 텍스트와 일정한 거리를 유지하면서 어느 한 쪽이 주도권을 가지고 있는 것으로 인식한다. 이는 텍스트와 독자가 의견의 일치를 이루지 못하게 하는 면이 있다. 독자와 텍스트와의 합의점을 지향하기보다는 거리 두기를 통한 평가나 비평, 또는 독자 중심의 의미 구성은 교육적인 관점과는 거리가 있다.

---

6) 텍스트 이해 지도의 관점에 대한 논의 중에서 반응 중심의 접근은 텍스트 이해의 지도 절차를 반응의 형성 과정으로 설명한다. 여기서의 지도 절차는 반응의 형성 · 반응의 명료화 · 반응의 심화이다(경규진, 1993). 이 관점에서는 텍스트와 독자의 거리두기는 벗어난 것 같은 생각이 들게 한다. 텍스트의 내용을 독자의 인식 세계로 끌어들여 독자의 입장에서 텍스트의 내용을 구성해야 하는 것으로 보게 하기 때문이다. 여기서 독자는 텍스트의 내용 인식의 주체로서 자신의 관점을 바탕으로 의미를 구성할 수 있다. 그렇게 됨으로써 텍스트에서 어떤 의미를 포함하고 있다고 보기보다는 독자가 의미를 해석해 낸다는 데 초점이 놓인다. 이런 독자 중심의 해석은 텍스트 의미에 대한 타당성이 문제가 된다. 이런 점에서 반응 중심의 접근도 또 다른 형태의 거리 두기를 갖는다. 즉 독자는 텍스트의 역할을 가볍게 보기 때문에 독자의 권위에 의한 거리 두기가 존재한다. 텍스트는 독자를 통하여 작품으로 탄생할 수 있기 때문에 독자는 권위에 의한 텍스트와의 거리 두기를 하게 된다. 그러나 반응이 독자의 마음속에서 일어난다는 관점을 수용한 점에서 교육적 의미가 있다. 즉 반응 중심의 텍스트 이해에서 독자가 정보를 추출하던 심미적인 반응을 하던 그 내용은 독자의 마음에 작용하는 것으로 본다는 것은 텍스트 이해 교육의 관점과 상응하는 면이 있다.

4. 연합 · 결합 · 재구성의 접근 방식

독자는 텍스트의 내용을 바탕으로 의미를 구성한다. 독자의 의미 구성은 독자와 텍스트의 상호작용으로 이루어진다. 텍스트와 독자의 상호작용이 어떻게 이루어지는지에 대한 구체적인 과정을 인식하기는 어렵다. 그렇기 때문에 상호작용식 관점이 제시되기는 하였으나 텍스트 이해 과정을 지도하기 위한 구체적인 논의가 이루어지지 못했다. 인지적 관점에서는 독자의 배경지식이 텍스트의 내용을 주관적으로 인식하게 만든다는 생각을 가지게 하였고, 문학 교육의 관점에서는 텍스트의 의미 찾기와 의미에 대한 평가가 일정한 거리를 두고 이루어져야 한다는 생각을 가지게 했다. 그러다 보니 독자와 텍스트의 상호작용을 바탕으로 한 텍스트 이해 지도의 접근은 이루어지지 못했다. 상호작용식 관점에서 텍스트 이해는 텍스트의 내용과 독자의 생각이 상호작용하여 새로운 의미를 구성하는 것이다. 상호작용을 통한 텍스트 이해의 접근을 설명할 수 있는 기제로, 해석학이나 문학 이론에서 내세우는 지평의 융합과 같이, 텍스트 의미와 독자 생각의 융합이라는 관점에서 논의할 필요가 있다. 이 관점을 하트만(Hartman, 1991)이 제기한 텍스트 이해 방법을 바탕으로 정리하여 본다.

하트만이 제기한 텍스트 이해 방식은 연합(association), 결합(assembly), 재구성(looping)이다. 이것은 상호텍스트적인 접근에서 이루어진 방식이다. 상호텍스트성을 바탕으로 한 텍스트 이해 접근 방식은 독자의 텍스트 이해 과정에 여러 텍스트가 함께 관련된다는 것이다. 즉, 텍스트의 이해는 여러 텍스트의 내용들이 연결되어 이루어진다는 것이다. 그렇기 때문에 텍스트의 이해 활동에서 다른 텍스트와 관계를 상정하게 되고, 그 관계 속에서 텍스트들의 내용이 연결된다. 연합 · 결합 · 재구성은 이해의 과정에서 내용들이 연결되는 방식으로, 하나의 이해 절차로 규정할 수 있다.

연합은 독자가 텍스트을 파악할 때, 텍스트를 중심으로 내용을 연결하여 마음속에 표상하는 것을 가리킨다. 독자가 텍스트의 내용을 파악할 때 개인적인 의도나 생각을 배제하고, 텍스트를 중심으로 텍스트에 충실하여 내용을 파악하는 것이다. 특히 함께 읽어야 할 관련 텍스트가 있는 경우 텍스트의 내용을 서로 연결하되 독자의 주관적인 관점을 배제한 상태에서 텍스트의 내용을 확장적으로 인식하는 활동이다. 연합은 텍스트 내(within)에서 텍스트에 나타나 있는 내용을 있는 그대로, 또는 사실대로 인식하는 활동을 의미한다. 즉 텍스트에 대한 축어적(자구적 인식) 인식이나 사실적 인식에 해당된다. 이 연합을 조금 확대하면 독자의 스키마가 작용하여 텍스트의 내용을 구성하게 된다는 추론적인 인식을 포함시킬 수 있다. 여기서의 스키마는 필자의 의도나 관념, 신념의 형태라기보다는 텍스트의 내용을 표상하는 데 필요한 관련 지식이라 할 수 있다. 이 스키마와의 연결도 텍스트와 텍스트의 연합의 일종이 될 수 있기 때문이다.

결합은 독자의 마음속에 표상된 내용에 독자의 의도나 관념, 신념과 같은 관점을 적용하여 텍스트의 의미를 찾는 것이다. 이것은 해석의 활동에 해당한다. 독자의 관점을 인식된 내용에 적용한다는 것은 독자가 텍스트의 내용을 특정한 관점에서 봄으로써 의미를 찾아내거나 의미를 주는(부여하는) 것을 뜻한다. 그렇기 때문에 결합은 텍스트의 내용과 독자의 관점이 상호 결합하는 과정이다. 여기서 독자의 관점은 순수한 독자의 생각이나 의도, 신념일 수도 있지만 독자가 어떤 텍스트를 읽고 선택한 관점이 될 수도 있다. 이러한 관점을 바탕으로 텍스트의 내용을 보게 되면 텍스트의 의미가 드러나게 된다. 결합은 독자가 텍스트와 일정한 거리를 두고 텍스트 내용을 바라보면서 텍스트가 나타내는 것이 무엇인가를 따져보는 것이다. 즉 독자의 관점을 텍스트의 내용과 연결시켜 봄으로써 텍스트의 의미를 발견하는 활동이다. 이 결합 활동에서는 독자가 어떤 관점을 가지고 텍스트의 내용과 연결을 시도하는가에 따라 텍스트의 의미는 달라질 수 있다.

재구성은 결합을 통하여 찾아낸 텍스트의 의미를 독자의 기존 생각과 연결하는 것이다. 독자가 해석을 통하여 텍스트에서 의미를 찾아내게 되면, 독자는 그 의미로부터 새로운 생각을 구성하게 된다. 이 새로운 생각의 구성은 기존의 독자의 마음속에 있던 지식이나 정서의 확장일 수도 있고, 새로운 지식이나 정서, 신념을 구성하는 것일 수도 있다. 독자는 텍스트 내용에서 찾아낸 의미를 자신의 생각과 연결하여 새로운 의미를 생성해 내게 되는 것이다. 이 과정에서 독자는 텍스트의 의미와 자신이 가지고 있던 생각을 분석 · 비교 · 결합 · 점검함으로써 하나의 고리(loop)를 형성하는 것이다. 즉 텍스트의 의미를 자신의 생각과 연결하여 하나의 생각으로 만드는 것이다. 이러한 과정을 고리 만들기(looping), 즉 재구성이라 한다. 이러한 재구성은 독자의 생각과 텍스트의 의미가 내적 대화를 통하여 합일된 의미를 생성하는 것이며, 생각이 융합되어 상호텍스트적으로 연결됨을 나타낸다. 독자는 재구성을 통하여 텍스트의 의미를 자기의 생각과 하나의 연결 고리를 형성하게 됨으로써 이해에 이르게 된다. 이렇게 재구성된 독자의 생각은 새로운 텍스트를 만나면 새롭게 재구조화하는 과정을 반복하게 된다. 텍스트 이해의 지도는 이러한 이해 과정을 반복이라고 볼 수 있다.

텍스트 이해 과정에 대한 이 접근 방식은 텍스트의 의미가 독자의 생각에 적극적으로 작용하여 독자의 생각에 영향을 주어야 한다는 관점에서 교육적이다. 즉 교육이라는 것이 어떤 기능이나 전략만을 익히게 하는 것이 아니라 이들을 활용하여 텍스트의 의미를 찾아 자신의 마음을 재구조화할 수 있게 하는 것이다. 이런 면에서 문학 교육도 학습의 결과가 작품에 대한 바른 평가를 지향하기보다는 작품을 통하여 학습자의 마음을 재구조화할 수 있도록 하는 것이어야 한다. 이러한 의미에서 하트만의 재구성하기나 가다머의 의견의 일치는 텍스트의 이해를 교육적인 관점에서 접근하게 하는 하나의 관점을 제공한다.

위에서 살핀 내용을 종합하여 볼 때, 텍스트 이해의 과정은 대개 세 가지 단계를 가지는 것에 동의하고 있다. 그러면서 각 관점들이 제시하는 단계의 내용들은 다소 상이한 측면이 있기는 하나 합의될 수 있는 측면을 갖는다. 텍스트 이해의 과정을 전 · 중 · 후로 보는 관점에서는 텍스트 이해를 위한 사전 준비 활동과 내용 파악 활동, 내용에 대한 구체적이고 정교화 된 이해를 바탕으로 확장성을 지향한다. 인식 · 해석 · 평가로 보는 관점에서는 텍스트의 내용 파악과 파악된 내용에서 의미 찾기, 텍스트의 의미에 대한 가치 평가를 해야 한다고 보고, 내적으로는 텍스트에 대한 확장적인 이해를 지향한다. 그러면서 독자의 마음의 변화를 추구한다고 할 수 있다. 연합 · 결합 · 재구성으로 보는 관점은 텍스트의 내용 파악과 의미 찾기를 바탕으로 독자의 생각을 넓힐 것을 강조한다. 이러한 관점을 종합하여 볼 때, 텍스트의 이해 과정(comprehension)[7]은 독자가 텍스트의 내용을 파악하는 '인식(awareness)[8]'과 인식을 통하여 파악된 내용에 대하여 의미를 찾는 '해석(interpretation)', 해석한 의미를 바탕으로 독자의 생각을 새롭게 구성하는 '이해(understanding)'의 활동으로 구분할 수 있다.

---

7) 읽기 교육에서 '이해(理解)'라는 용어는 두 가지 개념을 가진다. 하나는 텍스트에 대한 읽기 과정에서 일어나는 전체의 활동을 가리킨다. 이 때는 독해(reading comprehension)라고도 하며, 이해(comprehension)는 과정을 지칭하기 때문에 읽기 과정의 모든 활동을 가리킨다. 텍스트의 의미를 독자가 받아들여 자기화한 결과를 가리킬 때는 이해(understanding)이다. understanding은 사전적 의미로 결과로써 받아들인 것을 의미한다(민중서림, 영한사전). 우리말로 한다면 comprehension은 '알다'라는 뜻으로 볼 수 있고, understanding은 '깨닫다'와 같은 뜻으로 볼 수 있다. '알다'의 개념의 폭을 한정하기는 어렵지만 '깨닫다'와 비교하였을 때, '알다'의 개념의 폭은 일반적이고 전체적인 것이라면, '깨닫다'는 독자의 마음이 무엇인가 변화된 형태를 가리키는 구체적이고 부분적인 것이라 할 수 있다. 따라서 comprehension의 뜻으로서의 이해는 읽기 과정에서 일어나는 전반적인 활동이나 일반적인 인식 활동을 의미하고, understanding의 뜻으로서의 '이해'는 읽기 결과 독자가 마음의 변화를 일으킨 것을 가리킨다고 할 수 있다.

8) '인식(認識)'과 관련하여 사전적 의미를 보면, '대상을 감지하는 감각 및 지각으로부터 이를 분별, 판단하는 기억 사유에 이르기까지의 의식 작용'이다. 인식과 관련된 '인지(認知)'는 '구체적인 사물의 지각'이고, '지각(知覺)'은 '외계의 대상 등을 의식하는 작용 및 이에서 얻어지는 표상인 지각 작용'이다. '표상(表象)'은 '물체나 인물을 생각할 때 그것이 눈앞에 없어도 머리에 흐릿하게 떠오르는 것'을 뜻한다. 읽기와 관련하여 보면, 기호를 인식하여 기호가 지시하는 것을 지각하게 되고, 지각된 내용이 독자의 마음속에 표상된다. 이 전체의 과정이 인식이다.

2장. 텍스트 이해 절차의 탐색

1. 텍스트 이해 과정

독자는 텍스트 이해 과정에서 여러 텍스트의 내용(뜻)과 의미(속뜻)를 서로 연결하여 내재 텍스트를 구성한다. 독자가 구성하는 내재 텍스트는 관련된 텍스트의 내용과 의미를 흡수하고 변형하여 이루어진다. 독자는 내재 텍스트를 구성함으로써 텍스트를 이해하게 된다. 교육적으로 텍스트 이해 지도를 위해서는 텍스트 이해 과정에 대한 논리적인 설명의 틀이 필요하다. 이 설명 틀은 텍스트 이해 과정을 구조화하여 학습자의 이해 활동을 효과적으로 이끌 수 있어야 한다. 효과적으로 인식할 수 있는 기반을 마련해 준다.

독자는 텍스트를 읽는 과정에서 텍스트에 사용된 기호를 해석하여 의미를 구성한다. 독자가 기호를 해석한다는 것은 기호가 지닌 개념을 그대로 표상하는 것이 아니라, 독자의 경험 세계로부터 기호와 관련된 개념을 끌어오는 것을 의미한다. 이것은 독자의 의미 구성이 기호를 통한 여러 텍스트의 연결을 통하여 이루어짐을 뜻한다. 독자가 텍스트를 읽는 과정에서 어떻게 다른 텍스트와 어떻게 연결되는지를 생각하여 본다.

먼저 텍스트 이해 과정에서 독자가 의미를 구성하기 위해 어떻게 텍스트의 내용을 다른 텍스트와 연결하게 되는지를 살펴본다. 이를 통하여 독자가 텍스트 이해 과정에서 구성하는 내재 텍스트를 중심으로 텍스트 이해 단계를 설정한다. 이 텍스트 이해 단계를 교육적으로 구조화하고, 텍스트 이해 단계 별로 내재 텍스트를 구성하는 활동 요소를 정리하여 본다.

인지심리학의 관점에서 보면, 텍스트 이해는 텍스트의 내용과 독자의 배경지식이 상호작용하여 이루어진다. 독자는 기호를 보고 활성화된 배경지식을 이용하여 내용을 파악하고 의미를 이해한다. 이것은 텍스트의 내용이 독자의 배경지식과 연결되어 이해가 이루어지는 것으로 보는 것이다. 다시 말하면 배경지식을 대표하는 스키마의 활동으로 텍스트의 내용이 독자의 마음속에 표상된다고 보는 것이다.

상호텍스트성의 관점에서 보면, 텍스트 이해는 독자의 배경지식뿐만 아니라 다른 텍스트의 내용과 연결을 통하여 이루어진다. 이것은 읽는 과정에서 독자가 관련 텍스트들의 내용과 의미를 의식적 또는 무의식적으로 연결함을 의미한다. 이 연결은 독자의 사고 작용에 의하여 이루어지고, 그 결과 독자의 마음속에 내재 텍스트가 형성되어 이해가 일어난다. 이러한 이해의 과정을 기호의 삼분법을 활용하여 설명하여 본다.

기호의 삼분법을 제시한 학자는 퍼스(Perice, 1931~1958)와 오그덴과 리차즈(Ogden & Richards, 1934)이다. 이들은 기호 작용의 관점에서 기호를 본다. 퍼스는 기호 작용을 기호 · 대상 · 해석의 상호 관계로 보았다. 오그덴과 리차즈도 기호 작용을 상징 · 지시 대상 · 사고의 상호 관계로 보았다. 이들은 기호의 작용을 다음과 같이 설명한다. 기호(상징)는 대상을 지시하고 있는데 사람이 그 기호를 보면, 기호가 지시하고 있는 대상을 자신의 경험과 연결시켜 해석을 하고, 해석을 통하여 기호가 지칭하는 대상을 마음속에 떠올린다. 그 결과 기호가 지시하는 대상을 인식하게 된다. 여기서 기호를 해석하여 대상을 인식한다는 것은 기호가 지시하고 있는 대상과 독자가 인식한 대상(개념)[9]이 일치하지 않음을 전제한다.

이 기호의 작용을 읽기와 관련시켜 보면, 독자는 텍스트 속에 있는 기호를 보고, 기호가 지시하는 개념을 자신의 경험과 연결시킴으로써 기호가 지시하는 개념을 마음속에 표상한다. 다시 말하면, 독자는 텍스트의 기호를 자신이 가지고 있는 개념과 연결함으로써 텍스트의 내용을 표상하는 것이다. 좀 더 구체적으로 살펴보면, 기호는 텍스트 내에 제시되어 있는 낱말이다. 그 낱말은 어떤 개념(대상)을 지시하고 있다. 낱말이 지시하는 개념은 낱말과 떨어져 있다. 즉 기호 자체가 개념이 아니기 때문에 개념은 기호와 떨어져 있을 수밖에 없다. 그렇다면 그 개념은 어디에 있는가? 그 개념은 실제 세계 속이나 다른 텍스트 속에 있다. 실제 세계 속의 개념은 실제 대상이지만, 다른 텍스트 속에 있는 개념은 그 텍스트의 맥락에 따라 드러나는 내용이다. 예를 들어, /사과/라는 기호는 실제의 사과나 개념인 [사과]를 지칭하고 있다[10]. 이때 개념인 [사과]는 다른 텍스트 속에 정의되어 있다. 다시 말하면, 한 텍스트 속에 있는 /사과/라는 기호는 실제의 사과보다는 다른 텍스트에서 정의된 [사과]와 연결 관계를 이루고 있다.

그렇다면 독자는 텍스트 속의 /사과/라는 기호를 보고 어떻게 개념을 떠올리게 되는가? 그것은 독자가 텍스트를 읽은 경험 세계 속에 있던 개념인 [사과]를 떠올리는 것이다. 이 때 독자가 떠올린 [사과]라는 개념은 텍스트 속에 있는 /사과/가 지칭하는 대상과 일치하지 않는다. 즉 독자가 기호를 해석하여 사과일 것이라고 생각한 개념이다. 때문에 텍스트에 제시된 /사과/가 지칭하는 [사과]와 독자가 생각한 [사과]는 일치

---

9) 기호의 삼분법의 관점에서 '대상'이 무엇인지에 대하여 생각해 볼 필요가 있다. 대상은 기호가 지시하는 것이라 할 수 있지만 텍스트 속에 사용된 기호가 지시하는 것은 구체적인 대상이라기보다는 그 대상에 대한 개념이라고 할 수 있다. 즉 대상에 대하여 사회적으로 규정했거나 각 개인들이 정의하는 개념이라 할 수 있다. 이 개념을 드러내기 위하여 기호를 사용한다고 할 수 있다.

10) 텍스트 이해에서의 이에 대한 접근은 실제 대상과 관계된 것과 개념적으로 연결되는 것을 모두 포함한다. 그러나 여기서의 접근은 개념적인 연결 관계를 중심으로 논의를 전개한다.

할 수 없다. 독자가 인식한 개념은 텍스트 밖에 있는 독자의 경험 세계에 있던 것이라 할 수 있다. 이 관계를 그림으로 나타내면 [그림2-1]과 같다.

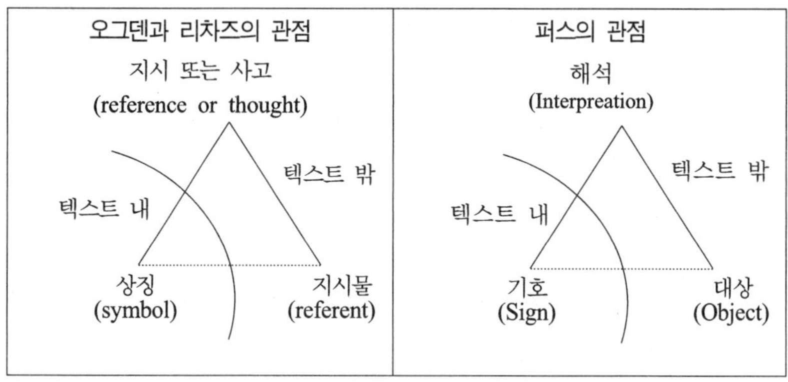

[그림2-1] 기호 작용과 텍스트 이해의 관계[11]

그렇다면, 독자가 떠올린 [사과]라는 개념의 출처에 대하여 좀 더 생각하여 볼 필요가 있다. 독자가 /사과/라는 기호를 보고, 기호를 해석하는 과정에서 생긴 [사과]라는 개념은 독자의 경험 속에 있던 것을 떠올린 것이라고 했다. 독자의 경험을 인지심리학의 관점에서 보면 배경지식에 해당된다. 그렇지만 상호텍스트성의 관점에서 보면, 독자의 경험은 독자가 읽은 텍스트나 읽을 텍스트[12]의 내용이다. 독자가 읽고 있는 텍스트 속에서 /사과/를 보고 떠올리는 개념은 결국 텍스트 외부에 있는 다른 텍스트에 있던 것을 끌어온 것이다. 예를 들어 "세종대왕이 한글을 만들었다"라는 문장이 텍스트 속에 있을 때, 독자가 이 문장의 내용을 파악하는 것은 '세종대왕', '한글'과 같은 기호에 해당하는 개념을 알아

11) 이 모형은 김영란(1999: 25)의 '텍스트 내 지시 관계'를 설명한 모형을 변형한 것이다.

12) 읽을 텍스트에서 개념을 끌어온다는 것은, 독자가 텍스트에 대한 인식을 넓히기 위하여 다중 텍스트를 함께 읽든가 아니면 독자가 텍스트를 읽다가 이해가 안 되는 낱말이나 내용을 파악하기 위하여 다른 텍스트를 참고함을 의미한다.

야 한다. 이들 개념을 독자가 안다고 할 때, 이들 기호에 관련된 개념은 다른 텍스트에서 파악했던 개념과 연결된다. 이들 개념은 독자가 태어나면서부터 알고 있던 것이 아니기 때문에, 다른 텍스트와의 관계 속에서 인식할 수밖에 없다. 독자가 세종대왕이나 한글에 대한 경험이 어떤 것이냐에 따라서 이 문장이 드러내는 내용에 대한 인식이 달라진다. 즉 세종대왕과 한글에 대하여 어떤 텍스트를 접했는가에 따라 내용의 표상이 달라진다. 또한 이들에 대하여 전혀 개념이 없다면 이 문장에 대한 표상은 이루어질 수 없다. 이 때는 이들에 대하여 알 수 있는 다른 텍스트의 도움을 받아야 한다.

요컨대, 독자가 텍스트의 기호를 통하여 떠올리는 개념은 다른 텍스트에 있던 것이다. 이것을 독자가 해석을 통하여 마음속에 표상하는 것이다. 그렇기 때문에 텍스트를 이해하는 과정은 독자가 기호를 보고, 관련된 텍스트에서 개념을 끌어와 연결하는 과정이라 할 수 있다. 이렇게 텍스트의 기호를 통하여 관련 개념을 연결하여 독자의 마음속에 표상함으로써 내재 텍스트가 형성된다. 이때 독자가 형성하는 내재 텍스트는 한 텍스트의 내용 연결이 아니라 여러 텍스트의 내용을 연결함으로써 이루어진다.

여기서 텍스트에 사용된 기호에 대하여 좀 더 생각해 보면, 기호를 통하여 드러나는 개념은 소쉬르가 말하고 있는 것처럼 사회적인 약속을 통하여 결합시켜 놓은 것에 지나지 않는다[13]. 사회적 약속이라는 것은 개인이 할 수 있는 것이 아니다. 다른 사람들이 규정해 놓은 것이다. 즉 독자가 기호를 통하여 인식하는 개념은 사회적으로 합의된 개념이다. 이 합의된 개념이 독자에게 인식되는 것이다. 이 때 텍스트의 기호

---

13) 사회적 약속이라는 개념에서 보면, 기호가 지칭하는 대상(개념)이 분명하게 규정되어 있어서 독자는 그 규정된 대상(개념)을 떠올린다고 할 수 있다. 하지만 기호의 속성상 독자는 기호를 보고, 기호가 가리키는 대상을 그대로 인식할 수 없다. 기호 자체가 대상이 아니기 때문이다. 그래서 퍼스의 설명과 같이 독자는 기호를 보고, 그 기호가 가리키고 있다고 생각되는 대상을 해석하는 것이다.

가 나타내는 개념을 합의한 사회는 여러 관련 텍스트라 할 수 있다. 다시 말하면 기호가 개념을 가지게 되는 것은 기호에 개념을 부여한 여러 텍스트가 있기 때문이다. 그렇기 때문에 기호의 개념을 합의한 사회는 여러 관련 텍스트가 된다. 즉 텍스트의 기호를 통하여 독자가 인식하는 개념은 이미 다른 텍스트에서 규정된 개념인 것이다. 이것은 독자의 텍스트 이해가 기호에 대하여 어떤 개념을 제시한 텍스트를 접했는가에 따라 달라질 수 있음을 의미한다.

이런 관점에서 보면, 기호는 이미 다른 텍스트에서 사용된 기호일 뿐 아니라, 기호가 나타내는 개념도 결국은 그 기호가 사용되었던 다른 텍스트의 개념과 연결된다. 독자는 읽기를 통하여 마음속에서 이 연결 관계를 회상함으로써 개념을 파악할 수 있는 것이다. 다시 말하면, 독자가 텍스트의 기호를 보고 대상을 해석한다는 것은 그 개념이 포함된 다른 텍스트, 즉 독자가 읽었던 텍스트나 함께 읽는 텍스트의 개념을 연결하는 것이다. 그래서 독자가 텍스트의 기호를 보고 내용을 파악할 수 있게 되는 것이다. 결국 독자가 텍스트 내에 있는 기호를 해독하는 것은 다른 텍스트에서 사용되었던 개념을 다시 상기하는 것이다. 그래서 그 기호가 사용된 다중 텍스트를 활용할 때 독자는 그 기호가 나타내는 개념을 분명하게 인식할 수 있다. 또한 읽고 있는 텍스트와 관련된 맥락과 독자가 텍스트를 읽는 상황에 의하여 새로운 개념이 형성됨으로써 텍스트 이해가 일어난다고 할 수 있다.

텍스트 이해 과정에서 일어나는 연결 활동을 조금 더 살펴보면 다음과 같다. 독자의 내용(뜻) 파악과 의미(속뜻) 이해 과정에서 보면, 독자는 텍스트 속의 문장 · 문단을 이루고 있는 기호를 보고, 문장이나 문단의 내용을 마음속에 표상하게 된다. 이때 독자의 마음속에 표상된 문장이나 문단의 내용도 결국은 자신의 경험이나 다른 텍스트와의 연결을 통하여 구성한 것이다. 문장이나 문단의 내용이 독자의 마음속에 표상되는 것은 많은 텍스트의 요소들이 개입한 것이다. 구절이나 문장 하나하나의 의미는 모두 관련된 텍스트에서 나온 것이기 때문이다. 예를 들어 독자가 텍스트를 읽다가 이해가 안 되는 낱말이나 구절이 나오면, 그 낱말이나 구절이 사용된 다른 텍스트를 참조해야 한다. 즉 사전을 찾아보든가, 더 쉽게 이해할 수 있는 텍스트를 참조해야 한다. 이 말은 독자가 텍스트의 내용을 파악하기 위해서 관계있는 텍스트를 활용하여 내용을 연결해야 된다는 것이다. 텍스트의 의미의 문제도 마찬가지라 할 수 있다.

이를 확대하여 생각하면, 한 텍스트에서 다루고 있는 특정한 사건에 대하여 충분히 이해하기 위해서는, 그 사건을 다루고 있는 다중 텍스트를 참조해야 한다. 즉 다중 텍스트와 연결 관계를 형성함으로써 텍스트의 내용을 파악할 수 있게 되는 것이다. 결국 텍스트의 내용을 파악하기 위해서는 텍스트의 기호들이 지시하고 있다고 생각되는 내용을 관련된 텍스트에서 끌어와야 된다는 것이다[14].

텍스트의 의미 해석에서도 독자는 텍스트 의미를 관계 있는 텍스트에서 드러난 의미와의 관계 속에서 찾는다. 다른 텍스트에서 제시되지 않은 의미를 현재 읽고 있는 텍스트에서 찾기는 어렵다. 텍스트가 가지고 있는 의미가 다양할 수 있는 것도 다양한 관점을 제기하는 텍스트를 활용하기 때문이라고 할 수 있다[15]. 즉 독자가 어떤 텍스트와 관련짓는가에 따라 텍스트의 의미가 달라지는 것이다.

이러한 내용의 파악과 의미 찾기를 통하여 텍스트 이해가 이루어진다. 의미 이해는 독자가 찾은 의미를 독자의 생각과 새롭게 융합함으로써 이루어진다. 기호가 공시적인 의미와 통시적인 의미에 연결되어 있듯이 텍스트의 의미도 마찬가지로 공시적·통시적으로 다른 텍스트의

---

14) 장진호(2001)의 연구에서 보면, 독자는 텍스트를 읽는 과정에서 텍스트의 앞뒤 내용에서 추론하기도 하지만, 텍스트 밖의 낱말 설명을 참조하고(2001: 36), 다른 텍스트의 내용을 끌어오기도 하고(2001: 51), 개인적인 경험(2001: 42)도 끌어온다.

15) 문학 연구에서 작품의 의미를 찾기 위하여 여러 가지 문학 비평 이론이 존재하는데, 하나의 작품은 비평 이론에 따라 다른 의미를 가진다. 이런 것을 보면 텍스트의 의미를 찾는 것은 결국 관련된 텍스트가 어떤 것인가에 따라 의미가 달라지는 것이라 할 수 있다.

의미에 연결되어 있다. 즉 하나의 텍스트는 독자가 의미를 부여하는 것도 있지만 사회적으로 역사적으로 이미 부여된 의미도 있다. 독자가 텍스트의 의미를 이해한다는 것은 이들 의미를 참조하여 독자의 현재 시점에서 새로운 의미를 구성한다는 것이다. 따라서 텍스트를 읽고 있는 독자의 마음속에 구성되는 의미는 여러 텍스트의 의미들이 흡수되고 변형된 것이라 할 수 있다. 위의 논의 내용을 정리하면 다음 그림과 같다.

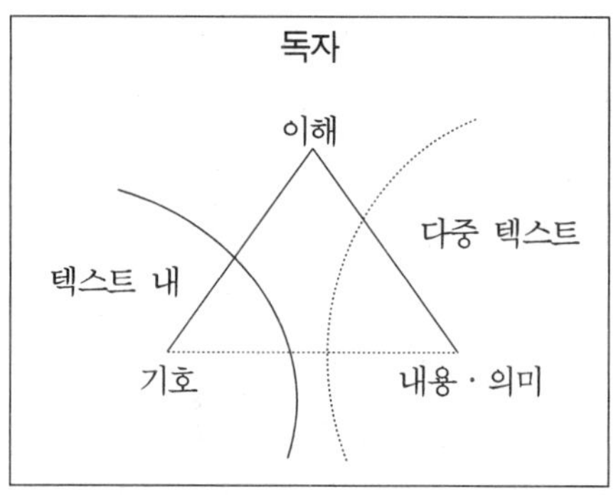

[그림 2-2] 텍스트 이해 과정 설명 모형

독자의 내재 텍스트의 구성을 크리스테바의 텍스트 구성에 대한 모자이크 비유(김욱동, 1997: 195)를 빌려 생각하여 볼 때, 독자가 구성하는 내재 텍스트도 결국은 텍스트들의 조각들이 짜깁기되어 구성된다. 독자의 내재 텍스트의 내용과 의미는 다른 텍스트들 속에 흩어져 있던 것을 읽고 있는 텍스트를 통하여 새롭게 연결함으로써 구성되는 것이다. 필자가 쓴 텍스트의 형태는 외형적으로 단일 텍스트로 완성될 수 있지만 내용 면에서는 다른 텍스트와 연결되어 있듯이, 독자가 구성하는 내재 텍스트의 내용도 이와 마찬가지로 다른 텍스트들과 연결되어 있다. 그렇기 때문에 독자의 내재 텍스트 구성은 관련된 텍스트의 관계 속에서 이루어지는 것이 바람직한 것이고, 그것이 텍스트를 바르게 이해할 수 있는 방법이다.

2. 텍스트 이해 절차

텍스트는 기호와 내용(뜻)과 의미(속뜻)로 이루어져 있다. 텍스트 이해의 절차[16]는 이들 텍스트의 구성과 독자의 상호작용을 어떻게 보는가에 따라 달라진다. 인지적 관점에서는 독자가 텍스트의 기호를 통하여 텍스트를 이해하는 과정을 독해(reading comprehension)라고 하고, 독해를 해독(decoding)과 이해로 나누고 있다(박수자, 2001: 147). 해독은 기호와 관련하여 기호가 지칭하는 개념을 독자가 인식하는 것을 가리키고, 이해는 내용 파악과 의미 이해를 포함한 것이다. 즉 이 관점은 독자가 텍스트를 이해하는 과정[comprehension]에 초점이 놓여져 있다. 그래서 텍스트 이해의 절차를 전 · 중 · 후로 구분하여 접근한다. 이런 점에서 인지적 관점은 독자의 텍스트 이해 결과에 대해 관심을 적게 갖는다.

문학 교육에서는 텍스트 이해의 절차를 세분하는 경향이 있다. 읽기의 절차를 세분화하는 것은 텍스트에서 찾아 이해해야 하는 것을 세분화하는 것과 같다. 구인환 외(1999: 347~348)에서는 문학 비평적인 관점에서 학습자가 문학 텍스트를 읽을 때 그 결과적인 측면에서 비평가와 같은 역할을 해야 한다고 보면서 텍스트 이해의 과정을 이해, 해석, 평가로 나누고 있다. 이 접근은 텍스트 이해의 절차를 넓은 관점에서 보게 한다. 즉 인지적 관점이 텍스트와 독자의 직접 대면(對面) 관계에서 상호작용을 중심으로 설명하는 반면, 이 관점은 독자가 텍스트와 직접적인 대면의 관계를 벗어나 텍스트의 내용과 의미와의 상호작용이 있어야 함을 강조한다. 텍스트를 이해한다는 것은 텍스트를 구성하고 있는 문자를 중심으로 하는 것이 아니라 문자 이면에 들어 있는 의미와 상호작용을 하는 것이므로 독자는 텍스트와 거리를 둘 필요가 있는 것이다.

---

16) '과정'과 '절차'라는 용어는 비슷한 의미를 갖지만 '과정'은 실제적인 측면에서 쓰이고 '절차'는 논리적인 측면에 쓰인다. 즉 텍스트 이해는 구분되지 않는 일련의 과정으로 이루어지지만 교육적인 의도에서 이 과정을 몇 가지 활동으로 구분하여 순서를 정한 것이 절차가 된다.

즉 독자는 텍스트에서 떨어져 텍스트의 의미를 규정하고(해석) 문학 작품의 가치를 평가해야 하는 것이다. 그러면서 텍스트 이해의 결과는 텍스트의 의미와 가치에 대한 평가를 할 수 있어야 하는 것으로 본다. 이것은 그 초점이 학습자보다는 텍스트에 놓여 있는 것이다. 즉 텍스트 자체의 가치 평가가 중요하지 텍스트가 학습자의 마음에 작용해야 한다는 생각은 다소 부족하다. 그러나 이 절차의 구분은 독자의 텍스트 이해 활동에 대한 세분화이면서 텍스트의 내용에 어떻게 접근해야 하는가에 대한 관점을 제기한다. 그러면서 텍스트의 내용과 의미의 가치 평가 문제가 텍스트 이해 과정에 필요함을 인식하게 한다.

텍스트 이해 과정에 대한 접근 방식을 스콜즈(Scholes, 1985)도 세 가지로 나누고 있다. 독자가 텍스트를 읽어 나갈 때, 텍스트 내부에서 텍스트를 생산하는 읽기(text within text) 활동, 텍스트 위에서 텍스트를 해석해 텍스트를 만드는 해석(text upon text) 활동, 텍스트와 떨어져서 독자가 텍스트와 마주 선 상태에서 텍스트를 만드는 비평(text against text) 활동으로 나누고 있다(김상욱 역, 1995). 스콜즈의 이러한 읽기 방식의 설정은 구인환 외(1999)와 크게 다르지 않다. 내용을 파악하고, 텍스트 내부에 있는 의미를 찾아내고 이에 대한 가치 판단이 필요하다는 것이다. 스콜즈의 관점을 반영하여 김정희(1999)는 시의 이해 과정을 인식 단계, 해석 단계, 평가 단계로 구분한다. 인식 단계에서는 텍스트의 형식과 텍스트가 드러내는 의미를 독자가 파악하는 과정이다. 해석 단계는 텍스트의 내용에서의 빈자리와 의미에서 드러나는 빈자리를 채우는 과정으로 독자의 의미 찾기 과정이라 할 수 있다. 평가 단계에서는 자신이 구성한 의미와 텍스트 자체에 대한 가치를 따져보는 활동을 한다. 이 관점에서는 텍스트의 내용과 의미를 독자의 주관에서 떨어져 있는 것으로 보면서, 독자와는 항상 일정한 거리를 유지해야 하는 것으로 인식하게 한다. 이 관점은 텍스트 이해에 대한 교육적인 관점이라기보다는 비평적인 관점이라 할 수 있다.

텍스트 이해 절차에 대하여 하트만(Hartman, 1991)은 텍스트 내에서의 읽기(within), 텍스트 사이에서 읽기(between), 텍스트를 넘어서 읽기(beyond) 방식을 제시한다. 텍스트 내에서의 읽기는 텍스트 내부 요소를 바탕으로 텍스트의 내용을 사실적으로 파악하는 것을 의미하고, 텍스트 사이에서의 읽기는 여러 텍스트들을 관련지어 내용과 의미를 파악하며, 텍스트를 넘어 읽기는 텍스트의 내용과 의미를 텍스트 외부적인 것과 연결시키는 것이다. 그렇게 해서 이전에 독자 마음속에 있던 내재 텍스트(inner text)를 새롭게 바꾸어 간다는 것이다.

하트만의 관점은 독자가 텍스트와의 관계를 바탕으로 독자의 마음속에 구성되는 의미에 관심을 갖는다. 즉 독자가 구성하는 내재 텍스트에 초점이 놓이게 됨으로써 텍스트에 대한 비평이나 평가의 관점에서 벗어난다. 즉 독자의 의미 구성에 집중된 텍스트 이해에 관심을 가지게 됨으로써 텍스트 중심의 관점에서 벗어나 독자 중심의 관점으로 나간다.

텍스트 이해 교육의 관점에서는 텍스트 이해가 독자와 떨어져 있는 것(비평)으로 보기보다는 독자와 합일점을 찾을 수 있도록 접근하는 것이 필요하다. 이러한 접근은 텍스트의 내용을 그대로 수용하게 하자는 의견으로 받아들여 질 수 있으나 반드시 그런 것은 아니다. 텍스트의 내용과 의미가 독자의 마음에 의미 있게 작용하도록 하여, 독자가 새로운 의미를 구성할 수 있게 하자는 것이다. 이것은 인식과 해석과 평가가 아니라 내용을 인식하고, 내용을 해석하여 의미를 찾고, 이 의미들을 바탕으로 독자의 마음속에서 의미를 새롭게 재구성하도록 하자는 것이다. 이러한 관점은 비평적인 관점보다는 교육적인 관점을 기반으로 하는 것이다.

위의 내용을 하트만의 관점을 중심으로 통합하여 텍스트의 이해 절차를 정리하여 본다. 텍스트 이해 절차를 '텍스트 안에서(within text) 내용 파악하기', '독자와 텍스트의 관계에서(relation reader with text) 의미 찾기', '텍스트를 벗어나서(beyond text) 의미 재구성하기'로 나누어 본다. 즉 텍스트 이해는 기호를 통하여 내용을 파악하고, 독자가 텍스트와 상호작용하여 의미를 찾고, 찾은 의미를 재구성하는 활동으로 구분하여 본다. 이 텍스트 이해 절차 구분은 앞에서 논의된 몇 가지 이해 방식과 교육적인 관점을 결합하고 변형한 것이다.

이 과정을 좀 더 구체적으로 정리하여 보면, 텍스트 안에서 내용 파악하기는 독자가 텍스트를 읽을 때, 텍스트의 내용에 대하여 독자의 개인적인 생각을 많이 반영하지 않고 텍스트 자체의 내용을 그대로 파악하는 활동이다. 이것은 기호의 해독으로 이루어진다고 말할 수도 있고, 독자의 배경지식을 동원하여 텍스트의 빈자리를 메워 내용을 재조직한다고 말할 수도 있다. 이것은 텍스트에서 나타내고 있는 내용을 사실적으로 인식하는 것을 의미한다. 이러한 인식에서 다중 텍스트를 활용할 때도 텍스트들의 내용에 대한 사실적인 관계를 바탕으로 내용을 파악하는 것이다. 요컨대 독자의 관점이 개입하지 않고 텍스트가 나타내고 있는 내용을 사실적으로 파악하는 것이 텍스트 안에서의 내용 파악하기이다. 이 활동을 '인식하기'라고 이름 붙여 본다.

독자와 텍스트 관계에서 의미 찾기는 내용 파악하기에서 파악된 내용에 대하여 독자의 관점이나 의도를 바탕으로 텍스트의 내용을 해석하는 것을 의미한다. 독자는 텍스트의 내용을 해석함으로써 텍스트의 의미를 찾는다. 텍스트에 대한 의미 찾기는 독자의 비판적인 관점이나 새로운 관점을 활용하여 내용을 살펴봄으로써 이루어진다. 이 의미 찾기 과정은 독자와 텍스트 사이의 적극적인 상호작용으로 일어나는 활동이라 할 수 있다. 다중 텍스트를 활용할 때는 텍스트 사이의 의미 관계를 고려하여 의미를 찾을 수 있다. 한 텍스트의 관점이나 독자가 먼저 읽고 해석한 의미를 바탕으로 의미를 해석할 수 있다. 요컨대, 독자와 텍스트의 관계에서 의미 찾기는 독자가 텍스트의 내용에 간섭하게 됨으로써 드러나는 의미를 찾는 것이라 할 수 있다. 이 활동을 '해석하기'라고 이름 붙여 본다.

텍스트를 벗어나서 의미 재구성하기는 해석 하기에서 찾은 의미를 독자의 마음속으로 가지고 와 독자가 기존에 가지고 있던 생각과 상호작용하여 텍스트의 의미를 새롭게 구성하는 것이다. 이 과정은 텍스트의 대면 관계에서 벗어나 독자의 마음속에서 일어난다. 의미의 재구성은 텍스트의 의미를 독자의 기존의 관점으로 새롭게 변화시키거나, 텍스트의 의미로 인하여 독자의 관점이 새롭게 변화되는 것을 의미한다. 즉 텍스트의 의미와 독자의 생각이 상보적으로 작용하여 융합하는 것이다. 다중 텍스트를 바탕으로 접근하였을 때는 텍스트의 여러 의미와 독자의 생각이 상호작용하여 의미가 재구성된다고 할 수 있다. 이렇게 독자에게서 의미가 재구성된 것을 이해라고 할 수 있다. 여기서의 이해라는 말은 독자가 텍스트 의미를 바탕으로 새롭게 마음을 구성한 것을 의미한다. 이것은 텍스트의 내용과 의미를 독자가 자신의 생각과 융합함으로써 이루어진 마음의 질적 변화를 의미한다. 이러한 마음의 질적 변화를 깨닫기[悟性]라 할 수 있다. 이 활동은 '이해하기'라고 이름 붙여본다.

위의 내용을 정리하면, 독자가 텍스트의 내용 파악을 텍스트 안에서 하는 것이 '인식하기'이다. 독자가 기호를 통하여 텍스트의 내용을 사실적으로 마음속에 표상하는 활동이다. 독자의 마음속에 표상된 내용에 특정한 관점이나 의도를 개입시켜 텍스트가 나타내려고 하는 의미를 찾아내는 활동이 '해석하기'이다. 해석하기는 텍스트의 내용에 대한 독자의 의미 부여 활동이라 할 수 있다. 이러한 해석하기를 통하여 찾아진 의미를 텍스트에서 떨어진 상태 즉 독자의 마음속에서 독자의 생각과 융합하여 재구성하는 활동이 '이해하기'이다. 읽기는 이 세 과정을 거쳐 이루어지게 되고, 독자는 이런 과정을 거치게 됨으로써 텍스트를 이해할 수 있게 된다.

이러한 인식하기, 해석하기, 이해하기의 절차는 상호텍스트성을 기반으로 이루어진다. 텍스트의 내용을 파악하는 인식하기, 의미를 찾는 해석하기, 의미를 받아들이는 이해하기는 독자의 마음 속에 내재 텍스트 구성하는데 이 내재 텍스트가 상호텍스트성을 기반으로 구성되기 때문이다. 그래서 독자의 내재 텍스트는 다른 텍스트의 내용과 의미를 흡수하고 변형하여 구성되는 것이다. 독자가 텍스트를 이해한다는 것은 의미를 그대로 외웠다는 것이 아니라, 이미 가지고 있던 자신의 생각과 텍스트의 의미를 융합하여 새롭게 독자의 생각을 구성하고, 이를 반성적인 성찰을 통하여 재구성한 의미가 독자의 마음속에 자리잡은 것을 뜻한다. 텍스트 이해를 통하여 독자가 재구성한 의미는 텍스트의 의미가 확장된 것이며, 타당성을 가진 것이라 할 수 있다. 이들 전체의 과정은 독자 마음 구조의 질적 변화를 이루는 과정이라 할 수 있다. 텍스트 이해의 절차를 정리하면 [그림2-3]과 같다.

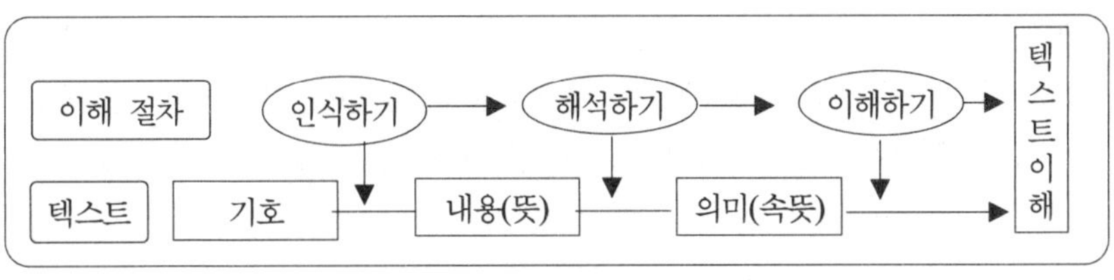

[그림2-3] 텍스트 이해 절차 모형 I

3. 텍스트 이해 절차의 구조화

텍스트 이해 절차는 읽기 과정을 어떻게 보는가에 따라 달라질 수 있다. 그동안은 읽기의 과정을 상향식 방식과 하향식 방식, 상호작용 방식으로 설명하려했다. 그 중에 최근의 교수-학습에 주로 반영된 방식은 하향식이다. 즉 독자를 중심으로 한 텍스트 이해의 관점을 받아들인 것이다. 그래서 읽기 지도는 독자의 사고 활동을 중심으로 접근해야 한다는 입장을 취하고 있으며, 문학 지도도 수용 이론이나 독자 반응 비평 이론을 중심으로 독자 중심의 텍스트 이해 지도가 주를 이루었다. 이런 점에서 볼 때, 텍스트 이해에 대한 상호작용식 관점이 제기되기는 하였지만 상호작용의 구체적인 모습은 교육에서 구체화하지 못한 면이 있다. 따라서 텍스트 이해 절차를 바탕으로 한 상호작용식에 대한 논의가 필요하다. 읽기나 문학 지도가 상호작용식 관점에서 담화 공동체나 해석 공동체의 개념으로 협동학습이나 독서클럽 활동을 통하여 사회적인 상호작용을 강조하는 학습 활동이 제기된 것은 사실이나 이것은 텍스트 이해 과정의 상호작용식과는 다른 것이다.

상호작용식은 텍스트의 내용이나 의미가 독자의 배경지식이나 의도, 신념, 관점과 상호 교섭을 통하여 이해(understansing)에 이르는 방법을 뜻한다. 그렇기 때문에 텍스트 밖에서 다른 독자와의 상호작용은 상호작용식과는 거리가 있다. 그런 의미에서 상호작용식은 텍스트와 독자가 내적 대화를 주고받는 과정이라 할 수 있다. 텍스트 이해에서의 내적 대화는 텍스트 속에 들어 있는 화자와 독자의 마음속에 들어 있는 화자와의 대화이다. 이들 화자들은 각자의 생각(내용)을 가지고 있다. 때문에 독자는 텍스트를 읽는 과정에서 텍스트의 화자가 말하는 바를 인식하여 그 내용과 의도를 파악하고 여기에 대한 자신의 생각을 제시해야 한다. 이들 대화를 통하여 합의에 이르는 것을 텍스트 이해라고 할 수 있다. 이러한 텍스트의 이해는 의견의 일치이며, 의미의 융합을 통하여 독자의 생각이 재구성되는 깨닫기이다.

텍스트 이해 지도를 텍스트와 독자의 상호작용 과정으로 설명하기 위하여 인식하기, 해석하기, 이해하기의 지도 절차를 중심으로 살펴본다.

1) 텍스트 내용(뜻) 인식하기

독자의 텍스트 내용 인식은 텍스트를 이루고 있는 기호를 해독하여 텍스트의 내용을 독자의 마음속에 표상함으로써 이루어진다. 독자가 텍스트 내용을 인식한다고 할 때, 부분적으로는 텍스트의 기호가 지시하고 있는 개념을 마음속에 떠올리는 것이며, 전체적으로는 텍스트의 내용을 구조적으로 파악하여 아는 것을 뜻한다. 구조화한다는 것은 텍스트 전체의 내용을 파악하는 것뿐만 아니라 요약한다든가 특정한 부분에 주목한다든가, 줄거리로 정리할 수 있음을 의미한다. 이러한 인식 활동은 스키마를 바탕으로 텍스트의 내용을 체계적이고 입체적으로 표상하는 것을 의미한다. 이는 독자가 텍스트의 내용을 마음속에 표상함으로써 내용을 활용할 수 있게 된 것을 의미한다.

독자가 텍스트의 내용을 마음속에 구조화하여 표상하는 인식 활동은 일정한 과정을 거쳐 이루어진다. 텍스트 내용을 표상하는 기본적인 과정은 낱말, 구절, 문장, 문단, 항, 절, 장으로 확대되는 것이다. 이런 설명은 텍스트 기호의 선조적 구성에 따라 내용 인식이 된다고 보는 것이다. 이와 달리 독자를 중심으로 독자의 마음속에 표상되는 내용은 하나의 덩어리로 이루어진다고 보아야 한다. 그렇기 때문에 내용 인식을 설명하는 방식은 텍스트의 구조에 비추어 평면적으로 구조화하는 방식과 독자의 입장에서 입체적으로 구조화하는 방식이 있을 수 있다. 텍스트를 중심으로 평면적으로 내용을 구조화하여 인식하는 방식은 독자의 입장에서 보면 내용 파악이 수월하지 않은 텍스트에 사용할 수 있고, 독자를 중심으로 입체적으로 파악하는 방식은 텍스트 이해가 한결 수월할 때 사용할 수 있다. 이 말은 입체적인 내용 표상이 텍스트의 내용 인식을 잘 할 수 있게 한다는 것을 뜻한다.

독자의 텍스트 내용 인식은 텍스트에 충실한 '내용 알기'와 텍스트의 내용을 독자의 배경지식이나 다른 텍스트의 내용과 연결하여 파악하는 '확장하기'로 구분할 수 있다. 텍스트의 내용 인식에서 이 두 과정은 상호 중첩되는 과정으로 설명할 수도 있다. 이 두 과정이 중첩됨에 있어 순서적으로 보면 텍스트를 중심으로 한 접근이 먼저 이루어지고 확장적 접근이 나중에 일어나는 것으로 볼 수 있다. 텍스트의 내용 인식은 부분적인 인식에서부터 전체적인 인식까지 이들 두 인식의 형태가 상호작용한다고 할 수 있다. 내용 인식의 결과를 설명하는 방식도 두 가지가 있다. 하나는 명제 표상 이론이나 텍스트 구조 이론으로 텍스트를 중심으로 텍스트 내용을 체계화하는 것이다. 독자는 텍스트의 내용을 명제화하여 위계적으로 나타냄으로써 텍스트 전체 내용을 인식하는 것으로 본다. 또 다른 것은 심상 이론 또는 표상 이론으로 텍스트의 내용을 독자 중심으로 인식하는 것이다. 독자는 텍스트의 내용을 이미지나 논리적인 관계(인과, 비교/대조, 문제해결)로서 텍스트 전체 내용을 인식하는 것으로 본다. 그러나 이들 설명 방식은 텍스트 내용에 대한 독자의 인식을 설명하는 것으로 효과적인 내용 인식은 이들의 상호작용으로 이루어진다고 할 수 있다.

(1) 내용 알기

독자의 텍스트 내용 인식에서 먼저 이루어지는 것은 텍스트 중심의 내용 알기이다. 내용 알기는 텍스트의 내용을 기호에 충실하게 마음속에 표상하는 활동이다. 즉 내용 알기는 독자가 기호를 해독함으로써 파악되는 내용을 사실적으로 문장과 문단, 장, 절의 순서로 파악하는 것이다. 이러한 내용 알기는 텍스트와 독자가 직접 대면한 관계 속에서 이루어진다. 독자가 이 단계를 거치지 않고 다른 활동으로 넘어가는 것은 있을 수 없다. 텍스트에 대한 사실적인 내용을 파악하지 않고서는 다른 이해 활동을 할 수 없기 때문이다.

독자가 텍스트의 내용을 사실적으로 아는 방법은 여러 가지가 있다. 대표적인 방법은 내용을 구조화하는 것이다. 내용을 알기 위하여 독자는 글의 구성 성분을 분석한다든가, 글의 구조를 분석한다든가, 글의 장르에 맞는 전개 방식에 따라 내용을 정리하는 것이다. 또한 글의 서술 방식(수집, 인과, 비교/대조, 문제해결)에 따라 정리하든가, 도식화 전략을 사용하여 글의 내용을 파악하는 것은 효과적인 내용 알기 방법이다. 이러한 방법들은 독자가 텍스트의 내용을 사실적으로 표상하는 것을 돕는다.

내용 알기가 텍스트의 내용을 사실적으로 파악한다고 하여 텍스트의 내용을 그대로 외우는 것은 아니다. 사실적이라고는 하지만 독자의 마음속에 구성되는 내용은 생략되거나 재구조화의 형태를 가진다. 독자의 인지적인 처리는 모든 내용을 그대로 표상할 수 없다. 텍스트의 기호를 그대로 외우고 있다고 할지라도 독자가 마음속에 표상하는 내용은 문자를 해독한 것에 지나지 않는다. 그렇기 때문에 세부적인 내용은 생략하고, 나누어져 기술된 내용을 하나로 합치고, 합쳐진 내용은 나누게 된다. 그렇게 함으로써 텍스트의 내용이 표상된다. 이러한 것은 읽은 텍스트에 대하여 이야기를 시켜 보면 알 수 있다. 독자는 텍스트의 내용을 사실적으로 이야기하되 텍스트에 기술되어 있는 그대로의 내용을 설명하는 것이 아니라 내용을 부분적으로 이야기하든가 요약하여 말한다.

내용 알기는 텍스트에 대한 독자의 배경지식이 중심이 되지 않은 것이라 할 수 있다. 텍스트를 읽을 때 독자의 요인이 전혀 반영되지 않는 경우는 없다고 할 수 있지만 의도적인 반영이 최소화된 형태의 내용 인식이라 할 수 있다. 내용 알기는 텍스트에 충실한 것으로 읽기의 기초가 된다. 읽기 지도에서 텍스트의 내용에 대한 사실적인 인식을 강조한 필요가 있다. 텍스트의 이해는 이 사실적인 내용 인식을 기반으로 하여 이루어지기 때문이다.

(2) 내용 확장하기

텍스트 중심의 내용 알기와 더불어 내용에 대한 확장하기도 중요하다. 확장하기는 텍스트의 내용에 관련된 내용을 첨가 보충하여 확장적으로 파악하는 방식이다. 확장하기는 독자의 요인이 작용한다는 점에서 해석 활동과 유사한 면이 있으나 텍스트의 내용 인식에 초점이 있다는 점에서 의미를 찾는 해석과는 구별된다. 즉 독자의 텍스트 내용에 대한 적극적인 개입은 이루어지지 않고 소극적인 형태의 개입이 이루어진다. 소극적이라는 것은 독자의 배경지식이 텍스트의 내용 인식에 한정되어 이루어짐을 의미한다. 독자는 텍스트 내용의 확장을 위하여 자신의 배경지식을 동원하고 연상하고, 추론하고, 범주화하지만 이들 활동은 텍스트에 있는 내용의 범위를 넘어서 이루어지는 것은 아니다. 즉 텍스트의 내용을 중심으로 독자의 스키마를 활용하여 확장적으로 인식하는 것이다.

독자가 텍스트의 내용을 확장한다는 것은 텍스트 내용에 제시된 내용에 대하여 기술되지 않은 부분을 읽기 과정에서 채워 넣는 것이다. 확장하기는 생략된 부분을 보충하거나 설명되지 않은 관련 내용을 찾아보는 것뿐 아니라 텍스트 내용을 분석 · 비교 · 검토 · 종합하여 타당성을 따지는 활동도 포함한다. 이러한 활동은 자동적으로 이루어지는 것이기도 하지만 의도적으로 접근할 때 효과적으로 이루어진다. 독자는 확장하기를 함으로써 텍스트의 내용을 다른 것과 관련짓게 되고, 마음속에 있는 지식과 통합할 수 있게 된다. 이것은 독자가 텍스트의 내용을 독자의 관점에서 구성할 수 있게 하고, 내용을 독자가 느끼고 생각할 수 있는 형태로 표상할 수 있게 한다. 확장하기는 텍스트에서 기술된 사실들을 범주별로 나누고, 관계를 짓고, 뭉치거나 세분화하는 과정에서 독자가 가지고 있던 배경지식을 동원하는 것이다. 그렇게 함으로써 독자는 내용으로 이미지를 구성하든가 구조화하여 마음속에 표상하게 된다.

독자의 내용 인식을 위한 기제로 대표되는 것은 스키마이다. 스키마는 개별 독자의 기억 속에 있는 구조화된 단위 지식체이다. 읽기에 작용하는 스키마를 내용과 형식 스키마로 나누기도 한다(박수자, 2001). 이 스키마의 작용은 두 가지로 나눌 수 있다. 하나는 무의도적으로 작용하는 스키마이고, 다른 하나는 의도적으로 작용하는 스키마이다. 스키마의 작용의 본질은 무의도적이다. 독자가 기호를 통하여 내용을 마음속에 구성하는 과정에서 자동적으로 작용한다. 이 무의도적인 스키마의 작용으로 독자는 무리 없이 텍스트의 내용을 인식하게 된다. 텍스트 내용이 만들어 내는 간극을 메우기도 하고 다음에 올 내용에 대하여 예측하기도 한다. 이러한 무의도적인 스키마의 작용은 즉각적으로 일어나 텍스트를 읽는 그 순간순간에 작용한다. 그래서 독자는 텍스트의 내용을 자연스럽게 마음속에 표상하게 된다. 그러나 무의도적으로 이루어지는 스키마의 작용은 독자에게 텍스트의 이해 방향을 결정해 주지 못한다.

스키마가 의도적으로 작용하는 경우는 논리적인 추리를 하는 경우이다. 이러한 스키마의 작용은 텍스트의 여러 단서를 통해서도 활성화되지만 관련된 질문이나 설명을 통해서도 활성화할 수 있다. 즉 의도적으로 스키마를 조작함으로써 텍스트의 내용 인식을 하게 할 수 있다[17]. 즉 스카마를 의도적으로 활용함으로써 텍스트의 내용 파악에 긍정적인 효과를 얻을 수 있다. 독자는 텍스트의 내용에 대하여 자신이 이미 가지고 있는 지식이 있다는 것을 인식하게 됨으로써 텍스트의 내용에 대하여 자신감을 가지고 접근할 수 있게 되며, 텍스트 내용에 대한 적극적인 예상과 추론, 점검을 할 수 있게 된다. 독자는 자신의 관점에서 텍스트의 내용이 어떻게 이루어질지 미리 짐작하는 것이 가능하다. 또한 텍스트의 내용에서 생략된 부분이나 논리적인 오류가 있는 부분에 대해서는 추론을 통하여 내용을 인식하게 하여 준다. 또한 내용에서 어떤 부분을 제대로 이해했는지 잘못된 부분은 없는지 등에 대한 점검 활동도 가능하게 한다. 이러한 활동은 텍스트의 내용 이해를 위한 스키마의 의도적인 활용이다[18].

---

17) Bransford & Johson(1972)의 '세탁기 사용'에 관련된 예문을 통한 실험(노명완 외, 1994: 209)과 Pichert & Anderson(1977)의 '집'에 관련된 예문을 통한 실험(노명완 외, 1994: 213)을 참조할 수 있다.

18) 읽기 활동을 스키마에 의존한다고 할 때, 몇 가지 점에서 문제점이 있다. 텍스트 내용에 대한 독자의 다각적인 접근을 어렵게 한다. 즉 텍스트의 내용을 독자의 스키마로만 보게 함으로써 텍스트 내용에 대한 다각적인 접근을 막는다. 이러한 경우는 많다고 할 수 있다. 예를 들어 권위적인 독자의 경우에 있어서는 텍스트의 내용에 대하여 새로운 관점이나 해석을 배제한다. 또한 텍스트의 이해를 독자 중심에 얽매이게 한다. 텍스트의 이해는 독자가 하는 것은 잘못된 것은 아니나 독자의 주관적인 이해를 지나치게 강조하는 것은 텍스트의 이해의 타당성을 갖지 못하게 한다. 그래서 독자는 자기 중심적인 텍스트 이해에서 벗어 날 수 없다. 읽기를 의사소통의 관점에서 보면, 지나친 독자 중심의 이해는 의사소통이 이루어진 것이라 할 수 없다. 또한 텍스트의 내용을 독자가 구조화한 틀 속으로 넣으려고 한다. 독자는 텍스트의 내용을 자신의 관점에서만 받아들이려 하기 때문에 새로운 변형을 꺼려한다. 물론 스키마는 변화 확장되는 것이 기본적인 원리이지만 한번 만들어진 스키마는 그 작용에서 기존의 형태를 유지하려는 속성도 있는 것이다. 때문에 내용에 대한 확장적 인식을 방해하는 요인이 될 수 있다. 스키마의 이러한 요인은 새롭게 보완될 필요가 있다.

텍스트 내용을 인식하기 위한 활동은 내용 알기와 확장하기의 상호작용으로 이루어진다. 내용 알기와 확장하기의 상호 작용의 범주는 텍스트 중심, 독자 중심, 독자와 텍스트 상호작용으로 나눌 수 있다. 텍스트 중심의 내용 알기는 텍스트의 기호를 바탕으로 텍스트의 내용을 사실적으로 파악하는 것을 의미한다. 독자 중심의 확장하기는 관련된 내용을 활용하여 내용을 확장적으로 인식하는 것이다. 독자의 내용 인식은 텍스트 중심이나 독자 중심만으로 이루어지지 않는다. 독자와 텍스트의 상호작용을 통하여 인식된다. 독자의 내용 인식 지도는 내용 알기와 확장하기의 상호작용이 이루어질 수 있도록 이루어져야 한다. 독자의 내용 인식은 이들의 상호작용을 바탕으로 하기 때문이다.

2) 텍스트 의미(속뜻) 해석하기

해석은 텍스트에 표현되어 있는 내용이 무엇을 의미하는 것인지를 밝히는 것이다. 해석은 텍스트에 사용된 낱말이나 구절의 의미를 밝히는 것에서 시작되었다. 이와 관련하여 고서에 대한 주석을 다는 활동도 해석으로 볼 수 있다. 또한 텍스트의 내용을 다른 언어로 번역하는 것도 해석의 문제에 속하게 된다(이한우 역, 1998). 이러한 고전 해석학은 현대 해석학의 등장으로 텍스트에서 의미를 찾아내고 의미를 독자가 어떻게 수용할 것인가의 문제를 다루는 것으로 발전하였다. 여기서 사용되는 해석의 개념은 텍스트를 통하여 필자가 드러내려 한 의미, 또는 텍스트를 분석하여 드러날 수 있는 의미를 독자가 개입하여 찾아내는 활동을 의미한다. 독자가 개입한다는 것은 텍스트의 의미를 필자나 텍스트 자체가 가질 수 있지만 독자의 관점이 작용하였을 때는 새롭게 드러날 수 있음을 뜻한다. 이 말은 텍스트의 의미를 해석함에 있어서 필자나 텍스트가 제시하는 의미가 있을 수 있고, 독자가 새롭게 구성할 수 있는 의미가 있음을 뜻한다.

텍스트 의미의 해석은 텍스트와 독자의 상호작용을 바탕으로 한다.

독자는 텍스트와 직접적인 대면을 벗어나 인식한 내용을 특정한 관점으로 바라봄으로써 의미를 찾을 수 있다. 해석 활동을 스콜즈가 말하는 텍스트의 바로 위(upon)에서 텍스트 만들기이고, 하트만(Hartman, 1991)이 말하는 것과 같이 텍스트의 내용과 독자의 관점이 결합되어 의미를 찾아내는 과정이다. 독자는 인식된 내용을 바탕으로 특정 어휘나 특정 부분, 특정 관점을 살핌으로써 의미를 찾는다. 이 과정에 독자의 의도나 목적, 선이해나 기대의 지평이 작용하게 된다. 즉 해석의 과정은 독자가 인식된 내용을 조금 떨어진 상태에서 여러 가지 색안경을 바꾸어 쓰면서 살피는 과정이다. 이 과정에서 텍스트의 내용이 포함하고 있는 의미가 드러난다.

텍스트 의미를 해석하는 방식도 크게 두 가지로 나눌 수 있다. 하나는 텍스트를 중심으로 독자가 텍스트의 내용에 다가가는 방식이다. 독자는 텍스트의 내용에 의존하여 텍스트의 의미를 찾아간다. 독자의 텍스트에 대한 의미의 해석은 충실하게 텍스트를 중심으로 이루어지는 경우이다. 이 해석 활동을 함축(내포)된 의미 찾기라 할 수 있다. 의미 찾기는 텍스트에 내포되어 있지만 명시적으로 드러나지 않은 의미를 찾아내는 것이다. 또 다른 하나는 텍스트의 의미를 독자가 부여하는 방식이다. 독자는 자신의 관점을 적용함으로써 텍스트의 의미를 해석해 내는 것이다. 이것은 의미 주기이다. 의미 주기는 텍스트 외부의 요인을 활용하여 의미를 찾아내는 방식이다. 즉 독자는 자신의 관점이나 다른 사람의 관점을 활용하여 내용에 의미를 줄 수 있다.

(1) 의미 찾기

의미 찾기는 텍스트의 내용을 중심으로 의미를 밝혀내는 해석 활동이다. 즉 텍스트 중심의 해석을 의미한다. 텍스트 중심의 해석은 텍스트의 내용을 의미를 풀이하기도 하지만 텍스트가 드러내는 의미를 찾는 활동이다. 텍스트 중심의 해석은 텍스트 내용 자체에서 드러나는 의미 찾기와 필자의 생각 찾기를 포함한다. 텍스트의 내용은 필자와 별개의 것이 될 수도 있지만 필자의 생각을 담은 것이 될 수 있기 때문이다. 이렇게 볼 때, 의미 찾기는 두 가지로 나눌 수 있다. 한 가지는 텍스트를 구성한 필자가 의도한 것을 찾는 것이고, 다른 한 가지는 텍스트 자체의 내용에서 찾는 것이다. 이들에 대한 구체적인 논의는 복잡하지만 텍스트는 필자에 의하여 쓰여진 것이기에 필자의 생각이 반영되어 있다. 또한 텍스트는 그 자체로서 완결된 것으로 기능을 하며, 필자와 분리된 특성도 가지고 있다. 예를 들어 소쉬르의 '일반언어학 강의'는 소쉬르의 언어에 대한 생각을 담고 있으면서, 소쉬르는 의도하지 않았지만 구조주의 인식론의 기반을 제공한 것으로 받아들여지고 있다. 이것은 텍스트의 내용에 대한 의미 찾기에서 필자와 텍스트의 요소를 함께 고려할 필요가 있음을 알게 한다.

필자 중심의 의미 찾기는 텍스트에서 필자의 생각을 알아냄으로써 이루어진다. 슐라이어마허의 심리학적인 해석은 필자의 고유한 사상을 알아봄으로써 의미를 찾을 수 있다(강돈구, 2000)는 것이고, 허쉬는 필자의 의도를 알아봄으로써 텍스트의 단일한 의미를 찾을 수 있다(이경순 역, 1994)고 했다. 텍스트의 해석은 필자의 말에 대한 구체적인 의미를 알기 위하여 이루어졌다. 이의 대표적인 것이 경전에 대한 해석이다. 동서양을 막론하고 경전의 해석은 화자(필자)의 의도를 분명하게 파악하는 것이었다. 이 해석의 방식은 문학적인 관점에서는 역사·전기적인 비평과 관련된다. 텍스트의 의미는 필자의 생각과 일치하는 것으로 보고, 필자의 생각 찾기를 해석으로 본다. 텍스트에 나타난 필자의 의도나 생각을 알기 위해서는 필자의 사상이나 신념, 텍스트 표현의 의도와 목적 등을 고려한다. 또한 필자의 개인적인 성향이나 주변 요인을 통해 유추할 수도 있다.

텍스트 내용 자체에서의 의미 찾기는 텍스트의 내용 속에서 의미를 알아보는 것이다. 텍스트 표면에 드러나지 않은 의미를 찾기 위해서는 낱말의 상징성이나 내용 간의 관계를 분석하여 봄으로써 의미를 찾을 수 있다. 슐라이어마허는 문법적 해석에서 낱말이나 구절들의 관계를 통하여 이들의 단일한 의미를 알아봄으로써 의미를 찾을 수 있다(강돈구, 2000)고 보았다. 신비평은 텍스트의 구성 요소들의 유기적인 관계를 파악함으로써 텍스트의 의미를 찾을 수 있다고 보았다. 텍스트에 사용된 몇몇의 어휘들은 텍스트의 내용을 집약적으로 함의하고 있어서 텍스트가 가지는 의미가 무엇인지 예측하게 한다. 또한 텍스트 내용 구성 요소는 그들의 관계 속에서 의미를 드러낸다. 내용의 구조로 접근할 경우는 내용에 대한 위계적인 구조를 따져 봄으로써 상위 명제와 하위 명제들의 관계 속에서 텍스트가 드러내려고 하는 의미를 찾아낼 수 있다.

의미 찾기는 텍스트 내용 속에 내포되어 있는 의미를 찾아내는 것이다. 이 의미는 필자의 생각일 수도 있고, 텍스트 내용 속에 들어 있을 수도 있다. 독자는 관련 자료를 찾아보든가 텍스트의 내용을 심층적으로 분석하고 종합하는 과정을 통하여 의미를 찾는다. 즉, 텍스트의 내용의 구성과 텍스트의 각 부분의 내용 간의 관계를 알아봄으로써 의미를 찾는 것이다. 또한 의미 찾기 과정에서 독자는 자신의 지식과 관점을 텍스트의 내용을 객관적으로 해석하기 위하여 사용하며 독자는 텍스트 내용에 대하여 깊이 있는 통찰과 비판적인 검토 그리고 독창적인 해석 방식을 적용하여 의미를 찾아낸다.

(2) 의미 주기

텍스트 중심의 의미 찾기와는 다른 접근 방식이 독자 중심의 의미 부여하기이다. 텍스트의 내용에 대하여 독자는 자신의 관점과 지식을 바탕으로 의미를 부여하는 것이다. 독자는 자신의 마음속에 표상된 텍스트의 내용을 독자의 관점으로 점검하여 봄으로써 의미를 부여한다. 허쉬는 독자의 관점에서 찾아낼 수 있는 것을 의의(significance)라 하고, 그것은 텍스트 외재적 요소에 의하여 판단하고 평가하는 것으로 이를 비평이라 하였다(이경순 역, 1994: 26) 이것은 독자의 관점에서 의미를 찾기 위해서는 독자의 관점의 필요함을 의미한다. 독자가 텍스트의 내용에 의미를 부여할 때 사용하는 외부적인 요소는 인지적인 관점에서는 배경지식이고, 가다머의 해석학의 관점에서는 선이해나 기대 지평이 된다. 이러한 독자의 요소는 의미 주기에서 중심 역할을 한다. 독자는 자신의 관점을 바탕으로 텍스트의 내용을 분석, 비교, 종합함으로써 텍스트의 의미를 정한다.

독자 중심의 해석은 독자의 생각이나 관점, 신념과 같은 것이 중요하게 작용한다. 독자의 관점에서 텍스트의 내용을 해석한다는 것은 텍스트의 내용에 대한 독자의 적극적인 참여를 통한 의미 주기를 뜻한다. 이것은 독자가 의미를 주기 위하여 텍스트 내용의 특정 부분에 주목한다든가 독자의 의도나 목적, 관점, 맥락 등을 텍스트의 내용에 반영하는 것이다. 그렇기 때문에 텍스트의 내용에 대하여 독자가 주는 의미는 독자의 의도와 목적에 따라 달라질 수 있다. 또한 독자마다 다양한 의미를 가질 수 있게 된다. 그래서 독자 중심의 해석의 관점은 텍스트의 의미에 대한 확장적이고 불확정적인 인식을 가지게 한다. 그렇지만 독자는 텍스트를 해석하기 위하여 특정한 입장을 가진다는 면에서 한 번에 다양한 의미를 모두 찾는다기보다는 하나의 의미를 찾는다고 할 수 있다.

독자가 텍스트에 의미를 주기 위해서 필요한 것은 텍스트의 내용에 대한 분명한 인식과 독자의 관점이다. 독자가 자신의 관점을 분명히 할 때 텍스트의 의미를 부여할 수 있다. 텍스트의 내용을 보는 관점은 독자 자신의 고유한 사상이나 신념에서 비롯된 것이라고 할 수 있지만 반드시 그런 것은 아니다. 독자는 텍스트의 의미를 찾기 위하여 다른 텍스트나 다른 사람의 관점을 빌려 텍스트의 내용을 살펴볼 수도 있다. 이렇게 되면 독자가 찾아낸 의미는 독자가 취한 관점에 따라 달라질 수 있다. 독자의 의미 주기는 독자의 관점이 중요한 것이지만 이 관점은 반드시 독자 고유의 것일 필요는 없는 것이다. 독자가 선택한 관점이라는 것을 사회구성주의 관점이나 상호텍스트성의 관점에서 보면 다양할 수 있다. 이것은 독자가 갖는 관점이 다양할 수 있으며 여러 관점이 서로 연결됨으로써 다양한 의미를 줄 수 있음을 뜻한다.

텍스트의 의미 해석은 텍스트의 내용과 독자의 관점이 만나 이루어지는 활동이다. 독자는 먼저 텍스트의 내용을 분석하고 관계짓고, 비교함으로써 함축적인 의미를 찾아낸다. 또한 텍스트를 쓴 필자가 어떤 의도에서 내용을 서술했는지를 파악함으로써 텍스트의 의미를 찾을 수 있다. 이러한 해석 활동은 텍스트와 독자가 일정한 거리를 유지하면서 텍스트의 의미를 찾아내는 것이다. 이러한 텍스트의 의미 해석은 텍스트를 중심으로 이루어지는 것이다. 의미 해석은 이러한 텍스트 중심에서 벗어나 독자 중심으로 이루어지기도 한다. 독자 중심의 의미 해석은 텍스트의 내용에 대하여 독자의 관점을 적용함으로써 드러나는 것으로 텍스트 내용에 대한 의미 주기라고 할 수 있다. 독자는 읽는 목적이나 자신의 필요성에 의해 텍스트의 내용에 의미를 부여한다. 이러한 의미 찾기와 의미 주기는 각각 이루어질 수 있으나 텍스트의 의미에 대한 타당성을 확보하기 위해서는 이들 활동의 상호작용이 필요하다. 텍스트의 의미는 필자와 텍스트, 독자 중 어느 한 쪽의 요인만으로는 드러나지 않기 때문이다. 텍스트 내용에 대한 해석의 지도는 의미 찾기와 의미 주기가 상호작용하여 타당한 여러 의미를 찾아볼 수 있도록 해야 한다.

3) 텍스트의 의미(속뜻) 이해하기

이해(理解)라는 한자어에 해당하는 우리말의 뜻은 '알다'와 '깨닫다'가 될 수 있다. 우리말에서 '알다'와 '깨닫다'는 주체가 외부 대상을 접했을 때의 대한 마음의 작용을 나타내는 말이다. 무엇을 '알다'라고 말하는 경우와 '깨닫다'라고 말하는 경우, 이들을 개별적으로 볼 때는 인식의 정도를 한정하기 어렵다. 그러나 '알다'와 '깨닫다'를 함께 비교하여 보면 인식 주체의 마음 변화가 다름을 알 수 있다. '알다'는 인식 주체가 대상을 지각하여 그것이 무엇인지 판단하여 의식한 경우와 지각을 통한 인식을 의미한다. 때문에 '알다'라는 개념은 피아제의 인지 발달 논의의 '동화'의 개념과 유사하다. 이에 비하여 '깨닫다'라는 말은 인식의 주체가 외부 대상으로부터 무엇인가 본질을 알게 되어 마음의 구조적인 변화가 일어났음을 가리킨다. 즉 '깨닫다'의 의미는 인식 주체의 마음이 내외적인 요인에 의하여 크게 달라졌음을 뜻한다. '깨닫다'라는 것은 피아제의 '조절'의 개념과 유사하다. 이렇게 볼 때 텍스트의 이해는 '깨닫다'와 관련된다고 할 수 있다. 따라서 텍스트의 의미를 이해했다고 말할 경우, 텍스트의 의미를 안 것을 뜻하는 것이 아니라 텍스트의 의미에 의하여 독자의 마음의 질적 구조가 변화된 것을 가리킨다.

이해는 독자가 텍스트의 의미를 바탕으로 깨달은 것이라고 할 수 있다. 텍스트의 의미를 깨달았다는 것은 독자가 텍스트의 의미로 말미암아 생각이 질적으로 바뀌었음을 의미한다. 독자의 마음이 질적으로 변화하였다는 것은 독자가 텍스트의 의미를 바탕으로 의미를 새롭게 구성하였음을 뜻한다. 이러한 마음의 변화는 새로운 생각(사상)을 형성했다는 것으로 새로운 생각으로 대상을 새롭게 보고 느낄 수 있게 된 것을 뜻한다. 즉 독자가 텍스트의 의미를 받아들임으로 인하여 독자의 마음 구조가 변화된 것을 의미한다. 이러한 활동은 독자의 마음속에서 일어나는 것으로 텍스트와 직접적인 대면의 관계를 벗어나 이루어진다. 독자는 텍스트의 의미를 찾고 난 후 텍스트의 의미와 진정한 내적 대화를 통한 성찰적 사고를 통하여 깨닫기를 함으로써 이해에 이르렀다고 할 수 있다.

독자가 텍스트의 의미를 받아들여 마음의 변화를 일으키는 과정은 텍스트가 제시한 의미에 대한 타당성의 판단으로부터 시작된다. 독자가 텍스트의 의미가 가치 있는 것으로 인식되지 않는다면 그것에 더 관심을 가지지 않게 될 것이다. 그러나 텍스트의 의미가 독자에게 의미 있는 것이라고 판단되면, 독자는 텍스트의 의미를 어떻게 받아들일 것인지 자기화하는 방식을 결정한다. 의미를 받아들여 자기화하는 방식은 두 가지 형태를 갖는다. 하나는 독자가 찾은 의미를 그대로 수용하는 방식, 즉 내면화하는 것과 의미를 변형시켜 새롭게 구성하는 방식, 즉 재구성하는 것이다. 독자가 텍스트의 의미를 자기화함으로써 이해가 다 이루어졌다고 할 수 없다. 독자는 자신이 받아들인 의미에 대하여 비판적으로 검토하고 이의 타당성이 인정되면 이를 자신의 삶의 영역으로 확장할 때 이해가 이루어진 것이라 할 수 있다.

(1) 내면화하기

의미의 내면화는 독자가 텍스트를 해석하여 의미를 찾고 나서, 그 의미에 독자가 동의하는 것을 의미한다. 이 말은 독자가 텍스트에서 찾아낸 의미와 관련하여 생각을 갖지 못하거나 텍스트의 의미가 타당성이 있어서 텍스트의 의미를 자신의 관념으로 받아들이는 것이다. 독자가 텍스트를 읽는 이유가 텍스트에서 새로운 것을 알기 위한 것인데, 텍스트에서 새로운 것을 발견하였을 때, 텍스트의 의미를 중심으로 자신의 생각을 구조화하는 것이다. 즉 의미의 내면화하기는 텍스트 해석에서 찾아낸 의미를 독자의 생각으로 바꾸어 마음을 구조화하는 것이다. 이것은 텍스트 의미를 독자가 발전적으로 수용하는 것이다.

내면화는 교육에서 중요한 개념으로 사용된다. 내면화를 구체적으로 언급하고 있는 것은 크라스울(Krathwohl, 1964)의 정의적 영역의 교육목표 분류학이다. 크라스울은 정의적 목표를 감수, 반응, 가치화, 조직화, 성격화로 정하고, 이들이 내면화의 과정을 이룬다고 이야기하고 있다. 내면화에 대하여 주목한 또한 사람은 비고츠키(Vygotsky)를 들 수 있다. 비고츠키가 말하는 내면화는 '역사와 더불어 창조되고 변형된 지식이 원래는 개인 밖 사회에 외재하고 있다가 개인 간의 상호작용을 통해 개인의 의식 세계에 내재하게 되는 것'(한국교육심리학회 편, 2000: 70)을 의미한다. 즉 개인 밖에 있던 지식이 개인의 마음속에 자리를 잡게 되는 것을 의미한다. 내면화에 대한 이들의 논의에서 알 수 있는 것은 정의적 요소와 인지적 요소가 개인 외부에서 개인 내부로 들어오는 것을 의미한다. 여기서 개인의 외부적인 요소가 그대로 개인의 마음속으로 전달되는 것은 아니고 개인의 심리 작용에 의하여 변형되고 재조직된다는 의미를 포함한다.

내면화는 주체가 자신의 외부에 있는 관점, 지식, 관념, 사상, 정서를 받아들여 자기화한다는 의미가 들어 있다. 주어진 내용을 외우거나 암기하는 것과는 구별되는 것이다. 즉 자신이 가지고 있지 못한 것을 마음속으로 받아들여 자기 마음의 일부로 만드는 것을 의미한다. 독자가 텍스트의 의미를 마음의 일부로 만드는 것은 자신의 관점에서 재구조화하여 받아들인다. 그렇지만 내면화는 외부적인 것에 독자의 마음을 맞추는 의미가 있으므로 외적인 것의 변화를 중요하게 보지 않는다. 그렇기 때문에 텍스트의 의미를 내면화한다는 것은 텍스트의 의미에 공감하며 동의하여 독자가 텍스트의 의미에 동조된 생각을 갖는 것이다. 그래서 외부의 의미를 받아들임으로써 자신의 생각을 확장하는 것이다.

요컨대 독자가 텍스트의 의미를 내면화한다는 것은 텍스트에서 해석한 의미에 대하여 적극적으로 수용함을 의미한다. 즉 독자가 텍스트의 내용에서 찾아낸 의미나 부여한 의미를 마음속으로 받아들임을 의미한다. 이 때 독자의 주체적인 관점을 주축으로 하여 의미를 새롭게 구성하는 것이 아니라 드러난 의미를 중심으로 받아들이는 것이다. 독자가 드러난 의미를 자신의 것으로 받아들이기 위해서는 자신이 가지고 있던 기존의 생각을 비판적으로 점검하고, 텍스트의 의미가 타당함을 인정해야 한다. 그리고 나서 텍스트의 의미에 대하여 깊은 공감을 바탕으로 한 심리적인 동조를 하고, 자신의 생각으로 받아들이는 것이다. 이렇게 함으로써 독자는 텍스트의 의미를 자기화하게 된다. 이러한 이해의 과정은 크라스울(Krathwohl)의 내면화 단계나 비고츠키(Vygotsky)의 내면화 과정도 그대로 적용되는 것이라 할 수 있다. 즉 내면화는 텍스트의 의미가 정의적인 것이든 인지적인 것이든 독자가 가지고 있지 않은 것을 자신의 것으로 받아들임으로써 마음을 확장하는 것이다.

(2) 재구성하기

재구성은 독자가 텍스트의 의미와 자신의 기존 생각(배경지식, 선입견, 기대 지평)을 바탕으로 새로운 관념을 구성하는 것이다. 독자는 텍스트의 의미와 자신의 생각 차이를 내적 대화를 통하여 합의한다. 내적 대화를 통한 합의는 성찰적 사고와 진정한 대화[19]를 통하여 이루어진다. 독자는 텍스트의 의미가 자신이 생각하지 못한 것이나 자신의 생각과 다른 것일 때, 성찰하고 대화하여 생각을 재구성한다. 이 재구성은 단순히 텍스트의 의미만으로 이루어지는 것이 아니라 독자의 주체적인 활동이 바탕이 되어 이루어진다. 독자는 자신이 가지고 있던 생각과 텍스트의 의미를 비교 · 분석 · 종합함으로써 생각을 새롭게 재구성한다. 이 재구성은 독자의 주체적인 생각을 바탕으로 이루어진다.

재구성하기는 텍스트의 의미와 독자의 생각을 융합하는 활동이다. 융합이 몇 가지 요소들이 결합될 때, 본래의 성질을 잃어버리고 새로운 것이 되는 것을 나타내듯이 재구성이란 텍스트의 의미와 독자의 생각이 각기의 성질을 버리고 새로운 하나의 관념을 형성하는 것을 의미한다. 독자는 텍스트의 의미와 자신의 생각을 융합시켜 새로운 의미를 만드는 것이다. 이러한 재구성이 깨닫기이고 이해이다. 이러한 재구성은 텍스트의 의미와 독자가 진정한 대화를 함으로써 합의에 도달한 것으로 마음의 질적인 변화를 이룬 것이다. 이러한 재구성이 이루어졌을 때 이해가 이루어졌다고 할 수 있다.

재구성은 두 가지의 의미를 포함하고 있다. 하나는 해석학에서 가다머가 말하는 융합의 개념이며, 다른 하나는 하트만(Hartman, 1991)이 말하는 고리 만들기(looping)[20]를 의미한다. 가다머의 융합은 진정한 대

---

19) 가다머에 따르면 진정한 대화란 대화에 참여한 사람들이 각각 주제 내용에 전적으로 관심을 갖고 그것에 관한 진리에 도달하는 일에 관심을 갖는 그런 대화이다(이한우 역, 1999: 179).

20) 고리 만들기는 가다머가 말하는 결합과 관련된다. 가다머는 결합은 한 쪽이 다른 쪽에 자신의 견해를 부과하거나 다른 쪽의 견해를 단순히 수용한 결과가 아니라고 본다. 오히려

화를 통한 의견의 일치에 이르는 것을 의미한다[21]. 텍스트를 이해한다는 것은 텍스트 속에서 이야기하고 있는 화자의 생각과 글을 읽고 있는 독자의 마음속에 들어 있는 또 다른 화자와의 대화를 통하여 의견의 일치를 보아 새로운 의미를 구성하는 것을 의미한다. 즉 독자는 텍스트에서 찾아낸 의미를 자신의 생각과 융합시켜 새로운 생각을 구성하는 것이다. 하트만의 고리 만들기는 비유적인 표현으로 두 개의 반 원이 하나의 원을 구성하는 것을 의미한다. 즉 독자의 텍스트 이해를 하나의 원으로 된 고리라고 생각할 때, 그 고리는 텍스트의 의미와 독자의 생각이 이은 부분이 없이 하나로 만들어진 고리와 같다는 것이다. 이것은 가다머가 말하는 융합을 통한 의견의 일치와 크게 다르지 않다. 재구성은 텍스트의 의미와 독자의 생각이 융합되어 하나의 고리를 이루는 활동이라 할 수 있다.

요컨대 이해는 독자가 텍스트의 의미와 자신의 생각을 바탕으로 새로운 생각을 구성하는 것이다. 이해는 독자 중심으로 이루어지며 독자의 마음을 질적으로 변화(조절)시킨다. 이러한 마음의 변화는 텍스트 이해의 목적이며, 텍스트 이해 교육의 목표이다. 독자의 마음의 변화는 내적 대화를 통한 합의로 이루어지는 것이다. 이 대화 속에서 독자는 자신을 반성하고, 자신의 생각을 재구성하기 위해 노력해야 한다. 이러한 인식은 자신에 대한 이성적인 비판과 텍스트의 의미에 대한 존중에서 이루어진다. 독자는 텍스트의 의미와 자신의 생각에 대한 상호주관성을 바탕으로 서로를 인정함으로써 의견의 일치인 합일이나 융합 또는 깨닫기에 이르게 된다.

개인이나 집단들이 어떤 주제 내용에 관한 공유된 이해를 갖게 될 경우, 그들이 공유하는 이해는 어느 한 쪽의 소유물이 아니라 문제가 된 주제 내용에 대한 새로운 이해를 나타낸다(이한우 역, 1999: 181).

21) 가다머는 이해를 다음과 같이 말한다. '이해란 무엇보다도 의견의 일치이다. 그래서 사람들은 통상 서로를 직접적으로 이해하거나 의견 일치에 이를 때까지 의사소통을 계속한다. 따라서 의견의 일치에 도달한다는 것은 이해에 도달한다는 것이다'(이한우 역, 1999: 30 재인용).

독자의 텍스트 이해 활동인 텍스트 중심의 의미 내면화하기나 독자 중심의 의미 재구성하기를 표면적으로 보면, 내면화하기에서 재구성하기로 발전하는 것으로 생각될 수 있다. 그러나 이해의 과정은 내면화와 재구성의 계속적인 상호작용을 바탕으로 이루어진다. 텍스트의 이해는 기존의 이해를 바탕으로 이루어지기 때문에 내면화와 재구성은 계속적으로 상호작용하게 된다. 텍스트 이해가 이루어지는 실제적인 활동의 과정은 텍스트 의미를 독자의 것으로 받아들이면서 이를 바탕으로 새로운 생각을 끊임없이 형성함으로써 내면화와 재구성의 계속적인 상호작용이 이루어진다. 의미 이해의 지도는 이들 각 과정이 원활히 이루어질 수 있도록 해야함은 물론 이들 과정이 협력적으로 작용하여 독자의 재구성을 할 수 있게 이루어져야 한다.

4. 텍스트 이해 절차 모형

텍스트 이해의 절차는 읽기 활동을 구조적으로 체계화하는 것이다. 절차를 체계화하기 위해서는 텍스트 이해의 관점을 기반으로 해야 한다. 인지적 관점에서는 텍스트 이해의 절차를 전 · 중 · 후로 단계화하였으며, 문학 교육의 관점에서는 인식 · 해석 · 평가로 단계화하였다. 그리고 상호텍스트적 관점에는 연합 · 결합 · 재구성의 단계로 설명한다. 이들은 텍스트 이해의 절차를 단계화하는 것에 많은 시사점을 제공한다.

이들을 종합하여 텍스트 이해의 절차를 정리하면 인식하기 · 해석하기 · 이해하기 단계가 된다. 인식하기는 텍스트의 내용을 독자의 마음속에 표상하여 파악하는 활동이고, 해석하기는 인식한 내용에서 의미를 찾아내는 활동이며, 이해하기는 해석에서 찾아낸 의미를 받아들여 자기화하는 활동이다. 이들 활동들은 텍스트를 중심으로 이루지는 활동과 독자를 중심으로 하는 활동으로 구분될 수 있다. 인식하기는 내용 알기와 확장하기로, 해석하기는 의미 찾기와 의미 주기로, 이해하기는 내면화하기와 재구성하기로 나눌 수 있다. 이들은 텍스트 이해의 과정에서 각기 분리되어 이루어지는 것이 아니라 상호작용하게 된다. 이들의 상호작용 활동을 그림으로 정리하면 아래와 같다.

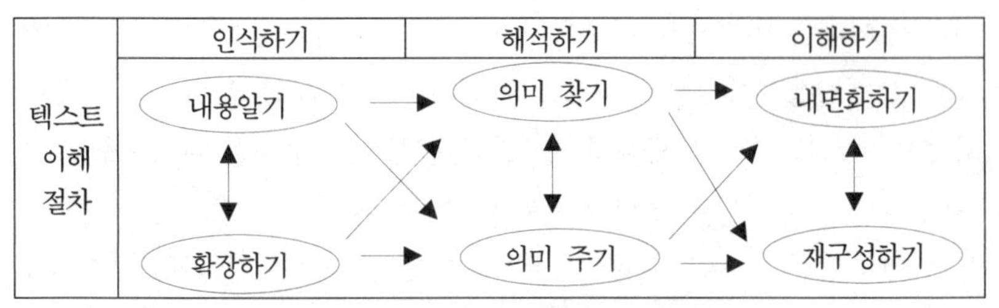

[그림2-4] 텍스트 이해의 절차 모형 II

텍스트 이해를 위한 지도의 절차는 위와 같은 세 단계의 과정을 거치는 것으로 볼 수 있다. 이러한 세 단계는 그 세부 활동들이 상호작용함으로써 이루어진다. 텍스트 이해의 지도 절차에서 각 단계들은 앞에서 일어난 활동을 바탕으로 발전적으로 이루어진다. 그 활동의 결과는 학습자의 마음의 변화를 지향한다. 이러한 접근은 텍스트 이해를 인지 중심의 과정으로 보든가 텍스트와의 거리 유지를 통한 평가로는 이루어질 수 없다. 독자와 텍스트가 진정한 대화 속에서 의견의 일치를 이룰 때 이루어진다.

3장. 텍스트 이해 방법의 구조화

1. 텍스트 이해의 접근 틀

독자의 텍스트 이해 과정은 마음속에 의미를 구성하는 과정이다. 이해 과정에서 독자가 구성한 의미는 텍스트의 내용을 그대로 마음속으로 옮겨 놓은 것이 아니다. 여러 텍스트의 내용들이 연결되어 구성된 것이다. 독자는 이해 과정에서 기억 속에 들어 있는 지식뿐만 아니라 독자 외부에 존재하는 텍스트의 내용들, 즉 다른 사람의 이야기나 문자 · 그림 · 소리 · 영상 텍스트를 활용한다[22]. 독자가 마음속에 구성하는 의미는 이들 여러 텍스트의 내용들이 상호텍스트적으로 결합되어 이루어지는 것이다. 텍스트 이해에서 상호텍스트적 연결은 의도적으로 또는 무의도적으로 일어난다. 때문에 이해 활동은 텍스트와 독자만이 존재하는 닫힌 공간에서 이루어지는 것이 아니라 여러 텍스트와 독자들이 상호작용하는 열린 공간에서 이루어진다. 열린 공간을 구성하는 요인들은

22) Spivey(1997)가 대학원생들의 연구 논문 작성 과정을 연구한 것을 보면, 텍스트의 내용 구성은 선행된 여러 텍스트의 직간접의 영향을 받아 이루어진다. 또한 Hartman(1991, 1995)의 논문에서 보면, 독자의 텍스트 이해는 텍스트 요인과 다중 텍스트 요인과 독자 요인이 함께 작용하여 독자가 이해를 한다는 것을 보여 준다. Olyer & Barry(1996)의 연구에서도, 초등학교 저학년 어린이들의 텍스트 이해는 불특정 다중 텍스트와의 상호텍스트적 연결을 통하여 이루어진다는 것을 알 수 있다.

구체적이고 명시적인 것일 수도 있으나 관습적이고 잠재적일 수 있다. 이들 열린 공간의 구성 요인들은 독자가 텍스트를 이해하는 과정에 언제나 함께 하는 것이기에 독자는 이에서 벗어날 수 없다.

그동안 텍스트 이해에 대한 교육의 관점은 필자나 텍스트의 요인을 강조하거나 독자의 요인을 강조하는 경향이 있었다. 이들 관점은 텍스트 이해를 필자의 의도나 텍스트의 내용에 한정하려 하거나 독자의 배경지식 범위에 구속하려고 하였다. 그래서 텍스트에 내재해 있는 필자의 생각이나 텍스트의 내용 구성 요소들 사이의 유기적인 관계 속에서 파악되는 의미의 이해를 강조하였다. 근래에는 독자 스키마의 역할에 주목하면서 독자의 배경지식이 텍스트의 의미를 결정한다고 생각한다. 필자나 텍스트에 대한 강조는 텍스트의 외부적인 요인이나 텍스트의 부분 요소에 관심을 갖게 하고, 이해의 객관성을 추구하였다. 이에 반해 독자 스키마의 강조는 독자의 배경지식에 주목함으로써 이해의 주관성을 강조한다. 교육의 관점에서 볼 때, 텍스트 이해는 객관성이나 주관성보다 타당성이나 합리성이 강조되어야 한다. 텍스트 이해는 의미 구성이면서, 의사소통이며 사회적 상호작용의 일부이기 때문이다. 이해의 객관성과 주관성이 강조되는 것은 단일 텍스트 내에서의 이해를 문제 삼기 때문인 측면도 있다. 때문에 객관성과 주관성에서 벗어나 이해의 타당성과 합리성을 추구하기 위해서는 단일 텍스트 중심의 닫힌 접근보다는 다중 텍스트 중심의 열린 접근이 필요하다고 할 수 있다.

독자의 마음속에 의미를 구성하는 과정은 명시적으로 규정하기 어렵다. 인지적인 관점에서는 독해의 과정을 해독과 이해[23]로 구분하고 있다. 여기서는 '이해'의 활동을 사실적 이해, 추론적 이해, 창의적 이해, 비판적 이해 등으로 구분한다. 이들은 텍스트 이해의 과정이라기보다는 이해의 방식이다. 즉 텍스트 이해 과정에서 독자의 필요에 따라 선택할

---

23) 텍스트 이해의 활동을 독해(reading comprehension)라고 보고, 그 과정을 해독과 이해로 보는 관점은 박수자(2001)나 최현섭 외(1999) 등이 있다.

수 있는 방식이라 할 수 있다. 다시 말하면 사실 · 추론 · 창의 · 비판적 이해는 읽기의 과정에 따라 구분되는 것이 아니라 하나의 이해 활동 방식이라 할 수 있다. 이들 관점에서 제시하는 텍스트 이해의 과정은 전 · 중 · 후이다. 읽기 전 활동은 배경지식을 활성화하고, 읽기 중 활동은 텍스트의 내용을 마음속에 표상하며, 읽기 후의 활동은 표상한 내용을 재조직하면서 점검하는 활동을 한다. 읽기 후의 활동이라도 표상한 내용을 점검하는 것에 중점이 있고, 내용을 어떻게 처리해야 하는지에 대한 분명한 관점을 제기하지 못했다. 때문에 전 · 중 · 후의 구분 방식도 텍스트 이해 과정에 대한 설명은 만족스럽지 못하다.

텍스트 이해는 텍스트의 기호를 해독하는 일에서 시작한다. 독자는 기호 해독을 통하여 마음속에 텍스트 내용을 표상한다. 텍스트 이해 교육에서는 표상 이후의 과정이 어떻게 이루어져야 하는지에 대한 논의가 필요하다. 내용 표상 이후의 텍스트 이해 절차에 대한 교육적 접근은 독자의 사고 활동을 중심으로 설명하는 인지적인 방식(노명완, 1988; 한철우, 2001; 박수자, 2001; 이경화, 2002 등)과 텍스트의 내용에 대한 가치 평가나 반응을 중심으로 설명하는 문학 비평적인 방식(구인환 외, 1999; 김상욱 역, 1995; 우한용, 1999 등)이 있다. 인지적인 접근은 독자의 이해 과정에 대한 구체적인 사고 과정(표상, 기억, 회상 등)을 탐색하는 반면, 문학적인 접근은 추상적인 이해의 과정(해석, 평가 등)을 탐색한다. 이들 관점은 텍스트의 내용을 표상하여 기억한다든가, 텍스트의 내용에 대하여 가치 판단을 한다든가, 텍스트의 내용에 대하여 새롭게 생각하는 것에 관심을 갖는다. 텍스트 이해에 대한 이들 관점도 의미 있는 것이기는 하지만 텍스트 이해 교육의 관점에서 텍스트 이해 절차가 재정리될 필요가 있다. 교육의 관점에서 이해라고 하면, 학습자가 텍스트와 상호작용을 통하여 생각(마음)을 새롭게 구성될 수 있도록 하는 것이어야 한다. 다시 말하면, 텍스트 이해는 텍스트에 나열되어 있는 정보를 기억하거나 정보를 찾기 위한 방법을 습득하는 것이 아니라 텍스트를 통하여 생각을 새롭게 구성하는 것이다. 텍스트 이해의 과정은 이러한 교육적인 관점을 바탕으로 정리될 필요가 있다. 그러기 위해서는 텍스트 이해 활동이 독자에게 맡겨지거나 텍스트의 내용의 가치를 평가하는 것이 되어서는 안 된다. 이것은 구성주의 관점을 수용한 것이기도 하지만 교육의 대상을 학습자의 마음으로 보는 것이다.

텍스트 이해의 절차를 앞에서 ①기호를 해독하여 내용을 독자 마음속에 표상하는 활동(인식하기)과 ②표상한 내용을 구분하고 재조직하여 해석하는 활동(해석하기), 그리고 ③텍스트를 해석하여 얻은 내용을 독자의 기존의 생각과 연결함으로써 새롭게 깨닫는 활동(이해하기)으로 구분하였다. 이 구분은 텍스트 이해라는 것이 일정한 과정이 있음을 인정하면서 이해의 결과가 텍스트의 내용을 자기화해야 한다는 생각을 포함하고 있다. 또한 텍스트 이해의 과정은 다중 텍스트(multiple texts)의 내용들을 상호텍스트적으로 연결하는 과정이라고 본다. 이런 관점은 다중 텍스트의 활용을 강조하고, 텍스트나 독자를 이해에 작용하는 하나의 요인으로 본다. 즉 이해 과정은 텍스트와 다중 텍스트의 여러 목소리들을 수용하고, 합의하고, 융합하는 대화의 과정이라는 것이다. 그래서 독자의 마음속에 구성되는 내재 텍스트는 다중 텍스트의 내용들이 상호텍스트적으로 결합되어 구성된다는 것이다.

이 논의의 의도는 텍스트 이해 교육에서 학습자의 상호텍스트적 의미 구성에 대한 이해를 바탕으로, 다중 텍스트를 활용한 이해 지도 방법을 구안하기 위한 발판을 마련하려는 것이다. 독자의 텍스트 이해 절차가 어떻게 이루어지고, 이 절차에서 독자가 구성하는 의미인 내재 텍스트가 어떻게 상호텍스트적으로 구성되는지를 살펴본다.

2. 텍스트 내용의 구조

독자의 텍스트 이해는 마음속에 새로운 텍스트를 구성함으로써 이루어진다. 독자가 마음속에 구성하는 텍스트는 필자가 구성하는 텍스트와 마찬가지로 상호텍스트성을 바탕으로 구성된다. 텍스트 이해 활동에서 미숙한 독자일 경우에는 무의도적으로 상호텍스트성을 활용하지만, 능숙한 독자들은 의도적으로 상호텍스트성을 활용한다. 텍스트 이해 교육에서는 이 점을 이용하여 다중 텍스트를 의도적으로 선별하여 제시함으로써 텍스트 이해의 효과를 높이는 접근이 필요하다. 때문에 독자의 텍스트 이해 과정을 상호텍스트성의 관점에서 논의할 필요가 있다.

독자의 텍스트 이해(comprehension)는 텍스트의 기호를 통하여 내용을 마음속에 표상하여 인식하고, 인식된 내용을 해석하여 속뜻을 찾고, 찾아낸 의미를 독자가 받아들이는 이해(understanding)하는 과정으로 이루어진다고 할 수 있다. 이 과정에서 독자는 마음속에 내재 텍스트를 구성하게 되는데, 이 내재 텍스트는 상호텍스트성을 바탕으로 이루어진다. 이 내재 텍스트의 상호텍스트적 구성을 돕기 위하여 다중 텍스트를 활용한 교육적인 접근을 '다중 텍스트 패러다임'[24)]이라 한다. 상호텍스트성을 강조하는 텍스트 이해에 대한 교육적인 접근은 독자의 내재 텍스트 구성에 관심을 갖는다. 텍스트 이해라는 것이 텍스트의 빈자리를 메움으로써 텍스트의 내용을 독자의 것으로 만드는 것이 아니라, 텍스트의 속뜻을 찾기 위해 해석을 하고, 찾은 속뜻을 독자의 마음속에 받아들임으로써 이루어진다. 때문에 텍스트 이해에 대한 교육적 접근은 독자가 구성하게 되는 마음속의 텍스트, 즉 내재 텍스트의 구성에 관심을 기울여야 한다. 이 내재 텍스트의 구성이 어떻게 구성되는지를 구체적으로 논의하여 본다. 이를 위하여 먼저 텍스트 내용 구조를 알아보고, 이들이 독자에게 어떻게 작용하게 되는지를 텍스트 이해 과정과 관련하여 생각하여 본다. 이를 바탕으로 독자의 내재 텍스트 구성의 상호텍스트성을 살펴본다.

24) Hartnam(1994) 부부는 한 편의 텍스트를 중심으로 읽기 교육이 이루어지는 것을 '단일 텍스트 패러다임'이라 부르고, 다중 텍스트를 중심으로 이루어지는 읽기 교육을 '다중 텍스트의 패러다임'이라고 부른다.

텍스트의 표면을 이루고 있는 것은 기호이다. 독자는 이 기호를 해독함으로써 마음속에 내용을 표상한다. 독자는 표상한 내용을 분석하고, 점검하고, 종합함으로써 이해에 이르게 된다. 텍스트 이해의 과정에서 볼 때, 기호를 통하여 드러나는 내용은 단일한 층위를 갖지 않는다. 기호를 자구적으로 해독하여 마음속에 구성한 것이 있고, 텍스트의 행간에 들어있는 내용을 찾아 구성한 것이 있다. 행간에 들어 있는 내용은 자구적인 내용에 비하여 다양하고 다층적이다. 그래서 행간에서 읽어내는 내용은 그 폭과 깊이를 한정할 수 없다. 이들 텍스트의 내용을 구분하면, 텍스트의 기호 해독으로 드러나는 '사실적 내용'과 독자의 의도나 목적, 또는 특정한 관점으로 볼 때, 행간에서 드러나는 '해석적 내용'이 있다. 이들이 독자의 마음속에 표상된 것을 가리키는 용어로 정리하면 다음과 같다.

텍스트의 기호를 해독하고 언어 규칙을 적용하여 낱말과 구절의 개념을 연결하고, 스키마를 활용하여 독자가 마음속에 표상한 것은 텍스트의 의미(meaning)[25], 즉 '뜻[26]'이라 할 수 있다. 그리고 이 뜻에 함축되어 있는 것을 해석하여 마음속에 표상한 것은 의의(significance)[27], 즉, '속뜻[28]'이라 할 수 있다. 텍스트의 내용을 뜻과 속뜻으로 구분한 것은 오래된 일이다. 그러나 이 둘을 분명하게 구분하기 어려운 면도 있다. 특히 속뜻의 개념이 불분명하다. 속뜻을 가리키는 것을 '주제'라고 했을

25) '의미'의 사전적 개념(표준국어사전: 한컴사전)은 다음과 같다. ①말이나 글의 뜻. ②행위나 현상이 지닌 뜻. ③사물이나 현상의 가치. 본고에서는 ①의 개념으로 사용한다.

26) '뜻'의 국어 사전적 개념은 다음과 같다. ①무엇을 하겠다고 속으로 먹는 마음. ②말이나 글, 또는 어떠한 행동 따위로 나타내는 속내. ③어떠한 일이나 행동이 지니는 가치나 중요성. 이들 중에서 본고에서 사용하는 '뜻'의 개념은 ②에 속하는 것이다.

27) '의의'의 사전적 개념은 다음과 같다. ①말이나 글의 속뜻. ②어떤 사실이나 행위 따위가 갖는 중요성이나 가치. ③[언어]하나의 말이 가리키는 대상. ④[철학]어떤 말이나 일, 행위 따위가 현실에 구체적으로 연관되면서 가지는 가치 내용. 본고에서의 개념은 ①의 개념으로 사용된다.

28) '속뜻'의 사전적 개념은 다음과 같다. ①마음속에 품고 있는 깊은 뜻. ②글의 표면에 직접 드러나지 아니하고 그 속에 흐르고 있는 뜻. 본고에서는 ②의 의미로 사용한다.

때, 주제가 무엇이 되어야 하는지 분명하게 규정하지 못하고 있다. 즉 텍스트의 주요 요점이 주제인지 텍스트의 중심 내용이 주제인지, 필자의 의도나 사상이 주제인지, 독자의 해석이 주제인지 분명하지 않다[29]. 그러나 텍스트 이해의 과정에서 보면 '뜻'과 '속뜻'은 구별된다.

텍스트의 뜻은 기호와의 관계에서 드러나고, 속뜻은 뜻을 보는 관점에 따라 달라진다. 따라서 텍스트의 뜻이 어떻게 독자에게 인식되고, 속뜻이 어떻게 해석되는지를 살펴보아야 한다. 독자가 기호를 통하여 뜻을 마음속에 표상하는 활동을 '뜻 알기'라고 하고[30], 텍스트의 뜻을 안 후에 속뜻을 해석하는 활동을 '속뜻 풀기'라는 말로 정리하여 본다. 뜻 알기와 속뜻 풀기의 활동은 독자와 텍스트의 상호작용을 바탕으로 이루어진다. 뜻 알기는 텍스트 기호에 충실하여 독자가 의미를 구성하는 활동이고, 속뜻 풀기는 텍스트의 외부 요인을 활용하여 의미를 구성하는 활동이라 할 수 있다.

먼저 기호를 통하여 뜻에 접근하는 관점을 살펴본다. 기호는 텍스트를 물리적으로 구성하고 있는 것으로 독자와 텍스트를 연결하는 매개 역할을 한다. 이 기호를 어떻게 보는가에 따라 텍스트의 뜻에 독자가 접근하는 방식이 달라진다. 앞에서 살펴보았듯이 기호를 보는 관점은

---

29) Baumann(1988)은 '중심 내용'이라는 의미로 쓰여지는 용어를 9개로 들었다. 요지, 해석, 핵심단어, 선택적 요약/선택적 도표, 주제, 제목, 토픽, 토픽 논점, 주제문/논제문 등(문선모 역, 1995: 9). 주제나 중심 내용에 관련하여 우리말의 유의어 사전(한컴사전)을 보면, 줄거리, 골자(骨子), 요의(要義), 지요(旨要), 지의(旨義), 요점(要點), 요체(要諦), 대요(大要), 중점(重點), 주의(主意), 주지(主旨), 주요점(主要點), 주장(主張), 핵심(核心), 대요(大要), 대의(大意), 사상, 생각, 의견, 견해 등의 많은 용어들이 있다.

30) 이 글에서는 독자의 이해 과정에 쓰이는 용어를 한글로 하려는 의도를 가지고 있다. 이것은 김중신(2001)이 정의 중심적 사고의 이해·표현을 논의하면서 사용한 용어에 도움을 받았다(이삼형 외, 2001). 필자는 읽기 과정에 대하여 인식하기를 내용 알기, 확장하기로 구분하고, 해석하기를 의미 찾기와 의미 주기로 구분하고, 이해하기를 내면화하기와 재구성하기로 구분하였다(김도남, 2002). 여기서는 상호텍스트성을 바탕으로 이루어지는 읽기 과정을 설명하면서 이들 활동을 설명하기 위하여 재개념화와 함께 한글 용어를 사용한다. 뜻 알기는 인식하기를, 속뜻 풀기는 해석하기를, 깨닫기는 이해하기를 의미한다. 이들 용어들은 아직 일반화되지 못했기에 이 장에서만 주로 사용한다.

이분법과 삼분법으로 나눌 수 있다. 이분법은 소쉬르의 관점으로 기호를 기표와 기의로 구분하는 것이다(최승언 역, 1990: 83~88). 삼분법은 기호 작용의 관점으로 '상징과 지시물 · 사고와 지시'로 보는 오그덴과 리차즈(임지룡, 1994: 29~32)와 '기호와 대상과 해석'으로 보는 퍼스(주경복, 1995: 20)가 있다. 이분법은 기호 자체가 개념(기의)을 포함하고 있기에 기호의 해독이 곧 텍스트의 뜻을 아는 것이라는 관점이 될 수 있다. 반면, 삼분법에서 보면 기호는 대상을 지시만 하고 있기 때문에, 독자는 기호를 해석[31]하여 텍스트의 뜻을 알게 된다고 할 수 있다. 삼분법에서 보면, 독자는 기호가 지시하는 대상을 알기 위해서 해석을 해야 한다. 이 해석은 기호의 개념(지시 대상)과 독자가 해석한 뜻이 일치하지 않는다는 것을 의미하는 것이기도 하다.

기호에 대한 관점은 해독을 어떻게 해야 하며, 텍스트의 뜻 알기에 어떻게 접근할 것인가 하는 문제와 관련이 있다. 그동안의 기호 해독에 대한 설명은 주로 소쉬르의 관점을 수용하여 이루어졌다고 할 수 있다. 소쉬르는 기호의 기표와 기의 관계를 자의적이고 사회적이라고 본다. 이것은 기표와 기의 사이의 인위적인 관계에 주목한 것으로, 어휘의 학습을 강조하는 결과를 가져왔다. 즉 기호의 개념은 사회적 약속에 의하여 결합되어 있는 것이기 때문에, 기표와 기의를 연결하기 위한 의도적인 노력이 필요하다는 생각을 갖게 한다. 그래서 낱말 풀이는 텍스트 이해를 위한 중요한 활동으로 여겨졌다. 아울러 기호가 담고 있는 개념은 청각영상(소리)을 통하여 인식된다는 관점에서 소리 내어 읽기(낭독)를 강조하였다. 또한 기호는 구조적으로 체계화된 관계 속에서 개념이 드러난다는 관점에서 낱말의 관계를 파악하는 활동(예: 비슷한 말, 반대말 찾기)을 중요시하였다. 이런 구조적 관계의 강조는 텍스

31) 기호를 해석한다는 관점은 퍼스와 오그덴과 리차즈가 다같이 동의하다. 퍼스는 기호 작용에서 해석소를 통하여 해석하여 해석체를 만든다는 인식을 가졌으며(주경복, 1995), 오그덴과 리차즈도 기호와 대상과의 관계로부터 지시 대상을 드러내게 하기 위해서는 해석이 필요하다고 본다(김봉주 역, 1986: 45~71)

트의 전체 뜻을 구조화하여 아는 활동(예: 문단 나누기)을 강조하는 것으로 발전한다. 이러한 관점에서 텍스트 이해를 위한 해독 활동의 전제는, 읽기 전에 독자는 기호에 대한 개념을 미리 알고 있어야 한다는 것(소리 내어 읽으면 개념이 즉각 인지된다는 점에서)과 기호의 사회적 속성 때문에 기호가 담고 있는 개념이 고정되어 있다고 보는 것이다. 그러나 읽기에 임하고 있는 독자는 기호(낱말)에 대한 개념을 모두 알지 못할 뿐만 아니라, 기호(낱말)의 개념이 텍스트 속에서 고정되어 쓰이지 않는 경우도 많다. 텍스트 이해와 관련하여 낱말 풀이(어휘 지도)를 강조하지만, 낱말 풀이는 현실적으로 텍스트 뜻 알기에는 직접적으로 작용하지 못하는 면이 있다. 텍스트 맥락과 독자의 상황에 따라 어휘가 지시하는 개념이 달라지기 때문이다. 이런 점에서, 소쉬르의 이분법적인 관점은 문제점을 내포하고 있다.

삼분법을 해독과 관련하여 생각하여 보면, 독자는 기호가 지시하는 대상(개념)을 알기 위해서는 해석을 해야 한다. 해석은 기호 해독 과정에서 기호가 지시하는 대상(개념)을 알기 위한 '기제(機制)'를 사용해야 함을 의미한다. 해독에서 독자가 사용하는 기제는 독자의 배경지식이나 다른 독자의 설명 또는 다른 텍스트의 내용이 될 수 있다. 이 말은 기호의 개념을 알기 위해 독자는 텍스트 외부에 있는 다른 텍스트를 활용해야 한다는 것과 같다. 텍스트의 내용이 독자에게 친숙한 것이어서 기호가 쉽게 해독되는 경우에는 다른 텍스트가 필요하지 않을 수 있겠지만 그렇지 않을 경우에는 다른 텍스트의 활용은 필연적일 수밖에 없다. 텍스트가 독자에게 낯선 경우 다른 텍스트를 활용할 수 없게 된다면 해독은 이루어질 수 없다. 이러한 경험은 누구나 하는 일이다. 그렇기 때문에 독자는 기호를 해독하여 뜻을 알기 위한 활동에서 다중 텍스트를 활용해야 한다. 요컨대, 삼분법의 관점에서 해독(해석)은 다른 텍스트들과의 상호텍스트성을 바탕으로 해야 한다는 것이다. 이렇게 되면 이분법에서 제기되는 문제는 해결된다고 할 수 있다.

텍스트의 속뜻은 텍스트 속에 함축되어 있다. 텍스트에 함축된 속뜻을 알기 위해서는 속뜻을 풀이해야 한다. 속뜻 풀기는 독자에 의하여 다양한 방향으로 이루어진다. 텍스트의 속뜻 풀기에 대한 접근은 해석학에서 적극적으로 이루어졌다. 해석학에서는 텍스트가 내포하고 있는 속뜻을 어떻게 찾아내고, 찾아낸 속뜻을 어떻게 할 것인가에 관심을 갖는다. 해석학에서 보면, 텍스트의 속뜻 풀기는 몇 가지 관점을 갖는다. 슐라이어마허는 속뜻 찾기를 문법적 해석과 심리적 해석으로 나누었다. 문법적 해석은 텍스트 구성 내용 자체에서 속뜻 풀기를 하는 것이고, 심리적 해석은 필자의 사상을 중심으로 속뜻 풀기를 하는 것이다(강돈구, 2000). 허쉬의 경우는 텍스트의 속뜻을 의미와 의의로 구분하여, 의미는 필자가 텍스트를 통하여 드러내려는 것이고, 의의는 독자가 텍스트 내용에 부여한 것으로 본다(이경순 역, 1994). 가다머는 텍스트의 속뜻이 독자의 선입견에 의하여 결정되며, 텍스트를 해석하고 있는 독자가 속해 있는 집단의 전통에 영향을 받는다고 말한다(이한우 역, 1999). 이 관점은 텍스트의 속뜻을 풀기 위해서는 독자와 독자가 속한 사회, 즉 다른 텍스트를 고려해야 한다는 것이다. 이렇게 본다면, 텍스트의 속뜻은 필자와 텍스트, 독자, 다중 텍스트의 요인을 함께 고려하여야 한다는 것을 알 수 있다. 필자, 텍스트, 독자, 다중 텍스트는 각각의 관점에 따라 텍스트의 속뜻이 달라질 수 있기 때문이다.

속뜻에 대한 교육적인 접근 방식은 어느 한 관점에 의하여 주도되어 온 면이 있다. 필자의 요인이 중요시 되어 필자와 관련하여 텍스트의 속뜻을 풀이하려고도 하였고, 텍스트를 중심을 텍스트 내용 요소 간의 유기적인 관계 속에서 찾으려고도 하였으며, 독자의 관점에서 독자의 의도와 목적, 상황에 따라 속뜻을 풀이하려고도 하였다. 텍스트의 속뜻은 어느 한 관점에서 완전한 형태로 존재하지 않는다. 그 깊이와 폭을 한정할 수 없기 때문이다. 따라서 텍스트 속뜻 풀이에 대한 접근에서 어느 한 가지만을 강조하는 것은 타당하지 못할 수도 있다. 때문에 속뜻 풀기에서는 다양한 속뜻을 찾거나 폭넓고 깊이 있는 속뜻을 찾을 수 있도록 해야 한다.

요약하면, 텍스트가 포함하고 있는 내용은 뜻과 속뜻으로 구분된다. 독자는 텍스트 이해 과정에서 뜻을 알고, 속뜻을 풀어내야 한다. 텍스트의 뜻은 기호를 해독(해석)하여 알 수 있고, 속뜻은 필자의 의도나 텍스트의 구성 내용, 독자와 다른 텍스트의 관점을 활용하여 풀이할 수 있다. 그러나 독자가 텍스트를 이해한다는 것은 텍스트의 뜻을 알고 속뜻을 풀이하는 것만을 의미하는 것은 아니다. 텍스트의 속뜻을 풀이한 후, 이 속뜻을 마음속으로 받아들여 재구성하여야 한다. 즉 독자가 텍스트를 이해하였다고 할 경우에는 속뜻을 마음속에 받아들여 깨닫게 된 것을 의미한다.

독자의 텍스트 이해 과정에서 텍스트의 속뜻을 어떻게 학습자가 처리해야 하는지는 교육적으로 중요한 의미를 갖는다. 학습자가 학습의 결과로 무엇을 얻어야 하는가와 관련되기 때문이다. 텍스트 이해에 대한 교육에서는 텍스트의 속뜻을 받아들여 깨닫는 활동도 중요하다. 따라서 텍스트 이해의 과정을 기호를 통하여 뜻을 알고, 속뜻을 풀이한 다음, 속뜻을 깨닫는 과정으로 구분하고 세부 내용을 살펴본다.

3. 텍스트 이해의 구조

텍스트 이해 과정에서는 독자가 속뜻을 자기화하는 활동에 대한 구체적인 논의가 필요하다. 독자가 텍스트의 뜻과 속뜻을 인식하고 이를 바탕으로 자신의 생각을 구성하는 과정이 구체적으로 파악되지 않으면, 교육적인 접근은 이루어질 수 없다. 때문에 독자가 텍스트에서 속뜻을 자기화하는 과정을 구체적인 활동으로 정리하여 본다. 이 과정을 텍스트의 뜻 알기인 '인식하기' 활동 단계와 속뜻 풀기인 '해석하기' 활동 단계, 깨닫기인 '이해하기' 활동 단계로 구분한다. 인식 활동은 텍스트와 독자가 직접적인 관계 속에서 이루어지는 것이고(within) 해석은 텍스트와의 독자의 상호작용 속에서 이루어지고(inter), 이해는 텍스트에서 벗어나 독자의 마음속(inner)에서 일어난다. 이들 인식 · 해석 · 이해하기의 과정은 각기 텍스트 요인과 독자적인 요인, 그리고 다중 텍스트 요인이 함께 작용하여 이루어진다. 다시 말하면, 텍스트 이해 절차는 텍스트의 내용과 독자의 생각, 다른 텍스트의 내용이 상호텍스트적 연결되어 독자의 마음속에 새로운 텍스트를 만드는 과정이다. 인식 · 해석 · 이해하기의 절차의 세부적인 구조를 정리하면 다음과 같다.

1) 인식하기

인식하기는 독자가 텍스트의 내용(뜻)을 아는 활동을 가리킨다. '인식'의 사전적 개념은 '사물을 분별하여 판단하여 아는 것'(표준국어사전)이고, 읽기 활동적 개념은 기호를 통하여 텍스트의 뜻을 지각 · 분별 · 판단하여 아는 것이다. 인식하기는 독자가 텍스트와 직접적인 관계 속에서 기호를 해독하고, 각 부분의 뜻을 연결하고, 장면별로 뜻을 구분하여, 전체적인 텍스트의 뜻을 구조적으로 파악하는 것이다. 독자가 텍스트 뜻을 구조적으로 파악한다는 것은 텍스트 전체의 뜻을 마음속에 표상하는 것을 뜻한다. 인식하기 활동은 텍스트를 중심으로 이루어지지만 여러 요인이 함께 작용한다.

독해 연구에서 보면, 독자의 뜻 알기는 독자의 요인과 다중 텍스트의 요인이 함께 작용한다. 독자의 요인에 대한 연구는 독자의 배경지식에 따라 텍스트의 뜻을 안 결과가 달라진다는 것을 보여 준다. 바틀렛(Bartlett, 1932)의 '유령 이야기' 연구 이후, 브랜스포드와 존슨(Bransford & Johnson, 1972)의 '현대판 로미오와 줄리엣'과 '세탁기' 텍스트 독해 연구와 Pichert & Anderson (1977)의 '집'에 관한 독해 연구(노명완 외, 1988)는 독자의 요인이 텍스트 이해 과정에 중요하게 작용함으로 알려 주었다. 스피비(Spivey, 1988, 1997)의 다중 텍스트(multiple texts)를 활용한 담화 통합(discourse synthesis)에 대한 연구와 하트만(Hartnam, 1991, 1995)의 다중 텍스트를 활용한 텍스트 읽기 과정에 대한 연구는 텍스트 내용 표상에서의 다중 텍스트의 역할을 알게 한다. 이들의 연구에서 알게 된 것은 텍스트 이해 과정에서 독자는 텍스트와 배경지식, 함께 제시된 다중 텍스트, 그 외의 다른 텍스트의 내용을 활용한다는 것이다. 다시 말하면, 독자의 뜻 알기는 텍스트와 독자, 다중 텍스트가 상보적으로 작용하여 이루어진다는 것이다.

독자의 인식하기 활동을 세부적으로 구분하여 보면, 세 가지로 나눌 수 있다. 첫째는 텍스트 중심으로 이루어지는 활동이고, 둘째는 다중 텍스트와 관련하여 이루어지는 활동이다. 셋째는 독자의 스키마를 활용하여 이루어지는 활동이다. 이들 세 가지 활동은 뜻 알기 과정에서 복합적으로 작용한다고 할 수 있다. 하트만(Hartman, 1991)의 연구에 따르면, 독자의 텍스트 내용 인식은 읽고 있는 텍스트 요인과 다중 텍스트 요인, 독자의 요인이 복합적으로 작용한다. 이들 요인의 작용은 읽기 전 · 중 · 후의 활동 과정과 독자에 따라 차이는 있었지만 모든 피험자들에게 나타나는 공통된 현상이었다. 이것은 텍스트의 뜻 알기에서 텍스트와 다중 텍스트, 독자의 요인이 상호텍스트적으로 작용함을 의미한다.

텍스트 중심의 뜻 알기는 텍스트의 기호를 해독(해석)하여 뜻을 축어적으로 아는 활동이다. 축어적인 뜻 알기는 독자가 텍스트의 사실적 내용을 마음속에 그대로 표상하는 활동으로, 내용이 텍스트에서 독자의 마음속으로 투영되는 활동이다. 이것을 독자 입장에서 보면 텍스트의 뜻을 마음속에 떠올리는 것이다. 그래서 이 활동을 '떠올리기'라 할 수 있다. 독자의 뜻 알기에서는 축어적으로 아는 것이 기본이 된다. 다중 텍스트를 활용한 뜻 알기나 스키마를 활용한 뜻 알기는 축어적인 뜻 알기를 바탕으로 이루어진다. 축어적으로 뜻을 떠올리는 것은 기호를 해독(해석)하여 개념을 알고 구절, 문장, 문단의 뜻을 연결함으로써 이루어진다. 떠올리기는 독자가 하는 활동이기는 하지만 기호가 지시하는 것을 인식하기 때문에 텍스트에 의존하여 이루어진다. 독자의 뜻 떠올리기는 순수하게 기호의 개념만으로는 이루어지지 않는다. 기호는 공시적·통시적으로 축적된 개념을 포함하고 있기 때문이다. 그래서 독자는 텍스트가 나타내는 뜻을 떠올리기 위한 노력을 해야 한다.

다중 텍스트와의 관계 속에서 텍스트 뜻 알기는 다중 텍스트의 뜻을 모아 연결하여 뜻을 아는 것이다. 독자가 다중 텍스트의 뜻을 모아 텍스트 전체의 뜻을 아는 활동을 '모아 잇기'라고 할 수 있다. 독자의 의미 구성을 상호텍스트성에 기초하여 볼 때, 독자는 다중 텍스트의 뜻을 모아 이음으로써 의미를 구성한다. 텍스트의 기호는 그 기호가 사용된 다른 텍스트와 개념을 공유하는 관계에 있다. 즉 텍스트 자체가 상호텍스트적으로 여러 텍스트의 내용들과의 관계를 바탕으로 이루어진 것이다. 그래서 독자는 개념을 공유하는 텍스트에서 뜻을 빌려와 모아 이어야 한다. 기본적으로는 어휘의 개념을 알기 위하여 다른 텍스트의 도움을 받아야 할 뿐만 아니라, 텍스트에서 다루고 있는 전체적인 뜻을 알기 위해서 다중 텍스트를 활용한 상호텍스트적 연결은 필연적이다. 다중 텍스트에서 뜻을 모아 잇는 활동은 낱말이나 구절의 뜻 알기에서 뿐만 아니라 문단이나 장면의 뜻 알기, 또는 글 전체의 뜻 알기에서 이루어진다. 독자가 텍스트의 뜻을 모아 잇는 활동은 뜻을 분명히 알게 해 줄 뿐만 아니라 텍스트의 뜻을 넓고 세밀하게 알게 해 준다. 때문에 능숙한 독자들은 텍스트의 이해를 위하여 의식적으로 다중 텍스트를 활용한다. 독자가 활용할 수 있는 다중 텍스트의 범위는 넓다. 언어적, 비언어적 자료들이 모두 포함된다. 신문, 방송, 잡지, 연극, 영화, 비디오, 텔레비전, 컴퓨터, 인터넷 등 모든 것을 활용할 수 있다. 이들 다중 텍스트는 텍스트의 뜻 알기에 필요한 사전지식을 제공하고, 독자의 의미 구성을 보충하거나 새롭게 하는 역할을 한다고 할 수 있다. 텍스트 이해 교육에서는 이러한 점을 고려하여 다중 텍스트의 활용에 대한 관점을 수용해야 한다.

스키마를 활용하여 뜻 알기는 독자가 이미 가지고 있던 인식 구조를 활용하여 뜻을 아는 것이다. 스키마는 구조화된 내용 인식을 틀로, 일정한 구조를 가지고 있다. 그래서 독자가 텍스트의 내용을 특정한 방식으로 구조화하게 하고, 텍스트의 빈 칸(slot)을 채우는 역할을 한다. 또한 스키마는 텍스트의 기호가 선(線)적으로 제시하는 뜻을 입체적으로 인식할 수 있게 한다. 뜻 알기에서 스키마의 역할은 빈 칸을 채운다는 의미에서 '채우기'라 할 수 있다. 뜻 알기에서 스키마의 채우기 작용은 의도적으로 일어날 수도 있지만 무의도적으로 일어나기도 한다. 이 채우기는 배경지식을 바탕으로 하지만 다중 텍스트를 참조한다고 할 수 있다. 스키마는 내용 스키마와 형식 스키마로 구분되는데, 형식 스키마가 이루고 있는 빈 칸의 경우, 독자의 배경지식이 이곳을 채우지 못한다면, 다른 텍스트의 내용을 참조하여 채우는 것은 당연하다.

요컨대 텍스트의 뜻 알기인 인식하기는 텍스트 중심, 다중 텍스트 중심, 독자 중심으로 구분할 수 있다. 즉 떠올리기, 모아 잇기, 채우기가 인식을 위한 구체적 활동이 된다. 인식 활동에서 이들 떠올리기, 모아 잇기, 채우기는 개별적으로 이루어지지 않는다. 독자에 따라 어느 하나에 무게 중심이 놓일 수 있지만 모두 함께 일어난다. 텍스트의 뜻 알기는 이들이 상보적으로 작용하여 이루어진다. 이 말은 독자의 텍스트의 내용 인식은 텍스트 요인과 독자의 배경지식, 그리고 다른 텍스트의 요인이 상호텍스트적으로 결합되어 이루어진다는 것이다.

2) 해석하기

독자가 텍스트의 뜻을 아는 것만으로 텍스트에 대한 깊이 있는 이해가 이루어질 수 없다. 텍스트의 이해를 깊이 있게 하기 위해서는 속뜻(의미)을 풀어내야 한다. 텍스트의 속뜻을 풀어내는 활동이 해석이다. 텍스트의 속뜻은 텍스트에 접근하는 관점에 따라 다양하다. 이 속뜻은 독자가 텍스트를 이해할 수 있는 중요한 단서가 된다. 독자가 속뜻을 풀기 위해서는 해석의 기제를 이용하여 텍스트의 뜻을 분석하고, 비교하고 종합해야 한다. 풀어낸 속뜻은 독자가 어떤 의도와 관점에서 어떤 기제를 활용하였느냐에 따라 달라진다.

텍스트의 속뜻 풀기에 작용하는 기제는 여러 가지로 나눌 수 있다. 이들 요인을 해석학이나 문학비평에서 보면, 텍스트의 속뜻 풀이를 위한 관련 기제는 필자의 의도, 텍스트의 내용, 독자의 의도, 다중 텍스트 등이다. 이들 요인들을 중심으로 볼 때, 텍스트의 속뜻을 풀기 위한 접근도 세 가지로 구분할 수 있다. 텍스트를 중심으로 한 접근과 다중 텍스트를 활용한 접근, 독자를 중심으로 한 접근이 그것이다.

텍스트 중심의 속뜻 풀기는 텍스트 내에서 속뜻을 풀이하는 방식이다. 이것은 텍스트에 의존하여 속뜻을 풀이하여 찾는 것이다. 즉 텍스트가 담고 있는 내용에서 속뜻을 찾아내는 것이다. 텍스트의 내용 속에 들어 있는 속뜻을 내용을 분석하여 찾아야 하기 때문에 속뜻 '찾기'라 할 수 있다. 텍스트의 속뜻 찾기는 필자의 생각을 알아봄으로써 텍스트의 속뜻을 찾는 방식과 텍스트의 각 부분의 뜻 관계를 분석하여 찾는 방식으로 나눌 수 있다. 필자 중심의 속뜻 찾기는 텍스트를 통하여 필자가 드러내는 생각이 무엇인가를 알아보는 것이다. 필자와 관련하여 텍스트의 속뜻을 생각하여 보면, 텍스트의 속뜻은 필자의 고유한 사상일 수도 있고, 관점이나 목적, 주장, 신념이 될 수도 있다[32]. 필자가 글을 쓴다는 것은 특정한 생각을 나타내려고 한 것이 있게 마련이다. 이것을 찾아내는 것이다. 텍스트 각 부분의 뜻 관계를 분석하여 속뜻을 풀이하는 것은 텍스트 자체가 지니고 있는 내용 속에 들어 있는 속뜻을 찾는 것이다. 즉 필자와 관계없이 텍스트 자체가 지니고 있는 속뜻을 찾아내는 것이다. 독자가 읽는 대부분의 텍스트들은 필자와 관계없이 읽혀지고 속뜻이 풀이된다. 즉 텍스트의 내용 구성 요소나 텍스트 각 부분의 뜻의 유기적 관계를 따져 봄으로써 찾아내는 것이다.

다중 텍스트를 활용한 속뜻 풀이는 텍스트의 뜻을 특정한 텍스트의 관점으로 봄으로써 속뜻을 풀이하는 방식이다. 독자는 텍스트의 뜻을

32) 필자의 의도나 사상을 중심으로 속뜻을 찾는 방식은 필자가 쓴 다른 텍스트나 필자와 관련된 다른 텍스트를 활용한다는 관점에서 다중 텍스트의 활용에 속한다고 할 수 있다.

다른 텍스트에서 제공하는 관점으로 바라봄으로써 텍스트의 속뜻을 풀어낼 수 있다. 이것은 텍스트의 뜻에 여러 텍스트의 관점을 관계지어 보는 것이다. 관계짓는다는 것은 텍스트의 뜻을 특정한 관점과 엮어 봄으로 풀이하는 것이다. 그래서 이 풀이 방식을 '엮기'라고 명명하여 본다. 엮기는 독자가 텍스트의 속뜻을 풀어내기 위해 다중 텍스트의 주장, 생각, 의도, 관점 등을 활용하여 텍스트의 속뜻을 풀이하는 것이다. 다중 텍스트를 활용하는 관점은 이미 풀이된 속뜻을 고려하는 것도 포함된다. 엮기의 관점에서 보면, 속뜻은 참조하는 다중 텍스트에 따라 달라진다고 할 수 있다.

텍스트의 속뜻 풀기에서 독자 중심의 접근은 최근에 주목받고 있는 방법이다. 독자는 읽기의 주체로서 독자의 의도와 목적, 필요에 따라 텍스트의 속뜻을 정할 수 있다는 것이다. 독자 중심 접근에서의 속뜻은 상황에 따라 결정된다고 할 수 있다. 텍스트 해석에 대한 가다머나 하버마스, 로티와 같은 이들의 생각이 이를 대변한다[33]. 독자 중심의 속뜻 풀기는 독자의 관점에서 속뜻을 제시하는 것으로 볼 수 있기 때문에 속뜻 '내기'라 할 수 있다. 속뜻 내기는 독자가 텍스트에 속뜻을 부여하는 것이다. 독자의 속뜻 내기는 독자가 텍스트의 의미를 바라보는 관점이나 목적에 따라 텍스트의 속뜻을 규정하는 것이다. 속뜻 내기는 텍스트의 의미에 대한 독자의 접근 관점에 의하여 활동 내용과 방법이 달라진다. 독자가 자신의 기존 신념을 바탕으로 속뜻을 풀이할 수도 있고, 현재적 목적을 가지고 속뜻을 풀이할 수도 있다. 신념을 바탕으로 하는 접근 방식은 텍스트의 의미를 자신의 신념에 비추어 비판적으로 검토함으로 속뜻을 내는 것이고, 목적을 가지고 풀이한다면 독자의 상황에 맞추어 속뜻을 내는 것이다.

독자가 텍스트의 속뜻을 풀이하는 해석하기 활동은 여기서 구분한

33) 텍스트 해석에 대하여 가다머는 선입견과 전통을 하버마스는 비판적 이성을, 로티는 독자의 필요성(손유택 역, 1997)을 강조하지만 이들은 모두 독자의 입장을 중시한다는 공통점을 갖는다.

것처럼 텍스트나 독자, 다중 텍스트의 관점에 의하여 이루어진다. 이들을 더 세분하여 접근하면 시대적, 문화적, 상황적 요인에 의하여 속뜻이 풀이될 수 있는 면도 있으나 이들을 다중 텍스트의 관점으로 수렴할 수 있다. 하나의 텍스트에 대하여 이러한 해석 요인을 함께 적용하면 텍스트의 속뜻은 다양하게 풀이될 수 있다. 텍스트의 속뜻을 풀이하기 위하여 어떤 관점을 적용하는가는 독자의 상황에 의하여 결정된다. 독자의 텍스트 이해는 이러한 속뜻 풀이 활동에 이어서 찾아낸 속뜻을 마음속으로 받아들이는 활동으로 이루어진다.

3) 이해하기

텍스트 속뜻을 풀이하는 것만으로 텍스트 이해 활동이 끝날 수도 있지만 그렇게 되었을 경우 텍스트를 읽는 가치는 크지 않다. 텍스트의 속뜻을 독자가 어떤 방향으로든 처리하여야만 의의가 있다. 텍스트의 이해가 의의 있으려면 텍스트의 속뜻을 깨달아 독자의 생각으로 자리잡도록 하는 이해(understanding)로 설명하는 것이 타당하다. 텍스트의 속뜻 풀이 이후에 독자가 속뜻을 어떻게 하는가는 접근 관점에 따라 다르다. 지금의 텍스트 이해 교육에서는 텍스트의 속뜻 풀이와 속뜻의 처리에 대하여 소극적이다. 즉 독자의 독해를 내용 표상에 집중함으로써 속뜻 풀이와 이의 처리를 독자에게 맡기고 있다. 문학 교육의 관점에서도 이와 비슷하다. 문학 교육이 비평가가 하는 일과 비슷한 것이 되어야 한다는 비평적인 관점(구인환 외, 1999: 347~358)에서는 텍스트의 속뜻에 대한 가치 평가를 해야 한다고 보며, 반응적 관점(경규진, 1993)은 독자를 중심으로 주관적인 속뜻 풀이와 처리(심화하기)를 강조한다. 비평적 관점에서는 독자가 속뜻을 찾아 가치를 평가해야 한다고 보고, 반응적 관점은 독자의 입장에서 속뜻을 찾고 이를 정당화해야 한다고 본다. 그래서 독자 생각에 텍스트의 속뜻이 영향을 줄 수 있다고 보지 않는다. 그러나 이해는 텍스트의 속뜻에 독자의 생각이 영향을 받는 행위이다. 즉 이해(understanding)는 독자가 텍스트의 속뜻을 마음속으로 받아들여 자기화함으로써 자신의 생각을 변화시키는 것이다. 특히 교육의 관점에서의 텍스트 이해는 독자가 속뜻을 받아들임으로써 변하게 될 생각, 즉 독자의 마음과 관련하여 논의되어야 한다. 그러므로 '이해하기'에 대한 논의는 독자의 생각을 재구성하고, 새롭게 구성된 생각을 공고히 하도록 하는 방향으로 이루어져야 한다.

이해하기의 활동은 앞의 인식하기 · 해석하기 활동과는 다른 점을 갖는다. 독자는 마음속에 있는 속뜻을 자기화하는 과정과 관련되기 때문이다. 텍스트와의 관계가 아니라 기존에 가지고 있는 생각과의 관계이다. 그런 면에서 이해하기의 활동은 독자 마음속에서 성찰적 자기 반성을 통한 깨닫기라고 할 수 있다. 독자의 텍스트 속뜻 깨닫기는 독자의 내적 대화의 활동을 거쳐 이루어진다. 텍스트의 속뜻은 독자가 이미 생각하던 것일 수도 있고, 다른 것일 수도 있다. 이런 속뜻을 깨달아 자기화 하기 위해서는 자신의 생각과 견주어 보는 내적 대화와 성찰적 사고 활동을 함으로써 가능하다. 즉 깨닫기는 내적 대화를 통하여 합의하는 것이다. 이 합의는 가다머에 따르면 상호주관성을 바탕으로 한 진정한 대화를 통해 이루어지며(이한우 역, 1999: 179~190), 하버마스에 따르면 이성에 의한 비판을 통하여 이루어진다(김영한, 1993: 342~353). 결국 깨닫기는 독자가 텍스트의 속뜻과 의견일치를 이룸으로써 생각을 재구성하는 것이다.

독자의 깨닫기도 몇 가지 활동으로 나눌 수 있다. 첫째는 텍스트의 속뜻을 그대로 독자의 생각으로 받아들이는 것이다. 독자는 텍스트의 속뜻에 해당하는 생각을 가지고 있지 않을 경우, 텍스트의 속뜻을 그대로 받아들여야 한다. 이것은 몰랐던 것을 새롭게 알게 되었다는 의미에서 '깨치기'라 할 수 있다. 깨치기는 독자가 텍스트의 속뜻에 순응하는 이해 활동이라 할 수 있다. 이 활동은 독자가 텍스트의 속뜻에 깊이 공감할 경우에 속뜻을 독자의 마음속으로 내면화하는 것이다. 이 내면화는 독자가 텍스트의 속뜻에 동의하고, 이를 적극적으로 지지하는 관점에서 속뜻을 자신의 생각으로 받아들이는 것이다. 깨치기는 독자가 텍스트의 속뜻과 관련된 생각을 가지고 있지 않고, 속뜻이 타당하다고 여길 때 일어난다. 이러한 깨치기는 독자가 전적으로 텍스트의 속뜻에 의존하여 자신의 생각을 마련하는 것을 의미한다.

둘째는 텍스트의 속뜻을 바탕으로 독자의 생각을 새롭게 구성하는 것이다. 즉 속뜻과 독자의 생각이 융합하여 하나의 생각을 새롭게 이루는 것이다. 이 활동을 '이루기'라고 이름 붙인다. 독자가 생각을 새롭게 이루는 방식은 두 가지로 나눌 수 있다. 하나는 텍스트에서 풀이해 낸 속뜻이 독자의 생각과 비슷한 것이나 독자가 생각하지 못한 부분을 포함하고 있는 경우이다. 이 때 독자가 깨닫는 방식은 속뜻을 활용하여 자신의 생각을 정밀하게 하거나 넓히는 것이다. 독자는 자신의 생각이 분명하지 못하거나 부분적 또는 편협한 것일 때, 텍스트의 속뜻과의 상호 작용을 통하여 자신의 생각을 재구성하는 것이다. 독자는 어떤 점에서 자신의 생각이 미흡하고 좁았는지를 성찰하여 봄으로써 생각을 정교화하고 확장할 수 있다. 이러한 정교화를 통한 생각의 확장은 독자에 따라 다르겠지만, 많이 이루어지는 이해 활동이라고 할 수 있다. 또 다른 하나는 텍스트의 속뜻과 독자가 가지고 있던 생각이 차이가 있을 경우, 독자는 텍스트의 속뜻과의 내적 대화를 통하여 자신의 생각을 새롭게 재구성하는 것이다. 이 경우 독자는 텍스트의 속뜻과 자신의 생각을 내적 대화의 과정에서 융합시켜 새로운 생각을 구성한다. 속뜻과 생각의 융합은 진정한 대화를 통한 의견의 일치로서 독자의 생각이 질적으로 달라지는 것을 의미한다. 이 이루기는 이해하기의 최고 수준이라 할 수 있다.

셋째는 독자가 깨달은 생각을 적용(application)함으로써 공고히 하는 것이다. 독자는 깨달은 생각을 실행하여 봄으로써 확신할 수 있다. 그런 의미에서 '펼치기'라 할 수 있다. 독자는 이해 결과로 얻은 생각을 점검하고, 이를 현실 속에서 확인하는 것이 필요하다. 자신의 생활 속에서 확인하게 되면 깨달은 생각을 분명히 할 수 있다. 펼치기 방법은 두 가지로 나누어 볼 수 있다. 첫째, 깨달은 생각으로 대상(세상)을 봄으로써 대상을 새롭게 인식하는 것이다. 텍스트를 이해했다는 것은 대상을 볼 수 있는 새로운 시각을 얻었다는 것으로 대상을 새롭게 이해할 수 있는 능력(안목)이 생겼음을 의미한다. 독자는 텍스트를 통하여 깨달은 것을 대상에 적용함으로써 자신의 생각을 넓히고 견실하게 할 수 있다. 둘째, 새로운 생각을 드러내어 표현하는 것이다. 표현은 깨달은 생각을 점검할 수 있게도 하지만, 새로운 생각을 정교화하고 넓히기도 한다. 표현은 다른 사람과의 적극적인 대화는 물론 글로 자신의 생각을 드러내는 것일 수도 있다. 이들 생각 펼치기 활동은 독자의 능력에 따라 그 수준의 폭이 다르겠지만 누구에게나 필요한 활동이다. 책을 읽고 단순히 내용만을 알고 자기화하는 것에서 그치기보다는 새롭게 이룬 생각을 바탕으로 새롭게 대상을 바라보고 생각을 정리하고 표현하는 활동이 필요하다. 그렇게 함으로써 깨달은 생각을 공고히 할 수 있다.

독자의 이러한 텍스트 이해 절차는 텍스트와 독자와 관련된 다른 텍스트들의 상호작용을 바탕으로 이루어진다. 독자가 텍스트를 이해한다고 하였을 때, 오로지 텍스트와 독자의 상호작용만으로 텍스트의 이해가 이루어진다는 것은 어려운 일이다. 그렇기 때문에 독자의 의미 구성은 다중 텍스트의 내용들이 상호텍스트적으로 구성될 수밖에 없다. 아무리 뛰어난 독자라도 텍스트의 내용 이해를 단일 텍스트에 한정하여 할 수는 없다. 지금까지의 텍스트 이해 절차에 대한 논의를 그림으로 나타내면 다음과 같다.

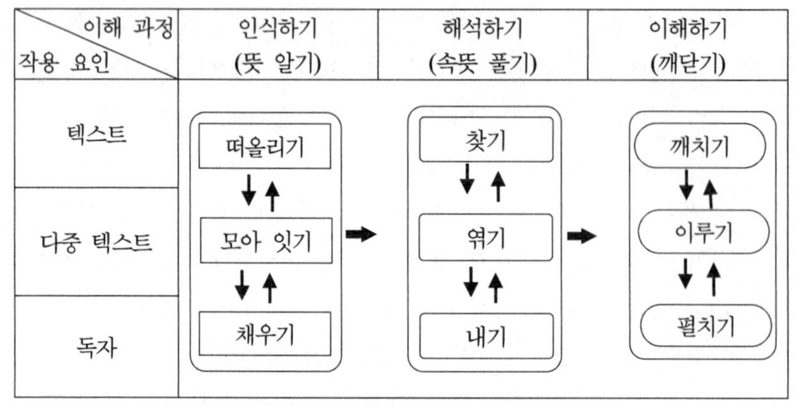

[그림 3-1] 텍스트 이해 절차 모형 III

4. 내재 텍스트의 구조

독자는 텍스트 이해 과정에서 마음속에 의미를 구성한다. 이 의미들이 내재 텍스트(inner text)를 이룬다. 이 내재 텍스트는 텍스트 이해 과정에 따라 다르다. 독자는 인식 · 해석 · 이해하는 각 과정에서 마음속에 내재 텍스트를 구성한다. 텍스트 이해 과정에 따른 이들 내재 텍스트는 그 성격이 서로 다르다. 인식 활동에서는 텍스트에 충실하여 그 뜻을 구조화하여 구성하고, 해석 활동에서는 텍스트에 함축되어 있는 속뜻을 풀이하여 구성한다. 그리고 이해 활동에서는 독자가 텍스트의 속뜻을 깨닫게 됨으로써 구성한다. 이들 내재 텍스트는 텍스트 이해 과정에 따라 '인식 텍스트' · '해석 텍스트' · '이해 텍스트'라고 할 수 있다.

1) 인식 텍스트

인식 텍스트는 독자가 텍스트의 뜻을 마음속에 표상한 것이다. 독자는 선적으로 배열된 기호를 해독하여 텍스트의 뜻을 마음속에서 입체적으로 구성한다. 인식 텍스트는 독자가 텍스트와 직접 관계하여 텍스트를 읽는 과정에 구성된다. 인식 텍스트의 구성을 비유적으로 표현하면, 집의 구매자가 집을 살펴 집의 구조와 공간을 아는 것과 같다. 독자는 텍스트라는 집을 알아보기 위해 기호라는 대문을 열고 집안으로 들어간다. 구매자는 집의 구조와 생김새를 알아보기 위하여 각 부분을 샅샅이 살핀다. 각 부분의 기능과 구조에 대한 사전 지식을 가지고 확인하기도 하고, 새로운 것은 만져보고 두드려 보아야 하며, 잘 모르는 것은 물어보고, 다른 집의 것들과 비교하여 본다. 그렇게 하여 집 전체를 살피고 나면 집의 전체적인 구조와 공간을 알게 된다. 독자는 구매자와 같이 텍스트와 직접 관계하면서 텍스트 속에 들어가 텍스트의 각 부분의 뜻을 알아보고 전체의 뜻을 구조화하여 마음속에 그리게 된다. 독자의 마음속에 구조화된 뜻이 인식 텍스트이다.

이 인식 텍스트는 텍스트의 기호 해독을 통하여 구성된다. 독자가 인식 텍스트를 구성하기 위해서는 텍스트 요인과 다중 텍스트 요인, 독자 요인을 함께 활용해야 한다. 그렇게 할 때 독자는 텍스트의 뜻을 충실하게 마음속에 표상할 수 있다. 텍스트의 뜻을 충실하게 알기 위해서는 텍스트의 각 부분의 뜻을 연결하고 비판적으로 검토하고, 조직하여야 한다. 인식 텍스트를 구성하기 위하여 뜻을 개요 형식으로 구조화하든가 도식화하는 것이 필요하다. 부분적으로는 비교/대조나 원인 결과, 문제 해결과 같은 구조를 사용하여 뜻을 입체적으로 표상해야 한다. 이것은 인식 텍스트의 구성이 독자의 역동적 활동을 통하여 이루어짐을 의미한다.

인식 텍스트 구성 방법을 읽기의 인지적 접근과 관련하여 살펴보면 세 가지로 나눌 수 있다(Thomas, 1996: 193~196). 첫째는 명제 표상 이론이다. 텍스트의 각 부분의 뜻을 명제 단위로 범주화하여 일정한 도식(graphic)으로 독자의 마음속에 표상하는 방식이다. 위계적인 수지도 모양으로 도식화할 수도 있고, 개요 표, 벤다이어 그램, 의미 맵 등의 도식으로 표상할 수도 있다. 이런 방식은 인식 텍스트의 구성을 텍스트에 충실하게 하는 방식이 될 수 있다. 둘째는 스키마 이론이다. 독자는 텍스트의 뜻을 이미 가지고 있던 내용·형식 스키마를 바탕으로 구성한다. 독자가 가지고 있는 전국적 인식 구조[34]는 뜻으로 채워질 구조화된 틀을 형성한다. 독자는 텍스트의 뜻을 이 구조 틀에 채워 넣음으로써 텍스트의 뜻을 인식하는 것으로 본다. 형식 스키마는 뜻이 들어갈 칸(slots)들을 형성하는데 독자는 이 칸을 텍스트의 뜻으로 채우게 됨으로써 인식 텍스트를 구성한다. 읽고 있는 텍스트의 내용이 스키마가 만든 칸에 들어갈 뜻을 제공하지 못하면, 독자는 배경지식이나 다른 텍스트에서 내용을 빌려와 채우게 된다. 셋째는 심상 이론이다. 텍스트의 기호가 지시하는 뜻을 이미지의 형태로 마음속에서 구성하여 인식하는 방식이다. 독자는 텍스트를 읽으면서 텍스트의 기호를 통하여 심상을 마음속에 그리게 된다. 이 심상들은 시간적이거나 공간적, 또는 논리적인 차원에서 그려지게 마련이다. 독자가 마음속에 그리게 되는 심상은 텍스트가 다루고 있는 내용에 따라 다른 형태를 가진다고 할 수 있다. 심상 이론은 스키마의 영향을 받아 이루어지는 것이라고 할 수 있다. 그러나 독자는 꼭 스키마가 아니더라도 텍스트의 내용을 마음속에 이미지의 형태로 그리게 됨으로써 텍스트의 뜻을 알게 된다고 할 수 있다.

독자의 인식 텍스트 구성은 단일 텍스트만으로 이루어지는 것이 아니다. 명제 표상 이론의 측면에서 텍스트의 뜻을 명제로 범주화하여 도식 구조로 나타내기 위해서는 다중 텍스트의 도움이 있어야 한다. 각 부분의 뜻을 명제로 범주화하기 위하여 새 명제를 첨가하거나 대치하여야 하며, 명제를 구조적으로 도식화하는 과정에서 도식 구조의 각 부분에는 다른 텍스트의 명제들이 첨가되어야 한다. 스키마의 이론도 스키마가 마련하여 놓은 장소를 채우는 과정에서 단일 텍스트와 배경지식만으로 모든 것을 채울 수 없다. 다중 텍스트의 내용들이 함께 고려될 때

34) 보그랑데와 드레슬러(1981)는 전국적인 인식 구조로 프레임, 스키마, 플랜, 스크립드 등을 들었다(이현호·김태옥 역, 1991: 88).

스키마가 만들어 놓은 빈 공간을 효과적으로 채울 수 있게 된다. 또한 심상 이론에서도 마찬가지이다. 텍스트를 읽으면서 마음속의 심상을 전체적이고 연속적인 틀로 만들어 가기 위해서는 다른 텍스트의 참조가 필요하다. 어떤 텍스트라도 기호의 개념만으로 모든 대상을 완전하게 그려낼 수 없기 때문이다.

인식 텍스트는 텍스트와 배경지식, 다른 텍스트의 의미들이 상호텍스트적으로 얽혀 이루어진다. 뿐만 아니라 앞에서 설명한 방식이 종합적으로 작용하여 이루어진다고 할 수 있다. 텍스트의 내용에 따라 특정 방식이 주도적인 역할을 할 수 있으나 모든 읽기는 이들 방식이 동시에 작용한다(Hartman, 1991). 인식 텍스트는 텍스트의 뜻으로 이루어지기 때문에 단일한 형식 구조를 가진 모습이라 할 수 있다. 인식 텍스트는 전체적으로 텍스트에 의존하여 이루어지며, 텍스트와 독자가 서로 긴밀하게 연결된 관계 속에서 구성된다.

2) 해석 텍스트

텍스트의 속뜻은 독자의 관점이나 외부의 다른 관점들이 텍스트의 뜻과 상호 작용하는 과정에서 풀이된다. 풀이된 속뜻들이 해석 텍스트를 구성한다. 텍스트의 속뜻은 독자의 관점이나 다른 관점들이 작용하여 풀이된 것이기에 논리적으로는 독자와 텍스트 사이에 존재한다. 집의 구매자 비유를 다시 사용하면, 구매자는 집의 구조를 표상하여, 집의 각 부분의 기능과 역할을 생각하여 보고, 각 부분의 공간이 어떻게 쓰일 수 있으며, 어떻게 사용할 때 효과적인지를 생각하여 본다. 그러면서 집주인의 말도 생각하여 보고, 자체의 기능도 따져보고, 살고 있는 집과 비교할 수도 있다. 또한 다른 집과도 비교하여 보거나 여러 사람의 의견을 되새겨 봄으로써 집의 공간들이 어떻게 쓰였고, 어떻게 쓸 수 있는지에 대하여 생각을 갖게 된다. 텍스트를 해석하는 것도 텍스트의 뜻을 마음속에 표상한 뒤에 글쓴이의 의도나 텍스트 자체가 드러내는 속뜻을 헤아려 볼 수 있다. 또한 독자의 관점이나 다중 텍스트의 관점을 빌려 속뜻을 풀이하게 된다. 때문에 그 범위와 형태는 규정하기 어렵다.

해석 텍스트를 구성하고 있는 속뜻은 하나일 수도 있지만 여러 개이다. 텍스트의 속뜻이 필자의 의도에서 풀이될 수도 있고, 텍스트 자체나 독자의 의도를 중심으로 풀이될 수도 있기 때문이다. 독자가 텍스트의 속뜻을 풀이한다는 것은 이들을 함께 알아보는 것일 수도 있다. 때문에 텍스트의 속뜻은 하나로 한정되기 어렵다. 이것은 해석 텍스트의 내적 구성이 단일한 속뜻을 가지기보다는 여러 가지의 속뜻들이 함께 하고 있다는 것을 의미한다. 독자의 입장에서 보면, 자신의 관점으로 풀이한 속뜻은 하나일 수 있다. 그러나 이것은 독자가 풀이한 속뜻일 뿐이다. 독자는 텍스트의 속뜻을 여러 관점에서 고려하지 않을 수 없다. 때문에 텍스트의 속뜻을 하나만 상정하기보다는 여러 관점에서 속뜻을 적극적으로 풀이해 보는 것이 필요하다. 이렇게 풀이된 여러 속뜻으로 해석 텍스트를 구성하는 것이 바람직하다.

해석 텍스트가 하나의 속뜻으로 구성될 때는 속뜻 자체가 텍스트의 여러 요인이 상호텍스트적으로 연결된다. 텍스트의 필자나 텍스트, 독자, 다중 텍스트의 요인들이 어우러져 구성되어 있다. 대개의 경우 이러한 속뜻들이 몇 가지가 모여 해석 텍스트를 구성한다. 이 경우에는 해석 텍스트의 구성이 몇 가지 형태를 갖는다고 할 수 있다. 첫째, 속뜻 풀이에서 드러난 속뜻을 경중에 관계없이 모두 고려하여 나열식으로 구성하는 것이다. 텍스트의 속뜻들이 이해 과정에서 선별되고 활용되기는 하겠지만 텍스트에서 드러나는 속뜻들이 어떤 것들이 있는지를 알아보기 위해 이러한 접근이 필요하다. 이해 텍스트를 고려하기 앞서 텍스트에 대한 다양한 속뜻 풀이를 확인하는 관점에서 이 방식이 활용될 수 있다. 둘째, 속뜻들을 묶어 범주별로 구성하는 방식이다. 공통된 생각을 드러내는 속뜻을 묶어 봄으로써 대강의 속뜻들의 갈래를 알 수 있다. 같은 범주에 속하는 것들을 묶든가 대표적인 것을 선정하여 해석 텍스트를 구성하는 방식이다. 텍스트에서 드러날 수 있는 속뜻의 범주를 확인하는 것은 효과적인 이해의 활동에 도움이 된다. 셋째, 속뜻을 필요에 따라 선별하여 구성하는 방식이다. 독자는 여러 속뜻 중에서 타당성이 높은 것이나 독자가 필요로 하는 것을 골라 텍스트를 구성할 수 있다. 이 해석 텍스트 구성 방식은 독자에게 의미 있는 속뜻을 가려내어 구성하는 것이기 때문에 이해를 위해서는 바람직한 방법이 된다. 선별하여 해석 텍스트를 구성하기 위해서는 속뜻을 구분하여 선택하기 위한 기준이 요구되고 선택을 위한 판단이 있어야 한다.

해석 텍스트의 구성은 독자가 하나만의 속뜻을 찾아서 구성할 수도 있고, 여러 속뜻들을 모아서 구성할 수도 있다. 이 해석 텍스트를 구성하는 속뜻들은 텍스트의 뜻과 관점들이 상호텍스트적으로 짜여져 구성된 것이다. 텍스트의 속뜻은 순수하게 텍스트의 요인만으로 풀이될 수 없기 때문이다. 그렇기 때문에 하나의 속뜻도 그 자체가 상호텍스트성을 가지지만, 해석 텍스트를 이루고 있는 속뜻들이 상호텍스트적으로 연결된다. 다중 텍스트의 여러 관점에서 제시된 속뜻들이 해석 텍스트를 구성하고 있기 때문이다. 이 해석 텍스트는 속뜻들이 서로 차이를 드러내면서 구성되어 있는 형태를 지닌다. 이 형태를 바흐친의 다성성의 개념을 빌려 설명하면, 여러 가지 텍스트가 제시하는 속뜻들이 각기의 목소리를 가지고 하나의 텍스트를 이루고 있는 것이다. 크리스테바의 관점에서 보면, 여러 속뜻들이 모자이크 형태로 모여서 해석 텍스트를 이루고 있다. 즉 해석 텍스트는 속뜻들이 합일된 형태로 존재하기보다는 짜깁기의 형태를 이루고 있다.

3) 이해 텍스트

독자가 구성한 인식 텍스트와 해석 텍스트는 독자의 마음 가장자리에 위치한다. 가장자리에 위치한다는 것은 속뜻이 독자의 것으로 완전히 받아들여지지 않았음을 뜻한다. 즉 독자는 인식과 해석을 통하여 뜻과 속뜻을 알기는 하지만 이들은 독자의 생각으로 받아들여지지 않은 상태에 있다. 그렇기 때문에 해석된 속뜻은 독자의 마음속에 있지만 독자의 마음으로 존재하는 것이 아니다. 그래서 해석된 속뜻이 독자의 생각으로 자리잡는 과정이 필요하다. 이 과정이 이해이며, 이해의 결과 독자의 마음속에는 이해 텍스트가 구성된다. 이해 텍스트는 속뜻이 독자의 마음으로 자리잡은 것을 말한다. 다시 말하면 이해 텍스트는 텍스트의 속뜻이 독자의 관념(Idea: 지식, 정서, 관점, 신념, 세계관)이 된 것을 가리킨다.

독자가 텍스트의 속뜻을 자신의 마음속으로 받아들여 재구성한 관념이 이해 텍스트인 것이다. 이 텍스트는 독자가 이해의 과정에서 자신의 생각을 발전적으로 새롭게 구성한 것이다. 독자는 이해의 과정에서 텍스트의 속뜻을 독자의 생각과 비교하고, 속뜻과의 차이를 알게 된다. 이 차이를 내적 대화를 통하여 발전적으로 극복함으로써 깨닫게 된 생각이 이해 텍스트이다.

이해 텍스트는 독자 마음의 중심에 존재하는 것으로 몇 가지 특징을 갖는다. 첫째는 독자의 마음속에서 내적 대화를 통하여 이루어진다. 독자의 이해 활동은 텍스트의 속뜻을 독자의 마음속으로 옮겨와 독자의 성찰을 바탕으로 이루어진다. 즉 독자는 텍스트의 속뜻과 자신의 생각을 반성하고 살핌으로써 새롭게 구성할 생각의 실마리를 찾게 되고, 이를 통하여 새로운 생각을 구성할 수 있다. 하나의 속뜻이 필자나 텍스트(다중 텍스트)의 생각이라면, 독자는 이들 생각들과 상호작용하는 대화를 하는 것이다.

둘째, 이해 텍스트의 구성 요인은 다양하지만 그 요인은 융합되어 있다. 이해 텍스트 구성에는 텍스트의 속뜻과 독자의 생각뿐만 아니라 여러 요인이 함께 작용한다. 이들 요인들은 가다머가 말하는 진정한 대화를 통한 의견의 일치를 이루어(이한우 역, 1999) 하나의 관념을 이룬다. 즉 여러 텍스트가 상호텍스트성을 바탕으로 융합되어 있다. 때문에 이해 텍스트 내에서 각 텍스트의 뜻과 속뜻은 그 고유의 성질을 가지지 않는다. 깨치기의 경우에도 텍스트의 속뜻을 그대로 받아들인 것이라고 할 수 있지만 독자의 마음속에서 독자의 관념이 되었기 때문에 텍스트의 요인을 구분하려는 것은 무의미한 것이라 할 수 있다.

셋째, 이해 텍스트는 스키마와 같이 확장되고 변형되며, 다른 텍스트를 이해하는 데 필요한 하나의 요인이 된다. 독자의 이해 텍스트는 새로운 생각을 접하게 되면 변하기도 하고, 새로운 것으로 바뀌기도 한다. 그렇게 됨으로써 새로운 텍스트를 이해하게 되면 새롭게 이해 텍스트를 구성하게 된다. 이러한 이해 텍스트의 변화는 독자가 어떤 텍스트와 관계를 형성하는가에 따라 달라진다. 또한 독자의 텍스트 이해 능력에 의하여 달라진다.

이해 텍스트는 단일 형태로 이루어져 있지만 내적인 구조는 인식과 해석의 과정에 함께 한 여러 텍스트가 상호텍스트적으로 연결되어 있다. 하나의 생각이지만 여러 요인들이 융합하여 하나의 고리(loop)를 형성하고 있는 것이다(김도남, 2002). 그러면서 독자의 마음속에 완성된 형태로 자리를 잡고 있다. 독자는 이 이해 텍스트를 구성하게 됨으로써 이해 과정의 한 주기를 마치게 된다. 이해 과정의 주기는 여기에서 끝나는 것이 아니다. 이해(comprehension)라는 것이 항상 과정에 있는 것이지 완결될 수 없는 것이기 때문이다. 그렇지만 독자는 이해의 과정 속에서 이해 텍스트를 마련함으로써 이해의 한 단계를 넘어 다음 단계로 나갈 수 있게 된다고 할 수 있다.

텍스트 이해 과정에서 독자가 마음속에 구성하는 내재 텍스트는 다중 텍스트가 서로 연결 관계를 형성하여 이루어진 것이다. 독자는 의식적으로 또는 무의식적으로 다중 텍스트를 연결한다. 텍스트 이해에서 이들 연결에 주목하는 것은 중요한 의미를 가진다. 텍스트 이해의 방향과 깊이를 이들이 결정하는 역할을 하기 때문이다. 텍스트 이해의 교육에서는 내재 텍스트와 내재 텍스트의 구성 과정에 관심을 가짐으로써 독자의 텍스트 이해를 효과적으로 도울 수 있다. 다중 텍스트를 조절함으로써 텍스트의 뜻과 속뜻의 넓이와 깊이뿐만 아니라 이해의 방향도 결정할 수 있기 때문이다.

독자의 텍스트 이해는 내재 텍스트의 구성으로 이루어진다. 독자의 내재 텍스트는 상호텍스트성을 바탕으로 이루어진다. 독자가 구성하는 내재 텍스트는 텍스트의 이해 과정에 따라 달리 만들어진다. 독자의 텍스트 이해의 과정은 텍스트의 뜻을 아는 인식하기 활동 단계와, 속뜻을 풀이하여 내는 해석하기 활동 단계, 속뜻을 깨달아 자기화하는 이해하기 활동 단계로 나누어진다. 독자는 이해 과정에서 마음속에 인식 텍스트, 해석 텍스트, 이해 텍스트 등의 내재 텍스트를 구성한다. 독자가 마음속에 구성하게 되는 내재 텍스트는 텍스트, 독자, 다중 텍스트의 요인들이 상호 연결되어 구성된다.

독자가 구성하는 내재 텍스트는 독자의 마음속에 구성되는 것으로써 독자의 생각과는 불가분의 관계를 형성하게 된다. 때문에 텍스트 이해는 독자의 생각에 영향을 주어 마음의 변화를 이끈다. 마음의 변화는 독자의 내적 성장을 가져온다. 독자의 내적 성장은 읽기 교육이 추구하는 궁극적인 목표가 될 수 있다. 텍스트 이해 교육의 관점에서 독자의 내재 텍스트에 관심을 갖는 것은 그것이 텍스트 이해 교육의 올바른 실천과 관계되기 때문이다. 텍스트 이해 교육에서는 독자가 구성하는 내재 텍스트의 상호텍스트적 특성을 인식하고, 내재 텍스트의 상호텍스트성을 도울 수 있는 다중 텍스트를 효과적으로 구성할 필요가 있다. 의도적인 다중 텍스트의 구성이 텍스트 이해를 증진시킬 수 있기 때문이다.

4장. 상호텍스트성과 텍스트 이해

1. 상호텍스트성과 내재 텍스트

텍스트 이해 과정은 인식하기와 해석하기, 이해하기로 이루어진다. 독자는 이 텍스트 이해 과정에서 마음속에 내재 텍스트를 구성한다. 이 내재 텍스트는 읽기의 각 과정에 따라 다른 형태를 갖는다. 독자가 텍스트 이해 과정에서 구성하는 내재 텍스트를 구분하여 본다. 내재 텍스트의 구분은 곧 이해 단계 구분이 된다. 내재 텍스트는 텍스트 이해 과정에서 독자의 마음속에서 순차적으로 구성되기 때문이다. 또한 이해 단계는 지도 단계가 된다. 텍스트 이해 지도는 독자의 내재 텍스트를 구성하는 과정을 따라 진행되어야 하기 때문이다. 여기서는 내재 텍스트와 상호텍스트성의 관계를 알아본다.

읽기는 문자를 해독하고 내용(뜻)을 파악하는 활동과 의미(속뜻)를 찾아 이해하는 과정을 거쳐 이루어진다. 이들 과정에서 독자는 마음속에 여러 내재 텍스트를 구성한다. 읽기 과정에서 보면, 독자는 첫 번째로 텍스트의 내용을 사실적으로 파악해야 한다. 독자는 낱말과 문장의 내용을 인식하여 문단의 내용을 파악하고, 문단의 내용 파악을 통해 텍스트의 전체의 내용을 인식한다. 이 과정에서 독자는 다중 텍스트의 내용과 연결하게 된다. 이 과정을 통하여 독자는 텍스트의 내용을 마음속에 표상한다. 독자가 텍스트의 내용을 사실대로 표상하여 구성한 내재 텍스트가 '인식 텍스트'이다.

인식 텍스트는 텍스트의 내용이 사실적으로 인식된 것이기 때문에 독자는 인식 텍스트에서 의미를 찾는 해석하기를 해야 한다. 해석하기에서 독자는 텍스트를 읽고 그 텍스트에 들어 있는 정보나 정서가 무엇을 표현하기 위해 사용되었는지 인식하고, 텍스트가 나타내려는 의미를 찾아야 한다. 이 해석 활동은 내용 파악과 달리 가능한 의미를 탐색하고 의미를 확인하는 과정이라 할 수 있다. 해석 활동에서 독자는 자신의 관점을 활용하든가 다른 텍스트의 관점을 빌려와 텍스트의 내용을 분석하든가 결합하여 의미를 찾아야 한다. 이를 통하여 텍스트의 내용에 대한 비판적인 검토와 새로운 관점을 바탕으로 의미를 추정하고, 그동안의 활동을 종합하여 의미를 찾는다. 이 과정에서 관련된 텍스트의 여러 관점에서 다양한 의미를 찾게 된다[35]. 해석하기는 독자와 텍스트, 텍스트와 텍스트의 상호작용이라 할 수 있다. 간단히 말하면, 해석하기는 인식된 내용을 바탕으로 의미를 발견하거나 의미를 부여하는 것이다. 이러한 해석하기를 통하여 독자의 마음속에 형성된 텍스트가 '해석 텍스트'이다. 해석 텍스트는 여러 텍스트의 의미들이 병치되어 있는 형태이다. 텍스트의 의미는 독자, 필자, 텍스트에서 나올뿐만 아니라 동료나 관련 텍스트에서 제시된 의미들이 혼재하기 때문이다. 그렇기 때문에 해석 텍스트의 형태는 다양성을 지닌다.

독자의 입장에서 보면, 해석 텍스트의 여러 의미는 독자의 관점에서

35) 의미를 찾을 때, 독자는 먼저 자신이 생각한 의미를 분명히 하는 것이 필요하다. 해석은 필연적으로 독자의 의미 부여가 일차적인 활동이기 때문이다. 독자는 텍스트의 여러 관련 요소와 자신의 관점(선이해이나 배경지식)을 바탕으로 자신이 생각하는 의미를 찾고 이에 대한 분명한 근거와 타당성을 확보하는 것이 필요하다. 자신이 생각하는 의미에 대한 타당성은 독자의 생각을 뒷받침할 수 있는 텍스트의 여러 요소에서 찾을 수 있다. 다음으로 독자는 다른 텍스트들이 나타내는 의미를 생각할 필요가 있다. 다른 텍스트에서는 어떠한 의미를 드러내고 있으며, 그 의미의 차이는 어떤 것인지를 살펴야 한다. 그렇게 해야 독자가 이해하기에서 구성한 의미가 타당성을 가질 수 있다.

새롭게 구성되어야 한다. 텍스트의 의미가 독자의 생각과 통합하여 새롭게 구성될 때 이해가 이루어졌다고 할 수 있다. 따라서 독자는 찾은 의미들을 융합하여 새로운 텍스트를 구성할 필요가 있다. 독자는 새로운 텍스트 구성을 통하여 생각을 더 견고하게 한다든가, 또는 정교화 확장하든가, 아니면 수정하여 새롭게 바꾸게 된다. 이 활동의 결과로 구성된 텍스트가 '이해 텍스트'이다. 이해 텍스트는 텍스트의 의미와 독자의 생각이 결합된 것이다. 즉 이해 텍스트는 텍스트를 넘어서(beyond) 독자의 마음속에 의미 구성 작용을 통하여 구성된 것이다.

이해 텍스트는 가다머가 말하는 텍스트와 독자간에 이루어진 진정한 대화의 과정에서 이루어진 의견일치이며, 그 결과라고 할 수 있다. 진정한 대화는 대화 참여자의 어느 한쪽의 일반적인 소유물이 아닌 것과 마찬가지로 진정한 이해의 결과는 대화 참여자들이 애초의 입장을 넘어서 새로운 의견의 일치를 이룬 것이다(이한우 역, 1999: 186). 새로운 의견의 일치를 깨닫기[36]라 할 수 있다. 독자는 깨닫기를 통하여 독자 마음의 질적 구조 변화를 이룬다. 이 이해 텍스트는 상호텍스트성을 바탕으로 여러 텍스트의 의미가 흡수되고 변형되는 과정을 거쳐 독자의 마음속에 자리 잡은 것이라고 할 수 있다.

이해 텍스트는 독자의 현재적인 수준에서 이루어진다. 텍스트의 이해는 해석의 과정을 거쳐 이루어졌지만 이해는 독자의 현재의 상황을 반영한다. 개별 독자는 각자의 처지에서 텍스트의 의미를 받아들일 수 있다. 모든 의식의 구조는 변화하지만 그것은 현재의 의식을 바탕으로

---

36) '깨닫기'는 이해하기에서 독자가 여러 의미들로부터 자신의 의미를 새롭게 구성하는 것을 가리키기 위하여 사용한 용어이다. 이것은 가다머의 지평의 융합(이한우 역, 1999: 182~185)개념과 비슷한 의미로 독자의 마음의 변화를 지칭하는 의미를 지닌다. 여기서 깨닫기를 '깨달음'으로 사용하지 않는 것은 어감상 깨닫기는 미완의 느낌이 있어 노력해야 한다는 의미를 포함하고 있으나, 깨달음은 앎이 완성된 상태를 지칭하는 것 같아 사용하지 않는다. 깨닫기를 사용하는 또 다른 이유는 교육적인 관점의 반영이라 할 수 있다. 즉 교육은 어떤 일의 결과보다는 과정을 중시한다는 관점에서 깨닫기라는 용어가 더 타당한 것이라고 할 수 있다.

변화하는 것이다. 객관적인 과학적 요소를 '설명'이라 하고, 인간의 심리적인 요소를 '이해'라고 하듯이[37] 텍스트에 드러난 것은 심리적인 것이기에 절대적으로 이해하는 것은 어렵다. 이해 텍스트는 완성된 이해가 아니라 계속적인 변화를 전제하는 이해다(신귀현 역, 1994: 27~32). 이것은 의미 이해는 독자가 글을 보는 능력이나 세상에 대한 지식, 또는 특정 영역에 대한 지식이 변함에 따라 달라질 수 있기 때문이다. 이해 텍스트는 독자의 마음이 질적으로 변화된 상태를 나타내기도 하다.

독자가 이해의 과정을 거치면서 마음속에 구성하는 텍스트는 인식 텍스트, 해석 텍스트, 이해 텍스트이다. 이들 텍스트는 독자의 마음속에 존재하는 추상적인 텍스트들이다. 이들 추상적인 텍스트들을 이렇게 구분함으로써 읽기 활동을 세분하여 텍스트 이해 지도 단계를 마련할 수 있다. 다시 말하면, 텍스트 이해 교수-학습을 이들 텍스트의 구성에 중점을 두고 운영할 수 있다. 텍스트 이해 지도에서 이들 내재 텍스트의 구성에 중점을 둠으로써 각 텍스트를 형성할 수 있는 지도 방법을 구체화할 수 있다. 즉 각 텍스트를 구성하기 위한 접근 단계에 따른 구체적인 활동 요소를 마련하게 한다. 그동안의 접근이 독해라고 하여 이해 활동 전체를 하나로 보았다면, 이렇게 구분함으로써 이해의 세부 절차를 마련할 수 있다.

텍스트 이해 과정에서 독자가 구성하는 내재 텍스트를 바탕으로 텍스트의 이해 활동을 설정함으로써 텍스트 이해의 결과를 강조할 수 있다. 그동안의 읽기 과정이 읽기 전 · 중 · 후로 구분됨으로써 각 과정에서

37) 설명과 이해는 자연과학과 정신과학을 현상을 드러내는 것이라고 보는 입장이다. 드로이센은 '설명은 개별적인 현상을 보편적이고 필연적인 법칙으로 인과적으로 환원하는 것을 의미하며, 이해는 이와 반대로 개별적인 것을 그 특성과 의미에 있어서 파악하는 것을 의미한다'라고 했다. 딜타이도 '우리는 지적 과정을 통하여 설명한다. 그러나 원리를 파악함에 있어서 모든 마음의 힘을 함께 작동시키고 마음의 힘을 대상 속으로 몰입시킴으로써 이해한다.'고 말한다(신귀현, 1993: 25~26). 원키(1987)에 따르면 가다머도 이들을 구별하여, 설명은 진리 내용에 대한 것이고, 이해는 의도나 의향에 대한 것이라고 한다(이한우 역, 1999: 27).

독자가 이루어야 할 목표점이 없었다고 할 수 있다. 그러나 내재 텍스트로 구분함으로써 과정과 결과를 모두 고려할 수 있는 장점이 있다. 텍스트 이해 지도 활동을 내재 텍스트를 중심으로 구분하면, 인식 텍스트 구성 활동, 해석 텍스트 구성 활동, 이해 텍스트 구성 활동이 된다. 이들 각 활동들은 독자가 텍스트 이해 과정에서 구성하는 텍스트에 중점을 두게 됨으로써 각 과정에 따른 결과에 관심을 모을 수 있다.

텍스트 이해의 교수-학습 활동을 통하여 학습자는 이들 세 텍스트를 구성한다. 이들 각 텍스트들은 활동의 결과이면서 동시에 다음 활동의 기반이 된다. 텍스트 이해의 각 활동을 내재 텍스트를 중심으로 구분하는 것은 각 활동에서 목표를 정하는 것과 관계될 수 있고, 목표를 이루기 위한 활동 내용을 구체화할 수 있다. 또한 활동 과정을 내재 텍스트 단위로 분절함으로써 학습 활동 시간에 대해 고려할 수 있다.

인식 텍스트 · 해석 텍스트 · 이해 텍스트는 텍스트 이해 과정에서 독자의 마음속에 구성되는 텍스트들이다.[38] 이들 내재 텍스트는 읽고 있는 텍스트와 다른 텍스트와의 연결을 바탕으로 구성된다. 이 세 텍스트가 읽기 과정에서 어떤 요인을 바탕으로 상호텍스트성을 이루는지 살펴본다.

2. 상호텍스트성과 인식 텍스트

텍스트 이해 활동은 텍스트를 직접 접하기 이전부터 이루어진다. 읽을 텍스트에 대하여 다른 사람에게 듣거나 다른 텍스트를 통해서 알게 된다. 또는 같은 소재나 주제, 형식을 통하여 텍스트에 대한 경험을 갖게 된다. 텍스트의 장르적인 특성이나 형식적인 특성들을 통하여 텍스

38) 이들 세 텍스트 간에도 상호텍스트성이 존재한다. 그러나 여기서의 관점은 이들 세 텍스트 간의 상호텍스트성의 문제에 초점이 있는 것이 아니라, 읽기 지도를 위하여 읽기의 각 과정에서 구성되는 텍스트의 상호텍스트성에 관심을 가진다.

트의 읽기 방법이나 텍스트 내용에 대한 관심과 기대를 가지게 된다. 이들은 독자가 읽을 텍스트에 대한 사전 경험들이라 할 수 있다. 이러한 사전 경험은 텍스트의 내용을 인식하고 이해하는 데 상호텍스트적으로 작용한다.

텍스트 이해는 독자가 텍스트를 접하여 기호를 인식하면서부터 시작된다. 독자는 기호를 통하여 텍스트의 내용에 접근하는 데, 기호는 텍스트 이해의 기초 관문 역할을 한다. 텍스트에 제시된 기호의 해석이 이루어지지 않으면 텍스트의 내용에 접근하는 것이 불가능하다. 독자는 먼저 각 낱말의 개념을 인식하여, 낱말이 텍스트의 맥락에서 어떤 의미를 가지는지 알아야 한다. 텍스트에 사용된 낱말의 의미 파악은 낱말이 사용된 맥락이나 다른 낱말과의 관계에서 이루어진다. 각 낱말에 대한 인식은 구·절·문장에서 문단으로 확장된다. 이렇게 하여 전체 텍스트의 내용을 인식하게 된다. 이러한 텍스트의 인식 과정은 계속적인 텍스트 간의 연결 관계를 바탕으로 이루어진다. 인식 텍스트는 독자 자신의 배경지식은 물론 다중 텍스트의 내용과 연결됨으로써 상호텍스트성을 지니게 된다.

독자가 인식 텍스트를 구성하는 데 관련된 상호텍스트적인 요소를 몇 가지 정리하면 다음과 같다.

1) 관련 텍스트의 경험

독자가 텍스트를 이해하는 데 기본적으로 작용하는 것이 관련 텍스트에 대한 경험이다. 이것은 넓게 보면 배경지식에 속하는 것이라 할 수 있다. 그러나 배경 지식이 폭넓은 개념이라면 관련 텍스트의 경험은 읽고 있는 텍스트와 관련된 구체적인 내용이다. 관련 텍스트의 경험은 독자가 텍스트와 관련하여 알고 있는 지식의 총체이다. 이 관련 텍스트의 경험은 독자가 기호를 보고 내용을 인식하는 데 가장 먼저 그리고 가장 쉽게 연결된다. 이러한 경험 내용은 구조화된 스키마와 구조화되지 못한 낱낱의 경험 내용들이라고 할 수 있다.

스키마로 구조화된 관련 텍스트에 대한 경험은 텍스트의 부분이나 전체 내용을 구조적으로 파악하게 한다[39]. 스키마는 일정한 구조를 이루고 있기 때문에 텍스트의 내용을 예상하고 세부 내용을 인식하게 해준다. 독자가 어떤 스키마를 가지고 있는가에 따라 텍스트 내용 표상이 달라질 수 있다. 스키마가 구조화된 지식의 영역이라면 구조화되지 못했지만 독자의 마음속에 낱낱으로 존재하는 관련 텍스트의 경험 내용들이 있다. 낱낱으로 존재하는 내용들은 어떤 텍스트를 읽었거나 다른 간접 경험을 통하여 습득된 내용이다. 이런 지식들은 더 많은 경험을 하게 되면 스키마로 변화될 수 있다. 독자가 텍스트를 읽을 때, 구조화되지 못한 낱낱의 지식들도 내용 인식에 작용한다. 이들과 관련하여 독자의 실제 경험적인 요인들이 작용한다. 독자의 경험적인 요인들은 스키마와 같이 구조화될 수 있지만 지극히 개인적인 요소들이다. 텍스트의 내용을 인식하는 데 이들 경험의 요인들은 독자가 주관적으로 내용을 인식하는 데 가장 크게 작용한다. 개인적인 경험은 개인이 속한 환경에 의하여 만들어지기 때문이다.

2) 텍스트의 내용

독자가 인식 텍스트를 구성하는 데 두 번째로 작용하는 것이 읽고 있는 텍스트의 내용이다. 텍스트의 내용은 독자가 경험하지 못한 내용이나 생각들을 담고 있다. 독자가 경험을 동원하여 내용의 부분들을

---

39) 텍스트 이해에 대하여 스키마가 주는 시사점(한철우 · 이삼형, 2000: 55)은 다음과 같다.

1. 독자들은 스키마의 변인들을 통하여 외부로부터 들어오는 정보를 전체 체계를 잃지 않으면서 세부적으로 받아들인다.
2. 자리를 채우는 과정에서 아직 채워지지 않은 변인(영가－default value)의 자리를 스스로 채워 주는 추론을 한다.
3. 스키마는 살아있는 아메바와 같아서 스키마의 어느 한 부분만 자극해도 스키마 전체가 작동한다.
4. 스키마는 추상적이며 일반적인 구조를 띠고 있어서 다른 상황에 적용할 수 있다.

파악할 수 있지만, 텍스트에서 제시하는 고유의 내용들도 있다. 이것이 독자에게 텍스트를 읽게 하는 요인으로 작용한다. 독자는 텍스트를 읽으면서 이 내용들을 마음속에 표상함으로써 인식 텍스트를 구성한다.

3) 다중 텍스트

다중 텍스트는 낱말이나 구절 또는 전체 내용에서 서로 연결되는 텍스트뿐만 아니라 다양한 관점에서 제시된 내용이나 하나의 텍스트 내용을 보충하는 텍스트라 할 수 있다. 독자는 다중 텍스트를 참조함으로써 텍스트의 내용을 인식할 수 있고 여러 관점에서 제시된 내용을 표상할 수 있다. 뿐만 아니라 하나의 텍스트를 읽으면서 내용 파악이 잘 안 되는 부분을 확인하거나 보충할 수 있다. 다중 텍스트는 새로운 내용을 제시하여 줄 뿐만 아니라 텍스트의 내용을 폭넓게 인식하게 한다. 이들 다중 텍스트의 내용이 서로 연결 관계를 이룰 때 인식 텍스트의 구성 요소가 된다.

4) 언어 관습

인식 텍스트의 형성에 있어 또 하나 중요한 요인이 언어 관습이다. 독자는 텍스트의 내용을 인식하는데 모든 내용을 의식적으로 인식하지 않는다. 텍스트의 구조나 분위기, 텍스트의 내용이 드러내는 의도, 상징이나 관용적 표현들은 관습적으로 파악한다. 이들에 대하여 독자는 의식적인 집중을 하기보다는 무의식적으로 처리하게 된다. 그렇지만 이들 부분들은 독자가 텍스트의 내용을 인식하는 데 중요한 자리를 차지한다.

텍스트 이해 과정에서 독자가 구성한 인식 텍스트는 독자들이 사전에 가지고 있던 관련 텍스트에 대한 경험과 읽고 있는 텍스트, 읽으면서 참조한 텍스트, 언어 관습과 그 외의 여러 요소들이 상호텍스트적으로 구성된다. 앞의 1부 2장에서 살펴본 것과 같이 욀러와 베리(Oyler & Barry, 1996)의 연구나 하트만의 연구에서는 텍스트의 내용 인식에서 상호텍스트성을 구체적으로 볼 수 있다. 욀러와 베리의 연구(1996)에서 보면 초등학교 1학년들이 교사가 텍스트를 읽어 주는 동안 내용을 파악하기 위하여 다양한 텍스트들을 연결한다. 하트만(Hartman, 1991)의 논의에서도 독자들은 텍스트를 읽는 과정에서 다양한 텍스트의 내용을 참조하여 텍스트의 내용을 인식한다는 것을 알 수 있다.

이런 내용을 보면, 독자들이 인식 텍스트를 형성하는 과정에서 다양한 요소들을 활용하여 텍스트를 형성한다는 것을 알 수 있다. 사실적 이해라는 이유만으로 독자의 머리 속에 존재하는 텍스트의 글자가 지시하는 대로 표상된다고 말하기는 어렵다. 이 과정에서 독자는 기호가 지시하는 개념을 떠올리고, 개념은 다중 텍스트나 자신의 다양한 경험에서 끌어옴으로써 인식 텍스트를 구성한다.

3. 상호텍스트성과 해석 텍스트

독자가 텍스트의 내용을 인식하게 되면, 해석하기를 해야 한다. 해석하기는 먼저 인식 텍스트의 내용을 분명하고 확장적으로 구성한 다음, 이 인식 텍스트를 바탕으로 텍스트의 의미를 찾는 활동이다. 텍스트의 의미는 여러 가지 관점에서 다양하게 해석될 수 있다. 이들 의미들이 해석 텍스트를 구성한다. 해석하기는 독자와 텍스트 내용뿐만 아니라 텍스트 사이에 이루어지는 의미 작용으로 텍스트와 독자가 서로 연결되는 활동이다. 다시 말하면 해석 텍스트는 텍스트의 내용에 독자의 관점이 함께 작용하는 과정이다. 해석 텍스트의 구성 내용은 독자가 어떤 다중 텍스트를 얼마나 활용하였느냐에 따라 달라질 수 있다. 해석 텍스트를 구성하는 대표적인 요인을 몇 가지 들면 다음과 같다.

1) 독자의 의미

해석 텍스트를 구성하고 있는 요인 중에 가장 먼저 생각할 수 있는 것이 독자가 구성한 의미이다. 독자의 의미는 독자가 텍스트의 내용을 인식하고 나서 텍스트의 내용에서 찾거나 내용에 부여한 의미이다. 독자는 텍스트를 읽으면서 자신의 관점을 반영하여 텍스트의 의미를 구성한다. 자신의 선이해나 읽는 목적, 텍스트를 읽는 상황에 따라 텍스트의 내용에 대하여 의미를 결정한다. 이 독자의 의미가 해석 텍스트를 이루는 한 요인이 된다.

2) 필자의 의미

텍스트는 필자에 의하여 구성되었기 때문에 필자가 제시하려는 의미가 있다. 필자의 의미는 텍스트 표면에 드러난 경우도 있지만 내재되어 있는 경우도 있다. 또한 필자의 의미가 표현된 것과 내재된 것이 다를 수도 있다. 독자는 이러한 의미를 찾아 인식하는 것이 필요하다. 독자와 관련된 자료를 찾아보거나 다른 텍스트를 찾아 참조함으로써 필자의 의미를 확인할 수 있다.

3) 텍스트의 의미

텍스트의 의미는 텍스트 자체가 드러내는 의미이다. 텍스트는 필자나 독자의 생각과 관계없이 그 나름의 의미를 가질 수 있다. 이런 의미들은 텍스트의 내용을 인식하여 찾을 수도 있지만 텍스트의 내용을 세부적으로 분석하고 비교 검토함으로써 찾아야 하는 것도 있다.

4) 다중 텍스트의 의미[40)]

다중 텍스트의 의미는 관련된 텍스트들이 드러내는 의미이다. 다중 텍스트가 어떤 방식으로 구성되었든 텍스트들은 각기 의미를 가지고 있다. 이들 다중 텍스트의 의미들은 서로 같은 것일 수도 있지만 다르거나 대립적일 수 있다. 독자가 갖는 이런 다중 텍스트의 의미들은 해석 텍스트의 주요 구성 요인이 된다.

5) 전통적 의미

전통적 의미는 어떤 텍스트에 대하여 권위자가 부여했거나 통념적으로 받아들여지는 의미이다. 모든 텍스트가 전통적인 의미를 가진다고 할 수는 없다. 그렇지만 많은 텍스트들에는 집단으로 인식하고 있는 의미들이 있다. 이러한 의미는 독자가 텍스트를 접하기 전부터 알고 있었던 것이 될 수도 있고, 다중 텍스트를 읽는 과정에서 파악될 수도 있다. 텍스트에 대한 전통적 의미는 일반적으로 텍스트에 대하여 통용되고 있는 의미라고 할 수 있다. 독자는 텍스트의 의미를 해석하면서 이에 대한 것도 확인하는 것이 필요하다.

6) 사회적 의미

사회적 의미는 학습 상황이나 대화 상황에서 제시되는 의미이다. 독자들이 텍스트를 읽고 각자 제시하는 의미가 있다. 학습 상황을 가정한다면 동료가 제시하는 의미와 교사가 제시하는 의미가 있을 수 있다. 개별 독자들은 사회 구성원들이 제기하는 의미도 받아들여 자신의 해석 텍스트를 구성할 필요가 있다.

---

40) 다중 텍스트의 의미는 뒤에 있는 전통적 의미와 사회적 의미를 포함한다고 할 수 있으나, 여기서는 함께 읽은 텍스트의 의미만을 가리킨다.

해석하기는 텍스트에서 나올 수 있는 의미를 다양하게 찾는 활동이다. 해석하기에서 찾은 의미를 바탕으로 독자는 해석 텍스트를 구성한다. 이 해석 텍스트를 구성하는 것은 다양하게 제시된 의미들이라 할 수 있다. 해석 텍스트는 텍스트에 대하여 독자가 해석할 수 있는 의미가 다양하기 때문에 많은 의미들이 상호텍스트적으로 구성된다.

이 해석 텍스트는 개별 독자들이 이해를 확장할 수 있는 역할을 하면서 텍스트의 의미를 깊이 있게 파악하게 하는 역할을 한다. 이 해석 텍스트의 양과 질에 따라 텍스트 이해가 달라진다고 할 수 있다. 해석 텍스트의 양과 질은 반드시 상보적 관계라고는 할 수 없으나 양이 많아짐으로써 질 높은 해석 텍스트를 형성한다고 할 수 있다. 그러므로 다양한 의미를 제시할 수 있는 다중 텍스트의 활용이 필요하다.

4. 상호텍스트성과 이해 텍스트

독자는 읽기의 최종 단계에서 이해 텍스트를 구성한다. 인식 텍스트와 해석 텍스트가 쓰여진 텍스트[41]에 대한 의미 찾기 과정에서 텍스트 자체나 텍스트들 사이에 존재하여 독자의 마음 주변에 위치한 것이라면, 이해 텍스트는 독자의 마음 중심에 위치한다고 할 수 있다. 이해 텍스트는 독자의 기존의 생각과 텍스트에서 찾아낸 의미들이 서로 융합되어 구성된 것이다. 그렇기 때문에 이 텍스트 구성 과정에는 내적 대화가 다른 텍스트보다 적극적으로 일어나게 된다. 인식 텍스트와 해석 텍스트가 이해 가능태라고 한다면 이해 텍스트는 독자의 마음속에 구성된 의미의 실체이다. 독자가 읽은 텍스트의 의미가 독자의 마음속에 재구성되어 안정적인 형태로 자리 잡은 것이라 할 수 있다.

이해 텍스트를 구성하는 요소를 몇 가지로 나누어 볼 수 있다. 첫째로

41) 쓰여진 텍스트는 필자가 생성한 텍스트로써 독자가 읽기 위하여 선택한 텍스트이다.

독자의 선이해를 들 수 있다. 둘째는 해석 텍스트를 구성하고 있는 관련 의미를 들 수 있다. 셋째는 사회 관습을 들 수 있다. 이러한 요소들의 상호작용을 통하여 이해 텍스트가 형성된다.

1) 선이해[42]

독자가 텍스트의 의미를 받아들이는 데 중요하게 작용하는 것이 선이해라 할 수 있다. 독자는 누구나 텍스트를 접하기 전에 그 내용에 대한 일정한 관점이나 예상과 기대 등에서 생기는 선이해에 의하여 제약된다(이한우 역, 1999: 140). 선이해는 독자가 텍스트의 내용에 대하여 절대적인 객관성을 가지고 다가갈 수 없는 한계를 갖는 요소이기도 하다. 독자가 텍스트에 대하여 어떤 의식을 가지고 있는가 하는 것이 선이해인데, 독자들이 선이해를 가지고 있음으로써 다른 텍스트의 의미와 내적 대화가 가능하게 된다. 텍스트에 대하여 여러 가지 의미들이 다양하게 제시되어 있을 때, 독자는 자신의 선이해를 중심으로 이들을 융합한다. 의미의 융합은 다양한 의미들을 객관적으로 분석하여 일정한 비율로 이루어지는 것이 아니라, 독자의 관점에 영향을 받아 이루어진다. 따라서 이해 텍스트의 구성 요인 중 한 가지는 독자가 이미 가지고 있는 선이해라 할 수 있다.

2) 텍스트의 의미

이해 텍스트를 구성하는 중요 요인 중 하나가 텍스트의 의미이다. 텍스트의 의미는 다중 텍스트의 해석을 통하여 독자가 인식한 의미들이다. 이들 의미들은 독자의 선이해와 일치하거나 구분 또는 대립된다.

---

42) 선이해는 배경지식과 같은 것으로 볼 수 있다. 그러나 배경지식이 텍스트의 내용에 관계된 것이라면 선이해는 의미에 관계된 것이라 할 수 있다. 그래서 여기서는 배경지식을 텍스트와 관련된 여러 가지 지식의 요인으로, 선이해는 독자의 의도, 목적, 기대와 관련된 것으로 본다.

이해 텍스트 속에 존재하는 이들 의미들은 서로 결합하거나 독자의 선이해와 결합하여 변형된 것이다. 즉 독자가 이해 텍스트를 형성하는 과정은 해석하기에서 찾아낸 여러 의미들과 내적 대화를 통하여 의미 간의 차이가 무엇이며, 독자 자신의 생각과 어떤 점에서 차이가 있는지를 비교 · 분석하여 이들을 종합하고 융합한 것이다. 때문에 그 형태는 해석 텍스트를 구성하고 있는 것과는 다르다. 이해 텍스트 속의 의미는 융합 과정에서 변형되어 존재하는 형태를 가진다.

3) 사회 맥락

사회 맥락은 독자가 이해 텍스트를 형성하는 데 외부적으로 작용하는 요인이다. 독자가 이해 텍스트를 구성하는 데는 독자가 속한 사회의 맥락을 벗어날 수 없다. 학급에서 텍스트를 읽고 이해한다고 할 때, 그 학급의 분위기나 주변의 여건은 독자가 이해 텍스트를 구성하는 데 직접 또는 간접적인 요인으로 작용한다. 이것은 피쉬(1980)가 말하는 해석 공동체의 합의된 의미 이해(우창효, 1995: 88)라고는 할 수 없지만, 독자 자신의 이해에 사회적인 영향력을 무시할 수 없다. 원키(1987)에 따르면 이해는 그 사건이나 작품이 그전까지 이해되던 방식에서 나온다. 다시 말해, 텍스트 이해는 순수하게 독자의 생각만으로 이루어질 수 없다. 독자가 포함되어 있는 세계를 구성하고 있는 주변의 상황적 요인이 이해에 관여하게 된다. 가다머는 '개인이나 공동체가 특정한 대상 영역에 대하여 갖고 있는 지식은 그 개인이나 공동체만의 산물이 아니라 역사의 산물이기도 하다'(이한우 역, 1999: 143)고 말한다. 즉 이해에 작용하는 요소는 개인적인 요인뿐만 아니라 독자가 속한 사회적인 요인과 그 사회를 이루어 온 역사적인 요인들이 함께 작용하여 이해된 텍스트의 상호텍스트성을 형성한다. 이러한 요소들은 독자가 의식적으로 인식할 수도 있지만 무의식적으로 일어난다.

이해 텍스트는 독자가 이미 가지고 있던 선이해와 텍스트 해석을 통하여 드러난 의미, 사회 맥락 요소들이 함께 작용하여 구성된다. 독자는 이해 텍스트를 구성하면서 이들 요인을 의도적으로 반영하기도 하며, 무의도적인 상황에서 반영하기도 한다. 이들 요인들이 이해 텍스트에 상호텍스트적으로 모두 작용한다고 할 수는 없지만 대표성을 띠는 것이라 할 수 있다. 이들 요인들은 독자가 여러 의미들과 대화하는 과정 속에서 함께 작용하여 이해 텍스트를 이루게 된다.

지금까지 설명한 독자의 내재 텍스트 구성 과정을 통하여 이해에 이르게 되는 과정을 그림으로 정리하면 [그림4-1]와 같다.

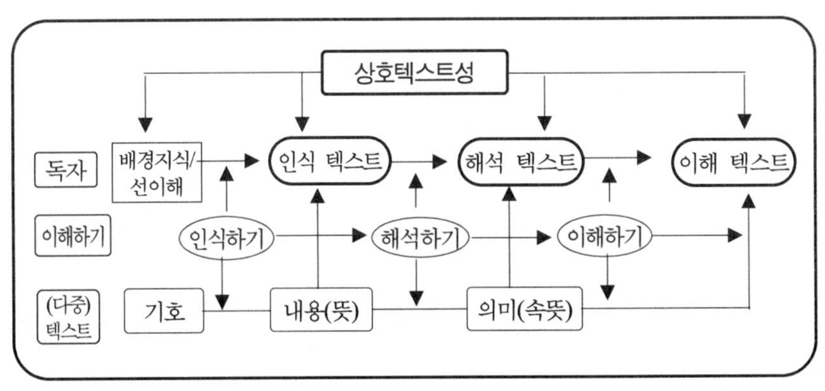

[그림4-1] 상호텍스트성을 바탕으로 한 텍스트 이해 모형

제4부

상호텍스트성과 텍스트 이해 교육의 방법

1장. 텍스트 이해 교육의 원리

2장. 텍스트 이해 교육의 활동 구조

3장. 다중 텍스트와 학습 요소

1장. 텍스트 이해 교육의 원리

1. 텍스트 이해 교육 원리의 의미

독자는 텍스트 이해 과정에서 인식 텍스트, 해석 텍스트, 이해 텍스트를 구성한다. 이들 내재 텍스트는 상호텍스트성을 바탕으로 구성된다. 때문에 텍스트 이해 교육에서는 학습자들이 효과적으로 내재 텍스트를 구성할 수 있도록 하기 위하여 상호텍스트성을 강조할 필요가 있다. 이들 내재 텍스트들이 효과적으로 상호텍스트성을 이루기 위해서는 관련 내용과 의미를 제공하는 다중 텍스트를 활용하는 것이 필요하다.

독자의 마음속에 구성되는 텍스트가 효과적으로 이루어지도록 활동을 계획하고, 조직하고, 실행하는 것이 텍스트 이해 지도이다. 텍스트 이해 지도를 위해서는 내재 텍스트의 구성 과정을 구조화하고, 내재 텍스트의 구성이 효과적으로 이루어질 수 있도록 하는 방법을 마련해야 한다. 학습자의 텍스트 이해를 돕기 위한 방법을 마련하기 위하여 필요한 것이 방법이 갖는 특성을 규명하는 것이다. 방법에 대한 특성의 규명은 방법을 구체적으로 탐구하고 구조화하는 데 중요하다. 지도 방법 속에 내재해 있어야 할 텍스트 이해 지도 원리는 학습자의 텍스트 이해를 지도하기 위한 방법의 조건에 대한 논의이다. 지도 원리의 특성에 대한 규명은 지도 과정을 어떤 의도에서 구체화해야 하는지에 대한 인식을 갖게 해 준다.

방법이 지니고 있는 조건에 대한 이해는 교육적으로 텍스트 이해의 지도 절차에 어떻게 접근해야 할 것인가에 대한 방향을 제시한다. 텍스트 이해는 사고 활동인데, 이 사고의 활동을 교육적으로 어떻게 배려하고 도울 것인가에 대한 구체적인 의도를 가지게 한다. 즉 텍스트 이해 지도의 원리는 텍스트 이해에 접근하기 위한 교육적인 방법이 어떤 논리 구조 속에서 구체화되어야 하는가에 대한 근거이다. 때문에 이에 대한 인식은 텍스트 이해 지도 방법을 구체화하는 데 중요한 의미를 갖는다. 여기서는 먼저 텍스트 이해 지도를 위하여 읽기 활동 과정을 구조화하고 이를 바탕으로 텍스트 이해 지도 원리를 탐색하여 본다.

2. 텍스트 이해 활동 구조

독자가 텍스트 이해 과정에서 구성하는 세 가지 텍스트는 다중 텍스트와 계속적인 영향 관계를 형성하고, 세 텍스트도 서로 영향 관계에 있다. 그래서 이들 세 텍스트는 논리적으로 보면 선조적으로 구성되지만, 실제적으로 지속적인 회귀와 반복의 과정을 통하여 구성된다. 독자가 텍스트를 읽는 과정에서 보면, 읽었던 텍스트를 다시 읽기도 하고, 다른 텍스트를 참조하기도 한다. 그러면서 내용 인식을 확장하고 의미 이해를 깊게 한다. 이러한 점을 고려하여 텍스트 이해의 활동 구조를 그림으로 나타내면 [그림1－1]와 같다.

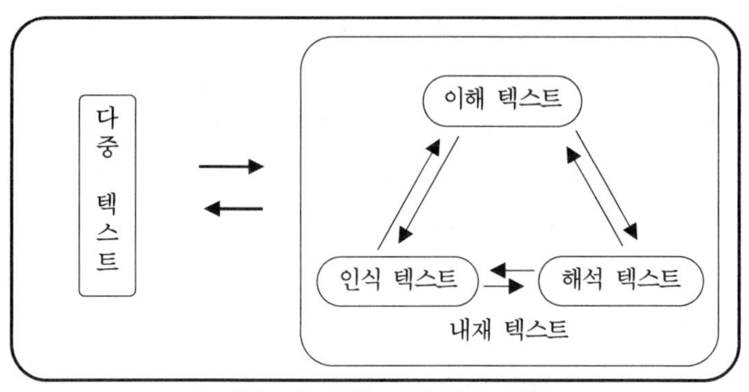

[그림1-1] 이해 과정 구조 모형

텍스트 이해 과정에 작용하는 텍스트는 크게 '다중 텍스트'와 '내재 텍스트'로 나눌 수 있다. 이들 두 가지 텍스트는 텍스트의 이해 과정에서 서로 상호작용한다. 독자의 마음속에서 구성되는 내재 텍스트는 다중 텍스트를 바탕으로 이루어지기 때문이다. 또한 독자가 마음속에 구성하는 내재 텍스트들도 서로 영향을 주고받는다.

이 모형에서 다중 텍스트와 인식 텍스트의 관계를 먼저 살펴보자. 독자는 다중 텍스트의 기호를 해독하여 기호가 드러내는 내용으로 인식 텍스트를 구성한다. 이때 다중 텍스트는 독자에게 인식 텍스트를 구성하는 자료의 역할을 한다. 독자가 다중 텍스트의 내용을 인식하는 과정에서 텍스트의 내용이 서로 연결된다. 다중 텍스트의 내용이 독자의 마음속에서 표상되어 인식 텍스트를 형성한다. 독자가 다중 텍스트의 내용을 표상하였을 때 다중 텍스트는 독자에게 의미 있는 것으로 작용한다. 또한 독자가 인식 텍스트를 형성함으로써 다중 텍스트가 어떤 내용으로 구성되어 있고 어떤 영향 관계에 있으며 서로 어떻게 구분되는지 인식할 수 있다.

다중 텍스트와 해석 텍스트의 관계에서 보면, 다중 텍스트가 제기하는 의미들이 해석 텍스트를 구성한다. 다중 텍스트의 내용이 인식되고 난 후에 해석 텍스트가 구성되기 때문에 해석 텍스트는 다중 텍스트의 내용을 그대로 반영한 것은 아니다. 그렇지만 해석 텍스트를 구성하기 위해서는 다중 텍스트를 계속적으로 참조하기 때문에 직접적인 관계[upon]를 가진다. 즉 해석 텍스트를 형성하기 위하여 독자는 다중 텍스트와 지속적으로 상호작용해야 한다. 해석 텍스트의 측면에서 다중 텍스트를 보게 되면, 다중 텍스트의 내용과 그 특성들을 분명하게 구분할 수 있다. 서로 어떤 관계에 놓여 있으며, 어떤 점에서 서로 관련되고 차이가 나는지 알게 된다.

다중 텍스트와 이해 텍스트는 다른 텍스트들의 관계와는 다르다. 독자는 다중 텍스트를 바탕으로 이해 텍스트를 구성하였지만 그 내용의 성격이 전혀 다른 형태를 가진다. 다중 텍스트는 독자의 마음 밖에 객관적으로 존재하는 것으로써 심리적인 거리가 멀다. 이해 텍스트는 다중 텍스트의 여러 의미들을 융합하고 있기 때문에 다중 텍스트의 내용과는 다른 형태를 가진다. 그렇지만 이해 텍스트는 다중 텍스트와 완전한 독립적인 관계에 있는 것이 아니라 영향 관계 속에 있다. 이해 텍스트를 구성하고 나서 다중 텍스트를 바라보면, 다중 텍스트는 다르게 인식된다. 다중 텍스트로 존재할 때는 객관적인 대상이었지만 이해 텍스트가 구성되고 나면, 다중 텍스트는 독자가 구성한 의미와 직접 연결이 됨으로써 심리적인 거리가 좁혀지고 독자의 마음 속에 구체적인 형태로 존재하게 된다. 독자가 다중 텍스트의 내용에 직접적인 영향을 미칠 수는 없겠지만 다중 텍스트에 대한 인식은 처음 다중 텍스트를 접했을 때와는 달리 독자의 인식 구조와 내적 연결 관계를 형성하게 된다.

인식 텍스트와 해석 텍스트의 관계에서 보면, 인식 텍스트는 해석 텍스트의 자료가 된다. 독자는 자신이 인식한 내용을 바탕으로 텍스트를 해석하게 된다. 인식 텍스트를 해석하는 과정에서 독자는 특정한 해석의 관점이나 외부의 해석 관점을 투입하여 의미를 찾는다. 독자는 이 과정에서 여러 가지 의미를 찾게 되는데 이 의미들로 해석 텍스트를 구성하게 된다. 해석 텍스트를 이루고 있는 것은 여러 관점에서 제기된 다양한 의미들이다. 해석 텍스트를 구성하는 과정에서 인식 텍스트는 확장되어 텍스트 내용의 각 부분들의 상관 관계가 분명하게 드러난다.

해석 텍스트와 이해 텍스트의 관계에서도 마찬가지이다. 독자는 해석 텍스트를 자료로 하여 의미들을 융합함으로써 이해 텍스트를 구성한다. 이해 텍스트는 해석 텍스트를 바탕으로 구성된 것이기는 하지만 그 내용에 있어서는 다른 형태를 지닌다. 해석 텍스트는 여러 의미들이 병치되어 있는 형태를 취하고 있지만 이해 텍스트는 의미들이 변형되어 융합된 형태를 띤다고 할 수 있다. 이해 텍스트를 구성하게 됨으로써 독자는 해석 텍스트를 새롭게 바라볼 수 있는 관점을 가진다. 해석 텍스트의 의미들을 비판적으로 바라 볼 수 있고, 의미들 간의 관계를 분명하게 인식할 수 있다.

인식 텍스트와 이해 텍스트와의 관계에서도 마찬가지이다. 인식 텍스트는 다중 텍스트의 내용을 그대로 표상한 것이지만 이해 텍스트는 텍스트의 의미를 융합한 것이기 때문에 이해 텍스트의 내용은 인식 텍스트와 다르다. 인식 텍스트가 사실적인 내용을 표상한 것이라면 이해 텍스트는 텍스트의 의미들이 변형되어 구성된 것이다. 즉 인식 텍스트가 다중 텍스트의 구체적인 내용을 표상한 것이라면 이해 텍스트는 다중 텍스트의 의미들이 새롭게 결합된 추상화된 형태이다. 그렇기 때문에 이해 텍스트는 인식 텍스트의 내용을 그대로 반영하지 않는다. 그렇지만 이해 텍스트가 구성되고 나면, 독자는 자신의 인식 텍스트에 대하여 비판적으로 점검하든가 특정 내용에 대하여 더 의미를 부여할 수 있다.

이 모형에서 보면 이해의 과정은 계속적으로 반복된다. 한 편의 텍스트를 반복적으로 읽는 과정이 될 수도 있고, 다중 텍스트를 구성하고 있는 개별 텍스트를 하나씩 읽는 과정을 거칠 수도 있음을 나타낸다. 그러면서 다중 텍스트를 한 번에 읽고, 이해 텍스트를 구성할 수 있음을 나타내기도 한다. 또한 시간적인 간격을 두고 텍스트의 내용을 오랜 기간 동안 고민하여 읽을 수도 있음을 나타낸다. 독자는 계속적인 반복의 과정을 거침으로써 이해 텍스트를 정교화할 수 있다.

독자가 텍스트의 의미를 이해한다는 것은 새로운 안목으로 텍스트를 바라 보고 새롭게 인식할 수 있게 된다는 것을 의미한다. 즉 텍스트 이해의 과정은 계속적으로 순환되면서 이해의 폭을 넓고 깊게 한다. 이러한 텍스트 이해의 개념을 '사람의 인식의 틀은 세상을 접하면서 생기고, 이렇게 생긴 인식은 세상을 보는 인식 틀을 구성한다'는 하이데거(김형효, 2000)의 생각을 빌려 설명할 수 있다. 독자의 텍스트 이해는 텍스트의 영향으로 이루어지지만, 이 이해는 새롭게 다른 텍스트를 이해할 수 있게 하는 역할을 한다. 이러한 이해의 과정은 순환적으로 이루어짐으로써 독자의 읽기 능력을 향상시키고, 독자의 마음을 계속하여 변화시킨다.

3. 텍스트 이해 교육의 원리

다중 텍스트를 활용한 텍스트 이해 교수-학습은 학습자가 마음속에 인식·해석·이해 텍스트를 구성하는 과정을 거치도록 이루어져야 한다. 이들 텍스트 구성 과정은 부분적으로 보면 선조적인 과정이라 할 수 있지만 전체적으로 보면, 회귀적이고 반복적으로 이루어져야 한다.

교수-학습 과정에서 학습자의 텍스트 이해의 상호텍스트성을 돕기 위해 하는 활동은 텍스트의 내용 파악과 의미에 대한 확장적이고 타당한 이해를 하게 한다. 이러한 텍스트 이해를 위한 교수 학습을 위한 몇 가지 원리들을 제시하면 다음과 같다. ①깨닫기를 위한 텍스트와 독자의 상호작용 ②텍스트 이해 과정의 부분-전체 순환적 접근 ③상호주관성 ④진정한 대화 ⑤반성적 성찰 ⑥학습자 중심의 현재적·순환적 이해이다. 이들 원리들 중 ①은 전체를 포괄하는 것이고, ②는 인식하기와 해석하기를 위한 원리이며, ③·④·⑤·⑥은 해석하기와 이해하기를 위한 원리이다. 이들은 적용 순서를 가지지 않는다. 다만 이들 요소들이 학습 활동에서 충분히 배려될 수 있도록 하는 것이 필요하다고 본다.

1) 깨닫기를 위한 텍스트와 독자의 상호작용

텍스트 이해 교육의 궁극적인 목적은 텍스트의 의미를 바탕으로 독자의 마음을 변화시키는 것이라 할 수 있다. 텍스트 이해 교육이 텍스트의 내용 파악과 의미 찾기만으로 이루어져서, 텍스트의 의미가 학습자의 마음 변화에 적극적인 영향을 주지 못한다면 그것은 본질적 교육의 요소가 빠진 것이라 할 수 있다. 교사가 특정한 목표를 바탕으로 텍스트 이해를 지도한다고 할지라도 텍스트 이해 교육의 본질적인 관점은 독자의 마음의 변화에 있어야 한다. 텍스트 이해를 잘 하기 위한 기능/전략을 가르치든, 텍스트의 요인을 가르치든 그것의 결과는 텍스트의 의미를 바탕으로 독자의 마음 변화를 지향해야 한다.

독자의 마음에 중점을 둔 텍스트 이해의 접근은 상호텍스트성을 바탕으로 이루어질 때 효과적일 수 있다. 텍스트의 여러 의미들이 상호텍스트적으로 이해 텍스트를 구성할 때 깊이 있고 폭넓은 이해가 가능하기 때문이다. 즉 텍스트가 드러내는 의미를 다중 텍스트를 활용하여 찾고 이들 의미를 융합하여 새로운 의미를 구성하게 함으로써 독자의 생각과 신념을 변화시킬 수 있다. 단순히 독자의 입장에서 의미를 찾아내는 것이 아니라 다양한 관점(다중 텍스트)에서 제기된 의미를 찾아 확인하고 이들과 내적 대화를 함으로써 독자의 마음 변화를 이끌 수 있다. 기존의 텍스트 이해 교육이 텍스트의 내용을 파악하는 것에 집중되거나 주관적인 이해를 위한 접근으로 이루어졌다면, 다중 텍스트를 활용한 접근은 텍스트 의미의 다양성을 인정하고, 자신의 생각에 대한 반성적 성찰을 통하여 깨닫기를 추구한다. 텍스트의 의미를 통한 깨닫기로 독자의 마음을 새롭게 구성하도록 접근하는 것이다.

2) 텍스트 이해 과정의 부분-전체 순환적인 접근

텍스트의 내용 파악과 의미의 이해는 부분적인 접근을 바탕으로 전체적으로 나갈 수 있도록 해야 한다[1]. 또한 전체적인 내용이 인식되었더라도 각 부분에 대한 내용은 전체 속에서 확인하는 것이 필요하다. 슐라이어마허(1819)의 부분과 전체를 순환적으로 해석하여 단일 의미를 찾아내야 한다는 관점(강돈구, 2000)의 수용은 텍스트를 오해할 수 있는 가능성을 줄이는 것이다.

텍스트의 뜻을 파악하는 활동은 기호에 대한 기표와 기의의 분리론을 주장하는 라캉[2]이나 기호작용을 기호, 대상, 해석으로 보는 퍼스의 기호에 대한 해석적 관점을 보더라도 부분과 전체의 접근은 중요한 의미를 갖는다. 이들의 설명에 따르면 기호와 개념은 분리되어 있고 기호가 지칭하는 것이 분명하지 않기 때문에 개별 낱말(텍스트)은 안정적인 의미를 가지지 못하는 면이 있다. 그렇기 때문에 의미의 이해를 위해서는 부분과 전체의 관계 속에서 의미에 대해 해석하는 것이 중요한 관건이 될 수 있다. 즉 각 낱말이나 문장이 어떤 뜻으로 사용되었고, 문장의 뜻을 분명히 하는 해석이 필요하다. 이런 기호에 대한 부분적인 해석은 텍스트 전체에서 검토되어야 하고, 텍스트의 전체적인 내용은 부분적인

---

1) 그동안 읽기 교육적인 접근에서 텍스트에 대한 순환적인 접근이 이루어져야 한다는 관점은 오래 전부터 있었다. 구인환 외(1999: 278~279) 『문학교육론』에서 보면, 문학 텍스트에 접근하는 방식을 ①개괄적인 접근, ②분석적인 접근, ③종합적인 접근으로 있는데 이것은 부분과 전체의 순환을 강조하는 특성을 가진다. 정동화 외(1987)의 『국어과교육론』의 읽기 지도에서는 전체적인 접근을 통하여 부분으로 접근할 것을 강조하고(p.294), 문학 영역의 지도에서는 1. 도입, 2. 전개 ①개관 단계, ②분석 단계, ③종합 단계, ④감상 · 비평 단계, 3. 정리 · 확인, 4. 발전(p.417)로 접근해야 한다고 본다. 이들은 다같이 순환적인 접근을 통하여 이해로 나갈 것을 이야기하고 있다. 다만 순환적인 접근이 단일 텍스트 내에 머무는 것에서 벗어날 필요가 있다.

2) 소쉬르는 기호가 기표와 기의로 이루어졌다고 설명한다(최승언 역, 1990). 그러면서 기호 속에 들어 있는 기표와 기의는 서로 동전의 양면과 같이 함께 붙어 있는 것으로 본다. 이러한 기표와 기의 관계를 라캉은 분리되어 독립된 존재로 작용하는 것으로 본다(임진수, 1996; 김형효, 1999: 252~268 참조).

내용들을 제대로 종합한 것인지를 파악할 필요가 있다. 이것은 다중 텍스트를 전체로 보고 개별 텍스트를 부분으로 보는 관점에서도 마찬가지이다.

또한 가다머(1960)가 말하는 이해에서의 전통의 영향사[3]를 고려해야 한다는 주장에서도 독자는 주관적인 텍스트의 이해를 벗어나기 위해 다른 사람이 해석한 의미를 참조해야 한다는 것이다. 여기서 영향력 있는 전통은 이해해야 할 텍스트와 관련 있는 다른(다중) 텍스트라 할 수 있다. 이것은 텍스트 이해에서 다중 텍스트를 통하여 단일 텍스트의 이해를 타당하게 할 수 있다는 의미도 된다. 이것은 단일 텍스트의 의미를 전체 관련 텍스트들 속에서 찾고, 단일 텍스트의 의미가 전체에 기여할 수 있도록 텍스트 이해에서 단일과 다중의 순환적인 접근을 해야 한다는 의미가 될 수 있다. 따라서 텍스트의 인식과 해석은 단일 텍스트 내에서뿐만 아니라 다중 텍스트 사이에서 순환적으로 이루어졌을 때, 내용에 대한 분명한 인식과 의미에 대한 타당한 해석을 확보할 수 있다.

3) 상호주관성

다중 텍스트를 활용한 텍스트 이해에서는 독자와 텍스트가 상호주관성을 가져야 한다. 다중 텍스트 이해에서의 상호주관성은 각각의 텍스트를 통하여 드러나는 여러 가지 의미에 대한 독자의 존중이다. 텍스트의 의미는 텍스트 자체가 나타내고 있는 의미도 있을 수 있고, 필자가 나타내려고 한 의미도 있으며, 독자가 찾아낸 의미도 있다. 또한 다른 독자들이 이야기하는 의미도 있을 수 있으며, 관련 텍스트들에서 이야기하는 의미도 있을 수 있다. 이들 의미에 대하여 독자는 각각을 인정하고 존중하는 것이 중요하다. 그동안의 텍스트 의미에 대하여 어느 한

---

3) 영향사란 전통에 속해 있는 것들에 대해 전통이 행사하는 영향력을 말한다. 그래서 전통에 속해 있는 것들이 전통을 거부하거나 그것에 반발하더라도, 여전히 전통의 제약을 받게 된다(이한우 역, 1999: 145).

가지 의미만 중요하게 생각하는 이해 방식은 의미에 대한 상호주관성의 의식이 부족하기 때문이다.

예를 들어 텍스트 중심의 교육적 접근에서는, 텍스트에는 고유한 의미가 있다고 생각하고 그 의미를 찾게 하는 것이 주요 목표였다. 그렇기 때문에 독자가 주어진 의미를 수용하는 것을 이해로 보았다. 이 접근은 독자로 하여금 수동적으로 이해에 임하게 하여 능동적인 의미 구성을 제한했다. 독자 중심의 접근에서도 마찬가지로 독자가 찾아내는 의미에만 관심이 있었다고 할 수 있다. 독자는 자신의 관점에 의하여 텍스트의 내용을 파악하고 의미를 찾아내게 됨으로써 독자 나름의 이해가 이루어진다고 보았다. 독자가 이해한 의미가 다른 의미들보다 중요하다는 인식에서 주관적인 의미가 강조된 것이다. 이 접근은 다른 의미들을 인정하지 않기 때문에 주관적인 이해에 머무를 수밖에 없다.

읽기를 통하여 의미의 이해에 이르기 위해서는 주관적인 의미를 강조하거나 주어진 의미를 그대로 받아들여선 안 된다. 텍스트를 통하여 드러날 수 있는 여러 가지 의미를 존중하며 이들 의미를 바탕으로 독자는 타당한 의미를 구성해야 한다. 여러 의미를 바탕으로 새로운 의미를 구성하기 위해서 먼저 전제되어야 할 것이 개별 의미들을 인정하는 것이다. 즉 필자가 의도했거나 독자가 찾아냈거나, 다른 텍스트들이 제시한 의미가 가치 있는 것이라고 인정하는 것이다. 그래야만 대화를 통한 이해가 가능하다. 다른 생각을 인정하지 않으면, 대화는 일어날 수 없다. 때문에 텍스트의 여러 의미에 대하여 인정한다는 것은, 독자 스스로가 새로운 발전의 계기를 가질 수 있는 기회를 제공해 주는 것이다.

4) 진정한 대화

독자가 텍스트를 읽고 그 의미를 파악하는 과정은 끊임없는 대화의 과정이다. 텍스트의 내용은 독자에게 끊임없이 말을 걸어오고 독자가 필요로 하는 대답의 단서를 제공한다. 독자도 텍스트를 읽으면서 끊임없는 질문을 한다. 독자가 텍스트에 대하여 선이해를 가지는 것이나 지평을 형성하는 것은 텍스트와 대화를 하기 위한 준비라고 할 수 있다. 이들은 텍스트를 읽고, 내용을 파악하고, 해석하고, 이해하면서 끊임없는 대화의 과정을 통하여 의미를 구성하여 관념을 수정한다.

기존의 읽기에서 필자, 텍스트, 독자의 관계는 어느 한 쪽이 텍스트 의미의 주도권을 잡고 권력을 행사하는 형태를 취했다. 필자나 텍스트, 독자 중심의 텍스트 이해는 그 나름의 의미를 가진다. 그러나 텍스트의 의미를 이해하기 위한 접근에서 독자가 자신의 입장만을 앞세운다든가, 필자나 텍스트 자체가 내세우는 의미만을 수용한다면 그것은 타당한 의미 이해라고 할 수 없다. 이들은 진정한 대화를 통한 의미의 이해가 아니라 어느 한 쪽의 의미를 일방적으로 수용하는 형태이다. 독자는 텍스트의 여러 의미와 대화를 통하여 자신의 생각을 수정할 수 있어야만 진정한 대화를 통한 이해가 일어난다고 할 수 있다.

독자가 의미를 이해하기 위하여 하는 대화는 가다머(1960)가 말하는 진정한 대화이다. 진정한 대화는 반드시 물음의 제기를 통한 답을 얻기 위한 대화라기보다는 독자가 자신의 인식과 관점을 점검하면서 새로운 의미를 구성하기 위한 대처이며 이해에 대한 반성이다. 진정한 대화는 텍스트가 제기하는 내용에 대한 회의나 비판적인 접근이기보다는 타당한 의미를 발견하고, 이 의미를 독자 자신의 마음 구조로 받아들이는 과정에서 일어나는 것이다.

독자는 텍스트의 의미에 대한 존재를 지각하고 그 텍스트의 의미를 존중함으로써 자신의 생각과 대화의 길을 열 수 있다. 이를 통하여 텍스트의 의미와 독자의 생각이 대화하는 주체로서 작용할 수 있다. 다시 말하면 텍스트의 의미와 독자가 구성한 의미가 상호주관적인 입장에서 대화를 나눌 때, 의미 이해가 일어나고 독자의 마음이 변할 수 있게 된다.

5) 이해에 대한 반성적 성찰[4)]

텍스트에 대한 이해는 독자의 반성적 성찰을 통하여 점검되어야 한다. 텍스트의 의미가 독자의 마음에 작용하기 위해서는 구성한 의미를 인정하는 것만으로는 안 된다. 대화를 통하여 구성한 의미를 점검하여, 그 의미가 독자에게 어떤 의의가 있으며 독자가 그 의미를 받아들였을 때 마음에 어떤 차이가 있는지를 살펴야 한다. 즉 독자는 그 의미가 자신의 관점이나 생각의 변화를 살피고, 검토하고, 반성하는 활동이 있어야만 한다.

독자가 구성한 의미를 독자의 마음의 거울[5)]에 되비추어 보는 것이 필수적이다. 독자가 이미 가지고 있던 생각[6)]과 어떻게 다르며, 그 구성한 의미의 진정한 모습은 어떤 것인가를 점검해 보는 것이다. 이를 통하여 그 의미를 받아들임으로써 마음에 어떤 변화가 있는지를 반성적으로 성찰해야 한다. 또한 독자는 자신이 구성한 의미들이 어디에서 생겨난 것이며, 어떻게 발전하여 어떤 의미로 자신에게 왔는지를 깊이 살필 필요가 있다. 이해한 의미에 대하여 독자의 반성적 성찰이 있을 때, 마음에 대한 확인은 물론 이해 결과에 대한 확신을 가질 수 있다.

---

4) '반성적 성찰'은 독자가 자신의 의미 구성 과정과 구성한 의미에 대하여 반성적으로 점검해 보는 것을 의미한다. 이 용어는 '반성적 사고'라고 할 수 있으나, 반성적 사고의 개념을 사용한 듀이(Dwey, 1933)의 관점에서 보면, 반성적 사고는 문제 해결적인 사고를 의미한다. 그렇기 때문에 '반성적 성찰'이라는 용어를 사용한다.

5) 마음의 거울은 '이중 반사'를 통하여 의미를 받아들이게 한다. 임병덕(1998: 96~98)에 따르면 키에르케고르는 학습의 원리로 '이중 반사'를 들고 있는데, 1차 반사는 관념이 주체에 작용하여 사고 작용이 일어나게 하는 것이고, 2차 반사는 의미가 현실적 자아에 작용하여 개인의 실존에 구체적으로 나타나는 것을 말한다. 즉 1차 반사는 의미가 독자와 유리된 채 추상적인 상태에 머물러 있는 것을 말하며, 2차 반사는 의미가 독자에게 구체적으로 받아들여져 독자의 마음을 새롭게 구성하는 것을 말한다.

6) 이 생각은 두 가지로 나눌 수 있다. 첫째는 선이해의 관점에서 텍스트를 읽기 이전부터 가지고 있던 생각이다. 두 번째는 텍스트를 읽어서 독자가 처음 자신의 생각을 바탕으로 구성한 생각이다. 여기서는 두 번째에 초점이 놓여 있는 것이지만, 첫 번째 것도 완전히 배제하는 것은 아니다.

6) 학습자 중심의 현재적 · 순환적 이해

텍스트의 의미 이해는 학습자가 하는 것이다. 학습자가 자신의 생각을 넓혀 나갈 수 없는 활동은 학습으로 존재할 수 없다. 텍스트 읽기를 통하여 마음의 질적인 변화를 추구하기 위해서는 학습자가 스스로 적극적으로 임하지 않는다면 그 의미는 미미할 수밖에 없다. 텍스트의 내용과 관련하여 관계 있는 텍스트를 읽고, 그 텍스트의 내용 파악과 그 내용에 대한 확장된 인식을 통하여 의미를 찾고, 그 의미에 대한 반성적인 성찰을 하는 주체는 학습자일 수밖에 없다.

학습자가 학습의 주체가 된다는 것은 읽기의 결과로 구성되는 이해 텍스트가 학습자의 현재적 수준에서 구성되는 것을 의미한다. 현재적 수준의 의미 구성이라는 것은 텍스트의 의미 이해가 확정적이고 절대적일 수 없다는 의미와 같다. 사람의 이해 능력은 그 한계를 측량하기 어렵지만, 모든 것을 한 번에 수용하여 변화를 가져올 수는 없다. 텍스트의 의미 이해도 일정한 단계를 거쳐 점차 높은 이해에 도달할 수 있는 것이다. 이러한 관점은 읽기의 이해가 독자가 현재 처한 상황에 의하여 이루어 질 수밖에 없음을 나타내는 것이다[7]. 어느 누구도 이러한 상황에 벗어나서 절대적인 이해에 도달하기는 어렵다. 그래서 학습자들은 그들의 발달 단계에 알맞은 텍스트와 텍스트의 이해에 대한 반성적인 성찰을 통하여 의미 이해를 조금씩 넓혀 나가는 것이 중요하다. 학습자들은 언제나 자신의 주어진 상황과 환경 속에서 마음의 구조적인 변화를 추구해야 한다. 교육적으로 주어지는 텍스트들은 학습자들의 수준에서 그들의 마음의 구조를 변화시킬 수 있는 요소들을 가지고 있다. 이들 요소들이 학습자들에게 충분히 작용할 수 있도록 해야 한다.

하이데거(1924)는 인간을 세계-내-존재라고 했다(이기상 역,

---

7) 가다머의 관점을 설명하는 원키(1987)의 말을 빌려보면, 해석학적인 이해는 상황 제약적이고, 맥락에 의존한다. 텍스트가 지닌 의미는 구체적인 상황들 속에서 독자에 대해 갖는 의미이다. 이는 윤리적인 규범이 갖는 의미가 나의 구체적인 상황에서 나에 대해 갖는 의미와 마찬가지이다(이한우 역, 1999: 172).

2000). 인간은 특정한 시간 속의 주어진 세계 속에서 주변과의 관계 맺음을 통하여 살아가는 존재이다. 이것은 주변 세계가 존재함으로 내가 존재할 수 있는 것이고, 내가 존재함으로써 주변 세계가 존재한다. 독자는 텍스트를 통하여 자신의 마음을 구성하고, 텍스트를 통하여 구성된 마음은 텍스트를 새롭게 해석하게 만든다. 즉 텍스트 이해의 과정은 독자와 텍스트의 상호작용을 통한 순환의 과정이다. 독자가 텍스트에 대하여 무엇인가를 깨달았다면 이것은 새롭게 텍스트를 볼 수 있음을 의미한다. 이는 텍스트 이해의 활동이 독자와 텍스트의 상호작용을 통한 순환 과정을 지향할 수 있도록 이루어져야 함을 의미한다.

2장. 텍스트 이해 교육의 활동 구조

1. 텍스트 이해 단계별 활동

독자의 텍스트 이해 절차는 인식하기, 해석하기, 이해하기의 단계를 거친다. 독자는 이 단계를 거치는 동안 마음속에 인식 텍스트와 해석 텍스트, 이해 텍스트 등의 내재 텍스트를 구성한다. 이들 내재 텍스트를 구성하기 위하여 독자는 일련의 활동을 해야 한다. 이들 활동이 없이 독자가 텍스트의 내용을 이해할 수는 없다. 이해는 텍스트의 내용을 바탕으로 독자가 새로운 의미를 구성하는 복잡한 활동을 거쳐 이루어지기 때문이다. 독자의 텍스트 이해 활동은 주로 텍스트의 내용을 바탕으로 새로운 생각을 만드는 활동이라 할 수 있다.

독자의 텍스트 이해 활동은 이해의 단계 따라 달라진다. 텍스트 이해의 단계에 대해서는 앞에서 살펴보았다. 인식하기 활동으로 떠올리기, 모아 잇기, 채우기를, 해석하기 활동으로 찾기, 엮기, 내기를, 이해하기 활동으로 깨치기, 이루기, 펼치기를 제시하였다. 이들 활동은 독자의 심리적 요인에 초점을 두어 살펴본 것이라 할 수 있다. 이들은 다중 텍스트를 활용한 텍스트 이해에서 독자가 어떻게 이해의 활동을 할 것인가에 대하여 시사점을 준다.

텍스트 이해의 교육에서는 독자의 심리적인 활동도 중요하지만 실제의 교수-학습 과정에서 이루어지는 활동들을 구체화하는 것이 필요하다. 이러한 활동들은 텍스트의 이해를 어떻게 보는가에 따라 달라질 수 있다. 텍스트를 중심으로 볼 때와 독자를 중심으로 볼 때의 활동이 다르다. 텍스트를 중심으로 활동을 정리한다면 텍스트의 내용을 구체적으로 분석하는 활동을 강조하게 될 것이고, 독자를 중심으로 활동을 정리한다면 독자의 인지적인 구조를 활용할 수 있는 활동을 강조하게 될 것이다. 여기서는 독자를 중심으로 하되 다중 텍스트를 활용한 이해의 측면에서 교수 학습 활동에서 활용할 수 있는 활동을 살펴본다.

텍스트 이해의 활동은 배경지식과 다중 텍스트의 내용을 독자가 사고를 통하여 상호텍스트적으로 연결하는 과정이다. 이 활동에서는 독자의 요인과 텍스트의 요인이 동등한 역할을 한다. 이들의 요인들은 상보적으로 작용하여 독자의 내재 텍스트를 구성한다. 때문에 독자의 텍스트 이해를 위해서는 독자의 사고 속으로 독자의 사전 지식과 텍스트의 내용을 끌어들여 연결할 수 있도록 하는 것이 필요하다. 텍스트의 이해가 텍스트 내용에 대한 암기가 아니라 내용을 표상하여 점검하고 분석, 비교, 비판하는 과정에서 새로운 의미를 만들어 내는 것이기 때문이다.

독자의 활동을 효과적으로 이끌어 가기 위해서는 텍스트 이해의 단계에 따른 적절한 활동이 있어야 한다. 이들 활동들은 독자가 텍스트를 읽는 자연스런 상황에서 선택될 수도 있지만 텍스트 이해의 활동을 특정한 방향으로 유도하기 위하여 인위적으로 만들어질 수도 있다. 이들 활동은 텍스트 이해의 효과를 높이기 위한 방법 교수-학습 활동에서 실제 활용할 수 있다. 또한 교사는 의도적으로 이들 활동을 학습자들에게 제시하고 활동하게 할 수 있다.

텍스트 이해의 과정에서 필요한 활동을 텍스트 이해 절차인 인식하기, 해석하기, 이해하기의 각 단계에 따라 살펴본다.

2. 인식하기 단계 활동

독자는 인식하기를 통하여 텍스트의 전체적인 내용을 바탕으로 인식 텍스트를 구성한다. 인식 텍스트는 텍스트의 각 부분의 내용을 연결하고 사실적으로 파악하여 마음속에 표상한 것을 가리킨다. 이 활동은 그동안의 읽기 교육 연구에서 탐구된 독해 전략[8]을 활용하여 이루어질 수 있다. 상호텍스트성의 관점에서 읽기를 지도할 때 활동 요소를 ①접점 형성하기, ②내용(뜻)의 관계 파악하기 ③내용 인식 넓히기로 나누어 세부 요소를 정리하여 본다.

1) 접점 형성하기

독자가 텍스트 내용에 다가가기 위해서 먼저 해야할 것이 접점을 형성하는 것이다. 접점은 독자가 텍스트의 기호를 통하여 내용(뜻)을 인식할 수 있는 지점이다. 독자는 이 접점을 이용하여 내용을 예상할 수 있게 되고, 구체적으로 내용을 파악할 수 있게 된다.

접점 형성하기는 배경 지식의 활성화를 포함하지만 배경지식 활성화와는 다른 측면을 갖는다. 배경 지식의 활성화가 독자의 마음속에 이미 존재하던 것을 환기시킴으로써 내용에 다가갈 수 있는 준비를 위한 것이라면, 접점 형성하기는 독자가 배경 지식을 지니고 있지 않은 텍스트에 대하여 독자의 외부 요인으로 텍스트에 다가갈 수 있는 사전 지식을 형성하는 것이다. 접점 형성하기는 특히 텍스트의 내용이 독자에게 익숙하지 않을 때, 텍스트의 내용에 다가가기 위한 방법을 포함한다.

---

8) 독해 과정에서 텍스트를 이해하기 위한 전략을 한철우 · 이삼형(2001: 88~125)은 ①배경지식 활성화하기, ②중심 내용 찾기 ③글 구조 파악하기 ④추리와 상상하며 읽기 ⑤점검하기 ⑥비판하며 읽기 ⑦창의적으로 읽기 등을 제시하고 있으며, 박수자(2001: 236~237)는 ①읽기 모형(상향식 · 하향식 · 상호작용)전략 ②글 구조 파악 전략 ③문단 관계 파악 전략 ④담화 구조 파악 전략 ⑤중심 내용 파악 전략⑥ 관계 짓기 전략 ⑦문맥 단서 전략 ⑧예측하기 전략 ⑨재구성 전략 ⑩초인지 전략(자기점검) 등을 제시하고 있다.

독자가 텍스트의 내용을 파악하는 일은 각자의 지적 능력(지식과 전략)과 텍스트의 난이도에 따라 달라질 수 있다. 독자의 능력이 우수하고 텍스트가 쉬울 때는 텍스트의 내용 파악이 문제되지 않는다. 즉 독자가 텍스트에 대하여 접점이 많을수록 텍스트의 내용 파악은 쉽게 이루어진다. 반면 미숙한 독자이거나 텍스트가 낯선 내용의 텍스트인 경우에, 독자는 텍스트를 어렵게 느끼게 된다. 텍스트의 내용이 독자에게 어려운 것은 독자가 내용에 대한 접점을 가지지 못해서인데, 이 때는 접점의 형성이 필요하다. 접점을 형성하기 위해서는 몇 가지 요소를 사용할 수 있다. 접점 형성을 위한 요소로 용어의 뜻 알기와 내용에 대한 개관하기, 직접적인 경험하기 등을 들 수 있다.

(1) 용어의 뜻 알기

독자가 텍스트의 주요 용어의 개념을 알게 되면, 내용에 쉽게 접근할 수 있게 된다. 이러한 용어의 개념은 관련된 책이나 사전을 이용하든 주변 사람들에게 질문을 함으로써 알 수 있다. 용어의 개념 알기는 '제목'과 텍스트에 사용된 '주요 낱말'을 통하여 이루어질 수 있다.

텍스트에 대한 접점을 형성하기 위한 일차적인 방법이 텍스트의 '제목'을 활용하는 것이다. 제목은 텍스트의 내용(뜻)이나 의미(속뜻)를 집약적으로 나타낸 것이기 때문이다. 능숙한 독자가 책에 접근할 때는 제목을 보고 선택하여 읽는 경우가 많은데, 제목이 독자에게 충분한 접점을 형성하여 주기 때문이다. 미숙한 독자들이 텍스트에 접근하기 위해서는 기본적으로 제목에 함축된 의미를 파악하는 것이 중요한 요인이 된다.

접점을 형성하기 위한 다른 접근은 사용된 '주요 낱말'을 통한 접근이다. 텍스트가 읽기 어려운 것은 텍스트가 드러내는 내용 자체가 어려운 것도 있지만, 텍스트에 사용되는 낱말의 개념을 몰라 어려운 경우가 많다. 예를 들어 초등학교 1학년 아동들이 접해보지 못한 우주선이나 동물들에 대한 텍스트가 있을 경우, 아동은 텍스트를 이해할 수 있는 능력을 가지고 있지만 텍스트에 사용된 몇 가지 낱말의 개념을 몰라서 텍스트의 내용을 파악할 수 없게 된다. 이 때는 그 낱말의 개념이 무엇인지 제시하여 줌으로써 독자는 그 텍스트의 내용에 쉽게 접근할 수 있게 된다. 낱말의 개념을 알려주기 위해서는 사전을 이용하든가 그림이나 사진, 교사의 구체적인 설명이 필요하다. 접점 형성이라는 면에서 볼 때 읽을 텍스트에 사용될 낱말(용어, 어휘)에 대하여 충분히 아는 것이 중요하다.

(2) 내용에 대한 개관하기

접점을 형성할 수 있는 또 다른 방법은 텍스트의 내용에 대한 개관이다. 내용에 대한 개관하기는 텍스트의 내용이 독자에게 낯설거나 어려울 때, 텍스트를 읽기 전에 내용에 대하여 알아보는 것이다. 특히 텍스트의 내용에 대한 개관은 텍스트 내용을 전체적인 면에서 인식될 때 효과적일 수 있다. 개관하기 방법은 텍스트의 내용을 쉽게 설명하고 있는 텍스트나 관련된 내용을 다루고 있는 텍스트를 참조하는 것이다. 또는 내용에 대하여 알고 있는 사람들에게 듣는 것이다. 독자는 읽기 전에 여러 가지 경로를 통하여 텍스트가 어떤 내용의 것인지를 대강 알게 됨으로써 내용에 대한 개관하기를 할 수 있다.

(3) 경험하기

접점을 형성하는 방법으로 직접적인 경험을 들 수 있다. 텍스트의 많은 내용은 사람들의 경험적인 내용을 다루고 있다고 할 수 있는데, 이러한 경험적인 요인들은 독자가 개념적으로 파악한다는 면에서 내용의 이해에 어려움을 겪는 경우가 많다. 그렇기 때문에 텍스트 내용과 관련된 경험을 해봄으로써 텍스트의 내용을 이해할 수 있는 기반을 마련할 수 있다. 백 번 듣는 것이 한 번 보는 것만 못하다는 말이 있듯이 직접적인 관찰이나 탐방, 조사, 견학, 실습, 체험을 해 봄으로써 텍스트 내용에 대한 인식을 할 수 있는 기반을 마련할 수 있다. 이러한 경험의 요인은 읽기 활동의 전이나 읽기 활동 이후에도 일어날 수 있다. 텍스트의 내용이 읽어서 이해되지 않을 경우에는 읽은 후에도 경험을 통하여 내용에 접근할 수 있다.

접점은 독자가 텍스트의 내용에 다가갈 수 있는 통로인데, 내용에 대하여 사전 지식을 가지는 것이나 예상하는 것이다. 이러한 접점을 어디서 찾을 것인가 하는 것이 중요한 문제가 될 수 있다. 이들 접점 형성을 위해 필요한 것이 관련된 텍스트들이라 할 수 있다. 어떤 텍스트에서 관계된 내용을 다루고 있는지 알면 그것을 통하여 내용에 다가갈 수 있는 접점을 형성할 수 있다.

2) 내용의 관계 파악하기

내용의 관계 파악하기는 다중 텍스트를 읽을 때 텍스트 사이의 내용을 서로 관련시켜 봄으로써 텍스트의 내용을 파악하고 관계를 알아보는 것이다. 독자는 다중 텍스트의 내용을 사실적으로 파악하면서 텍스트 간의 연결을 통하여 내용 인식을 확장한다. 텍스트 이해 과정에서 보면[9] 각 부분의 내용을 파악하여 전체 내용을 구조화하여 인식한다. 다중 텍스트를 읽을 때도 각 텍스트를 중심으로 텍스트의 내용을 구조화하여 관계를 파악할 수 있다. 내용의 관계 파악하기를 부분 내용의 관계

---

9) 아이뢴과 바커(Irwin & Baker, 1987)의 기본적인 이해의 과정(한철우 · 천경록 역, 1999: 8~9)

1. 문장 이해하기- ①어구 만들기 ②중요한 세부 내용 찾아내기 ③비유 언어 이해하기
2. 문장 해결하기 - ①연결어 이해하기 ②대용어 이해하기 ③가정된 정보 추론하기
3. 글 전체 이해하기 - ①중심 생각 찾기 ②글 구조이용하기 ③요약하기
4. 정교화 하기 - ①배경지식 사용하기 ②예측하기 ③상상하기 ④비판적으로 읽기 ⑤창의적으로 읽기 ⑥정서적으로 반응하기
5. 유연한 전략 사용하기 - ①이해 점검하기 ②학습 기능 사용하기 ③목적과 과업 조절하기

파악하기와 전체 내용의 관계 파악하기, 텍스트 관계 확인하기로 나누어 살펴본다.

(1) 부분 내용의 관계 파악하기

텍스트의 각 부분 내용은 전체 속의 일부분이지만 일부분이라고 하여 가볍게 여길 것은 아니다. 부분의 내용 파악이 제대로 이루어지지 않으면 전체적인 내용 파악은 이루어지지 않는다. 텍스트의 내용 파악은 텍스트의 낱말에서 구절이나 문장, 문단(장면), 항, 장으로 확대된다. 다중 텍스트를 활용할 때는 이들 각 부분들에서 연결 관계가 이루어진다. 다중 텍스트의 내용 관계를 구절의 관계 파악과 문단(장면)의 관계 파악으로 나누어 본다. 이렇게 나누는 것은 항목이나 장의 내용은 문단의 결합에 의하여 이루어진 것이어서, 문단의 내용을 파악하고 나면, 항목이나 장에 대한 내용이 드러날 수 있기 때문이다.

텍스트의 부분 내용 관계 파악에서 먼저 이루어지는 것은 중요 구절(어려운 구절의 의미 포함)에 대한 연결 관계를 알아보는 것이다. 텍스트의 연결 관계는 중요 구절에서 분명하게 파악될 수 있다. 특히 중요 낱말이나 비유적인 표현이나 함축적인 의미를 포함하고 있는 구절, 또는 내용 파악이 잘 이루어지지 않는 부분에 대해서는 관심이 필요하다. 이러한 부분은 다른 텍스트와의 관계에서 잘 파악된다.

문단(장면)을 부분으로 보았을 경우에는 구절의 의미 파악의 문제와는 다른 측면을 가진다. 문단의 내용은 구조를 가진 단위들이기 때문에, 내용을 구조적으로 파악하여 연결하는 것이 필요하다. 문단의 내용은 설명하고 있는 대상의 한 부분이나, 논리 전개의 한 부분, 사건의 한 부분이다. 문단의 내용 연결에는 텍스트 내적 맥락이나 서술 구조가 작용한다고 할 수 있다. 이들을 인식하게 됨으로써 연결 관계를 찾을 수 있다. 그러나 의미(주제, 주장, 생각)와 관련된 다중 텍스트는 내용에서 연결점을 찾을 수 없는 경우가 많다. 이런 텍스트 관계에서는 의미에 대한 고려를 바탕으로 관계를 찾는 것이 필요하다.

텍스트의 부분적인 내용 파악에서 활용할 수 있는 것 중의 하나가 스키마이다. 독자가 가지고 있는 스키마는 텍스트의 내용 전체에서 작용할 수 있는 측면도 가지고 있지만[10] 부분의 내용을 파악하는 데 작용하는 것으로 볼 수 있다. 각 문단이나 장면의 내용은 일정한 구조를 가지고 이루어지게 마련인데 다중 텍스트의 관계를 파악하기 위해 스키마를 활용할 수 있다. 스키마는 구체적인 구조를 가지고 있기 때문에 텍스트 내용 간의 관계 파악에 쉽게 활용될 수 있다. 그렇지만 스키마는 독자에게 어려운 텍스트에서는 그 역할이 약할 수밖에 없다. 효과적으로 내용 관계를 파악하기 위해서는 스키마와 관련 텍스트 부분과 맥락을 상보적으로 활용하는 것이 필요하다.

(2) 전체 내용의 관계 파악하기

텍스트의 전체 내용의 관계 파악은 앞에서 이루어진 활동의 결과로 이루어지는 것이라 할 수 있다. 그렇지만 텍스트의 전체 내용의 관계를 파악하는 것은 또 다른 활동이다. 부분별로 내용의 관계를 파악하였다고 하여 자동적으로 텍스트 전체 내용 관계가 파악되는 것은 아니기 때문이다. 전체의 내용 관계를 파악하는 것은 텍스트에서 다루고 있는 대상이나 이미지, 생각을 추상화한 형태로 마음속에 떠올려 보거나 전체의 내용을 구조화함으로써 가능하다. 텍스트의 내용 관계를 파악하기 위해서는 먼저 사실적인 내용을 표상하는 것이 필요하다. 이를 위해서는 내용을 구조화하는 활동이 필요하다[11]. 텍스트 내용의 구조화는 텍

10) 스키마와 관련하여 보그란데와 드레슬러(1981)의 설명 참조(김태옥 · 이현호 역, 1991: 88).

11) 구조화는 텍스트의 내용이 복잡한 사실적인 내용을 분명히 하고 체계적으로 파악하기 위한 의식적인 활동이다. 각 부분의 주요 내용을 찾아 이들을 범주별이나 위계적으로 따져 체계화된 구조를 만드는 것이다. 내용을 구조화할 때는 도식적으로 구체화하는 것이 유용할 수 있다(이은숙, 1997). 텍스트 내용을 도식화하는 데 있어서 중요한 것은 텍스트를 이루고 있는 각 부분에 대한 중요 내용의 분류와 이들 관계를 따져 구조화하는

스트의 내용을 그대로 표상하는 것과는 달리 중요하지 않는 부분을 제외하고 중요한 부분을 부각시킴으로써 텍스트의 내용을 분명하게 파악할 수 있게 하는 역할을 한다.

텍스트의 전체 내용 관계는 구조화된 내용을 바탕으로 서로 견주어 보고, 관련된 내용을 찾아본다. 이를 통하여 텍스트의 내용이 구체적으로 어떤 관계를 맺고 있는지 알 수 있다. 텍스트 전체에 대한 관계는 텍스트를 읽기 시작하기 전에 이미 관계에 대한 인식을 가지고 있다고 볼 수 있다. 그렇기 때문에 전체 관계를 파악하는 과정 속에서는 구체적으로 어떤 부분이나 내용이 관련되는지를 확인한다. 텍스트의 내용이 한 텍스트의 내용을 보충하는 것인지 아니면 변형된 것이나 대립된 것인지를 알아본다. 특히 텍스트에 제시된 중요 내용을 부각시켜 비교하게 되면 보다 쉽게 관계를 파악할 수 있다.

(3) 텍스트 관계 확인하기

텍스트의 내용 관계를 파악하는 활동을 하고 나면, 텍스트의 관계를 구분하는 것이 필요하다. 다중 텍스트는 각기 어떤 관계에 있으며 이들 관계를 어떻게 활용할 수 있을 지에 대하여 생각하여 본다. 이러한 관계 확인은 다중 텍스트에서 어떻게 의미를 찾아 이해할 것인지에 대한 단서를 제공한다. 읽기 교육에서는 텍스트를 읽어 보기 전에 어떤 텍스트를 함께 읽을 것인지를 정하여 놓는 때가 많다. 이럴 경우 읽기 전에 텍스트에 대한 정보가 많이 있을 수 있다. 이들 정보를 확인하여 구분하는 것이다. 단일 텍스트 중심의 접근에서는 이러한 활동이 필요 없을 수 있지만 다중 텍스트를 활용하는 접근에서는 관련 텍스트를 확인하는 것이 필요하다.

것이다. 구조화할 때 텍스트의 내용을 반드시 명제의 형태로 제시할 필요는 없지만, 구체적으로 인식할 수 있는 단위로 구체화하는 것이 필요하다.

3) 내용 인식 넓히기

텍스트의 관계를 파악하고 나면, 다중 텍스트를 활용하여 내용에 대한 인식의 폭을 넓히는 것이 필요하다. 단일 텍스트에 대한 내용 인식은 하나의 관점으로 정리된 내용이다. 텍스트의 내용은 다른 텍스트와 관련을 맺고 있는 것이 많기 때문에 다른 텍스트를 참조함으로써 내용 인식을 넓힐 수 있다. 내용 인식 넓히기는 읽는 과정에서 분명치 않았던 부분을 확인하고, 다중 텍스트와 연결 지음으로써 텍스트의 내용에 대한 인식의 폭을 넓히는 것이다. 이를 위해서는 텍스트 내용의 부분과 전체를 순환적으로 확인하고, 동료와의 상호작용을 하며, 다중 텍스트를 활용하는 것이 필요하다. 내용 인식의 확장은 해석을 위한 준비라고 할 수 있다.

(1) 순환적 내용 확인하기

독자가 인식한 내용을 정교화하거나 확장하기 위하여 부분과 전체의 내용을 순환적으로 확인하는 것이 필요하다. 다중 텍스트를 활용한 읽기에서의 순환적인 접근은 두 가지 형태를 가진다. 하나는 단일 텍스트 내에서 이루어지는 순환적인 접근이고, 다른 하나는 다중 텍스트를 활용한 순환적 접근이다. 단일 텍스트 내에서의 순환적인 접근은 부분의 내용을 전체의 내용에 비추어 파악하는 것과 전체 내용을 부분들의 내용 파악으로 확정하는 것이다. 텍스트 내에서의 순환적 확인은 인식 텍스트의 내용을 점검하고 확인하게 한다.

다중 텍스트를 활용한 순환적인 접근은 단일 텍스트가 부분이 되고, 다른 텍스트는 전체가 된다. 단일의 텍스트는 다중 텍스트에 비추어 내용을 확인하여 볼 수 있고, 전체 텍스트의 내용에 대한 인식은 개별 텍스트의 내용이 연결되어 이루어진다. 다중 텍스트를 활용한 부분과 전체의 순환적인 내용 파악은 정교화되고 확장된 내용을 독자가 표상할 수 있게 한다. 텍스트를 읽다 보면 부분적인 곳에서의 내용이 잘 인식되지 않을 수도 있고, 달리 인식될 수도 있는데 이러한 것은 다중 텍스트를 통하여 확인할 수 있다. 또한 다중 텍스트는 단일 텍스트에서 제시하지 못한 내용이나 생각을 제공하여 준다.

(2) 다른 독자와 상호작용하기

내용에 대한 인식을 넓히기 위해서는 교사나 함께 학습하는 동료들과의 상호작용이 필요하다. 교사는 학습자들이 내용을 파악할 때, 특히 어떤 부분에 대하여 내용을 깊이 있게 따져보아야 하는지, 내용을 어떤 관점에서 보아야 하는지에 대한 많은 단서를 제공한다. 텍스트 이해 지도에서 교사는 학습 활동의 의도에 따라 텍스트에서 필요한 부분에 대하여 집중하게 하고, 이 부분에 대하여 학습자들이 정교한 인식을 하게 한다. 동료 학습자들은 각 부분에 대하여 내용 파악이 잘 되지 않거나, 전체 속에서 의미가 잘 드러나지 않는 부분에 대하여 서로 논의할 수 있다. 또한 자신이 파악한 내용에 대하여 언급하는 동안 잘못 파악한 부분이나 중요한 부분을 놓친 곳, 넓거나 좁은 내용으로 받아들일 곳에 대하여 점검할 수 있게 해 준다. 독자는 자신이 인식한 내용들을 바탕으로 동료와 상호작용을 함으로써 내용 인식에 대한 타당성을 확보할 수도 있고, 의미에 대한 접근도 가능하게 된다.

이 과정에서 텍스트의 내용에 대한 사실성과 타당성을 따져 보고, 텍스트의 내용을 어떤 방식으로 바로 볼 수 있는지를 관련 텍스트로 확인한다. 이러한 활동은 텍스트에 비판적인 이해라고 할 수 있는데, 비판적인 이해는 단일 텍스트보다는 관련된 텍스트의 내용들 속에서 이루어질 때 효과적이다. 독자는 텍스트에 대한 비판적인 이해를 통하여 텍스트의 내용을 다양한 관점으로 바라보고 새로운 의미를 찾아낼 수 있다.

이러한 과정을 거쳐 텍스트를 읽고 난 후, 텍스트의 내용이 전체적으로 마음속에 표상된다. 이렇게 독자의 마음속에 텍스트의 내용이 표상된 것을 '인식 텍스트'라 한다. 인식 텍스트를 구성하기 위한 활용 요소를 표로 정리하면 [표2-1]과 같다.

[표2-1] 인식하기 단계 활동 요소

① 접점 형성하기	② 내용 관계 파악하기	③ 내용 인식 넓히기
㉠용어의 개념 알기 ㉡내용에 대한 개관하기 ㉢경험하기	㉠부분 내용 관계 파악하기 ㉡전체 내용 관계 파악하기 ㉢텍스트 관계 확인하기	㉠순환적 내용 확인 ㉡다른 독자와 상호작용하기

3. 해석하기 단계 활동

독자가 텍스트를 읽어서 내용(뜻)을 파악하고 나면 내용에 대한 해석 활동을 통하여 의미(속뜻)를 찾아야 한다. 텍스트의 의미는 내용에서 곧바로 드러날 수도 있지만 내용에 대한 해석을 통하여 드러난다. 독자는 해석 텍스트를 구성하기 위하여 자신의 관점에서 텍스트를 바라본 의미뿐만 아니라 여러 관점에서 제기되어 있는 다양한 의미들을 찾아야 한다. 그렇게 하기 위해서는 다중 텍스트의 내용을 분석하거나 다른 독자와의 상호작용이 필요하다. 해석하기에서 찾은 의미들을 인식함으로써 해석 텍스트가 구성된다. 해석 텍스트를 구성하기 위한 몇 가지의 활동 요소들을 정리하여 본다.

1) 독자 중심의 의미 찾기

텍스트 내용에 대한 넓혀진 인식을 바탕으로 의미를 찾는 활동이 필요하다. 해석하기는 독자 중심의 해석 활동과 관련 의미 찾기로 나누어질 수 있다. 여기서는 독자 중심의 해석 활동을 통하여 의미 찾기를 논의하고, 다음 항목에서 관련 의미 찾기를 논의한다.

독자 중심의 의미 찾기에서 중요한 활동은 독자 자신의 관점에서 의미를 찾거나 부여하는 것이다. 독자가 텍스트에 나타난 의미가 무엇인지 생각하여 보고, 그 의미를 결정하는 것은 다른 활동보다 중요하다. 텍스트의 의미에 대한 자신의 생각을 가지지 못하면, 다른 텍스트나 동료들이 제시하는 의미를 그대로 받아들여야 하기 때문이다. 독자가 자신이 생각한 것 없이 다른 사람의 생각을 그대로 받아들이면 타당한 이해에 이르기 어렵다. 독자 자신의 생각을 가지고 있지 않기 때문에 의미를 깨닫기 어렵고 그 의미가 자신에게 어떤 의미를 가질 수 있는지 판단하기 어렵다. 또한 독자 자신이 분명한 생각을 가지고 있지 않으면서 다른 생각과 대화를 한다거나 대화하여 알게 된 내용을 반성하는 활동이 일어날 수 없기 때문이다. 때문에 독자는 먼저 자신의 생각을 분명히 하는 것이 필요하다. 독자의 의미 찾기 활동 요소를 정리하면 다음과 같다.

(1) 의미 추측하기

독자가 의미를 찾기 위해서 먼저 해야 할 것이 의미 추측하기이다. 의미를 추측한다는 것은 텍스트의 내용이 나타내려고 하는 것이 무엇인가를 생각하여 보는 것이다. 이때 추측한 의미는 독자의 관점에서 예상한 것이다. 물론 의미라는 것이 텍스트의 특정 부분에 분명하게 제시되지 않기 때문에, 텍스트의 내용 관계를 바탕으로 추론할 수도 있다. 텍스트의 주요 내용을 확인하여 텍스트의 의미가 무엇인지 생각해 보거나, 필자의 의도를 생각해 볼 수도 있다. 이렇게 추측한 의미는 타당한 근거에 의하여 뒷받침되어야 한다.

(2) 의미 확인하기

독자는 자신이 추측한 의미에 대하여 확인하는 과정이 필요하다. 텍스트의 의미가 왜 그런 것이라고 생각을 하게 되었는지 그 근거를 찾아보는 것이다. 독자는 자신이 의미를 그렇게 생각하게 된 것이 어디에서 비롯된 것이며 그것이 어떤 부분에서 분명하게 드러났는지를 확인하여 본다. 의미 확인 활동은 다중 텍스트를 활용한 읽기에서 중요한 요인이 될 수 있다. 자신의 생각을 분명히 하는 것은 다른 의미들과 상호작용할 수 있는 기반이 되기 때문이다.

독자가 의미를 추측하고 이를 확인하는 것은 텍스트의 의미에 대한 일차 반응이라 할 수 있다. 이러한 일차의 반응은 발전된 반응의 기반 역할을 하게 된다. 그동안에 인지적 관점에서 이루어진 단일 텍스트 중심의 읽기 관점은 이러한 일차 반응에서 활동이 마무리된 면이 있다. 독자가 자신의 생각을 바탕으로 내용을 파악하는 것이 중요한 것은 분명하지만 이 때는 독자의 의미 이해에 대한 타당성의 보장이 어렵다. 문학 교육에서 수용 이론적 관점에서 접근하여 독자 나름의 의미를 중시하였을 때 해석의 무정부주의라는 비판[12]이 있는 것도 여기서 활동이 마무리되었기 때문이라 할 수 있다. 이에 대한 보완적 접근으로 텍스트에 대한 여러 가지 의미를 찾아보고, 이들을 바탕으로 새로운 의미를 구성할 수 있도록 하는 것이다.

2) 관련 의미 찾기

관련 의미 찾기는 독자 자신이 생각하는 의미 외에 다른 의미들을 알아보는 활동이다. 독자가 자신이 이해한 의미에 대하여 나름대로의 근거를 바탕으로 의미를 받아들였다고 할 수 있지만 이러한 의미의 타당성을 보장받을 수 있다든가 자신의 생각을 발전적인 형태로 이끌기에

12) 수용 이론의 기본 가정에 따르면 텍스트 자체로는 의미가 완성되지 못하고 독자에 의하여 비로소 완성되는데, 그렇다면 결국 한 텍스트에 대한 만 명의 독자가 만 가지 해석을 가하는 셈이 된다(김창원, 1998: 8).

는 부족한 면이 있다. 자신의 생각에 변화를 가져오기 위해서는 다른 생각들과의 비교를 통한 대화가 있어야 한다. 이러한 대화를 위한 준비 활동으로 텍스트에 대한 여러 다른 의미들을 찾아보는 것이다. 이러한 의미들은 독자 자신의 생각과 일치할 수도 있고 대립되거나 다른 것일 수도 있다.

(1) 여러 관점으로 의미 찾기

관련 의미를 찾기 위한 접근에서는 여러 관점을 인식하고 이들 관점에서 의미를 생각해 본다. 여러 관점이라는 것을 몇 가지로 나누어 볼 수 있다.

첫 번째는 다중 텍스트에서 드러나는 의미이다. 독자가 함께 읽는 다중 텍스트가 어떤 의미를 제시하고 있는지를 파악하는 것이다. 다중 텍스트의 종류에 따라 그 의미의 범주가 달라질 수 있다. 어떤 다중 텍스트는 하나의 관점을 옹호하거나 확장하고, 어떤 다중 텍스트는 대립하거나 다른 관점을 제기할 수도 있다. 독자는 이들 다중 텍스트가 어떤 관점을 가지고 있는지를 파악함으로써 이들이 제시하는 의미를 찾을 수 있다.

두 번째로 동료 학습자들의 제시하는 의미이다. 학습 활동에서 동료의 생각은 중요한 의미 이해의 요인이 된다. 학습자들은 텍스트의 의미에 대하여 비슷한 생각을 할 수도 있지만 각기 다르게 생각할 수 있다. 동료의 관점을 알아보기 위해서는 상호작용이 필요하다. 상호작용을 통하여 각자의 관점에서 어떤 생각을 하고 왜 그렇게 생각하는지를 확인함으로써 의미를 찾을 수 있다.

세 번째로 텍스트에 대하여 사회적으로 받아들여지고 있는 의미이다. 각 텍스트에 대해서는 일반적으로 받아들이고 있는 의미가 있을 수 있다. 특정 텍스트에 대하여 사회적으로 통용되고 있는 의미가 어떤 것인지, 또한 독자가 평소에 텍스트에 대하여 어떻게 생각하고 있었는지를 고려해 볼 수 있다. 모든 텍스트가 사회적인 의미를 가진다고 할 수 없지만 학습자들이 접할 수 있는 텍스트는 사회적으로 받아들여지고 있는 의미가 있는 것이 많다. 어떤 텍스트는 일반적인 의미가 한 두 가지로 정리하기 어려울 수 있지만 대표적인 것을 중심으로 생각하여 보는 것이 좋다.

네 번째로 전문가가 제시하는 의미를 참고할 수 있다. 많은 텍스트들은 전문가들이 의미를 규정하는 경우가 많다. 특히 학습 활동 시간에 사용되는 텍스트들은 전문가들이 어떤 의미가 있다고 규정한 것을 사용하게 되는데, 전문가들이 제시한 의미에 대하여 고려하는 것이 필요하다. 전문가들이 제시한 의미는 넓은 범주로 보면 다중 텍스트에 속한다. 여기에서의 전문가가 제시하는 의미는 현재성을 띠고 있는 측면에서의 전문가적 의미이다. 독자가 직접 강의를 듣는다든가 면담을 한다든가 매체를 이용하여 직접 접근함으로써 확인할 수 있는 의미이다. 사회적으로 받아들여지고 있는 일반적인 의미나 전문가가 제시하는 의미의 문제는 자료를 준비하는 과정에서 충분히 검토하여 계획적으로 제시하면 학습의 효과를 높일 수 있을 것이다.

다섯 번째로 필자가 제시하는 의미이다. 텍스트는 필자가 쓴 것이기 때문에 필자의 생각을 담고 있다. 그렇기 때문에 필자가 텍스트에서 드러내려고 하는 것이 무엇인지를 파악하는 것이 의미 찾기의 주요 활동이 될 수 있다. 필자의 의도가 쉽게 드러나는 텍스트도 있지만 깊이 감추어져 있는 텍스트도 있다. 주장하는 글과 같은 것에서는 필자의 의미가 분명하게 드러난다. 그러나 문학적인 글과 같이 의미가 깊이 감추어져 있는 경우는 관련 텍스트의 도움이 더 많이 필요하다. 필자가 드러내는 의미를 찾기 위해서는 텍스트의 내용을 통하여 추측하는 것도 좋은 방법일 수 있지만, 분명하게 말하려고 하는 의미를 찾아내는 것이 필요하다. 필자가 말하는 분명한 의미는 필자와 직접 만나서 확인하는 것이 좋은 방법이지만, 그렇게 할 수 없는 것이 대부분이기 때문에 일차적으로는 필자가 써 놓은 다른 텍스트를 통하여 확인하는 방법이 있고,

또 다른 방법은 필자에 대해 관련된 자료를 참조하는 것이다.

그 외의 관점으로 텍스트 자체에서 드러낸다고 생각되는 의미가 있을 수 있다. 이것은 텍스트의 중요 어휘나 상징적인 개념들로부터 의미를 찾을 수 있다. 이외에도 형식이나 접근 관점 등도 의미를 찾는 데 도움이 된다. 텍스트를 벗어나서 보면, 텍스트를 보는 특정한 이론이나 이데올로기, 사회, 문화, 종교 등의 면에서 생긴 의미들도 있을 수 있다.

(2) 관련 의미 분류 확인하기

독자는 여러 관점에서 의미를 찾고 나면 어떤 의미들이 있었는지 확인하는 것이 필요하다. 이 확인은 어떤 관점에서 어떤 의미가 있고, 이들 의미가 어떤 근거를 바탕으로 나온 것인지를 점검하는 것이다. 이를 통하여 여러 관점에서 제시된 의미들이 서로 어떻게 다른지 확인하는 것이다. 의미를 확인하여 같은 의미를 분류하여 봄으로써 몇 가지 의미로 구분할 수 있다. 독자는 의미에 대한 점검으로 몇 가지 대표적인 의미로 선별하는 것이 가능하다. 특히 학습 활동에서 학습자에 따라 다양한 의미들이 나올 수 있는데 이들을 몇 개로 범주화하여 선별하는 것이 필요하다. 독자는 선별된 의미들과 대화를 함으로써 효과적으로 의미를 재구성할 수 있게 된다.

텍스트의 관련 의미 찾기는 독자가 생각한 관점과 다른 관점에서 의미를 찾아보는 것이다. 의미 찾기에서 여러 관점의 의미를 찾는 것은 텍스트를 타당성 있게 이해하기 위한 것이다. 그렇지만 교수-학습에서 제시될 수 있는 의미는 학습자들의 능력에 따라 또는 수업의 목표에 따라 관련된 의미의 수를 조절할 필요가 있다. 읽기 학습에서는 의미를 활용하는 방법을 배우는 것도 중요한 요인이기 때문이다.

해석 텍스트를 구성하기 위한 활동 요소를 정리하면 [표2-2]와 같다.

[표2-2] 해석하기 단계 활동 요소

① 독자 중심 의미 찾기	② 관련 의미 찾기
㉠의미 추측하기 ㉡의미 확인하기	㉠여러 관점으로 의미 찾기 ㉡관련 의미 분류 확인하기

4. 이해하기 단계 활동

이해하기는 독자가 새롭게 의미(속뜻)를 구성하여 이해 텍스트를 구성하는 활동이다. 이해 텍스트를 구성하는 활동은 독자의 마음속에서 이루어지는 일이기 때문에 교육적으로 통제하거나 접근하는 것이 쉬운 일은 아니다. 그렇지만 학습 활동이라는 것이 분명히 눈에 볼 수 있는 것만을 필요로 하는 것이 아니기 때문에, 이 부분을 상정하여 접근할 수 있도록 배려하는 것이 필요하다.

관련된 텍스트를 통하여 드러난 의미들을 활용하여 깨닫기로 이끌어 간다는 것은 개별 학습자가 분석적 · 비판적 · 종합적 사고를 하여 새로운 의미를 구성하게 하는 것이다. 또한 새롭게 구성한 의미에 대하여 반성적 성찰을 하게 하는 것이다. 텍스트 이해 교육에서는 이 깨닫기를 통한 마음의 변화에 접근하는 것이 중요하다. 이것을 위해서는 읽는 과정에서 텍스트의 의미를 찾는 것에 그치는 것이 아니라, 의미를 독자의 마음속으로 받아들이게 해야 한다. 텍스트 이해 교육에서 독자의 마음에 관심을 갖는 것은 중요한 것이며, 이러한 마음에 대한 관심이 교육의 본질이다. 텍스트의 의미에 대한 독자의 깨닫기는 텍스트 이해 교육이 일시적인 활동이나 단순한 기능의 학습이 아니라 지속적인 마음의 발달을 노력임을 의미한다. 이해 텍스트 구성하기를 위한 구체적인 활동 요소를 살펴보면 다음과 같다.

1) 의미 차이 확인하기

관련 의미 확인하기에서 의미를 분류하였기 때문에, 그 분류된 의미를 바탕으로 의미의 차이를 확인한다. 의미 차이를 확인하기 위해서는 독자의 생각과 다른 것을 우선적으로 선택하는 것이 필요하다. 관련된 텍스트에 대한 의미가 독자의 생각과 차이가 크면 클수록 대화의 필요성이 커지기 때문이다.

의미 차이를 확인하는 활동은 의미에 대한 상호주관성을 바탕으로 하여 이루어져야 한다. 독자는 의미가 가치 있다는 인식을 바탕으로 의미들이 서로 어떻게 다른지를 비교 분석해야 한다. 각 의미들이 어떤 관점에서 나온 것인지를 확인하고 어떻게 다른지를 알아본다.

(1) 의미 차이 분석하기

의미의 차이를 분석하기 위해서는 관련된 의미 찾기에서 범주화한 의미를 바탕으로, 의미들의 차이를 구체적으로 분석하는 것이 필요하다. 의미 차이 분석 활동은 의미 찾기에서 이루어질 수 있지만, 여기서는 선택된 의미 범주별로 비교 분석하는 것이다. 각 의미의 차이가 무엇이고, 그 의미의 차이는 어디에서 왔으며, 서로 어떤 점에서 공통점이 있고, 어떤 점에서 관련되는지를 생각하여 본다. 의미에 대한 이런 분석에서 이미 독자는 의미에 대한 내적 대화를 시작한 셈이다.

(2) 개별 의미 인정하기

텍스트의 의미 차이를 확인하는 것은 독자가 생각하지 못했거나 크게 주목하지 못했던 의미들에 관심을 갖는 것이다. 독자는 각각의 의미에 대하여 자신의 생각과 다르거나 또는 의미들 간에 구분되는 것이 있으면 그 의미를 가치 있는 것으로 인정해야 한다. 각 의미를 인정하려고 하지 않는다면 독자는 자신이 생각한 의미만이 전부라고 생각할 수 있다. 이렇게 되면 독자는 발전적으로 의미를 구성할 수 없다. 따라서 자신과 생각이 다른 의미에 대하여 그 근거가 타당하다면 인정해야 한다. 의미들과 대화를 위해서는 각각의 의미들에 대하여 적극적인 지지를 보내는 것이 중요하다.

독자가 텍스트의 여러 가지 의미를 확인하고 그 차이를 분석하여 보고, 그 의미를 인정하는 것은 읽기에 있어 고등 수준의 정신 활동이다. 이것은 단순한 의미 찾기가 아니라 의미를 찾아서 병치함으로써 그 차이를 분명하게 드러내는 활동이다. 이러한 의미의 차이를 알아보는 것은 새로운 의미를 구성하기 위한 것이다. 각 의미의 차이점을 인식할 때 흡수할 요소와 변형할 요소를 알게 되어 대화가 가능하게 된다.

2) 대화를 통한 깨닫기

의미를 새롭게 구성하기 위한 대화는 독자 자신의 의미와 해석 텍스트에서 선별되고 확인된 의미들과의 내적 대화이다. 여기서의 대화는 각 의미에 대하여 차이점을 인정하면서 서로의 타당성을 따져서 버려야 할 것과 더 확장해야 할 것이 무엇인지를 판단하기 위한 의미 간의 협상이다. 이러한 협상은 독자의 마음속에서 이루어지는 내적인 사고 작용이다. 독자는 마음속으로 의미를 비교하고, 비판하고, 분석하고, 종합하는 활동을 한다. 의미를 종합하여 자기화하는 것이 깨닫기이다. 이러한 깨닫기를 통해 독자는 자신의 생각을 분명하게 구성할 수 있게 된다.

(1) 독자의 생각 확인하기

독자의 생각 확인하기는 두 가지로 나눌 수 있다. 하나는 선이해에 대한 점검이다. 자신이 텍스트에 대하여 가지고 있던 기대와 관점 등이 무엇인지를 확인하는 것이다. 또 하나는 텍스트를 읽으면서 생각한 것을 확인하는 것이다. 이 두 가지는 일치할 수도 있지만 서로 다를 수도 있다. 이 두 가지가 서로 다를 때는 각각의 의미로 인정할 수 있다. 이들 의미에 대하여 확인하는 것이다. 이 과정에서 독자 자신이 왜 그렇게 의미를 생각하게 되었는지 분명히 해야 한다. 독자가 자신의 생각을 분명히 하지 않으면 다른 의미들과 대화를 할 수 없기 때문이다.

(2) 의미들과 대화하기

자신의 생각이 분명하게 확인되고 나면, 다른 의미들과의 대화가 이루어져야 한다. 이 대화를 이끌어 가는 주체는 독자이다. 이 독자는 각 의미를 충분히 존중하는 독자이다. 이들 대화에서 독자는 자신이 생각한 의미를 포함하여 각 의미들이 가지고 있는 본질이 무엇인가를 파악하고 이들 의미들에서 수용할 점과 버릴 점을 찾는다. 독자 자신의 생각은 어떤 관점에서 접근하였고, 다른 의미는 어떤 관점에서 나온 것인지를 따져 봄으로써 의미를 새롭게 구성할 수 있는 요소를 찾을 수 있다. 이런 과정에서 독자는 자신의 생각에서 바르게 된 것이나 잘못된 것, 또는 받아들여야 될 것에 대한 관점을 가지게 된다.

(3) 깨닫기

독자는 의미들과 대화하는 과정에서 여러 의미의 타당성을 인정하여 이들 의미를 융합하여 의미를 새롭게 구성한다. 이렇게 여러 의미들을 자신의 생각과 융합하여 새로운 의미를 구성하는 것이 깨닫기이다. 이 깨닫기는 단순히 다중 텍스트의 의미를 종합한 것이 아니다. 독자는 자신의 생각과 다중 텍스트의 의미를 융합하여 재구조화하는 것이다. 이것은 또한 텍스트의 의미를 마음속의 거울에 비추어 자기화하는 것이다. 이러한 깨닫기는 깊이 있는 사고의 활동이고 마음의 변화 작용이라 할 수 있다.

자신의 생각을 확인하고 다른 의미와의 대화를 통하여 깨닫기에 이르는 과정은 고등 사고 활동이다. 이 과정에서 여러 의미들이 상호 작용하여 의미들의 부분들이 흡수되고 변형되어 융합됨으로써 새로운 의미를 구성한 것이다.

3) 반성적 성찰하기

독자가 깨닫기에 의하여 구성된 의미에 대하여 반성적 성찰이 이루어졌을 때만 확실한 이해 텍스트를 구성한 것이라 할 수 있다. 텍스트를 통하여 드러난 여러 의미들과의 내적 대화를 통하여 새롭게 구성한 의미도 그대로 독자의 것으로 인정하는 것은 문제가 된다. 자신의 생각을 자세한 검토 없이 단정지을 수 있기 때문이다. 독자가 자신의 마음속에 구성한 의미에 대한 검토가 필요하다. 즉 독자는 대화의 과정에서 새롭게 구성된 의미에 대하여 다시 살피는 활동이 있어야만 한다.

(1) 구성한 의미 살피기

먼저 독자는 기존에 생각한 것이 어떤 것이었으며, 새롭게 변화된 생각은 어떻게 달라졌는지를 확인해야 한다. 자신의 생각이 어떤 의미를 바탕으로 하여 어떻게 변화하였는지를 따져보고, 어떤 점에서 생각이 바뀌었는지 점검하여 보는 것이다. 또한 새롭게 구성된 의미가 독자의 인식 세계에 어떤 영향을 주는 것이며, 그 의미가 독자에게 어떤 작용을 하는지 따져보아야 한다. 그래서 새롭게 형성된 의미가 독자 자신에게 주는 의의가 무엇이고, 그것이 독자 자신의 관점이나 신념에 어떤 변화를 줄 수 있는지를 생각하여 보아야 한다. 이러한 생각들은 독자에게 텍스트를 통하여 자신을 깊이 있게 볼 수 있는 기회를 제공한다고 할 수 있다.

(2) 구성한 의미 확장하기

새롭게 구성한 생각이 어떤 것인지를 살피고 나서 독자는 그 의미가 자신에게 어떤 의의가 있는지를 확인해 보는 것이 필요하다. 새롭게 구성한 의미가 실제 자신의 생활에 어떤 차이를 가져오게 되었는지를 따져 봄으로써 의미를 확장할 수 있다. 이 확인은 자신의 변화된 생각으로 생활을 반성하여 보든가 다른 텍스트의 이해에 적용시켜 봄으로써 의미를 확장할 수 있게 한다.

텍스트 의미 이해하기 활동은 마음속에서 이루어지는 내적 대화 작용이면서, 자신의 사고에 대하여 확신을 가지는 것이다. 이러한 대화와 확신은 깨닫기에 대한 필수적인 요인이라 할 수 있다. 텍스트 의미를 이해하기 위한 활동 요소를 정리하면 [표2-3]과 같다.

[표2-3] 이해하기 단계 활동 요소

① 의미 차이 확인하기	② 대화를 통한 깨닫기	③ 반성적 성찰하기
· 의미 차이 분석하기 · 개별 의미 인정하기	· 자신의 생각 확인하기 · 의미들과 대화하기 · 깨닫기	· 구성한 의미 살피기 · 구성한 의미 확장하기

3장. 다중 텍스트와 학습 요소

1. 텍스트의 선정과 제시

독자는 텍스트를 읽으면서 관련된 다른 텍스트의 뜻과 속뜻을 결합시켜 내재 텍스트를 형성한다. 텍스트 이해 지도는 학습자가 텍스트 이해 과정에서 구성하는 내재 텍스트를 효과적으로 구성하도록 돕는 것이다. 앞에서는 독자가 텍스트 이해 절차를 인식하기, 해석하기, 이해하기로 나누고, 각 과정에서 독자의 마음속에 구성되는 내재 텍스트를 인식 텍스트, 해석 텍스트, 이해 텍스트로 구분하였다. 또한 독자가 마음속에 구성하는 텍스트를 중심으로 텍스트 이해 단계를 인식하기 단계, 해석하기 단계, 이해하기 단계로 구분하고 각 단계의 활동 요소를 정리하였다. 여기서는 독자가 텍스트 이해 과정에서 구성하는 내재 텍스트를 효과적으로 형성할 수 있도록 하는 구체적인 지도 방법을 알아본다.

다중 텍스트를 활용한 텍스트 이해 지도는 독자의 내재 텍스트를 상호텍스트적으로 구성하기 위한 접근이다. 독자가 구성하는 내재 텍스트를 효과적으로 구성하게 지도하려면 요소를 정리해야 한다. 텍스트 이해 지도 요소를 알아보기 위하여 다중 텍스트를 구성하는 방식과 이에 따른 학습 요소를 정리하여 본다.

텍스트 이해 교수-학습에서 중요한 것은 텍스트이다. 다중 텍스트를 활용한 텍스트 이해 지도에서는 여러 텍스트를 사용하기 때문에 텍스트의 활용 범주에 대한 인식이 필요하다. 다중 텍스트를 활용한 텍스트 이해 지도에서 관심의 대상이 되는 텍스트의 범위 문제와 선정 문제를 검토하고, 다중 텍스트의 구성 방식을 알아본다.

1) 텍스트의 범위와 선정

독자의 상호텍스트적인 의미 구성을 도울 수 있는 자료가 다중 텍스트이다. 텍스트 이해 교수-학습에서 다중 텍스트의 활용 문제는 주요 관심의 대상이 된다. 텍스트의 문제와 관련하여 먼저 생각해 볼 것이, 다중 텍스트의 범위와 선정 문제이다. 다중 텍스트를 활용하여 텍스트 이해를 지도하기 위해서는 텍스트의 범위를 이해하는 것이 필요하다. 하트만(Hartman, 1994)은 상호텍스트적인 연결을 하기 위하여 다중 텍스트의 구성에서 고려해야 할 것이 자료의 형태와 장르라고 했다. 그는 자료의 형태를 크게 언어적 텍스트와 비언어적 텍스트로 나누었다. 언어적 텍스트는 이야기, 시, 논문, 수필과 같이 언어로 표현된 자료를 말한다. 비언어적 텍스트는 영화, 비디오, 드라마, 사진, 춤, 음악, 사진, 그림과 같이 언어가 아닌 것으로 표현된 자료이다. 장르 면에서는 소설, 비소설, 팬터지와 같은 언어적 장르와 코메디 · 비극과 같은 극적 장르와 미술에 있어서의 인상주의 · 사실주의 · 초현실주의, 음악에 있어서의 포크 · 재즈 · 랩과 같은 비언어적인 장르를 고려해야 한다고 한다. 텍스트 이해 교수-학습 과정에서 다룰 텍스트의 범위가 인쇄된 텍스트에 한정되는 것이 아니라는 것을 알 수 있다.

독자의 텍스트 이해 과정에서 내재 텍스트의 상호텍스트성을 돕기 위해서 다양한 텍스트를 활용할 수 있다. 그동안의 인지적 접근에서는 단일 텍스트의 중심에서 벗어나지 못했다. 그러나 상호텍스트적인 텍스트 이해 관점에서는 텍스트의 범위를 화제나 주제와 관련하여 다양한 장르와 형태로 확장하여 접근할 필요가 있다. 읽기는 텍스트에 들어 있는 내용과 의미를 이해하기 위한 것인데 의미 이해를 돕기 위해서 다양한 자료를 활용하는 것은 당연하다.

텍스트의 범위가 넓은 것에서 비롯되는 문제는 교사가 텍스트를 선정하는 과정에서 많이 좌절하고 시간을 낭비하게 한다. 그래서 자료의 수집과 정리를 교사에게 일임하는 문제는 타당한 문제 해결 방법이 아니다. 이 문제를 해결하기 위해서는 여러 가지 방안이 마련되어야 한다. 그렇지만 일단은 교수-학습을 교사가 운영하기 때문에 텍스트의 선정과 이용은 교사의 손에 달려 있다. 교사는 교재의 각 단원에서 필요한 자료를 여러 가지 요인을 고려하여 직접 선정하고 준비하는 것이 무엇보다 중요하다.

텍스트 선정 문제를 해결하는 근본적인 방법은 교육과정에 따라 교과서를 만들 때, 활용할 수 있는 자료집이나 자료 목록을 만들어야 한다는 것이다. 이를 위해서는 교과서를 만드는 기관의 많은 노력이 필요하다. 그 다음으로 생각해 볼 수 있는 것이 학교 자체의 준비이다. 학교 자체적으로 풍부한 자료를 선정하고, 각 학교에 마련되어 있는 각종 특별실(도서실, 과학실, 음악실, 방송실, 미술실, 기타)에 다양한 자료를 구비해야 한다. 또한 교육 관련 단체들이나 교사 단체들의 참여가 있다. 이들 단체들은 효과적인 자료의 확보를 위하여 직·간접적으로 여러 가지 대안들을 제시할 수 있는 위치에 있다. 다중 텍스트의 선정 문제는 특정한 방향으로 제한될 수 없지만 의도적이고 계획적으로 이루어질 필요가 있다.

2) 텍스트의 선택과 제시

풍부한 텍스트 환경을 만드는 것은 상호텍스트성을 바탕으로 읽기를 학습하도록 돕는 데 필수적이다. 텍스트를 풍부하게 구비하는 것은 잠재적으로 학습자들이 충분히 연결할 수 있도록 하는 것이고, 표면적으로는 학생들을 자극하고 관심을 갖도록 하며, 반응을 할 수 있게 하여 학습 목표를 달성하는 것이다.

다중 텍스트를 바탕으로 교수-학습을 하기 위해서는 텍스트 선정과 제시가 문제된다. 이 문제를 명확하고 완전하게 해결할 수 있는 방법은 없다. 한 텍스트나 하나의 주제(화제)를 학습하는 데 그것과 관련을 맺을 수 있는 텍스트의 범위를 한정할 수 없기 때문이다. 따라서 텍스트의 선정과 제시는 학습자와 학습의 내용에 따라 융통성 있게 이루어져야 한다.

텍스트의 선택과 제시는 학습 목표에 따른 학습 내용에 따라 다양해질 수 있다. 학습 내용이 화제로 접근하느냐, 주제로 접근하느냐, 특정한 학습 목표를 달성하기 위하여 접근하느냐, 아니면 어떤 기능/전략을 익히기 위하여 접근하느냐에 따라 선택과 제시 방식이 달라질 수 있다. 또한 교수-학습에서 제한된 자료만으로 한정할 것인지, 아니면 자료를 개방할 것인지에 따라 그 양상이 달라질 수 있다. 또한 특정한 학습 목표에 한정하여 수업을 할 것인지 아니면, 목표를 한정하지 않고 텍스트의 전반적인 이해를 바탕으로 할 것인지에 따라 그 제시 방식은 다양하게 변할 수 있다.

하트만(Hartman, 1994)은 텍스트의 제시 방식을 크게 두 가지로 나누었다. 즉 교수-학습 활동에서 다룰 텍스트의 수를 한정하는 방식과 개방하는 방식이다. 텍스트를 한정하는 것은 교사나 학습자들이 일정한 범위를 정하여 선택한 텍스트만을 사용하는 것을 뜻하고, 개방하는 것은 선택된 텍스트 이외의 텍스트도 활용한다는 것을 뜻한다. 텍스트를 한정하여 제시하는 방식을 세 가지로 분류하였는데, 학습할 내용에 대하여 언어적인 텍스트만을 제시하는 방법과 언어적인 텍스트와 비언어적인 텍스트를 혼합하여 제시하는 방법, 비언어적인 텍스트만을 제시하는 방식이 있다. 이들 텍스트 선정 제시 방식들은 모두 학습에 활용될 수 있는 방법이지만, 언어적 · 비언어적 텍스트를 혼합하여 제시하는 방식이 교수-학습 활동에서 일반적인 형태라 할 수 있다.

2. 다중 텍스트 구성 방식

다중 텍스트의 범주와 선정, 선택과 제시 방식과 아울러 교수-학습에서 활용할 수 있는 다중 텍스트의 구성 방식에 대한 논의가 필요하다. 다중 텍스트의 구성 방식은 다양한 형태로 존재할 수 있다. 여기서는 다중 텍스트를 선정하여 구성하는 방법으로 하트만과 알리슨(Hartman & Allison, 1996) 그리고 렌스키(Lenski, 1998)가 화제(topic)를 중심으로 다섯 가지로 구분하여 제시한 구성 방법을 참조하여 정리하여 본다.[13] 이들이 제시한 방식은 ㉠보완 관계 텍스트 구성 방식(complementary text arrangement) ㉡논쟁 관계 텍스트 구성 방식(conflicting text arrangement) ㉢통제 관계 텍스트 구성 방식(controlling text arrangement) ㉣대화 관계 텍스트 구성 방식(dialogic text arrangement) ㉤변형 관계 텍스트 구성 방식(synoptic text arrangement)이다. 이들 텍스트 구성 방식은 텍스트의 화제를 중심으로 한 논리적인 구분이다. 따라서 이들 구성 방식을 교수-학습에 그대로 활용할 수도 있지만 실제 학습 활동에서 제시되는 다중 텍스트의 구성 방식은 이들이 서로 혼합되어 활용된다고 할 수 있다. 다만 이렇게 구분하는 것은 텍스트의 관계를 바탕으로 지도 요소를 선정할 수 있기 때문이다. 이들 텍스트 구성 방식을 살펴보면 다음과 같다.

---

13) 하트만과 알리슨(Hartman & Allison, 1996)의 다중 텍스트의 관계 그림

①텍스트의 상호보완적 관계
Topic 화제
②텍스트의 상호논쟁적 관계
Topic 화제
③텍스트의 통제적 관계
Topic 화제
④텍스트의 대화적 관계
Topic 화제
⑤텍스트의 변형적 관계
Topic 화제

1) 보완 관계 텍스트 구성 방식

보완 관계 텍스트 구성 방식은 하나의 주제나 화제를 서로 보완(보충)하는 내용의 텍스트로 다중 텍스트를 구성하는 것이다. 이 방식은 다중 텍스트의 내용이 하나의 주제나 화제로 통합될 수 있는 것으로 내용을 확장하고 지원하는 관계에 있는 텍스트들로 구성하는 것이다. 이 방법은 특정한 주제에 대하여 내용을 보충하여 인식하고, 재구성하게 한다. 또한 주제나 화제에 대하여 다양한 양상을 학습할 수 있는 기회를 얻을 수 있게 한다. 그래서 주제에 대하여 여러 측면에서 다양한 내용을 제시함으로써 독자에게 깊이 있는 이해를 하게 한다. 보완 관계 텍스트로 다중 텍스트를 구성할 경우의 예를 들어보면, '한글'에 대해 설명하는 글이 있다면, 한글의 구성 원리나 한글의 변천, 한글의 우수성 등에 대하여 논의하는 글이 있다. 이들 텍스트를 선별하여 다중 텍스트를 구성함으로써 한글에 대하여 이해를 넓힐 수 있도록 하는 것이다.

2) 논쟁 관계 텍스트 구성 방식

논쟁 관계 텍스트는 하나의 주제나 화제에 대하여 대립되거나 구별되는 관점을 가진 텍스트로 다중 텍스트를 구성하는 방식이다. 특정한 사건이나 주제, 대상에 대하여 서로 다른 관점에서 기술된 텍스트들이 있다. 이들을 함께 제시하여 읽게 하는 것이다. 이 텍스트의 구성 방식은 학습자들에게 다양한 관점에서의 정보와 의견을 제공하여 준다. 그래서 학습자들에게 확장적이고 비판적인 사고 활동을 할 수 있게 하는데 도움이 된다. 논쟁 관계 텍스트 구성 방식의 예를 주제 면에서 하나 들어보면, 부모에 대한 효를 중심으로 쓰여진 '심청전'과 부모의 권위에 대하여 비판적인 관점을 가질 수 있는 '견우와 직녀' 나 '바위나리와 아기별'과 같은 이야기를 제시하는 것이다. 이를 통해 텍스트의 관점에서 드러나는 여러 가지 의미와 대립적인 생각을 분석하고 비교하는 과정에서 독자의 생각을 정립할 수 있다.

3) 통제 관계 텍스트 구성 방식

통제 관계 텍스트는 하나의 텍스트가 다른 텍스트를 이해하는 데 기준으로 작용할 수 있도록 다중 텍스트를 구성하는 방식이다. 이 방식은 학습자들에게 하나의 텍스트가 다른 텍스트를 읽고 해석하게 하는 관점이나 기준을 제공할 수 있게 한다. 기준 텍스트는 다른 텍스트에 대하여 권위를 가지고 있는 텍스트로써 독자가 이 기준 텍스트를 중심으로 내용을 파악하고 의미를 찾을 수 있도록 하는 관계이다. 통제 관계의 텍스트는 학생들에게 텍스트를 읽고 이해하게 하는 전략적인 장치로 작용할 수 있다. 이 텍스트 정렬 방식의 예는 '경전'이나 '법조문'의 몇 구절을 놓고, 여러 일상적인 사건에 관련된 텍스트를 제시하고 이들을 어떻게 볼 것인지 따져 보게 하는 것이 될 수 있다. 그 외에도 특정한 관점을 가진 텍스트를 통제 텍스트로 정하여 다른 텍스트의 내용을 생각해 볼 수 있다.

4) 대화 관계 텍스트 구성 방식

대화 관계 텍스트는 하나의 주제 화제에 대하여 여러 관점에서 논의하는 텍스트를 선정하여 구성하는 방식이다. 대화 관계는 같은 인물이나 문제, 사건에 대하여 다양한 관점으로 서술된 텍스트를 말한다. 이 방식에서는 텍스트에서 다루고 있는 내용과 관점의 관계를 파악하여 이해할 수 있게 텍스트를 구성해야 한다. 이 제시 방식을 통하여 학습자들은 다양한 관점에서 논의된 내용을 접할 수 있게 된다. 이를 통하여 학습자들은 텍스트의 내용과 의미에 대하여 확장적인 이해를 할 수 있다. 대화적 관계 텍스트의 예로는 초등학교 국어(읽기) 1학년 2학기 "약속"과 같은 텍스트에 대하여, 약속을 지키지 못한 이야기나, 약속을 지키기 위하여 희생을 치른 이야기들이 이에 속한다고 할 수 있다. 쉬운 예로, 신문에서 같은 사회적인 문제를 다루는 여러 가지 관점들의 텍스트를 제시하는 방식이다.

5) 변형 관계 텍스트 구성 방식

변형 관계 텍스트는 하나의 이야기나 사건, 일에 대하여 다양하게 변형된 텍스트를 제시하여 구성하는 방식이다. 이야기 텍스트의 인물을 바꾸거나 사건을 바꾸어 내용을 변형시킨(모방, 패러디) 텍스트들이 있다. 이들 텍스트를 활용하여 다중 텍스트를 구성하는 방식이다. 변형 관계 텍스트의 제시는 학습자들에게 하나의 사건이나 이야기에 대하여 다양한 관점을 가지게 한다. 학생들은 변화된 관점에서 쓰인 텍스트를 읽음으로써 필자의 관점에 대한 유사점과 차이점 사이의 관계를 만들 수 있게 된다. '신데렐라'의 다양한 변종이나 우리의 '콩쥐팥쥐'의 이야기를 함께 제시하여 동서양 인식 배경의 차이를 이해할 수 있게 한다든가, 같은 성경에 대한 여러 종파 간의 해석의 차이와 같은 것을 예로 볼 수 있다. 이 변형 관계 텍스트를 통하여 학습자들은 하나의 화제에 대하여 다양한 관점을 이해할 수 있고 그 화제에 대하여 전체적인 조망을 할 수 있다.

그 외에로 텍스트를 구성하는 방식은 다양한 것이 있을 수 있다. 최근에는 인터넷의 발전으로 하나의 주제어로 검색하면 다양한 사이트와 그에 관련된 내용을 꾸러미로 볼 수 있고 그것을 통하여 더 많은 자료를 활용할 수 있는 시대가 되었다. 다양한 여러 가지 내용들을 쉽게 접근할 수 있으며, 하이퍼링크를 통하여 연결되어 있기 때문에 다양한 관련 내용들을 열람할 수 있을 뿐만 아니라 자신의 관점을 제시할 수 있는 공간도 마련되어 있다. 이를 통하여 많은 텍스트들을 수집하거나 선정 배치하는 방법도 있다. 그 외에도 많은 방법들이 교사들 각자의 창의적인 노력에 의하여 만들어 질 수 있다.

3. 다중 텍스트 구성 방식에 따른 학습 요소

다중 텍스트를 활용한 텍스트 이해를 지도하기 위해서는 교수-학습 과정에서 지도할 지도 요소가 필요하다. 텍스트 이해 지도에서 구체적인 학습 요소는 학습 활동을 효율적으로 이끌어 가게 한다. 이들 학습 요소는 다중 텍스트의 구성 방식에 따라 다양하게 나올 수 있다. 여기서는 다중 텍스트를 바탕으로 텍스트 이해 지도를 할 때, 대표적인 요소들을 몇 가지 선정하여 정리하여 본다. 이들 지도 요소를 공통적인 학습 요소와 다중 텍스트의 특성에 따른 학습 요소로 나누어 정리한다.

1) 공통적 학습 요소

다중 텍스트 구성 방식에 따른 학습 요소들은 인식 · 해석 · 이해 텍스트 구성 단계에 따라 선별될 수 있다. 이들 학습 요소 중에는 모든 구성 방식에 공통적으로 적용될 수 있는 것이 있다. 공통적 학습 요소는 순차적으로 적용되어야 하는 것도 있으나 반드시 고정된 순서를 거치는 것은 아니다.

(1) 인식하기 단계 학습 요소

①일견하기 : 일견하기는 다중 텍스트의 내용을 전체적으로 훑어보는 것을 말한다. 다중 텍스트의 내용들이 어떤 것으로 이루어져 있는지 제목과 장과 절의 제목을 통하여 어떤 내용인지를 살펴보는 것이다. 세부적인 내용을 파악하기보다는 전체적인 내용을 살피는 것이다.

②관계 짓기(associate) : 관계 짓기는 다중 텍스트 내용 간의 관계를 알아보고, 관련 내용을 연결하여 내용에 대한 인식을 확장하도록 하는 것이다. 관계 짓기에서는 먼저 텍스트에 사용된 낱말이나 구절, 문장 등에서 같은 점을 찾아보고, 다루고 있는 대상이나 내용의 면에서 텍스트 간에 관련성을 알아본다. 이를 통하여 다중 텍스트의 관계를 알아보

고 내용을 종합하여 파악한다.

(2) 해석하기 단계 학습 요소

①추론하기 : 추론하기는 다중 텍스트의 의미가 무엇인지 추측하고 관련 내용을 바탕으로 텍스트의 의미를 해석하여 찾아내는 것을 의미한다. 추론하기는 텍스트의 구성 방식에 따라 다를 수 있지만 필자가 텍스트를 통하여 의도한 것이라든가, 독자가 텍스트 내용을 바탕으로 자신의 생각을 구성하는 것이라 할 수 있다. 보완 관계 텍스트 구성에서 추론하기는 중심이 되는 주제를 찾아내기 위하여 관련 텍스트를 활용하게 되지만, 다른 텍스트 구성 방식에서는 각 텍스트의 의미를 추론해 낼 수 있어야 한다.

②선별하기 : 선별하기는 각 텍스트를 해석하여 나온 의미가 여러 가지일 수 있는데, 이들 중에서 대표적인 텍스트 의미를 선택하는 것이다. 중심 텍스트에서 제시하는 의미나 다중 텍스트사 제시하는 의미가 각기 다를 수 있는데, 독자의 의도나 학습의 목표에 따라 근거 있는 타당한 의미를 구별하여 선정하는 것이다.

③병치하기 : 병치하기는 텍스트를 해석하여 찾아낸 여러 의미들의 관계를 따져 정리하는 것을 의미한다. 해석에서의 병치는 해석한 의미들을 공책이나 학습지 또는 마음속에 늘어놓는 것을 의미한다. 여러 의미들 중 타당성이 인정된 것에 대하여 독자가 공감하는 활동이다.

④연합하기(assemble) : 연합하기는 다중 텍스트의 내용을 해석하면서 독자가 기존에 가지고 있던 생각과 비교하여 서로 관계지어 보는 것이다. 앞에서의 활동이 텍스트 자체의 의미의 관계를 따져보고 정리한 것이라면, 연합하기는 독자의 기존의 생각과 비교하여 의미들의 타당성과 가치를 따져보는 것이라 할 수 있다. 연합하기를 통하여 독자는 텍스트의 의미를 자신의 생각과 비교하여, 텍스트의 의미를 점검하여 볼 수 있다.

(3) 이해하기 단계 학습 요소

①평가하기 : 평가하기는 해석을 통하여 찾은 의미에 대하여, 그 타당성과 가치를 따져보는 것이다. 텍스트에 대한 의미는 다양하게 제시될 수 있다. 이들 의미들이 의의 있는 것인지를 판단하여 보는 것이다. 의미에 대하여 타당한 근거가 제시되고 있는지, 의미 자체가 가치 있는 것인지, 다른 의미들과 비교하였을 때 어떤 점에서 의의가 있는지를 따져보면서 각 의미들의 차이를 확인한다.

②재구성하기(looping) : 재구성하기는 독자가 기존에 가지고 있던 관념과 새로 구성된 의미를 연결시켜 독자의 관념을 수정하는 것을 가리킨다. 다시 말하면 텍스트에서 찾아 구성한 의미를 독자가 기존에 가지고 있던 관념과 융합하여 독자의 관념을 확장하거나 바꾸거나 재조직하는 것을 의미한다. 독자는 이를 통하여 텍스트의 의미와 독자의 관념을 적극적으로 융합하게 된다. 이러한 재구성하기는 텍스트의 의미가 독자의 이해 텍스트와 직접적으로 관계를 맺는 것이라 할 수 있다.

③성찰하기 : 성찰하기는 독자가 자신이 재구성하거나 변형한 의미를 점검해 보는 것을 의미한다. 독자가 텍스트를 읽고 변화된 생각에 대하여 점검하는 것이다. 어떻게 자신의 생각이 바뀌었으며, 그것의 변화는 어떻게 이루어졌는지를 따져 보는 것이다. 독자가 구성한 의미가 타당한 것이며, 어떤 점에서 의의가 있는지를 점검하여 본다.

④적용하기 : 적용하기는 자신이 구성한 의미를 바탕으로 텍스트를 다시 읽으면서 그 타당성을 따져 보든가 다른 텍스트를 더 찾아 읽으면서 자신이 구성한 의미를 확인하여 보는 것이다. 적용하기에서 중요한 또 한 가지는 독자는 재구성한 의미를 자신의 생활과 관련시켜 보는 것이다. 깨닫기에서 의미를 새롭게 구성한 것으로 만족할 것이 아니라 독자의 생활로 확장하여 적용하였을 때 의미 이해가 의의 있게 된다.

2) 다중 텍스트 구성별 학습 요소

텍스트 이해 지도 요소는 다중 텍스트 구성 방식에 따라서 다양할 수 있다. 여기서는 텍스트 구성 방식에 따른 일반적인 학습 요소를 정리하여 본다.

(1) 보완 관계 텍스트 구성

(1－1) 인식하기 단계 학습 요소

①통합하기 : 보완 관계 텍스트를 다중 텍스트로 구성할 경우는 중심 텍스트의 내용을 확장적으로 인식할 수 있기 위한 것이다. 그렇기 때문에 각 텍스트의 내용들이 중심 텍스트의 어떤 점을 보완해 주고 있는지를 파악하고 이를 중심 텍스트의 내용에 연결하도록 하는 것이 필요하다. 통합하기는 각 텍스트의 내용에서 빠진 부분이나 다른 부분, 더 구체적으로 드러난 부분을 찾아 확인하여 통합하는 것이다. 텍스트의 내용을 통합함으로써 텍스트의 구체적인 내용이나 텍스트에서 제시되지 않은 부분에 대하여 확장하여 파악할 수 있다.

(1－2) 해석하기 단계 학습 요소

①구체화하기 : 구체화하기는 독자가 텍스트의 의미를 찾고 나서 이 의미를 관련된 텍스트의 내용들을 이용하여 더 분명하게 하는 것이다. 독자는 여러 텍스트에서 제시하는 내용을 바탕으로 텍스트의 의미를 뒷받침하는 근거를 찾거나 의미에 동의함으로써 텍스트의 의미를 확장하거나 구체화할 수 있다.

(1－3) 이해하기 단계 학습 요소

①심화하기 : 심화하기는 독자가 가지고 있던 관념과 텍스트의 의미를 바탕으로 독자의 관념이나 텍스트의 의미를 공고하게 하는 것이다. 독자는 텍스트에서 찾은 의미를 자신의 관점에 비추어 보고, 자신의

생각을 넓히든가, 텍스트의 의미를 통하여 자신의 생각을 더 구체화함으로써 의미를 깊이 있게 이해할 수 있다.

(2) 논쟁 관계 텍스트 구성

(2-1) 인식 단계 학습 요소

①논의점 알기 : 논쟁 관계 텍스트 내용을 파악하기 위해서는 먼저 논쟁 대상이 무엇이고 서로 어떤 점에서 대립되고 있는지 알아야 한다. 독자는 각 텍스트의 내용이 어떤 입장에서 구성되어 있는지를 파악하여 각 텍스트의 내용이 어떻게 다른지를 알아본다. 이를 통하여 각 텍스트 간의 논점을 정리한다.

(2-2) 해석하기 단계 학습 요소

①구분하기 : 구분하기는 해석에서 드러난 텍스트의 의견이나 주장을 분류하는 것이다. 다중 텍스트에서 각기 다른 의견을 제시할 수도 있고, 비슷하지만 몇 가지 점에서 다른 의견을 제시할 수도 있다. 서로 비교를 통하여 각 텍스트의 의미들을 구분한다. 서로 어떤 점에서 다른 의견을 제시하고 있으며, 그 의견의 차이가 어디에 있는 것인지를 알아본다.

(2-3) 이해하기 단계 학습 요소

①합의하기 : 합의하기는 텍스트에서 제시하고 있는 의미와 독자가 이미 가지고 있던 관념과의 합의를 의미한다. 논쟁적 관계에 있는 텍스트들이 제시하고 있는 의미들 중에는 독자의 생각을 뒷받침하는 의미도 있을 수 있고, 전혀 새로운 의미를 제기할 수도 있다. 또한 반대의 생각을 제기할 수도 있다. 이럴 경우 독자가 해야 하는 일은 텍스트에서 제기하고 있는 여러 가지 의미들과 내적 대화를 통하여 합의하는 것이 필요하다. 의미를 인정하거나 독자 자신의 생각을 양보하거나 새로운 의미를 제시할 수 있어야 한다. 이를 통하여 독자 나름의 관념을 구성하

는 것이다.

(3) 통제 관계 텍스트 구성

(3-1) 인식하기 단계 학습 요소

①요점 알기 : 요점 알기는 통제 텍스트 구성에서 통제 텍스트의 요점을 파악하는 것이다. 다중 텍스트의 내용도 파악하여야 하겠지만 그보다 더 관심을 가져야 하는 것은 통제 텍스트의 요점이 무엇인지 파악하는 것이 중요하다. 그래야 다른 텍스트의 내용을 통제 텍스트로 확인할 수 있기 때문이다.

②관계 알기 : 통제 관계에 있는 경우에는 통제 텍스트의 내용을 바탕으로 다른 텍스트의 관계를 파악해 보는 것이 필요하다. 통제 관계는 내용에서 서로 직접 관련이 있을 수도 있지만 그렇지 않을 수도 있다. 직접적인 영향을 받아서 구성된 텍스트는 그 관계가 금방 분명하게 드러날 수 있지만, 그러지 못한 경우에는 그 관계가 분명하게 드러나지 않는다. 그 관계가 분명하지 않을 때는 각 텍스트의 내용을 파악하여 보고 통제 텍스트가 어떻게 작용할 수 있는지를 예상해 본다.

(3-2) 해석하기 단계 학습 요소

①관점 활용하기 : 관점 활용하기는 통제 텍스트의 관점을 기준으로 하여 다른 텍스트들의 의미를 알아보는 것이다. 통제 텍스트가 어떤 의미를 가지고 있는지를 확인하고 이 의미로 보았을 때 다중 텍스트가 어떤 의미를 가지는지를 알아보는 것이다. 각 텍스트는 통제 텍스트가 어떤 것인가에 따라 의미가 달라질 수 있다.

(3-3) 이해하기 단계 학습 요소

①확신 갖기 : 확신 갖기는 통제 텍스트에서 제시하는 의미를 바탕으로 다른 텍스트의 의미를 찾아 확신하는 것이다. 통제 텍스트는 대개

객관적이고 타당한 의미를 가지는 것이라고 할 수 있다. 그렇기 때문에 이를 바탕으로 드러난 의미들에 대해서는 독자가 확신을 가지는 것이 필요하다. 통제 텍스트가 단순한 기준의 역할만을 할 경우에는 텍스트들에서 파악한 의미를 새로운 관점을 가지고 판단할 수 있는 것이 필요하다. 그렇지만 통제 텍스트의 의미가 권위적인 의미를 가지는 면이 있기 때문에 텍스트의 의미들에 비추어 찾아진 의미에 대해서는 확신을 가지는 것이 필요하다.

(4) 대화 관계 텍스트 구성

(4－1) 인식하기 단계 학습 요소

①화제 알기 : 대화 관계를 중심으로 다중 텍스트를 구성했을 때에는 텍스트들에서 다루고 있는 주요 화제를 아는 것이 필요하다. 다중 텍스트가 무엇을 중심으로 이야기하고 있는지를 파악하는 것이다. 대화 관계는 관련 있는 하나의 소재나 사건, 문제에 대하여 다루고 있기 때문에, 화제의 파악은 내용 인식에서 중요하다. 따라서 다중 텍스트의 내용에서 무엇을 중점으로 다루고 있는지를 알아보고, 관계를 찾아내는 것이다.

②관점 알기 : 관점 알기는 다중 텍스트에서 제시하고 있는 관점이 무엇인지 아는 것이다. 각 텍스트의 내용을 통하여 어떤 관점에서 논의되고, 어떤 관계에 있는지 알아본다. 관점 알기는 텍스트의 내용을 바탕으로 하는 것이기도 하면서 텍스트의 내용을 파악하는 시각을 갖는 것이기도 하다. 독자는 텍스트에서 논의하는 내용들이 어떤 관점에서 서로 연결되는지를 파악한다.

(4－2) 해석하기 단계 학습 요소

①일치점 찾기 : 의미 찾기에 있어서는 각 텍스트에 제시하는 의미가 무엇인지 알아서 일치점을 찾는 것이 필요하다. 대화 관계에 있는 텍스

트는 서로 같은 화제를 다루고 있지만 그 관점은 차이가 난다. 이러한 차이점들을 파악하고 이들이 어디에서 나온 것인지를 아는 것이 필요하다. 이를 바탕으로 각 텍스트가 제시하는 공통적 의미를 찾아본다. 독자는 텍스트들의 의미를 알기 위해서는 중심에 놓이는 텍스트의 관점을 바탕으로 서로 비교하여 일치하는지를 알아본다. 일치하지 않는 내용일 때는 각 텍스트의 의견을 종합하는 것이 필요하다.

(4-3) 이해하기 단계 학습 요소

①확장하기 : 확장하기는 텍스트의 의미를 바탕으로 독자의 관념을 확장하는 것이다. 텍스트의 의미들을 바탕으로 독자는 자신의 관념에 비추어 보아 어떤 점에서 의미가 있는지를 확인하고 자신의 관념을 넓히는 것이 필요하다. 독자는 여러 텍스트들의 일치된(종합된) 의미를 바탕으로 자신의 관념을 확장한다. 대화 관계 텍스트의 경우에는 텍스트의 의미와 독자의 의미가 상반될 경우가 아니면, 텍스트들에서 제시하고 있는 의미를 자신의 관점과 비교하여 재구성함으로써 자신의 이해 영역을 확장할 수 있다.

(5) 변형 관계 텍스트 구성

(5-1) 인식하기 단계 학습 요소

①변화 요소 알기 : 텍스트가 변형 관계에 있을 경우 독자는 텍스트의 변화 요소가 무엇인지 알 필요가 있다. 변형 텍스트의 관계들은 이야기의 경우 인물, 사건, 배경뿐만 아니라 관점이나 시점을 바꾸어도 다양한 내용의 변화들이 있을 수 있다. 또한 설명문의 경우에도 그 관점을 변화하거나 설명할 부분을 바꿈으로써, 장르를 바꿈으로써 다양한 변화가 일어날 수 있다. 따라서 변형 관계에 있는 텍스트의 내용을 파악하기 위해서는 우선적으로 해야 할 것이 변화의 요소를 파악하여 비교하는 것이다.

(5-2) 해석하기 단계 학습 요소

①비교하기 : 비교하기는 텍스트의 의미들이 서로 어떤 내용을 나타내고 있는지를 비교하여 보는 것이다. 텍스트가 변형 관계에 놓인다는 것은 그 의미의 변화를 주 목적으로 하는 것으로 볼 수 있는데 한 텍스트와 변형 관계에 놓여 있는 텍스트의 의미들이 어떻게 변화되었는지를 알기 위해서는 다중 텍스트에서 제시되고 있는 여러 가지의 의미들을 비교하는 것이다. 이러한 비교를 통하여 독자는 같은 사건이나 이야기에서 각기 다른 의미들이 존재함을 알 수 있게 된다고 할 수 있다.

(5-3) 이해하기 단계 학습 요소

①다양화하기 : 변형 관계에 대한 의미에서 독자는 텍스트의 의미를 여러 관점에서 다양하게 달라질 수 있음을 인정하고 이들을 함께 인정하는 것이 필요하다. 특정한 텍스트에 대하여 독자는 기존에 가지고 있던 관념을 바탕으로 하지만, 이 관념들을 새롭게 구성하기보다는 각 변형된 텍스트의 의미들을 다양성을 인정하는 것이 필요하다.

다중 텍스트를 활용한 텍스트 이해를 위한 학습 요소를 표로 정리하면 표[3-1]와 같다.

[표 3-1] 텍스트 구성 방식에 따른 텍스트 이해 단계별 학습 요소

	인식하기 단계	해석하기 단계	이해하기 단계
공통 학습 요소	· 일견하기 · 관계짓기	· 추론하기 · 선별하기 · 병치하기 · 연합하기	· 평가하기 · 재구성하기 · 성찰하기 · 적용하기
보완 관계	· 통합하기	· 구체화하기	· 심화하기
논쟁 관계	· 논의점 알기	· 구분하기	· 합의하기

통제 관계	· 요점-관계 알기	· 관점 활용하기	· 확신 갖기
대화 관계	· 화제-관점 알기	· 일치점 찾기	· 확장하기
변형 관계	· 변화 요소 알기	· 대조하기	· 다양화하기

제5부

상호텍스트성을 활용한 텍스트 이해 교육의 실제

1장. 텍스트 이해 지도 모형

1. 지도 모형의 구조

학습 활동을 지도하기 위해서는 구조화된 접근 모형이 있어야 한다. 모형은 텍스트 이해를 지도하기 위한 교수-학습에 대하여 전체적인 안내를 제시할 수 있어야 한다. 텍스트 이해 지도의 전체적인 접근 모형을 알아보기 위해서는 교수-학습에 대한 일반적인 모형에 의지할 필요가 있다. 다중 텍스트를 활용한 텍스트 이해 교수-학습 모형을 일반적인 교수-학습 모형을 바탕으로 구조화하여 본다. 상호텍스트성을 바탕으로 한 텍스트 이해 지도는 읽기 기능/전략을 지도하기 위한 접근이라기보다는 학습자가 마음속에 상호텍스트적으로 구성하게 되는 텍스트에 관심을 갖는 접근 관점이라 할 수 있다. 따라서 구체적인 세부 내용에 대한 논의에서 벗어나 교수-학습의 전체적인 틀 안에서 모형을 구조화할 필요가 있다.

일반적으로 교수-학습 활동은 교수-학습에 대한 계획을 세우고, 계획한 내용을 지도하고, 지도한 내용을 반성하는 활동 과정으로 이루어진다. 다중 텍스트를 활용한 접근도 기본적인 절차는 이를 따라 간다. 그래서 여기서는 일반적인 교수-학습 절차에 따르는 모형을 중시하되, 다중 텍스트의 특성을 반영할 수 있도록 모형의 세부 내용을 변형하여 정리한다. 다중 텍스트를 교수-학습의 모형은 글레이저의 교수-학습 모형[1])을 바탕으로 활용한 정리한다.

다중 텍스트를 활용한 교수-학습 모형은 글레이저의 모형을 변형하여 단계화 하면 ①계획하기 ②진단하기 ③교수-학습 활동 ④활동 평가 ⑤송환하기가 된다. 이것을 그림으로 나타내면 [그림1-1]과 같다.

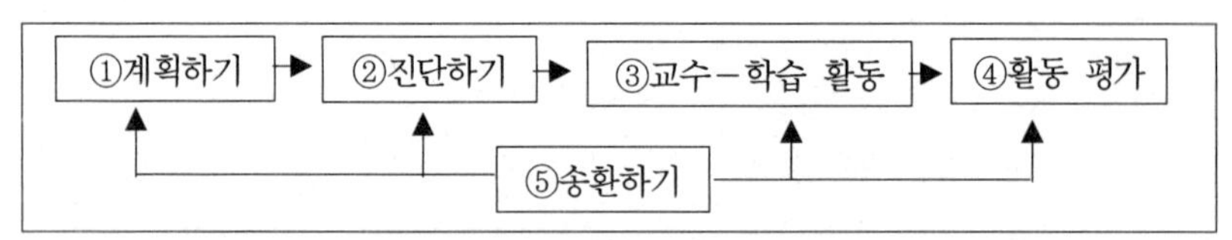

[그림1-1] 다중 텍스트를 활용한 텍스트 이해 지도 모형

이 모형의 각 구성 요소를 바탕으로 모형을 설명하면 다음과 같다.

2. 계획하기

계획하기는 교수-학습을 위한 준비 작업이다. 다중 텍스트를 활용한 수업의 전반적인 계획을 수립하는 단계이다. 계획하기에서는 텍스트 이해 교육 목적과 목표를 규정하고, 목표에 도달할 수 있도록 내용을 구체화하는 것을 포함하여, 학습 내용을 세분화하여 각 차시의 수업

---

1) 국어과 수업 모형에 대한 자세한 논의는 김재윤 외(1989: 108~121)를 참조할 수 있다. 글레이저의 수업 모형은 ①수업 목표 규정(학습 과제의 분석, 수업 목표의 세목화), ②출발점 행동 진단(선수 학습 능력 진단, 사전 학습 능력 진단), ③수업의 실제 지도(교수 · 학습 활동의 전개), ④성취도 평가(학습 결과의 측정)로 이루어져 있고, 한국교육개발원의 수업 지도 모형은 계획-진단-지도-발전-평가 단계로 되어 있다. 다중 텍스트를 활용한 지도에서는 이들 모형이 그대로 적용될 수 있다. 여기서는 글레이저의 모형을 중심으로 몇 가지를 변형하여 모형을 구조화한다. 글레이저 모형을 택한 것은 상호텍스트성을 돕는 접근이 교수-학습의 일반적인 모형을 벗어나서 이루어질 수 없고, 한국교육개발원에서 제시하는 '발전 단계'의 활동이 '수업의 실제 지도 단계'에서 충분히 이루어질 수 있기 때문이다.

계획까지를 마련해야 한다. 계획하기의 세부 내용을 콜과 찬(Cole & Chan)의 수업 계획 및 준비 모형[2](권낙원 역, 1994: 73)을 중심으로 레이서와 딕(Reiser & Dick)의 체계적 수업 계획 과정[3](양영선, 1999: 6)을 참조하여 정리하여 본다. 설명한 내용의 전개를 콜과 찬(Cole & Chan)의 단계에 따라 개념 단계, 정의 단계, 발전 단계, 실행 단계, 발전 평가 단계로 나누어 살펴본다.

1) 개념 단계

개념 단계는 학기나 학년별로 다루어야 할 전체적인 계획을 수립하는 단계이다. 이 단계에서는 텍스트 이해 교육의 목적을 정하고, 목적을 이루기 위한 목표를 수립한다. 학년이나 학기에 따라 텍스트 이해 교육을 통하여 도달해야 할 텍스트 이해 교육의 일반 목표를 생각하고 교수-학습 방법을 탐색한다. 개념 단계에서는 텍스트 이해 교육의 결과로 학습자들의 마음을 어떻게 형성하게 해 줄 것인가에 대한 전체적인 목표를 결정한다. 학습 목표에 따라 교육할 내용을 개괄적으로 검토하여 봄으로써 교수-학습 활동에서 어떤 주제를 언제 어떻게 다룰 것인가에 대한 일반적인 계획을 세운다. 교수-학습의 주제에 관련된 계획은 목

---

2) 수업 계획과 준비 모형의 단계(권낙원 역, 1994: 72)

- 개념 단계: 일반 목적이나 주제를 조사하고 주제를 가르치기 위한 대안을 고려한다.
- 정의 단계: 수업 목표를 설정하고 수업 프로그램의 한계를 정의한다.
- 발전 단계: 개별 수업안을 개괄하며 수업 전략을 구안하고 교육과정 자료 및 교수 보조 자료 등을 구체화한다.
- 실행 단계: 필요한 자료를 준비, 조직하고, 수업안을 작성한다.
- 발전 평가 단계: 필수 기능을 평가하고 학생의 능력, 흥미, 과거 경험에 관한 정보를 수집하고 학습 및 수업의 효율성을 평가하는 방법을 결정한다.

3) 체계적 수업계획 과정(양영선 역, 1999: 6)

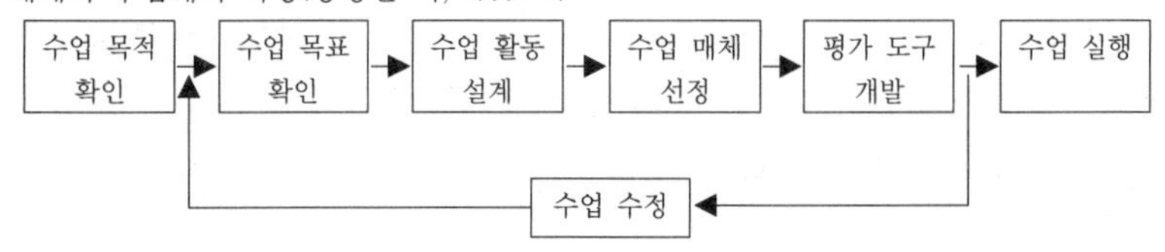

표를 이루기 위한 과정의 일환으로 학년별, 학기별, 월별, 주별로 생각하여 볼 수 있다.

목표에 따라 교수-학습에서 다룰 주제를 선정하게 되면, 이들 주제를 다루어 나갈 수 있는 교수-학습 방법에 대한 고려가 필요하다. 물론 개념 단계에서 구체적인 방법을 마련하는 것은 아니지만 각 주제를 어떤 다중 텍스트를 바탕으로 어떻게 진행할 것인가에 대한 계획이 있어야 한다. 이 교수-학습 방법의 계획은 단위 교수-학습 활동을 위한 근거가 될 수 있다.

개념 단계에서의 계획은 일반적인 계획이기에 상호텍스트성을 강화하여 이루려고 하는 것에 대한 목표와 방법, 주제를 일반적인 수준에서 정리한다. 때문에 이 단계에서 이루어지는 계획은 많은 융통성이 필요하다. 그리고 계획의 내용들이 포괄적이고 전체적인 수준에서 받아들여질 수 있는 것을 선정하는 것이 필요하다. 이러한 계획은 교육과정에 기초하여 학습자들의 특성을 고려하여 이루어져야 한다.

2) 정의 단계

정의 단계는 개념 단계에서 이루어진 내용에 대한 상세화라 할 수 있다. 즉 교육의 목표에 도달할 수 있는 구체적인 계획의 내용에 대한 진술이다. 정의 단계에서 먼저 해야 할 일은 구체적인 목표를 밝히는 것이다. 목표는 현실적인 수업의 목표로써 실제 학습 활동을 통하여 달성될 수 있는 것으로 구체화하는 것이 필요하다. 현재의 교육 과정 내용으로 보면, 읽기 영역의 본질, 원리, 태도의 내용에서 구체적으로 도달해야 할 목표를 월별, 학기별, 학년별로 구체화하는 것이라 할 수 있다. 다음으로 목표에 도달하기 위하여 내용을 어떻게 지도해 나갈 것인가에 대한 방법과 절차를 생각해 보아야 한다. 이러한 방법과 절차는 목표에 도달하기 위한 여러 가지 대안 탐색의 일환으로 바람직한 방법과 절차를 찾는 과정이다. 이러한 방법과 절차에 대한 탐색은 발전 단계에서 구체적인 방법을 선정하는 데 기초가 된다.

정의 단계에서는 목표와 내용과 방법을 상세화한다. 이 과정에서 중요한 것은 교수-학습 결과로 학습자는 무엇을 학습하게 될 것인가를 고려함으로써 언제, 어떤 내용을 가지고 어떤 방법으로 활동할 것인가에 대한 구체적인 활동을 계획하는 것이다. 다중 텍스트를 활용하여 도달할 목표를 세분화하고, 목표를 달성할 수 있는 학습 방법과 이를 위한 다중 텍스트의 구성 방법, 이를 활용할 수 있는 방법을 탐색하여야 한다.

3) 발전 단계

발전 단계는 단위 교수-학습을 준비하는 단계라고 할 수 있다. 단위 교수-학습에서 이루어질 활동에 대한 교수-학습 전략을 구안하고, 자료를 모으고, 수업의 흐름을 마련하는 단계이다. 즉 단위 교수-학습 활동을 이끌어 가기 위한 구체적인 방법과 절차를 마련하는 것이다. 방법과 절차의 마련은 목표에 도달하기 위하여 교수-학습의 활동 내용을 구성하고, 어떻게 전개해 나갈지를 결정하는 것이다. 학습 활동 과정의 접근 절차를 바탕으로 어떻게 학습 목표를 이루어 나갈 것인지를 결정한다. 교수-학습의 형태를 설명식으로 이끌어 갈 것인지, 토론이나 소집단의 협동학습을 할 것인지를 결정하는 것이다.

또한 다중 텍스트를 어떻게 선정할 것인가에 대한 구체적인 생각이 이루어지는 단계이다. 텍스트의 구체적인 내용들에서 어떤 내용을, 얼마만큼 선정해야 할 것인가를 결정한다. 그러면서 텍스트를 찾고, 텍스트의 분량이나 이용할 방법에 대한 준비를 한다. 다중 텍스트를 어떻게 배열하는가에 따라 학습의 결과가 달라질 수 있으므로 신중한 결정이 필요하다. 학습자들은 미숙한 독자들이므로 교사가 어떻게 이끄는가에 따라 텍스트 이해의 결과가 달라질 수 있기 때문이다.

이 단계는 다중 텍스트의 선정 계획과 함께 교수-학습의 진행 절차를 결정한다. 자료의 제시 순서나 방법에 대한 계획과 절차를 마련해야 하지만, 교수-학습의 각 과정에서 어떠한 내용과 질문들을 바탕으로 학습자들의 흥미를 유발하고, 선수 학습과 연결시키고, 활동 단계를 어떻게 전개할 것인지에 대한 생각을 해야 한다. 이러한 수업 절차의 마련은 효과적인 수업을 하기 위한 준비 작업이 된다.

4) 실행 단계

실행 단계는 발전 단계에서 생각한 것들을 구체적으로 실천에 옮겨 교수-학습 준비를 마무리 짓는 활동이다. 이 단계에서 먼저 이루어져야 할 것이 다중 텍스트의 확보이다. 다중 텍스트가 미리 준비되어 있지 않을 경우에는 다중 텍스트를 직접 찾아야 한다. 만약 관련 텍스트가 의도한 만큼 마련되지 않는다면 교수-학습 활동에 방향을 바꾸어야 하기 때문에 우선적으로 해결되어야 할 것이 다중 텍스트의 선정이다.

다중 텍스트의 선정은 교수-학습 계획에 따라 텍스트를 찾고 선별하고 선택하는 과정으로 이루어져야 한다. 학습 목표를 달성하기 위한 계획에 따른 자료를 찾고 선별하는 작업은 개별 교사의 능력으로 어려울 수도 있기 때문에 학습자와 함께 준비하거나 사전에 계획된 자료를 확인하는 것이 필요하다. 활동에 따라 다양한 텍스트(책, 영상 매체, 사진, 실물 등)들을 활용할 수도 있는데 이들을 적절한 시기에 사용할 수 있도록 배열하고 정리하는 것이 필요하다. 또한 어떤 텍스트들은 그 내용을 드러내는 방식이 매체에 의존해야 하는 경우도 있는데 이에 대한 배려가 있어야 한다.

다음으로 수업에 대한 구체적인 준비라고 할 수 있는 교수-학습안의 마련이다. 수업의 흐름에 대한 구체적인 생각을 바탕으로 수업의 각 단계별로 활동을 마련하여야 한다. 다중 텍스트를 바탕으로 접근하는 방법은 크게 인식하기 단계, 해석하기 단계, 이해하기 단계의 학습 활동이 이루어지게 되는데 각 단계에 대한 적절한 활동이 마련되어야 한다.

다중 텍스트를 활용한 접근은 쉽게 중심 활동에서 벗어날 수 있기 때문에, 교수-학습안 작성에서는 학습 활동의 진행에 대한 세심한 고려가 필요하다. 아울러 학습 결과에 대한 예측과 이를 점검할 수 있는 방법을 마련해야 한다. 어떤 내용을 어떤 방법으로 할 것인지를 결정하고 준비해야 한다.

교수-학습안 작성과 아울러 활동 자료에 대한 준비가 있어야 한다. 자료는 영상 텍스트나 청각 텍스트, 인터넷 텍스트를 다룰 수 있는 매체를 준비하는 것이 필요하고, 학교 외부에서 이루어지는 활동들에 대한 것이 있으면, 이에 대한 구체적인 점검이 필요하다. 이와 아울러 학습 과정에서 학생들에게 제시될 활동지와 학습의 결과를 점검할 수 있는 점검지 등에 대한 자료의 준비가 필요하다.

5) 발전 평가

발전 평가는 수업 계획에 대한 평가 활동이다. 개념 단계에서 실행 단계에 이르는 과정에서 이루어질 활동에 대한 평가와 송환 작용이다. 실제 수업에 들어가기 전에 각 단계에 대한 평가를 바탕으로 점검하는 것이 필요하다. 이 발전 평가는 반드시 계획하기가 끝난 후에 이루어지는 것이 아니고 각 단계마다 회귀적으로 이루어져야 한다.

3. 진단하기

진단하기 단계는 수업에 들어가기 전에 학습자들의 능력에 대하여 알아보는 단계이다. 이 진단하기는 학기 초에 진단 평가를 함으로써 학습자들에 대한 정보를 얻을 수 있다. 매 단원이나 매 차시마다 학습자에 대한 진단 평가를 할 수도 있으나, 담임교사는 학습자들과 함께 하는 시간이 많기 때문에, 학습자들에 대한 많은 정보를 가지고 있다. 그래서 진단하기는 학년 초나 학기 초에 하는 것이 필요하고, 매 단원이나 매 차시는 교사의 평소 지도 과정에서 이루어질 수 있다.

진단하기에서는 다중 텍스트를 활용하여 텍스트를 이해할 수 있는지에 대한 진단이 이루어져야 한다. 진단의 내용은 텍스트 이해 단계에 따른 요소를 활용할 수 있는지를 확인함으로써 이루어질 수 있다. 먼저 인식 텍스트 구성 단계에 대하여 할 수 있는지에 대한 진단이 이루어져야 한다. 인식하기 단계에 대한 진단 내용은 텍스트의 내용 관계를 연결 지을 수 있는지, 텍스트의 상관관계를 파악할 수 있는지, 텍스트를 연결하여 통합된 내용을 구성할 수 있는지 알아보아야 한다. 해석하기 단계에서는 텍스트의 의미를 찾을 수 있는지, 다중 텍스트의 의미를 찾고 이들을 구별할 수 있는지 확인하여 본다. 이해하기 구성 단계에서는 텍스트 의미를 자신의 관점에서 새롭게 구성할 수 있는지를 알아보는 것이 필요하다.

진단하기에서는 많은 텍스트를 활용하기보다는 2~3편의 텍스트를 활용하여 진단할 수 있다. 진단하기를 단위 교수-학습 활동 전에 할 경우에는 교수-학습에서 활용할 몇 편의 텍스트를 활용하여 할 수 있다. 진단하기를 통하여 학습자의 상태를 알아보고, 어떤 면에 중점을 두어 지도할 것인지를 판단한다.

4. 교수-학습 활동

교수-학습 활동은 계획하기 활동에 따라 이루어진다. 교수-학습 활동의 주요 과정은 목표 확인하기, 활동하기, 반성하기로 나누어질 수 있다. 목표 확인하기는 교수-학습 활동을 통하여 달성할 것이 무엇인지를 알아보는 것이다. 학습자들이 도달해야 할 목표에 대하여 분명하게 인식하고 있을 때, 학습이 효과적으로 이루어질 수 있다. 때문에 학습자들에게 계획하기에서 설정된 학습 목표를 인식하게 하는 것이 필요하다. 학습자들의 학습 목표에 대한 인식은 학습 활동에서 방법과 절차를 구체적으로 마련하게 해 준다.

활동하기는 학습자들이 텍스트를 읽고 이해하도록 하는 지도 과정이다. 활동하기는 인식하기 단계, 해석하기 단계, 이해하기 단계로 나눌 수 있다. 이들 세 활동들은 단위 시간에 이루어질 수 있으나, 각 활동이 하나의 단위 시간으로 나누어져 이루어지거나 더 연장되어 이루어질 수 있다. 각 활동의 내용을 정리하면 다음과 같다.

인식하기 단계에서는 다중 텍스트를 정한 순서에 따라 살펴보고, 텍스트의 내용을 파악한다. 독자는 텍스트의 각 부분에 대한 내용 파악을 바탕으로 전체 텍스트의 내용을 마음속에 표상할 수 있어야 한다. 이 활동에 대한 구체적인 내용은 4부 2장의 2절 '[표2-1] 인식하기 단계 활동 요소'를 참조할 수 있다. 이 요소들이 인식하기의 모든 과정에서 그대로 적용되는 것은 아니고 학습자에 따른 텍스트의 난이도에 따라 선별되어 활용된다.

해석하기 단계는 텍스트의 내용들을 비교, 분석하고, 종합하고, 비판하면서 텍스트를 통하여 드러나는 의미를 찾는 과정이다. 독자는 텍스트들에서 찾을 수 있는 여러 가지 의미를 찾아내야 한다. 이 활동에 대한 구체적인 내용은 4부 2장의 3절 '[표2-2] 해석하기 단계 활동 요소'를 참조할 수 있다. 이 해석하기 요소들도 인식하기와 마찬가지로 경우에 따라 선별되어 활용될 수 있다.

이해하기 단계는 해석하기에서 찾은 여러 의미들과 내적 대화를 통하여 의미를 받아들이는 과정이다. 이 과정을 통하여 독자는 마음의 질적인 변화를 이룰 수 있고, 깨닫기에 이르게 된다고 할 수 있다. 이 활동에 대한 구체적인 내용은 4부 2장의 4절 '[표2-3] 이해하기 단계 활동 요소'를 참조할 수 있다. 이 요소들도 이해하기의 모든 과정에서 그대로 적용되는 것은 아니고 경우에 따라 선별될 수 있다.

이러한 활동 과정 속에서 교사의 안내가 중요한 역할을 한다. 교사의 적절한 안내가 없으면 학습자들은 이해에 도달하기 어렵다. 특히 해석하기와 이해하기의 과정에서 교사의 적절한 안내와 발문은 학습 활동을 효과적으로 이루어지게 한다. 학습 활동을 위한 안내로 교사의 발문이 중요한 요소를 차지한다. 하트만(Hartman & Allison, 1996: 117~119)은 교수-학습 과정에서 학습자들에게 텍스트 이해의 상호텍스트성을 돕는 교사 질문의 방법을 세 가지로 구분하였다. 첫째는 '텍스트 내 연결 질문'으로 단일 텍스트 내에서의 정보의 연결과 회상을 자극하는 질문이다. 이런 질문은 텍스트 속에서 명확하게 찾을 수 있거나 여러 문장이나 문단에서 정보를 연결함으로써 추론하여 답할 수 있는 것을 묻는 것이다. 둘째는 '텍스트 간 연결 질문'으로 두 텍스트나 그 이상의 텍스트에서 정보의 연결을 돕는 질문이다. 셋째는 '텍스트 밖 연결 질문'으로 텍스트 밖에 있는 생각을 텍스트와 연결할 수 있도록 묻는 것이다. 이 질문은 텍스트의 정보와 배경지식을 연결하고, 학습자의 배경지식에 있는 정보를 회상하게 한다. 이러한 질문을 할 때, 텍스트가 학습자에게 익숙하지 않을 때는 텍스트 내적 질문에서 텍스트 외적 질문을 거쳐 상호텍스트적 질문을 하는 것이 좋다. 어린 학습자들인 경우에도 이와 같은 순서로 질문한다.

질문의 유형도 세 가지로 나눌 수 있다. 첫째는 '상관관계(correlation) 알기 질문'으로 텍스트의 유사점과 차이점을 물어 전체 텍스트의 이해를 위해 정보를 대조할 수 있게 한다. 질문의 초점을 생각, 사실, 텍스트 요소 등을 분석적으로 비교하여 대조하는 것에 둔다. 예를 들어, "우리가 읽은 여러 텍스트 사이의 유사점과 차이점은 무엇인가?" 등이다. 둘째는 '연결하기(fusion) 질문'으로 완성된 이해를 성취하기 위하여 전체 텍스트에서 사용되고 있는 요소를 외부적인 요소와 결합하게 하는 질문이다. 질문의 초점은 외부적 요소들이 텍스트에 대하여 새로운 관점을 제공할 수 있는 시각을 갖게 하는 데 둔다. 예를 들어 "어떤 텍스트 속에 이 텍스트가 제시하고 있는 내용을 잘 이해할 수 있게 하는 것이 들어 있는가?" 등이다. 세 번째는 '통합하기(integration) 질문'으로 새로운 텍스트를 구성할 수 있게 하는 방법으로 전체 텍스트의 정보를 연결하게 하는 질문이다. 질문의 초점은 텍스트에 제시되어 있지 않은 화제에 대하여 새로운 통찰을 하거나 다양한 양상들을 상상적으로 융합하여 구성할 수 있는 생각을 하게 한다. 예를 들어 "읽고 있는 텍스트가 다른 텍스트에서 제기하지 못하는 새로운 생각이나 통찰이 일어나게 하는 것은 무엇인가?" 등이다[4)]

이러한 질문과 아울러 학습자들이 적극적으로 학습 활동에 참여하여야만 목표하는 활동의 결과에 도달할 수 있게 된다. 다중 텍스트를 활용한 교수-학습 활동은 학습자의 적극적인 참여를 바탕으로 이루어지게 되므로 실제적인 학습자들의 역할에 중점을 두어야 한다.

반성하기는 학습한 과정과 결과에 대해 점검하는 활동이다. 학습 활동에 따라 단위 시간에 달성되는 목표를 가지고 활동한 경우도 있지만, 여러 시간에 걸쳐 활동한 것일 수도 있다. 어떤 경우라도 학습의 결과에 대해 논의하는 활동이 필요하다. 학습 과정에서 알게 된 것을 다른 동료들과 공유하고, 보고서나 결과물로 정리된 것이 있으면 보고하는 활동을 통하여 그동안의 학습을 검토하고 함께 반성하는 활동이 이루어져야

4) 상호텍스트성을 돕는 질문(Lenski, 1998:79)
- 이 텍스트를 읽을 때, 어떤 글이 생각나는가?
- 이와 관련된 내용은 어떤 것이 생각나는가?
- 지금 읽고 있는 텍스트를 읽으면서 왜 다른 텍스트의 내용을 생각하게 되는가?
- 이 글의 내용이 네가 알고 있는 다른 텍스트의 내용과 어떻게 같은가?
- 이 글의 주제는 네가 읽은 다른 글의 주제와 어떤 점에서 같은가?
- 이 글의 주인공은 네가 읽은 다른 글의 주인공과 어떤 점에서 같은가?
- 이 글의 문제는 네가 읽은 다른 글의 문제와 어떤 점에서 같은가?
- 이 텍스트 구조와 비슷한 구조로 된 다른 텍스트는 어떤 것이 있는가?
- 이 글의 유사점에 대한 비교가 네가 알고 있는 다른 글과 비교할 때 어떤가?
- 이 글의 결론을 어떤 글이 지지해 주고 있는가?
- 이 글에 대하여 어떤 글이 내용을 더 알게 해 줄까?
- 이 글의 내용에서 어떤 이야기를 만들 수 있을까?
- 이 글을 읽은 후에 관련된 다른 글을 생각해 볼 때, 어떤 결론을 이끌 수 있을까?
- 너의 관습(culture)이나 배경이 이 글의 주장을 지지하는가, 반대하는가?
- 이 글에서의 문제를 함께 다루는 글은 어떤 것이 있는가?
- 이 글에서의 해결 내용을 함께 다루는 글은 어떤 것이 있는가?

한다. 이 시간에는 서로 알게 된 것에 대한 충분한 논의를 바탕으로 공유하는 것이 중요하다.

교수-학습의 단계별 활동 내용을 정리하면 다음 [표1-2]와 같다.

[표1-2] 다중 텍스트를 활용한 텍스트 이해 교수-학습 절차

<table>
<tr><th colspan="2">단계</th><th>활동 내용</th><th>학습 요소</th></tr>
<tr><td colspan="2">I. 목표확인하기</td><td>○ 동기 유발하기
○ 목표 확인하기</td><td></td></tr>
<tr><td rowspan="3">II.
활동
하기</td><td>인식하기
단계</td><td>● 텍스트 내용에 접근하기
► 접점 형성하기
► 내용 연결 관계 파악하기
► 내용 인식 넓히기</td><td>· 일견하기 · 관계짓기
· 통합하기 · 논의점 알기
· 요점-관계 알기
· 화제-관점 알기
· 변화 요소 알기</td></tr>
<tr><td>해석하기
단계</td><td>● 텍스트의 의미 찾아내기
► 독자 중심 의미 찾기
► 관련 의미 찾기</td><td>· 추론하기 · 선별하기
· 병치하기 · 연합하기
· 구체화하기 · 구분하기
· 관점 활용하기
· 일치점 찾기 · 대조하기</td></tr>
<tr><td>이해하기
단계</td><td>● 텍스트의 의미 이해하기
► 의미 차이 확인하기
► 대화를 통한 깨닫기
► 반성적 성찰하기</td><td>· 평가하기 · 재구성하기
· 성찰하기 · 적용하기
· 심화하기 · 협의하기
· 확신 갖기 · 확장하기
· 다양화하기</td></tr>
<tr><td colspan="2">III. 반성하기</td><td>○ 활동 평가 및 반성하기</td><td></td></tr>
</table>

5. 활동 평가

활동 평가는 개별 학습자의 학습에 대한 평가와 교사의 교수 활동에 대한 평가로 이루어져야 한다. 개별 학습자에 대해 평가하기는 학습 활동을 통하여 얼마나 알았는가가 중요한 것이 아니라 텍스트를 통하여 무엇을 알게 되었는가가 중요하다. 물론 수업의 계획 단계에서 설정한

목표를 중심으로 평가해야 하는 것이기는 하지만, 평가의 관점이 텍스트의 의미 이해를 어떻게 하였는가에 중점을 둘 수 있다. 그렇기 때문에 평가의 방법이나 절차에 있어서도 그 형태가 달라질 수 있다. 선택형이나 단순히 단답을 요구하는 형태의 문제가 아니라 자신의 변화된 생각을 드러낼 수 있는 평가가 이루어져야 할 것이다. 평가를 바탕으로 학습자들이 활동의 결과 학습 목표에 도달되었는지를 확인하고, 결과를 학습자들의 활동과 교사의 활동에 대한 반성 자료로 활용할 수 있도록 하는 것이 필요하다.

교수 평가에서는 활동 과정에 대한 검토와 학습 결과에 대한 논의, 새로운 활동을 위한 준비 작업이 필요하다. 먼저 학습 활동 전반에 대한 검토가 선행되어야 한다. 계획과 교수-학습 단계에서의 활동 과정을 개인적으로 또는 그룹별이나 학급 전체적으로 점검하는 활동이 필요하다. 잘된 점과 잘 안된 점이 무엇인지 정리하여 보고, 문제가 있었다면 해결 방안을 제시해야 한다. 또한 결과에 대한 확인이 필요하다. 마지막으로 지난 시간을 반성하는 것은 물론이고 다음 활동 단계에서 해야 할 일에 대한 계획과 그 활동을 성공적으로 이루기 위한 적극적인 논의가 필요하다고 하겠다. 이 단계에서 교수 활동에 대한 교사 나름의 평가도 이루어져야 한다.

송환하기는 각 활동 과정에 대한 점검을 바탕으로, 다음의 교수 학습 활동이 원활하게 이루어 질 수 있게 하는 점검이라 할 수 있다. 교수-학습 활동 과정의 각 단계에서 활동들을 점검하여 보고, 활동에 대한 반성과 대안을 구체적으로 제시하는 것이 필요하다.

2장. 텍스트 이해 교수-학습 활동의 실제

1. 텍스트 이해 교수-학습의 특성

다중 텍스트를 활용한 텍스트 이해 지도는 여러 텍스트를 학습에 활용한다는 점에서 기존의 텍스트 이해 지도와 차이가 난다. 텍스트 이해 지도 과정에서 여러 텍스트를 활용하기 때문에 교수-학습 활동의 형태가 달라질 수 있다. 다중 텍스트를 활용한 텍스트 이해 지도의 특징을 살피고, 교수-학습의 방법을 알아본다. 이를 실제 교수-학습 활동에서 어떻게 적용하는지를 예로 들어 지도 절차를 알아본다.

상호텍스트성을 바탕으로 하는 텍스트 이해 교수-학습의 기본 전제는 단일 텍스트에서 벗어난 다중 텍스트를 활용한다는 것이다. 다중 텍스트를 활용한 수업의 활동은 기존의 수업들과는 다른 특징을 가진다. 이들 특징을 교수-학습에서 전제되어야 할 조건과 운영하는 면에서 정리하여 본다.

1) 다중 텍스트를 활용한 텍스트 이해 교수-학습의 전제

텍스트 이해 지도에서 다중 텍스트의 활용은 내용에 대한 확장적 인식과 의미에 대한 타당한 이해를 기할 수 있다. 그렇지만 다중 텍스트를 활용하기 때문에 텍스트 이해 교수-학습 활동의 변화를 요구한다. 그동안 이루어진 단일 텍스트 중심의 교수-학습 활동은 텍스트의 내용을 효과적으로 파악하기 위한 기능과 전략을 익히는 것에 중점을 두었다고 할 수 있다. 다중 텍스트를 활용한 텍스트 이해 지도는 이들 기능과 전략의 학습을 전제하면서, 텍스트의 내용과 의미를 독자가 어떻게 받아들여야 하는가에 중점을 둔다. 다시 말하면, 텍스트의 내용을 인식하고, 해석을 통하여 찾은 의미가 독자의 마음속에 어떻게 자리 잡아야 하는가에 관심이 있다. 그렇기 때문에 다중 텍스트를 활용한 접근은 기존의 텍스트 이해 지도의 접근 관점을 수용하면서 이에 더하여 읽기 결과의 측면에서 독자의 마음속에 구성되는 텍스트에 관심을 갖는다.

다중 텍스트를 활용한 텍스트 이해 교수-학습은 내외적인 몇 가지 전제를 가진다. 이 전제는 텍스트 이해를 지도하는 데 있어서 적극적으로 드러나기도 하지만, 잠재적으로 작용하기도 한다. 다중 텍스트를 활용한 텍스트 이해 지도를 하기 위해 전제되는 조건을 정리하면 다음과 같다.

첫째, 텍스트 이해 교육을 통하여 도달해야 하는 것은 독자 마음의 질적 변화이다. 기존의 텍스트 이해 교육의 관점이 독자의 마음의 변화를 배제했다고는 할 수 없지만 주요 관심 대상이 아니었다. 텍스트 이해 교육을 읽기의 능력 향상이라는 관점에서 접근하여 효과적인 텍스트 이해 전략을 지도함으로써 독자가 스스로 내용을 파악하고 의미를 이해하는 것으로 보았다. 이러한 관점에서의 교수-학습은 읽기 과정이 효과적으로 이루어질 수 있게 하는 데 중점을 두었다. 그래서 교수-학습 내용으로 기능/전략을 강조했는데 전략적인 접근은 읽기 결과의 문제는 고려하지 못한 면이 있다. 즉 읽기 과정을 제대로 거치면 그 결과가 좋을 것이라고 전제한다. 때문에 독자가 텍스트의 의미를 어떻게 받아들여 자기화할 것인가에 대한 관심이 부족했다.

교육적인 관점에서 볼 때, 텍스트의 이해는 독자의 마음속에 작용해야 한다. 텍스트를 읽고 이해한다는 것이 단지 의미가 어떤 것이라고 아는 것으로 끝난다면, 굳이 텍스트를 읽지 않고 이미 정리된 의미를 외워도 된다. 그러나 텍스트 이해 교육에서 의미를 찾고 이해를 강조하는 것은 텍스트의 의미가 독자의 마음속에 의미 있게 작용하기를 바라기 때문이다. 그렇기 때문에 텍스트 이해 교육은 텍스트의 내용과 의미가 독자의 마음속에 작용하여 독자의 마음에 영향을 미칠 수 있도록 이루어져야 한다. 즉 텍스트 이해 교육은 텍스트의 의미 이해가 독자의 마음을 변화시킬 수 있도록 이루어져야 한다는 것이다.

둘째, 독자가 읽기를 통하여 이해에 이르기 위해서는 일정한 과정을 거쳐야 한다. 독자가 텍스트를 읽으면서 일정한 과정을 거치지 않으면 이해에 도달할 수 없다. 텍스트 이해의 과정은 텍스트의 내용을 인식하고, 인식한 내용에서 의미를 찾고, 찾아낸 의미를 독자의 것으로 받아들이는 과정으로 이루어진다. 독자는 이들 세 과정에 대하여 의식적으로 접근하여야 할뿐만 아니라 이들 과정에 적응하여 텍스트를 이해할 수 있어야 한다.

텍스트의 이해는 어느 한 때 텍스트를 읽어서 내용을 기억하고 있다가 나중에 그 의미를 알게 되는 때도 있다. 텍스트의 이해라는 것을 장기적인 관점에서 보아, 나중에 일어날 수 있는 것으로 생각할 수 있지만 이러한 이해를 교육에서 인정한다면, 텍스트 이해 교육은 의미가 없다. 나중에 할 수 있는 것을 현재에서 할 필요가 없기 때문이다. 또한 읽은 것이 나중에 이해된다고 하면, 그 때의 이해는 독자가 이해한 또 다른 의미이지 독자가 현재 이해한 의미와는 다른 것이다. 때문에 독자가 현재의 관점에서 인식하고, 해석하여, 이해하는 일련의 과정을 거쳐 텍스트의 의미를 구성할 수 있도록 하는 것이 필요하다.

셋째, 각 과정에 필요한 적절한 활동 요소와 학습 요소를 익혀 사용할 수 있어야 한다. 텍스트를 이해하는 과정에서는 각 단계에 따른 활동 요소와 학습 요소가 있다. 이들 활동 요소에는 인지적인 관점에서 논의된 독해 전략과, 인식 · 해석 · 이해하기 활동 요소를 포함한다. 이들 요소를 학습 활동 과정에서 중점을 두어 익혀서 읽기 활동에 적용할 수 있도록 해야 한다. 이들 요소들은 활동에 따라 대표성을 띠는 것으로 선별한 것인데 실제 교수-학습에서는 필요에 따라 다양한 요소를 첨가할 수 있다. 또한 각 텍스트 구성 방식에 따른 다중 텍스트를 찾고, 활용할 수 있는 방법을 익혀야 한다.

이들 전제 조건은 텍스트 이해 교수-학습에서 명시적으로 드러나는 것이 아니라 텍스트 이해 교육의 전반에서 잠재적으로 존재해야 하는 것으로 볼 수 있다. 그렇기 때문에 학습의 목표나 내용으로 제시되기보다는 교수-학습 활동 속에 이들 내용을 반영할 수 있도록 하는 것이 필요하다.

2) 다중 텍스트를 활용한 텍스트 이해 교수-학습 운영의 특징

다중 텍스트를 활용한 교수-학습은 텍스트의 내용 파악과 의미 이해를 위하여 여러 가지 텍스트를 활용한다. 이들 여러 텍스트의 활용은 기존의 단일 텍스트를 활용한 텍스트 이해 교수-학습과는 그 운영이 달라질 수 있다. 다중 텍스트를 활용하였을 때, 텍스트 이해 교수-학습의 특징을 몇 가지로 정리하면 다음과 같다.

첫째는 교수-학습의 시간을 단위 시간으로 한정하기 어렵다. 다중 텍스트를 사용하기 위해서는 교수-학습의 단위 시간을 바탕으로 하는 활동은 시간적인 제약을 받을 수밖에 없다. 다중 텍스트의 내용 파악에도 시간이 더 필요할 뿐만 아니라 해석 활동과 이해 활동에서 많은 시간을 필요로 하기 때문이다[5].

둘째로 학습 활동 공간의 확장이 있어야 한다. 다중 텍스트를 활용한 수업이 인쇄된 텍스트만을 가지고 접근하는 것이 아니라, 영상 자료,

---

5) 이 문제는 7차 교육과정의 대단원의 활동과 같은 단원 구성에서는 다소 해결할 수 있는 측면이 있다. 즉 대단원 자체를 상호텍스트성에 기초하여 구성한다는 관점으로 소단원의 텍스트를 다중 텍스트의 형태를 가지게 하면, 소단원 수업에서도 활동이 가능하고, 대단원 전체로 보아도 시간적인 문제가 해결될 수 있다.

음성 자료, 인터넷 자료 등을 함께 사용할 경우가 생기기 때문에 공간적인 제약에서 벗어나야 한다. 필요에 따라서는 현장을 직접 방문하는 것이 효과적인 경우도 있으며, 특정한 장소에서 활동하는 것이 효과적인 경우도 있다. 이들을 위해서는 공간의 변화와 개방이 필요하다.

셋째는 교재와 교구의 다양성으로 인하여 학습 활동 형태의 변화가 필요하다. 단일 텍스트를 중심으로 할 때는, 텍스트를 읽기 위한 전략 중심으로 접근하여 내용 파악에 이르는 절차를 거쳤다. 그렇지만 다중 텍스트를 사용하게 되면, 이들 전략이 필요한 경우도 있겠지만, 다양한 텍스트 이해 방법들이 동원되어야 한다. 텍스트 이해 교수-학습에 사용되는 텍스트는 언어적 · 비언어적 텍스트 모두를 포함한다. 텍스트 이해 지도에서 관심의 대상이 되는 텍스트는 읽기라는 특성 때문에 문자로 된 텍스트에 관계된 것이라 할 수 있지만, 텍스트를 이루고 있는 내용이나 의미 면에서 보면 음성적인 텍스트나 비언어적인 텍스트도 함께 관련된다. 그래서 중심 텍스트는 글로 인쇄된 텍스트이지만 음성적 텍스트나 비언어적 텍스트를 활용할 수밖에 없다. 텍스트 이해는 기호와 내용, 의미 모두에 관계된 것이기 때문이다. 이것은 텍스트 이해 교수-학습 내용과 의미가 관련되어 있는 여러 가지 종류의 텍스트를 읽고, 보고, 듣고, 말하고, 생각해야 하는 활동을 전제하는 것이면서, 텍스트 이해 수업의 형태가 읽고 토의하는 방식에서 읽고, 보고, 경험하고, 사고하는 방식으로 변화되어야 하는 것을 의미한다.

넷째, 다중 텍스트를 바탕으로 하는 교수-학습 활동은 학습자들의 적극적인 활동을 강조하는 수업을 지향한다. 다중 텍스트 속에서 내용에 대한 인식을 넓히고, 의미를 찾아 깨닫는 과정은 학습자의 적극적인 활동이 없으면 이루어질 수 없다. 단일 텍스트 중심의 접근이 한 텍스트의 내용을 여러 학습자가 공동으로 공유할 수 있는 것을 지향하는 반면에, 다중 텍스트 중심의 접근은 여러 텍스트들의 다양한 내용을 개별 학습자들이 이들의 관계를 찾아 이해의 범위를 넓혀 가는 것을 지향한다. 공유된 개념을 지향하기보다는 학습자 각자가 관련된 자료를 바탕으로 타당하게 이해하는 것을 목표로 하기 때문에 개별 학습자들의 능동적인 활동이 필수적이다.

다중 텍스트를 활용한 텍스트 이해 교수-학습의 특징은 내적으로는 수업 활동에서 학습자의 마음의 구조 변화를 지향하면서, 읽기의 과정과 과정에 따른 활동 요소와 학습 요소를 익혀 활용할 것을 강조한다. 외적으로는 다중 텍스트의 활용에 따른 시간과 장소 확대와 교수-학습 활동을 융통성 있게 운영할 것을 강조한다.

2. 교사와 학습자의 역할

텍스트 이해 교수-학습 요인으로 텍스트 요인과 학습자, 교사 요인이 중요하다. 텍스트 요인으로 텍스트의 구성 문제를 논의하였으므로 여기서는 교사, 학습자의 역할을 정리하여 본다.

1) 교사

상호텍스트성을 바탕으로 수업을 하는 경우에서는 교사의 역할이 많아질 수 있다. 텍스트의 선택과 수업의 진행에 있어 학습자들의 다양한 반응을 수용하고 상호텍스트적인 연결을 도울 수 있도록 해야 하기 때문이다. 그 중에 중요한 교사의 역할은 학생들이 텍스트 이해에서 상호텍스트적인 연결 관계를 효과적으로 형성할 수 있도록 하는 것이다. 상호텍스트적인 연결을 효과적으로 할 수 있도록 하기 위해서는 교수-학습 활동에서 학생들의 다중 텍스트 활용을 격려하여 이해를 도와야 한다.

텍스트 이해의 과정에서 학습자의 상호텍스트적 텍스트 이해를 돕는 교사의 예를 살펴보고, 교사의 역할을 살펴본다. 욀러와 베리(Oyler &

Barry, 1996)의 연구에서 수업을 한 교사는 10년 이상 학생들에게 책을 읽어 주었다고 말하고 있다. 그렇지만 연구에 임하기 전에는 상호텍스트성을 지원하는 방법으로는 한 번도 읽어 준 적이 없었다고 한다. 항상 책을 읽어 줄 때는 학생들이 조용히 해야 한다는 전제를 가지고 듣기를 강요했다는 것이다. 그 결과 학생들에게 읽어 준 책이 과연 학생들에게 충분히 이해되었는지 자신이 없다고 말한다. 그러나 상호텍스트성을 이해하고 나서 이 방법을 적용하였을 때는 자신의 태도가 많이 달라졌고 학생들이 텍스트에서 얻은 정보의 양과 이해의 정도가 많이 달라졌다고 말한다. 그 교사는 텍스트를 읽어 주는 동안 학생들의 반응이 텍스트의 이해에 도움이 되는 것이면 그것을 장려하여 충분한 논의를 할 수 있도록 허용하고 학생들의 자발적인 참여를 당연한 것으로 여기고 학생들이 더 많이 참여할 수 있도록 유도했으며, 한 학습자의 반응을 반 전체가 공유할 수 있도록 했다고 한다. 그 결과 텍스트에 대한 학생들의 이해의 질은 상당히 높아졌다고 밝히고 있다.

교사는 교수-학습 활동에서의 역할 외에 수업을 준비하기 위하여 자료를 준비하는 일을 선행하여야 한다. 앞에서 예를 든 교사의 경우와 같이 학습자들이 자유롭게 텍스트를 활용할 수 있도록 하는 경우에는 학기 초에 교실에 충분한 자료를 구비하면 될 수 있지만, 특정한 교재를 중심으로 텍스트 이해의 상호텍스트성을 지도하기 위해서는 교사가 준비해야 하는 일이 많아질 수 있다. 선택된 텍스트를 제시하는 방법의 면에서도 여러 가지 방법을 고려해야 할 것이다.

또한 교사는 수업을 하고 난 후 학습의 결과를 평가하고 그 평가를 바탕으로 반성과 새로운 도약을 위한 발판을 마련하여야 한다. 상호텍스트성을 바탕으로 한 학습의 평가 방식은 단일 텍스트로 이루어지는 것과는 달라져야 한다. 텍스트 이해를 위한 폭넓은 접근을 전제하기 때문이다. 교사는 이를 효과적으로 평가하기 위한 방법을 찾아 활용해야 한다.

상호텍스트적인 텍스트 이해 수업을 운영하기 위하여 환경과 교사의 역할에 대한 하트만(Hartman, 1994)의 제안을 보면, 그 중요성과 다양성을 인식할 수 있다. 교실은 학생들이 책상이나 지정된 장소에서 공부하는 곳 이상이 되어야 한다. 교실은 박물관이나, 출판사, 생각 저장소, 작가의 작업실이나 예술가의 스튜디오, 극장, 제도실, 컴퓨터 실습실, 전시장, 녹음 스튜디오 그 이상으로 되어야 한다. 이에 따라 교사의 역할도 박물관이나 도서관의 관리자이며, 가극이나 음악회의 주최자이고, 편집자이며 미래학자(미래의 예술가), 전문 치료사, 연출가(지휘자), 프로듀서, 미디어 자료 전문가, 외판원, 기술자 등이 되어야 한다는 것이다.

한 가지 분명한 것은 교실 환경이나 교사의 역할이 다양하지만 그곳에서의 교사의 활동은 계획된 것이어야 하며, 학습자의 텍스트 이해를 도울 수 있어야 한다는 것이다.

2) 학습자

학습자의 면에서 보면, 상호텍스트적으로 텍스트를 이해하기 위해서는 적극적인 활동 참여가 기반이 되어야 한다. 텍스트 간의 내적인 연결을 위해서는 복잡한 사고방식을 동원해야 하기 때문이다. 단순히 한 편의 텍스트를 읽고 그 내용을 주관적으로 이해하는 것이 아니라 다른 텍스트와의 관계 속에서 이해의 폭을 넓혀야 한다. 물론 이러한 연결이 자연스럽고 무의식적으로 일어날 수도 있고, 의도적으로 연결을 하여야 하는 경우도 있다. 교육에서 주로 문제를 삼는 것은 의도적인 연결이다.

학습자의 역할은 그동안의 정적인 활동을 위주로 하던 것에서 동적인 활동으로 변화되어야만 한다. 행동주의 관점에서는 텍스트 구성 요인과 읽기의 세분화된 기능을 중시하고, 인지적 관점에서는 읽기 과정에서 요구되는 전략을 익히는 것을 중심으로 접근했다. 이러한 수업 활동은 상호텍스트적 텍스트 이해 수업보다 학습자의 능동적인 역할을 강조하지 않는다. 기능/전략을 지도하기 위한 직접교수 모형에서 보면, 교사 중심의 접근이 이루어졌고, 학습의 결과를 적용하는 면에서만 학습자의 역할이 주어진다. 그러면서 텍스트의 이해는 학습자가 스스로 자신의 경험과 배경지식을 동원하여 이해를 해야만 하는 것으로 본다. 이러한 접근은 단일 텍스트 중심으로 이루어질 수밖에 없다. 그러나 독자의 의미 구성에 대한 상호텍스트성을 바탕으로 한 접근에서는 여러 텍스트를 가지고 활동하면서 읽고, 보고, 토론하고, 정리하는 활동을 하여야만 한다. 텍스트를 적극적으로 이해하기 위한 노력과 활동이 있어야 한다.

학습자는 자신의 배경지식은 물론 다중 텍스트와 다른 학습자와도 적극적으로 상호작용을 해야 한다. 텍스트의 이해는 독자의 마음속에서 이루어지는 것이지만, 다양한 내용과 의미를 적극적으로 활용할 때 효과적으로 일어나기 때문이다. 그렇기 때문에 교수-학습 시간에 활용할 수 있는 자료를 스스로 찾아야 함은 물론 스스로의 이해의 폭을 넓히기 위하여 적극 노력해야 한다. 이러한 학습 활동에서 학습자가 주체적으로 접근하지 않으면 의미의 이해는 제대로 이루어질 수 없다. 또한 능숙한 독자가 되기 위해서는 스스로 다중 텍스트를 찾고 활용할 수 있는 능력을 길러야 한다.

3. 교수-학습 활동 방법

교수-학습 활동은 앞에서 제시된 텍스트, 교사, 학습자가 함께 작용하는 상황이다. 교수-학습 활동 속에서는 텍스트의 내용과 교사의 신념과 운영 방법에 따라 학습자의 활동의 형태가 달라진다. 상호텍스트적인 연결을 바탕으로 하는 이해 활동은 기능/전략을 배우는 활동이면서 구체적으로 이해를 해나가는 방식이기 때문에 기존의 교수-학습 활동과는 방식이 달라질 수밖에 없다.

다중 텍스트를 바탕으로 하는 교수-학습 활동의 기본적인 전제는 학습자의 이해 중심, 학습자의 반응 중심, 학습자의 생각 변화 중심으로 활동이 구성되어야 한다. 이를 위해서는 교사의 많은 준비와 학습자의 적극적인 학습에의 참여가 중요한 요인이 된다. 텍스트를 이해하는 주체는 학습자이기 때문에 활동의 중심에는 학습자가 있어야 한다. 그러나 학습자들이 스스로 다중 텍스트의 내용을 인식하고, 해석하고 이해하는 활동을 하기는 어렵다. 학습자는 미숙한 독자이기 때문이다. 따라서 교사의 도움이 필연적이다. 교사는 각 활동을 안내하고, 학습자들의 활동에 반응하고, 활동의 과정과 결과를 점검해야 한다. 이를 통하여 학습자들은 텍스트를 이해하고, 이해의 과정을 익힐 수 있게 된다.

다중 텍스트를 활용한 교수-학습 활동의 접근 방식은 몇 가지로 구분될 수 있다. 교수-학습 활동을 누가 주도하느냐에 따라 달라질 수 있고, 텍스트를 이루고 있는 내용과 의미에 따라 달라질 수 있다. 또한 텍스트의 구성 방식에 따라서도 달라질 수 있다.

1) 활동 주체에 따른 접근

상호텍스트성을 바탕으로 하는 교수-학습 활동에서 누가 중심이 되어 이끌어 가느냐에 따라 교사 중심 접근과 학생 중심 접근으로 나누어 볼 수 있다.

(1) 교사 중심 접근

교수-학습 활동을 교사가 중심이 되어 이끌어 가는 경우이다. 이 경우는 주로 저학년들의 수업에서 이루어질 수 있다. 수업의 전체적인 운영을 교사가 중심이 되어 하면서 학습자들의 적극적인 참여를 유도하는 활동이 이루어진다. 교사가 중심이 되어 언어적인 텍스트나 비언어적인 텍스트를 활용하여 학생들이 활동을 하도록 한다. 교수-학습 활동을 교사가 중심이 되어 이끌어가지만 학습자들의 학습 내용에 대한 해석과 이해를 주된 목적으로 한다. 저학년의 경우 학습 활동에 대한 전체적인 계획과 운영 면에서 교사가 중심에 놓일 수밖에 없다. 학습 목표의 설정이나 자료의 선택과 자료를 활용하여 활동하는 과정에서 학습자들은 교사의 계획에 의하여 움직이는 것이 효과적이다.

(2) 학생 중심 접근

학생 중심의 교수-학습 활동은 학습자들이 중심이 되어 활동하는 것이다. 다중 텍스트를 활용하는 방법은 교사의 세세한 관심만으로 이루어질 수 없는 면이 많다. 텍스트의 세부적인 내용과 의미 이해에서는 학습자 각자의 몫이 크다고 할 수 있다. 학습자 중심의 접근은 개별적인 접근과 소집단 접근이 있을 수 있다.

개별적인 접근은 다중 텍스트를 개별 학습자 스스로 내용을 파악하고 관계를 이해하는 것이다. 활동에 대한 안내를 받고 학습자는 주어진 텍스트나 텍스트의 목록을 활용하여 스스로 보고, 읽고, 생각하고, 정리하여 봄으로써 텍스트를 이해한다.

소집단 활동은 학습자들이 소집단별로 상호작용을 하면서 활동하는 방식이다. 학습 목표나 활동 주제에 따라 적절한 소집단을 구성하여 집단별로 학습 활동을 전개한다. 텍스트의 이해를 위하여 다중 텍스트를 선별하는 문제에서부터 텍스트의 내용을 파악하고, 의미를 이해하는 활동은 소집단 구성원들의 상호작용을 바탕으로 한다.

2) 텍스트 요인에 따른 접근

한 편의 텍스트는 특정한 담화 관습과 텍스트의 형식과 내용 요소를 담고 있다. 이들 요소들은 다른 텍스트의 것과 유사하거나 서로 관계를 맺고 있다. 특히 담화의 관습은 무의식적으로 인식되는 면이 강하다. 그래서 읽기 지도에서 관심의 대상이 되는 것은 텍스트의 형식적인 구조[6]와 내용이 그 중심이 될 수 있다. 여기서는 텍스트의 내용(뜻)과 의미(속뜻)로 구분하여 접근하는 방식을 생각하여 본다.

(1) 텍스트 내용 관계로 접근

텍스트의 내용 관계로의 접근은 텍스트에서 다루고 있는 화제(topic)를 중심으로 텍스트를 선택하여 교수-학습 활동을 하는 것이다. 텍스트의 내용은 텍스트를 이루고 있는 전체적인 내용이나 부분적인 내용에서 관련 있는 다중 텍스트를 선택하여 활용하는 방법이다. 설명문의 텍스트를 구성하고 있는 소재나 화제, 개념, 사건, 주제, 관점 등에서 관련 있는 텍스트를 선택하여 활용한다. 이야기 글의 경우에는 인물, 사건, 배경, 플롯 등과 같이 텍스트를 이루고 있는 세부 내용적인 요소들에 관련하여 텍스트를 선택하여 활용한다. 연구들에 따르면 (Thomson, 1987; Beach & Appleman & Dorsey, 1994) 많은 학생들은 내용적인 면에서는 텍스트의 관계를 인식할 수 있다고 한다.

(2) 텍스트 의미 관계로 접근

텍스트 의미 관계로의 접근은 텍스트의 의미에 초점을 두어 텍스트를 선정하여 활동하는 방식이다. 의미 관계의 접근은 텍스트가 드러내는 의미를 한정할 수 없는 것이 문제가 된다. 단순히 텍스트가 제기하는 의미를 추정할 수도 있지만 텍스트의 의미를 쉽게 한정할 수 없는 경우

---

6) 구조적인 측면들은 장르와 관련을 맺는다. 장르적인 문제는 텍스트의 내용의 짜임이나 구성적인 것으로 표면적으로 드러난다. 이들 구조적인 요소는 텍스트를 어떻게 읽을 것인가에 대한 안내를 제시하는 역할을 하기도 하며 내용의 짜임을 효과적으로 파악할 수 있게 해 주는 역할을 한다고 할 수 있다. 즉 구조적인 요소는 텍스트가 설명적인 것인가, 문학적인 것인가, 설득적인 것인가, 친교적인 것인가 하는 것을 인식하게 하여, 그 텍스트에 어떻게 접근할 수 있는가에 대한 정보를 제공한다. 독자들은 대개 이들 구조에 익숙해질 필요가 있다. 능숙한 독자들은 이들 장르적인 특성에 익숙해 있지만, 저학년인 경우에는 이에 대한 이해가 잘 되어 있지 않으므로 적극적인 지도가 중요하다. 이러한 구조적인 담화의 관습도 여러 텍스트를 동시에 놓고 지도하는 것이 좋다. 장르나 구조적인 면은 하위적으로 세분된 형식을 갖는데 이에 대한 체계적인 접근이 이루어질 필요가 있다.

가 많다. 예를 들어 '바위나리와 아기별[7]'의 경우 바위나리와 아기별의 순수한 사랑으로 받아들여 사랑하는 이를 위해서는 자신을 희생할 수 있어야 한다고 말할 수도 있다. 그렇지만 권위에 대한 도전이라든가, 권위적인 사회의식 비판과 같은 것으로 의미를 확대한다면 의미를 한정하기 어려울 수 있다. 그렇지만 텍스트의 의미를 규정할 수 있는 것도 있고, 특정한 의미에 주목할 수 있기 때문에 의미의 측면에서 관련된 텍스트를 선정하여 활동을 구성할 수 있다.

3) 다중 텍스트 구성 방식에 따른 접근

교수-학습에 활용하는 텍스트를 어떻게 선별하여 활용하는가에 따라 교수-학습의 활동이 달라질 수 있다. 텍스트 이해 교수-학습에서 텍스트를 구성하는 방법은 크게 두 가지의 형태를 상정하여 볼 수 있다. 텍스트의 수를 정하지 않고 관련된 텍스트는 무엇이든지 사용할 수 있는 열린 접근과 텍스트 수를 몇 가지로 정하여 놓고 그 텍스트만을 활용하는 닫힌 접근이 그것이다.

(1) 열린 접근

다중 텍스트를 활용한 텍스트 이해 지도를 위한 기본적인 방법으로 교수-학습 과정에서 다양한 텍스트를 활용할 수 있다. 열린 접근은 교수-학습에서 다룰 텍스트를 제한하지 않고 접근하는 방식이다. 열린 접근은 두 가지 면에서 열어 놓고 접근하는 방식을 취할 수 있다. 그 첫째는 관련된 텍스트의 수를 한정하지 않고 접근하는 방식이다. 한 편의 텍스트를 중심으로 활동을 하든, 하나의 주제를 가지고 활동을 하든, 또는 하나의 학습 목표를 가지고 활동을 하든 간에 관련시킬 수 있는 텍스트의 수를 제한하지 않고 활용하여 접근하는 방식이다.

---

7) 마해송의 동화 작품, 초등학교 읽기 교과서에 매 교육 과정마다 실린 작품.

두 번째는 관련된 내용을 열어 놓고 접근하는 방식이다. 이해하려고 하는 텍스트와 관련된 내용은 무엇이든 다 활용하여 텍스트의 이해를 넓혀 나가는 방식이다. 내용 면에서의 관계성, 형식면에서의 관계성, 주제 면에서의 관계성, 배경 면에서의 관계성, 사상 면에서의 관계성, 문체 면에서의 관계성, 소재 면에서의 관계성, 어떤 면에서든 관계를 찾을 수 있는 내용은 무엇이든지 제한하지 않고 관계를 찾아 나가는 방식이다. 이러한 방식은 활동 면에 있어서 비체계적일 수 있다. 하지만 여러 관점에서 관련된 텍스트를 활용하게 됨으로써 텍스트에 대한 많은 정보를 활용하여 관계성을 파악할 수 있다는 면에서 이점이 있다.

(2) 닫힌 접근

닫힌 접근은 학습 활동에서 다룰 텍스트의 수와 내용을 한정하는 것이다. 여기서도 크게 두 가지 면에서의 접근 방법을 상정할 수 있다. 첫째, 텍스트의 수를 한정하여 접근하는 방식이다. 텍스트의 수를 한정한다는 것은 중심이 되는 텍스트에 관련된 몇 가지 텍스트에 한정하여 관련성을 찾아보는 것이다. 특정한 내용에 대하여 분명한 내용을 파악할 수 있는 텍스트를 선정하여 읽을 수 있게 함으로써 내용을 파악하고 의미를 이해할 수 있게 하는 방식이다. 이러한 접근 방식은 특정한 내용에 대하여 한정된 텍스트를 활용함으로써 교수-학습 활동을 짜임새 있게 운영할 수 있는 장점이 있다. 특히 제한된 텍스트를 사용함으로써 심도 있게 내용에 접근할 수 있는 방법이 될 수 있다.

둘째, 내용을 한정하여 접근하는 방식이다. 특정한 주제나 내용, 개념, 사건 등에 관련된 몇 가지 다중 텍스트를 제시하여 학습 활동을 하되 학습 내용을 한정하여 활동하는 방식이다. 이는 특정 내용에 대하여 깊이 있는 학습을 할 수 있고 특정 내용에 대하여 필요한 정보를 중심으로 체계적인 이해를 할 수 있다.

방법적인 접근에서는 이들 방법들을 적절히 혼용함으로써 다양한 접근 방법을 구안할 수 있다. 텍스트 수와 내용을 한정하거나 텍스트 수를 한정하더라도 내용을 개방하여 접근할 수 있으며, 텍스트 수는 제한하지 않더라도 내용을 한정하여 다룰 수 있다. 이들은 학습자나 학습할 목표와 내용, 활동의 필요성에 따라 교사가 적절히 선택하는 것이 필요하다.

4. 텍스트 이해 지도의 실제

다중 텍스트를 활용하여 이루어지는 교수-학습 활동의 절차를 계획하기와 활동하기로 나누어 정리하여 본다. 계획하기는 교수-학습 활동을 위한 준비 과정으로 다중 텍스트의 배열과 교수-학습의 절차를 마련한다. 활동하기는 계획하기에 따라 이루어지는 교수-학습의 실행 과정이다. 교수-학습 계획과 활동을 실제 다중 텍스트를 활용한 교수-학습의 예를 바탕으로 학습 결과와 함께 정리한다. 여기서 사용한 텍스트는 1학년 2학기 읽기 둘째 마당 '자기 자랑'이다. 단위 교수-학습의 절차는 5부 1장 4절 [표1-2]의 순서를 따른다.

1) 계획하기

다중 텍스트를 활용한 교수-학습 활동의 계획하기에서 먼저 해야 할 일은 목표를 정하는 일이다. 학습 목표는 교수 모형의 계획하기 둘째 단계인 정의 단계에서 구체화된 것을 활용할 수 있다. 여기서는 단위 시간의 교수 학습 활동의 목표를 교과서의 텍스트를 바탕으로 정하여 본다. 초등학교 1학년 2학기 둘째 마당의 '자기 자랑'을 다중 텍스트를 활용하여 접근할 때의 교수-학습 목표를 "인물의 생각을 알아보고, 내 생각을 말할 수 있다."로 정한다. 이 목표는 각 인물들의 생각을 중심으로, 내용을 인식하고 의미를 해석하여 의미를 이해할 수 있게 접근하기 위한 것이다.

목표를 정하고 나면 텍스트에서 드러내고 있는 내용과 의미를 중심으로 텍스트를 선정하여야 한다. 다중 텍스트의 선정은 교수-학습 활동의 구체적인 절차를 생각하면서 선정하는 것이 필요하다. 저학년이기 때문에 교사 중심으로 다중 텍스트를 몇 가지 선정하고 학습자들이 제시하는 텍스트를 활용할 수 있도록 하는 열린 접근이 필요하다. 여기서는 '자기 자랑[8)]'이 드러내는 의미를 중심[9)]으로 보완 관계 텍스트를 선택하였다. 다중 텍스트로는 '손가락들의 자기자랑[10)]', '장님과 앉은뱅이 1, 2[11)]', '멀티 자료' 등을 선정하여 보았다. '손가락들의 자기 자랑'은

---

8) 〈자기자랑〉

장호가 잠자는 사이에 눈, 코와 입, 손, 발이 자기 자랑을 시작하였습니다.

눈 : 내가 없으면 아무 것도 볼 수 없어. 벽에 부딪히고, 돌부리에 걸려 넘어질 거야. 그래서 너희는 온통 상처투성이가 될 거야. 내가 제일 훌륭한 일을 하고 있지. 그러니까 내가 최고야.

코와 입 : 아니야, 네가 아무리 훌륭해도 우리가 없으면 소용이 없어. 우리가 없으면 숨 쉴 수가 없잖아? 음식을 먹을 수도 없고, 냄새를 맡을 수도 없지. 그러니까 우리가 최고야.

손 : 얘들아, 몸에서 나만큼 중요한 게 또 있겠니? 내가 없으면 연필을 잡을 수도 없고, 장난감을 가지고 놀 수도 없어. 예쁜 반지도 손가락에 끼우잖아? 그러니까 내가 최고야.

발 : 하하하, 몸 중에서 제일 높으신 내가 한 말씀을 하겠다. 너희는 내가 없으면 반듯하게 서 있을 수 없어. 사람들이 왜 양말과 신발을 신고 다니는지 아니? 다 내가 귀하기 때문이야. 그러니까 내가 최고야. 에헴!

자기 자랑은 밤새도록 끝나지 않았습니다. 누구 하나 양보하지 않았기 때문입니다.

9) 모든 사람이 중요하다. 서로 협력해야 한다.

10) 〈손가락들의 자기 자랑〉

손가락들이 자기 자랑을 하고 있습니다.

엄지 : 난 항상 최고를 말하지. 일등 할 때도 날 들어 보이니까 말이야.

검지 : 내가 하는 일이 가장 많아. 물건을 가리킬 때도 나를 사용하지. 내가 제일 중요해.

중지 : 내가 제일 크고, 중심에 있지. 그건 내가 제일 중요하기 때문이야.

약지 : 결혼 반지 어디에 끼는지 아니? 바로 나야. 내가 바로 소중하다는 얘기지.

새끼 : 너흰 정말 말이 많구나. 소중한 약속을 어느 손가락으로 하니? 바로 나란 말씀. 내가 제일 소중해.

11) 〈장님과 앉은뱅이1〉

어느 길가의 앉은뱅이와 장님이 나란히 고개를 걸어가고 있었습니다.

‘자기 자랑’과 같은 의미를 지닌 것으로 손가락 각자가 모두 중요하다고 주장하다가 손바닥의 말을 듣고 화해하는 한다는 내용이다. ‘장님과 앉은뱅이’는 서로가 힘을 모았을 때 잘 할 수 있다는 내용이다. ‘멀티자료’는 에듀넷에서 제시하는 것으로 ‘자기 자랑’의 애니메이션 자료로 동기 유발과 내용 파악에 도움을 줄 수 있는 텍스트이다. 교사가 준비하는

해가 지기 전에 이들은 마을까지 가야 했지만 앉은뱅이는 걸음을 못 걸어 속도가 느리고, 장님은 앞을 보지 못해 땅을 더듬거리는 바람에 빨리 갈 수가 없었습니다.

"이보시오, 앞 못 보는 양반, 우리 서로 돕는 게 어떻겠소?"

"돕다니요? 어떻게요?"

"나는 앞을 볼 수 있으나 걸음을 걸을 수가 없으니 당신이 나를 업으면 당신은 눈을 갖게 되는 것이요, 나는 당신에게 업힘으로써 두 다리를 갖게 되는 게 아니오."

"그것 참 그럴 듯한 생각이군요."

장님은 앉은뱅이를 등에 업었습니다.

그리고 앉은뱅이는 등에 업혀 장님의 두 귀를 잡고 방향을 알려 주니 금방 산을 넘어 목적지에 도착했습니다.

그 때 마침 원님 행차가 고을을 지나가고 있었습니다. 밭에서 일을 하던 놀부가 중얼거렸습니다.

"원님이 잘났다고는 하지만 우리 농사짓는 사람이 없으면 먹고 살 수가 없지."

옆에 섰던 장님이 그 말을 들었습니다.

"농부님, 당신 말도 옳소만 그러나 벼슬아치가 없다면 세상을 누가 다스리겠소? 세금을 거두어 나라를 지켜야 하고, 도둑을 잡아 질서를 지켜 주는 벼슬아치가 있으므로 해서 서로가 돕고 사는 것이 아니겠소."

"하긴 그렇군요."

"농부님, 나는 앉은뱅이인데 앞을 못 보는 이 분 등에 업혀서 서로 도와 빨리 마을로 들어올 수 있었다오."

지나가던 원님이 이들을 바라보고는 미소지었습니다.

〈장님과 앉은뱅이 2〉

어떤 한 눈 먼 장님과 앉은뱅이가 마음을 합하여 살고 있었습니다. 장님은 앉은뱅이의 다리가 되고 앉은뱅이는 장님의 눈이 되어 그들은 함께 살아가면서 일을 하여, 자신들이 얻은 모든 소득을 똑같이 나누어 가졌습니다.

그러던 중 어느 날 눈뜬 앉은뱅이의 마음에 장님이 사물을 볼 수 없으므로 자기가 좀 더 많은 돈을 가져도 장님이 전혀 알아차리지 못할 것이라는 생각이 들어 그는 똑같이 나누지 않고 자기가 더 많은 돈과 음식을 갖기 시작했습니다. 그러자 앉은뱅이는 점점 살이 찌고 장님은 더욱 야위어만 갔습니다. 어느 날 극도로 야위어진 장님이 살이 너무 오른 배뚱뚱이 앉은뱅이를 업고 길을 가다가 함께 넘어지므로 그 둘이 모두 다 일어설 수 없게 되었다는 이야기입니다.

다중 텍스트는 교수-학습 활동 전에 미리 선정하여 준비하고, 학습자들이 선택하는 텍스트는 과제로 찾아 올 수 있도록 하였다.

이들 다중 텍스트의 선별이 끝나고 나면 교수-학습 활동의 절차를 마련해야 한다. 활동의 절차는 인식하기 단계, 해석하기 단계, 이해하기 단계 따라 구체화할 수 있다. 각 과정은 앞 장의 [표1-2]의 교수-학습 절차에 따라 이루어질 수 있도록 한다. 활동의 절차는 교사가 정한 텍스트와 학습자들이 선정한 다중 텍스트의 내용과 의미를 반영할 수 있도록 융통성 있게 준비한다. 이 과정에서 학습자들의 활동 결과를 점검할 수 있도록 계획하는 것이 필요하다. 여기서는 교수-학습의 마지막 과정으로 자신의 생각을 글로 쓰게 하여 점검한다. 이 활동의 과정은 인식하기가 1차시, 해석하기가 2차시, 이해하기가 3차시 활동으로 이루어졌다. 여기서는 1학년이고 다중 텍스트를 활용한 접근이 익숙하지 않기 때문에 1차시에는 단일 텍스트를 이해하는 활동을 먼저 하고, 2, 3차시에 다중 텍스트를 활용한 접근을 하도록 하였다.

★ 교수-학습 계획

- 학년 학기: 1학년 2학기
- 단위 명: 이렇게 하면 좋아요
- 소단원 명: 자기 자랑
- 학습목표: 인물의 생각을 알아보고, 내 생각을 말할 수 있다.
- 학습자료: ㉠중심 텍스트: 자기 자랑
  ㉡다중 텍스트: 손가락들의 자기자랑, 장님과 앉은뱅이 1, 2, 멀티 자료 등등
- 학습 활동 절차
  - 인식 텍스트 구성 단계
    - 접점 형성하기
      - 동기유발 · 체험하기 · 학습목표 확인하기
    - 내용 파악하기
      - 주요 내용 파악하기 · 전체 내용 정리하기
    - 관련 텍스트 알아보기

· 해석 텍스트 구성 단계
  – 독자의 의미 찾기
    · 나의 생각 정리하기
  – 내용 인식 넓히기
    · 관련 텍스트 내용 파악하기
  – 다중 텍스트 의미 찾기
    · 텍스트의 의미 찾기 · 필자의 의미 찾기 · 의미 정리하기
· 이해하기 단계
  – 의미들 간의 차이 확인하기
    · 의미 차이 알아보기 · 중요 의미 선정하기
  – 의미들과 대화하기
    · 나의 생각 확인하기 · 대화를 통한 깨닫기
    · 나의 생각 수정하기
  – 반성적 성찰하기
    · 달라진 생각 점검하기 · 달라진 생각을 확인하기

2) 활동하기

활동하기는 교수-학습 계획에 따라 실제적으로 활동을 하는 과정이다. 이 활동은 내용을 인식하고, 내용에서 의미를 찾고, 의미를 새롭게 구성하는 과정을 거친다. 활동하기를 학습 활동의 진행 과정을 중심으로 정리하여 본다.

①인식하기 단계에서는 접점을 형성하고, 내용을 파악한다. 교수-학습 활동의 내용을 정리하면 다음과 같다.

· 접점 형성하기
  ○ 동기유발
    □ '머리 어깨 무릎 발' 노래 부르기
  ○ 체험하기
    □ 입으로 글씨 써 보기 □ 눈 감고 걸어보기 □ 숨 참아보기 □ 엉덩이로 걸어보기
    □ '자랑'이 무엇인지 말하기

ㅇ학습목표 확인하기

• 내용 파악하기

ㅇ멀티 자료 보기

ㅇ텍스트 읽기

〈자기 자랑〉 — 따라 읽기

ㅇ주요 내용 파악하기

ㅁ나오는 인물들은 누구인가요? ㅁ인물들은 무엇을 하고 있을까요?

ㅁ몸의 각 부분들은 왜 자기가 몸에서 제일 훌륭한 일을 한다고 하였나요?

ㅇ전체 내용 정리하기

ㅁ우리 몸에서 각 부분들의 역할을 확인하여 보세요.

ㅁ각 인물들의 공통된 주장은 무엇인가요?

ㅁ각 인물들의 이야기 중 누구의 말이 옳다고 생각하나요?

ㅁ이 글을 쓴 사람은 왜 이런 이야기를 썼을까?

ㅇ관련 텍스트 알아보기

ㅁ자기 자랑처럼 자기가 잘 났다고 자랑을 하는 이야기나 만화 영화 같은 것이 뭐가 있을까?

ㅁ그런 것을 보고 생각한 것은 무엇인가요?

— 다음 시간에 조사해 오도록 숙제로 제시.

텍스트 내용 인식하기 활동에서 '자기 자랑'의 내용 파악을 중점에 두고 학습하였기 때문에 일반적인 학습과 큰 차이가 없었다. 다만 접점 형성하기에서 내용에 다가가기 위해서 실제 활동을 통하여 몸의 각 부분이 중요하다는 것을 스스로 느껴볼 수 있도록 경험하기를 하였다. 이를 통하여 학습자들은 텍스트의 각 인물들의 주장에 공감할 수 있도록 하였다.

②해석하기 단계에서는 인식된 내용을 바탕으로 다중 텍스트를 활용하여 의미를 찾는다. 활동 내용을 정리하면 다음과 같다.

· 나의 생각 정하기
  ○ 전시 학습 상기하기
  ○ 나의 생각 알아보기
    □ 글에서 나타내려고 한 생각은 무엇일까요?
    □ 나는 글을 보고 어떤 생각을 하였나요?
    □ 나는 왜 그런 생각을 하게 되었나요?
· 내용 인식 확장하기
  ○ 관련 텍스트 알아보기
    □ 여러분이 찾아 온 이야기를 발표해 봅시다.
      · 선생님이 준비한 텍스트: 손가락의 자기자랑, 장님과 앉은뱅이
      · 학습자들이 찾아온 텍스트: 냉장고 속의 반찬[12], 코끼리의 힘 자랑, 토기와 거북이, 개미와 베짱이, 바람과 해
    □ 재미있는 것으로 두(세) 편만 정하여 봅시다.
    〈장님과 앉은뱅이 1, 2〉, 〈냉장고 속의 반찬〉, 〈손가락의 자기 자랑〉
    □ 이야기를 듣고 내용을 정리하여 봅시다.
  ○ 내용 관계 파악하기
    □ 이 두 이야기의 같은 점은 무엇인가요?
    □ 이야기들의 다른 점은 무엇인가요?
· 관련의미 찾기
  ○ 친구들의 생각 알아보기
    □ 친구들은 어떤 생각을 하는지 알아봅시다.
  ○ 텍스트의 생각 알아보기
    □ '자기 자랑'에 나타난 생각은 무엇인가요?
    □ '장님과 앉은뱅이'에 나타난 생각은 무엇인가요?
    □ '냉장고 속의 반찬'에 나타난 생각은 무엇인가요?
  ○ 필자의 의미 생각하기

---

12) 〈냉장고 속의 반찬〉(학생이 어머니의 도움을 받아 만들어 온 이야기)
진수가 냉장고 문을 열 때, 우유, 시금치, 밥은 식탁으로 뛰어나와 자기자랑을 시작하였습니다.
우 유 : 내가 없으면 뼈가 약해서 쉽게 부러져 병원에 갈 수 있어. 그래서 너희들은 부러지고 말거야.
시금치: 내가 없으면 아무리 훌륭해도 소용이 없어. 왜냐하면 나는 우리 몸을 조절해 주잖아. 그러니까 내가 최고야.
밥 : 아니야, 내가 없으면 힘이 약해서 병도 잘 걸리고, 일도 못해. 그러니까 내가 최고야.

□ '자기자랑'과 '손가락의 자기자랑' 이야기를 쓴 사람은 왜 그런 이야기를 썼을까요?
□ '냉장고 속의 반찬' 이야기를 쓴 사람은 여러분에게 무엇을 이야기하고 싶었을까요?

○ 생각 정리하기
□ 글을 읽고 내가 생각한 내용을 정리하여 봅시다.
□ 친구들이 생각한 내용을 정리하여 봅시다.
□ 글쓴이가 생각한 내용을 정리하여 봅시다.

학습 활동을 진행하는 과정 속에서 선택된 '자기 자랑' 과 '장님과 앉은뱅이 1, 2', '냉장고 속의 반찬'은 보완 관계 텍스트이다. 교수 학습 활동의 주체적인 면에서 보면, 교사 중심으로 이루어졌고, 텍스트 요인으로 보면, 의미 중심의 접근이 이루어졌다. 그리고 텍스트 구성 방법은 열린 접근을 지향했지만 제한된 텍스트를 활용했다.

활동의 결과로 학생들이 생각한 의미가 몇 가지가 발표되었다. 교수-학습 활동 중에 제시된 생각들을 몇 가지로 정리하면 다음과 같다.

· 독자의 의미 찾기에서 나온 의견
  – 잘난 척 하면 안 된다.
  – 몸의 각 부분이 중요하다.
· 다중 텍스트를 통하여 나온 의견
  – 모두 다같이 중요하다.
  – 음식은 모두 중요하다.
  – 모든 것은 각기 잘하는 것이 있다.
  – 서로 자기만 생각하면 아무 일도 할 수 없다.
  – 서로 도와야 한다.

학습 활동의 정리에서 학습자들이 정리한 내용을 예로 들어보면 다음과 같다.

〈학생 A의 글〉

'자기 자랑'을 선생님께서 들려 주셨다. 내 생각은 코와 입이 가장 중요한 것 같다. 왜냐하면 숨을 쉴 수가 없다. 곧 죽으니까 코와 입이 가장 중요한 것이다. 1분 동안 숨을 안 쉬어 봤더니 너무 힘이 든다. 그리고 입이 없으면 배가 고파서 죽게 된다. 그래서 코와 입이 제일 중요하다.

이 글에서는 '자기 자랑'에서 나온 내용으로 자기의 생각을 정리하고 있다. 여기서는 코와 입이 가장 중요한 것이라고 판단하여 자신의 생각을 정리했다. 텍스트가 드러내는 의미를 분명하게 인식했다기보다는 도입 단계에서 체험한 내용을 바탕으로 텍스트에서 제시하고 있는 내용을 자신의 생각으로 정리하고 있다.

〈학생 B의 글〉

경수가 자랑거리를 써 왔다. 그 자랑 거리는 바로 냉장고에서 밥, 시금치, 우유가 나왔다. 이 글을 쓴 사람은 1학년들에게 무엇을 말해 주고 싶은 걸까? 그리고 선생님께서 손가락을 보여 주었는데, 이 글을 쓴 사람은 뭘 보여 주고 싶은 걸까? 생각을 자세히 해야겠다.

이 글에서는 다중 텍스트로 제시된 것과 연결하여 의미를 찾으려고 하고 있으나 분명하게 결정하지 못하고 앞의 학습자보다는 텍스트가 드러내는 의미를 종합하여 결정하려고 노력을 하고 있다. 특히 글쓴이의 의도를 파악하여 자신의 생각을 정하려고 한다. 이것은 교수-학습 활동 중에 제기된 여러 가지 의미들이 학습자 마음속에 있기는 하나 분명하지 않다. 즉 학습자는 여러 가지 의미가 있다는 것을 인식하고 있으나 이를 구체화하지 못하고 있다.

③이해하기 단계에서는 해석된 의미를 자기화 하는 과정으로 이루어진다. 이 과정에서 이루어진 구체적인 활동 내용을 정리하면 다음과 같다.

• 의미 확인하기
  ○ 전시 학습 상기하기
  ○ 의미 차이 확인하기
    □ 같은 생각은 어떤 것이 있나요?
    □ 다른 생각들은 어떤 것이 있나요?
    □ 각 생각들은 어떤 차이들이 있나요?
  ○ 주요 의미 선정하기
    □ 여러 생각들 중 크게 차이가 나는 것을 골라 봅시다.
      – 눈, 코, 손, 발이 다 중요하다.
      – 서로 도와야 한다.
      – 사람들은 서로 각자 잘 하는 것이 있다.
      – 사람들은 서로 존중해야 한다.
• 대화를 통한 깨닫기
  ○ 자신의 생각 확인하기
    □ 글을 읽고 내가 생각한 것은 무엇이었나요?
  ○ 의미들과 대화하기
    □ 나의 생각과 다르게 생각한 것은 어떤 것이 있나요?
    □ 나의 생각과 어떤 점에서 차이가 있나요?
    □ 내가 생각하지 못했던 점은 무엇인가요?
  ○ 깨닫기
    □ 다른 생각에서 어떤 점을 받아들일 수 있나요?
    □ 내 생각을 다시 정리하여 봅시다.
• 반성적인 성찰
  ○ 달라진 생각 점검하기
    □ '자기자랑'을 읽으면서 처음에 가졌던 생각은 무엇이었나요?
    □ 내 생각이 달라진 점이 있나요?
    □ 달라지게 된 이유는 무엇인가요?
  ○ 달라진 생각에 확신 갖기
    □ 변화된 생각이 왜 더 바른 것인가요?
    □ 변화된 생각은 나의 행동을 어떻게 바꾸게 될까요?
  ○ 생각 확장하기
    □ 그러면 만약에 자기자랑을 하는 친구를 보면 어떻게 할 거예요?
    □ '난 자랑할 게 하나도 없어' 하면서 슬퍼하는 친구가 있으면 어떤

말을 해 주고 싶어요?

○ 학습 활동 정리하기

□ 우리 오늘 공부하면서 여러분이 무슨 생각을 했는지 일기로 써 봅시다.

이해 텍스트 구성하기 단계에서는 자신의 생각과 여러 의미들을 고려하여 자신의 생각을 새롭게 구성하고, 그 결과를 글로 쓰게 하였다. 이 결과로 볼 때, 다중 텍스트를 활용한 읽기 지도는 학습자에게 폭넓은 이해와 생각을 새롭게 변화시켜 마음속의 텍스트를 구성하게 함을 알 수 있다. 학생들이 쓴 글을 몇 가지 보면 다음과 같다.

〈학생 C의 글〉

눈, 코, 입, 발, 손이 어느 날 민호가 잠을 잘 때 자기 자랑을 시작하였다. 눈은 자기가 없으면 돌부리에 걸리고 그런다고 자기가 훌륭하다고 그랬다. 코와 입은 숨을 쉬지 못하고 먹을 수 없다고 자기들이 최고라고 하면서 자랑을 했다. 그러자 손이 이야기를 했다. "얘들아, 난 예쁜 반지도 낄 수 있으니깐 내가 최고야." 이렇게 말했다. 발이 "너희들은 내가 없으면 반듯하게 서지도 못해. 그러니깐 내가 최고야" 라고 말했다. 내 생각에는 양보를 하는 게 더 좋은 친구라고 생각합니다. 여러분도 자기가 잘났다고 그러지 마세요. 내 생각만 중요하지 않고 다른 친구들의 생각도 좋아요. 서로 양보하는 좋은 사람이 되세요.

이 글에서는 '자기 자랑'의 이야기 내용을 비판적으로 보면서 양보를 하는 것이 좋다고 이야기하고 있다. 그러면서 다른 사람들에게 자신의 생각을 드러내어 이야기하고 있다. 또한 자신의 생각을 구체화하고 다른 사람이 그렇게 해야 한다고 하는 신념 있는 이야기를 하고 있다. 이러한 생각은 다중 텍스트를 활용하여 의미를 찾고 의미를 재구성하고 그 의미를 반성적으로 살핀 결과라고 할 수 있다. 반성을 통하여 자신의 생각에 확신할 수 있기 때문에 이러한 이야기를 할 수 있다고 본다.

이 텍스트 속에는 '자기 자랑'의 내용과 '장님과 앉은뱅이', '냉장고 속의 반찬'의 내용이 융합되어 새로운 생각을 구성하고 있다. 앞부분의 내용은 '자기 자랑'의 내용이지만 자신의 생각을 정리하는 뒷부분에서는 '장님과 앉은뱅이'와 '냉장고 속의 반찬'의 생각들이 상호텍스트성을 이루고 있다는 것을 알 수 있다. 이러한 결과는 독자가 텍스트의 의미를 바탕으로 자신의 생각을 새롭고 합리적(타당성)으로 하게 한다는 것을 알 수 있다.

〈학생 D의 글〉

너희는 아무 것도 할 수 없어. 이렇게 싸우다가는 기운이 없어서 아마도 굶어 죽고 말 거다. 나도 운동회 날 달리기 2등을 한 것은 눈이 앞을 잘 봐 주었고 코와 입은 심호흡을 잘 해 주었고 팔은 열심히 흔들어 주었고, 다리는 열심히 달려 주어서 2등을 할 수 있었다. 각 부분만 중요한 것이 아니라 모두가 도와야 건강한 몸을 이룰 수 있다. 서로 사랑해야겠다. 내 몸아, 고마워. 그리고 사랑해.

이 글에서는 자신의 경험을 중심으로 학습 활동에서 학습한 내용을 상호텍스트적으로 연결하여 자신의 생각을 구성하고 있다. 교수-학습 시간에 다룬 텍스트의 내용을 비판적으로 정리하고 자신의 경험을 바탕으로 자신의 생각을 구체화하고 있다. 그러면서 몸의 어느 한 부분이 중요한 것이 아니라 몸 전체가 중요하기 때문에 서로 사랑해야 한다고 하고 있다. 이러한 생각은 다중 텍스트의 의미들이 융합되어 있는 것으로 생각 확장하기를 통하여 자신의 생활 경험과 관련시켜 생각을 확장하고 있다. 1학년 학생들이 '자기 자랑'만 읽고 이러한 생각의 확장을 가지고 올 수 있도록 하기는 어려운 점이 많다. 그렇지만 다중 텍스트를 활용함으로써 자연스럽게 자신의 생각을 구성할 수 있게 되고, 구성한 생각이 신념으로 작용하게 하고 있다.

〈학생 E의 글〉

잘난 척을 많이 하면 안 좋다. 그러면 자기가 다친다. 자기도 중요하지만 남이 없으면 자기도 아무 것도 할 수 없다. 우리 몸이나 음식이나 그런 것이다 중요하다고 생각한다. 밥이 없으면 기운이 없고, 시금치가 없으면 우리 몸은 튼튼해지지 않는다. 음식도 고루 먹고 우리 몸도 보호해야겠다. 나도 중요하다고 잘난 척 하는 게 아니라 다른 사람도 중요한 사람이라는 것을 생각하자.

이 글에서는 학습 활동에서 다룬 내용을 종합하여 자신의 생각을 정리하고 있다. 그 생각의 요지는 서로가 잘난 척하기보다는 서로가 중요하다는 생각을 갖자는 것이다. 이 글에서는 '자기 자랑'과 '장님과 앉은뱅이', '냉장고 속의 반찬'의 내용과 의미들이 상호텍스트적으로 구성되어 생각을 구성하고 있다는 것을 알 수 있다. 그리고 이 글에서는 자신의 생각을 구체화하였고 확신을 가지고 있다. 다중 텍스트를 활용하여 텍스트가 드러내는 의미를 여러 가지로 생각하여 자신의 생각을 구성하고, 이 구성한 생각을 반성을 통하여 구체화한 것임을 알 수 있다.

텍스트 이해 과정에서 독자가 구성하는 내재 텍스트의 상호텍스트성을 돕기 위하여 다중 텍스트를 활용한 교수-학습의 활동을 살펴보았다. 교수-학습 과정에서 다중 텍스트를 활용함으로써 독자의 텍스트 내용에 대한 인식의 확장뿐만 아니라 의미에 대해서도 타당한 이해를 할 수 있게 된다. 독자의 내재 텍스트의 구성은 읽은 텍스트의 내용뿐만 아니라 자신의 경험과 생각을 바탕으로 새로운 의미를 구성함으로써 독자 마음 구조에 영향을 미치게 됨을 알 수 있다. 또한 내재 텍스트의 구성이 상호텍스트성을 바탕으로 이루어짐을 알 수 있었다.

독자의 내재 텍스트가 상호텍스트적으로 이루어짐으로 해서 독자는 텍스트를 읽고 자신의 생각에 확신을 가질 수 있을 뿐만 아니라 폭넓은 생각을 할 수 있게 된다. 텍스트의 의미 이해는 독자의 신념에 작용함으로써 텍스트의 이해가 독자의 생활에 직접적인 영향 관계를 가지게 할 수 있다는 것을 알 수 있다. 단지 의미를 찾아 인식하는 것이 아니라 자신의 생각으로 새롭게 구성해 보게 하는 것은 텍스트 이해 지도를 위한 좋은 방법이 될 수 있다.

3장. 상호텍스트성을 활용한 텍스트 이해 교육의 효과

다중 텍스트를 활용하여 텍스트 지도를 하는 것은 여러 텍스트를 다루어야 한다는 점에서 교수-학습 활동에 복잡하고 어려운 면이 없지 않다. 그렇지만 텍스트를 읽고 이해하는 과정에 대한 본질적인 접근이라고 할 수 있다. 독자는 텍스트를 읽고 있지만 그 마음속에서는 다양한 텍스트가 함께 작용하여 의미를 구성하게 마련이다. 그러므로 텍스트 이해를 지도하는 과정에서 의미 구성에 작용하는 텍스트를 의도적으로 구성하여, 상호텍스트적으로 이해를 하게 하면 효과적으로 이해하게 할 수 있다. 그런 측면에서 다중 텍스트를 활용한 텍스트 이해 지도의 효과를 정리하여 본다.

1. 텍스트 이해 교육 관점의 변화

다중 텍스트를 활용한 접근은 독자의 텍스트 이해가 관련된 텍스트의 여러 요소들이 상호텍스트적으로 작용하여 이루어진다는 관점을 가진다. 이것은 텍스트의 내용이 텍스트 속에 고정되는 것이 아니고 다른 텍스트와의 관계 속에서 작용한다는 관점이다. 이 관점에서의 텍스트의 이해는 다른 텍스트와 관련하여 이루어져야 함을 전제한다. 이것은 학습 활동에서 닫힌 텍스트 관보다는 열린 텍스트 관을 가지게 한다. 그렇기 때문에 텍스트 이해 교육은 다중 텍스트를 중심으로 열린 시간과 공간 속에서 학습 활동이 이루어져야 한다는 관점을 가진다. 상호텍스트성을 위하여 다중 텍스트를 활용하는 접근의 몇 가지 특징을 정리하면 다음과 같다.

첫째, 텍스트의 내용에 대한 열린 관점을 수용한다. 다중 텍스트를 활용한 접근에서는 인쇄된 텍스트뿐만 아니라 독자가 마음속에 구성하는 텍스트도 완결된 것으로 보지 않는다. 항상 열려있고 다른 텍스트에 의하여 보충되고 확장될 수 있다는 관점을 가진다. 이것은 단일 텍스트로서는 모든 것을 드러낼 수 없고, 단일 텍스트는 언제나 미완의 성격을 가진다는 관점을 수용하는 것이다. 독자가 구성하는 텍스트도 항상 새로운 텍스트를 만남으로써 새롭게 구성되고 변화될 수 있다는 관점을 가진다.

둘째, 텍스트 이해에 대한 열린 접근을 한다. 이것은 텍스트 이해가 특정한 단일 텍스트의 내용으로 한정되기보다는 제한점이 없이 확장될 수 있다는 관점이다. 이것은 텍스트 이해를 위해 활용할 수 있는 텍스트의 무한한 확장 가능성을 의미한다. 이러한 텍스트의 활용은 텍스트 이해에 대한 폭을 제한하지 않는다. 또한 다중 텍스트를 어떻게 제시하는가에 따라 텍스트에 대한 이해는 특정한 방향으로 이루어질 수 있다. 이러한 접근은 기존의 학습 활동의 측면에서 보면, 복잡하고 어려운 접근이 될 수 있다. 그렇지만 텍스트 이해의 본질적인 측면을 생각해 보면, 텍스트 이해 지도는 이해에 대한 열린 접근을 해야 한다. 독자가 텍스트의 내용을 인식하고 이해한다는 것은 단순히 단일 텍스트의 내용을 그대로 수용하는 것이 아니라 다중 텍스트의 내용을 비교 · 결합 · 융합하여 재구성하는 것이기 때문이다.

셋째, 부분적인 전략보다는 텍스트 이해에 관심을 갖는다. 다중 텍스트를 활용한다는 것은 텍스트의 내용과 의미를 연결하고 비교하는 전략적인 요소들도 있지만, 텍스트의 내용 전체에 대한 확장적인 인식에 초점이 놓인다. 학습 활동에서 텍스트 각 부분의 연결점을 찾거나 연결할 부분을 강조할 수 있지만 그 결과는 항상 텍스트의 전체 이해와 관련된다. 텍스트들을 연결함으로써 부분에서 벗어나 전체적인 내용 이해에 관심이 놓이게 된다.

넷째, 읽기의 능력을 텍스트 간의 연결이나 독자와 텍스트의 연결 관계에 중점을 둔다. 다중 텍스트를 활용한 텍스트 이해 지도에서는 독자의 내재 텍스트 구성이 상호텍스트적으로 구성된다는 관점을 바탕으로 접근한다. 때문에 텍스트 이해 능력은 독자가 텍스트 내용 간의 연결을 얼마나 효과적으로 할 수 있으며, 텍스트의 의미와 독자의 생각을 얼마나 잘 연결할 수 있는가에 달려 있다. 이것은 텍스트 이해의 폭을 얼마나 넓힐 수 있는가와 관련된다.

다섯째, 텍스트 이해에 대한 타당성 이해에 관심을 갖는다. 기존의 관점이 텍스트에 제시된 내용을 얼마나 효과적으로 파악할 수 있는가에 관심을 가진 것이라면 다중 텍스트를 활용한 접근에서는 텍스트의 내용을 확장하여 인식하고 이해에 대한 주관적인 관점보다는 타당성에 관심을 갖는다. 이해에 대한 타당성의 강조는 텍스트와 독자를 함께 존중하는 텍스트 이해의 교육적 접근이 된다. 즉 텍스트의 내용과 의미를 존중하는 것이면서 이들과 상호작용하는 독자의 역할을 강조하는 것이다.

여섯째, 독자의 내재 텍스트 구성의 상호텍스트성을 강조한다. 텍스트 이해 지도에서 관심의 대상이 되는 것은 독자가 마음속에 구성하는 내재 텍스트이다. 이 텍스트가 상호텍스트성을 바탕으로 하여 얼마나 효과적으로 구성되는가에 관심을 갖는다. 그렇기 때문에 학습 활동에서는 상호텍스트성을 도울 수 있는 다중 텍스트의 제시와 질문 방식을 강조한다. 내재 텍스트에 관심을 가지는 또 한 가지는 텍스트 이해의 결과가 독자의 마음과 관련을 맺어야 한다는 측면도 있다. 상호텍스트성의 문제는 텍스트가 제시하는 의미가 독자가 기존에 가지고 있던 생각과 연결되어(Looping) 새로운 텍스트를 구성할 수 있는 것에 관심을 가진다. 이것은 스키마의 강조로 텍스트에 대한 독자의 일방적인 역할의 강조에서 벗어나 상호주관적인 관점에서 텍스트와 독자의 공동 역할을 강조하는 것이다.

2. 텍스트 이해 교육 방법의 변화

다중 텍스트를 활용한 접근은 텍스트 이해 지도 방법의 대한 변화를 요구한다. 단일 텍스트 중심의 접근이 주어진 텍스트의 내용을 효과적으로 파악하기 위한 것이었다면 다중 텍스트의 접근은 텍스트 이해의 폭을 넓히기 위하여 텍스트들을 관련짓고 비교하고 결합하여 새로운 텍스트를 구성하는 것을 강조한다. 이렇게 접근하기 위해서는 지도 방법의 변화가 있어야 한다. 다중 텍스트를 활용함으로써 변화된 몇 가지 특성을 정리하면 다음과 같다.

첫째는 관련 텍스트(다중 텍스트)의 적극적인 활용이다. 텍스트 이해 지도에서 관심의 대상이 되는 것은 텍스트의 활용 방법의 변화를 요구한다. 그동안에 이루어진 텍스트 이해 지도는 읽기 과정에 필요한 전략을 지도하는 것이었다. 그래서 전략의 지도는 단일 텍스트로 가능했다. 그러나 텍스트 이해의 상호텍스트성을 강조하는 측면에서는 다양한 자료를 강조할 수밖에 없다. 때문에 학습 활동에서 다양한 자료의 활용이 중요하게 되었다.

다중 텍스트를 활용한 접근에서는 언어적인 텍스트뿐만 아니라 비언어적인 영상, 음성, 인터넷 자료를 함께 이용한다. 텍스트의 내용적인 면에서 보면 많은 자료들이 서로 관련된다. 요즘의 학급 기자재들도 이들 자료들을 활용할 수 있는 충분한 여건이 마련되어 있다. 또한 인터넷과 다양한 방송 채널과 비디오 자료 및 음성 자료들을 손쉽게 구할 수 있다. 그렇기 때문에 읽기 활동에 활용될 수 있는 자료의 폭이 넓어질 수 있다. 이들 자료들은 누구나 쉽게 접근할 수 있으며, 즉시 활용할 수 있는 것이 많다. 때문에 학습 활동에서는 이들 자료를 사전에 큰 준비 없이 즉각적으로 활용할 수 있다. 그렇기 때문에 학습 활동이 역동적으로 이루어질 수 있을 뿐만 아니라, 학습 활동에의 참여 의욕과 좋은 학습의 결과를 기대할 수 있다.

둘째는 읽기 방식에 대한 인식의 변화이다. 기존의 읽기 방식이 텍스트의 내용을 무의식적으로 배경지식과 연결하는 것에 초점이 놓여 이루어진 것이었다면, 상호텍스트성을 강화하는 읽기는 텍스트 간의 연결과 텍스트와 독자의 생각을 의도적으로 연결하는 것을 강조한다. 이것은 읽기 방식이 텍스트와 텍스트 연결하기와 텍스트와 독자 연결하기, 독자의 마음속에서 텍스트의 의미와 독자의 생각 연결하기로 확대된다. 이러한 읽기의 방식은 텍스트의 내용에 대한 인식의 확장뿐만 아니라 독자와 텍스트의 상호작용을 돕고, 독자의 내적인 변화를 적극적으로 추구하게 된다. 그렇기 때문에 기존의 단일 텍스트 중심의 접근이 내용을 기억하고 회상하거나 추론하고 비판하던 관점에서 더 나아가 다중 텍스트를 바탕으로 텍스트를 확장적으로 인식하고, 깊이 있는 이해를 강조한다.

셋째는 텍스트 이해 지도 방법의 변화이다. 다중 텍스트를 활용하여 상호텍스트성을 강조하는 읽기는 텍스트 이해 방법과 지도 방법의 변화를 요구한다. 단일 텍스트의 접근 방식은 사실적으로 내용을 파악하고, 추론적으로 텍스트의 빈공간을 메우고, 의미를 찾아 비판적으로 텍스트의 내용을 검토하는 것으로 이루어진다. 반면 다중 텍스트를 활용한 접근은 텍스트 간에 관계를 파악하고, 텍스트 간의 연결을 통하여 텍스트의 내용을 확장적으로 파악하며, 텍스트의 의미를 독자의 기존 생각과 연결하여 재구성함으로써 독자의 마음 변화를 강조한다.

이러한 이해 방법의 접근은 텍스트를 객관적인 대상으로 놓고 그것에 대한 분석과 평가나 비판을 통하여 가치를 평가하는 것과는 다르다. 이것은 텍스트가 지니고 있는 생각을 존중하고 독자와 함께 호흡하고 생각하는 유기적인 대상으로 접근하는 방법이다. 이는 텍스트를 통해 드러나는 의미를 상호주관성을 바탕으로 존중하여 독자의 생각과 진정한 대화를 할 수 있는 대상으로 보는 관점이다. 그렇기 때문에 텍스트 이해의 방법이 무미건조하게 분석하고 비판하는 방법과는 다르다.

넷째는 텍스트와 독자의 관계를 강조한다. 단일 텍스트가 텍스트 내에서의 의미 이해를 강조한다면 다중 텍스트는 텍스트 사이에서의 의미 찾기나 텍스트를 넘어서 독자와의 사이에서 이루어지는 의미 이해를 강조한다. 이러한 접근은 텍스트 이해가 텍스트 속에 머물러 있으면서 이루어지는 것이 아니라 텍스트 밖이나 위에서 또는 독자의 과거나 현재, 미래가 상호 작용하는 과정에서 텍스트 이해를 강조한다. 다중 텍스트를 활용한 접근은 다양한 내용과 관점과 생각을 끌어옴으로써 텍스트의 이해 방식이 적극적이고, 또한 다양한 방식으로 독자와의 관계를 넓힐 것을 강조한다.

3. 텍스트 이해 지도 결과 검토

단일 텍스트를 활용한 텍스트 이해 지도와 다중 텍스트를 활용한 텍스트 이해 지도에서 학습자들의 텍스트 이해 활동에 어떤 차이점이 있는지를 알아보기 위하여 수업 결과를 분석하여 보았다. 다중 텍스트 구성 방식은 모두 다섯 가지이나 이것을 모두 분석하는 데는 어려움이 있기 때문에, 보완 관계 텍스트 구성 방식과 대화 관계 텍스트 구성 방식을 적용하였다. 분석 방법은 학습자들의 학습 결과로 생각을 정리하여 글을 쓰게 하고 이를 분석하였다. 텍스트 이해 교수-학습의 운영 방식은 5부 1장 4절 [표1-2]의 절차에 따라 이루어졌다. 텍스트의 분석 내용은 인식하기와 해석하기, 이해하기가 어떤 차이가 있는지를 알아보았다.

학습자들이 쓴 글에 대한 분석 기준을 보면 다음과 같다. ①인식하기는 텍스트 내용을 인식하든가 자신의 생활 경험이나 다른 텍스트의 내용 관련시켜 텍스트를 중심으로 내용을 파악하는 것을 포함시켰다. ②

해석하기는 텍스트의 내용에 대하여 독자의 관점을 바탕으로 의미를 규정하려고 하는 것을 포함시켰다. ③이해하기는 텍스트의 의미와 독자의 생각을 바탕으로 텍스트의 의미를 규정하든가 독자의 생각을 정리하는 것을 포함시켰다. 분석한 글은 각 텍스트 구성 방식에 따라 10편씩 분석하였다[13].

- 연구 대상자:
  - 단일 텍스트를 활용한 교수－학습 활동
    - 원주 ○○ 초등학교 6학년 ○ 반
    - 활용한 텍스트: "세대 문화의 갈등"(6학년 2학기 『읽기』 단원 7.)
  - 다중 텍스트를 활용한 교수－학습 활동
  - 대화 관계 텍스트 구성
    - 영월 ○○ 초등학교 6학년 ○ 반
    - 다중 텍스트: "세대 문화의 갈등", "ID"[14], "하숙생[15]",

---

13) 각 10편 씩 분석한 이유는 첫째, 많은 학생의 글을 분석하지 않아도 그 특성을 점검할 수 있다고 판단했기 때문이다. 학생들이 학습 활동 결과로 쓴 글의 유형과 내용은 다중 텍스트 구성 방식에 따라 비슷했다. 둘째, 대화 관계 텍스트 구성 방식을 적용한 학급의 인원수가 10명이었다. 그래서 대화 관계 텍스트로 학습 활동을 한 학습자의 글은 모두 분석 대상으로 하였다. 그리고 단일 텍스트와 보완 관계 텍스트 구성 방식을 적용한 학급의 인원수는 37명과 39명이었다. 이들 중에서 무작위로 10편씩의 글을 선택하여 분석하였다.

14) 〈ID〉

"내가 족장을 치려고...... (흑흑) 무기를 샀는데...... 4만원 주고 형한테 샀는데...... 오늘 보니까 훔쳐가 버렸어요."

중견기업의 김모 과장(43)이 방문을 열어보니 초등학교 6학년 아들이 바닥을 뒹굴다시피 하면서 울고 있었다. 도대체 무슨 얘기인지 알 수가 없었다. 인터넷 게임에 관한 것이라는 정도만 이해가 됐다. 김 과장은 아들을 겨우 진정시킨 뒤 오전 2시까지 아들로부터 인터넷 게임에 대한 강의를 들었다. 아들이 요즘 빠진 게임프로는 '바람의 나라'라는 인터넷 네트워크 게임. 많은 병사를 죽여 레벨을 올려 나중에는 그 나라를 통치하는 리더가 되는 게 목표였다.

이 과정에서 게임자들이 다른 게임자가 가진 무기나 능력을 컴퓨터 밖에서 '돈'을 주고 사고판다는 충격적인 사실을 알게 됐다. 여기서 오가는 무기는 '진짜' 총이나 칼이 아니라 게임자의 ID다. 아들은 며칠 전 한 게임자가 갖고 있는 무기가 탐나 그 게임자를 학교 앞에서 만나 4만 원을 주고 샀는데 다음날 아침 자신의 ID가 해킹을 당해 그동안 쌓아놓은 레벨은 물론 4만 원의 거금을 주고 산 무기까지 물거품이 돼버린 것이다(중앙일보 2000. 5.24.).

기성세대가 신세대 문화로부터 느끼는 당혹감은 때로는 절망스러운 것일 수도 있다. 김 과장이 받은 진짜 충격은 아들이 쓸데없는 데 돈을 썼다는 것에 있지 않다. 아들은 지금 현실과 가상의 세계를 오가면서 살고 있고, 이 가상의 세계란 지금까지 자신이 경험해 보지 못했던 매우 낯선 곳이며, 그곳에 푹 빠져 버린 아들을 좀처럼 이해할 수 없는 데서 오는 문화충격에 어찌할 바를 모르고 있는 것이다. 단절감과 고립감, 다가오는 새로운 문화에 대한 두려움 등. 그것은 1653년 화란인 하멜이 대만에서 나가사키로 항해하던 중 풍랑을 만나 제주도에 표류하면서 조선 문화에 대해서 느꼈던 상황과 조금도 다르지 않다. 하멜은 13년간이나 조선에서 살았지만 박연처럼 같은 화란인으로서 이중문화에 적응하지 못하고 끝내 일본으로 몰래 탈출하고 말았다.

급속히 서구문화 중심으로 변화하는 세상과 인터넷을 중심으로 개편되는 사회 속에서 기성세대가 사이버를 주축으로 하는 신세대 문화로부터 느끼는 당혹감은 때로는 절망스러운 것일 수도 있다. 그리고 그 절망이 공격성으로 변하여 심한 갈등과 대결을 낳기도 한다. 그런데 이와 같이 기성세대가 겪는 문화에 대한 어려움은 신세대에게 있어서도 마찬가지란 점이다. 그들은 자신의 생각과는 너무도 다르고 옛날 관습으로부터 변하지 않는 기성세대의 고집스런 문화양태에 어찌할 바를 모르고 있는 것이다.

15) 〈하숙생〉

전화벨이 울렸다. 하숙집 주인 아주머니였다.

"학생, 지난달 하숙비에서 왜 난방비는 빼고 냈어?" 수현이는 대답했다.

"아니 그때 제가 지난달은 방학이니까 불 넣지 말라고 말씀드렸잖아요. 그리고 아주머니도 그렇게 하겠다고 말씀하셨잖아요."

"그래도 보일러가 돌아갔으니 돈을 내야지, 안 내면 어떻게 해."

"그런 게 어디 있어요? 아주머니, 서로 합의 본 사항을 왜 번복하세요? 그러시면 안 되죠."

"학생, 이렇게 따지기야? 나한테는 학생 같은 딸이 있어. 어떻든 난방비 빨리 내."

수현이는 혼자 생각했다. '아니, 우리나라 사람들은 머리를 머리 감을 때만 쓰나? 왜 이렇게 사리분별을 못할까?'(최준식, 〈한국인은 문화가 있는가〉 중에서)

기성세대의 문화 속에 녹아있는 유교의 세계관은 일상생활 가운데 권위주의적인 모습으로 곧잘 나타난다. 특히 장유유서(長幼有序)의 덕목이야말로 집이나 직장, 교회 등 우리사회 전반에 걸쳐서 기성세대의 삶을 지배하는 요소가 아닐 수 없다. '찬물에도 위아래가 있다'고 믿는 사고방식에서 어른에게 말대꾸하는 일은 결코 용납될 수 없다. 사실 유교는 서구의 시각으로 바라보자면 합리적(일정한 질서를 유지하는 기능이 있다는 점에서는 오히려 나름대로 합리적일 수 있지만)이지 않은 것이 많다. 오히려 유교는 명백한 사회의 불평등을 인정한다고 보아야 할 것이다. 공자는 신분이나 계급에 따른 각각의 역할을 강조하는 가운데서 그에 따른 불평등한 것들을 마땅히 수용해야 할 것으로 보았기 때문이다.

문제의 핵심은 그러면 하숙집 아주머니와 학생 중 누가 옳은가를 과연 따져서 한 쪽 편의 손을 들어줄 수 있는가 하는 점이다. 얼핏 보면 학생의 논리가 맞아 보일지 모르지만 그것은 '수치의 논리'일 뿐 '관계의 논리'는 아닌 것이다. 하숙집 아주머니를 지배하는 '관계의 논리'에서 보자면 돈을 조금 더 받고 덜 받고는 그렇게 중요하지 않다. 문제는 학생이 자신의 존재에 마땅한 예우를 갖추고 있는가 하는 점이 중요할 뿐이다. 이것은 세대간에 나타난 갈등은 문화의 문제로 풀어야지 경제문제로 풀 경우 싸움만 일어날 뿐이란 예측을 가능케 한다. 말 한마디로 천 냥 빚을 갚는다'는 속담은 기성세대에게는 그들의 문화를 존중받는 일이 경제가치보다 우선할 수 있음을 나타내는 것이라 할 수 있다. ('강진구의 칼럼'에서)

16) 〈나는 신세대를 걱정하지 않는다.〉

강연을 하기 위해 비행기를 타고 이곳저곳을 여행하다 보면 가끔 꽤나 수다스런 승객이 옆자리에 앉게 되는 경우가 있다. 장거리 여행에서는 다들 그런 만남을 귀찮게 여기겠지만 나는 조금 다르다. 나에게는 그것이 꼭 싫은 경험만은 아니다. 왜냐하면 나는 사람을 관찰하는 습관적인 병을 가지고 있기 때문이다. 날마다 내가 만나는 많은 사람들을 관찰하고 그들이 하는 얘기에 귀를 기울이는 것이 나로서는 즐겁기도 하고 의미 있는 일이기도 하다. 그것을 통해 나는 예기치 않았던 여러 가지 사실들을 알고 교훈을 얻기도 한다. 나는 그동안 많은 사람들로부터 슬픈 이야기, 기쁜 이야기, 두려움과 환희로 채워진 이야기들을 들었다. 누가 뭐래도 그 이야기들은 유명한 텔레비전 토크쇼에 등장하는 화제들에 조금도 뒤지지 않는 것들이었다.

그러나 역시 그다지 즐겁지 않은 만남이 있다. 세상에 대한 자신의 불만을 터뜨리거나 정치적인 견해를 주장하는 사람과 장시간 옆자리에 앉아 여행하는 경우가 그것이다. 그렇게 되면 600마일을 비행하는 동안 꼼짝없이 붙어 앉아 그의 성실한 청중이 돼 줘야만 한다. 그 날도 그런 날 중의 하나였다. 옆자리에 앉은 50대 백인 남자는 비행기가 이륙하자마자 상투적인 주제를 갖고 세상의 불행한 사태에 대해 긴 논설을 펴 나가기 시작했다. 나는 아예 포기하고 잠자코 그의 주장을 들어 줄 수밖에 없었다.

"요즘 세상의 젊은 것들이란……."

그는 십대를 포함한 모든 젊은이들의 비뚤어진 행동 방식에 대해 사정없이 비난을 퍼붓기 시작했다. 그것도 막연한 증거를 가지고 모든 청소년의 잘못되고 타락한 행태를 집중 공격했다. 그의 주장은 다분히 텔레비전 아홉 시 뉴스에서 본 편파적인 내용들에 바탕을 둔 것이라 말할 수 있었다.

마침내 비행기가 인디아나폴리스 공항에 도착하자 나는 곧장 호텔로 향했다. 나는 지역 신문을 하나 사들고 저녁을 먹기 위해 호텔 식당에 들어갔다. 주문한 음식이 나오길 기다리면서 무심코 신문을 펼쳐 들었을 때였다. 신문 안쪽 페이지에 사진과 함께 작은 토막기사 하나가 눈에 띄었다. 내용을 읽어보니 내가 판단하기에 그것은 토막기사 정도가 아니라 당연히 일면 톱뉴스로 실렸어야 마땅할 매우 중요한 기사였다.

인디아나 주의 작은 마을에서 일어난 일이다. 15세의 소년이 뇌종양으로 고통을 받고 있었다. 소년은 계속해서 방사능 치료와 화학요법을 받았다. 그 결과 소년은 머리카락이 모두 빠지고 말았다. 당신은 어떨지 모르겠지만, 내가 그 나이에 그렇게 됐다면 나는 남의 시선 때문에 창피해서 학교를 제대로 다니지 못했을 것이다.

· 보완 관계 텍스트 구성

– 원주 ㅇㅇ 초등학교 6학년 ㅇ 반

– 다중 텍스트 : "아버지[17]", "아버지의 숨은 사랑[18]",

이때 소년의 같은 반 친구들이 자발적으로 그를 돕기 위해 나섰다. 모든 학생들은 자기들도 삭발을 하게 해달라고 자신들의 부모에게 부탁했다. 뇌종양을 앓고 있는 브라이언만이 학교 전체에서 유일하게 머리카락이 없는 학생이 되지 않도록 하기 위해서였다. 신문의 그 난에는 가족들이 자랑스럽게 지켜보고 있는 가운데 아들의 머리를 삭발하고 있는 어머니의 사진이 실려 있었다. 그리고 그 뒷배경에는 똑같은 모습으로 삭발을 한 수많은 학생들이 서 있었다.

아니다. 누가 뭐라고 하든 나는 결코 오늘날의 신세대에 대해 절망하지 않는다.

교육학 박사 하녹 매카시 ('마음을 열어주는 101가지 이야기'에서)

17) 〈아버지〉

'아마 2천 원이 들어 있으리라. 내일은 통장에서 그 마지막 잔액을 찾아 수면제를 사야지......'

일자리를 구하려고 애쓴 지도 넉 달째, 고향의 부모님은 실직과 더불어 은행 빚을 막느라고 허덕이고 있었다. 어찌어찌 살던 나도 일주일 전 지갑에 딱 3천 원이 남았음을 알았다. 내 생에 가장 밑바닥에 온 것이 아닌가 절망했다. 청구서와 집세 모두 더해 당장 십오만 원이 필요했지만 더 이상 손 벌릴 데가 없었다. 그만 살기를 포기하고 싶었다. 텅 빈 방에 누워 3천 원으로 수면제를 사기로 했다. '서른 알쯤 살 수 있을까? 그걸 다 먹고도 죽지 않으면 어떡할까? 이 정도 어려움에 이런 생각을 하다니, 나보다 어려운 사람에게 미안하다.' 이런 생각으로 울다 지쳐 잠이 들고 새 아침을 맞았지만 달라진 건 없었다. 되는 일도 없고, 뭘 하고 싶다는 꿈도 희망도 없는 지독하게 가난한 내 삶. 그냥 쉬고 싶었다. 일주일 내내 나는 그렇게 마음을 정리했다.

그동안 지갑 속의 3천 원은 계란 몇 알 사고 PC방에 가서 메일을 확인하는 데 썼다. 이제 정말로 통장에 남은 2천 원으로 수면제를 사자고 결심한 뒤, 몇몇 친구에게 잘 지낸다는 전화를 하고는 핸드폰을 아예 꺼버렸다. 나는 잔액을 확인하기 위해 은행 전화번호를 눌렀다. 그런데 갑자기 이상한 소리가 들려왔다. "조회하신 통장의 잔액은 십만 이 천 일 백 십 원...." 잘못 들은 게 아닌가 싶어 다시 전화를 했다. "입금하신 분은 000..." 아버지 이름이었다.

전화를 끊고 나는 지금까지 울고 있다. 아버지가 어떻게 돈을 마련해서 보내셨을까? 갑자기 내 삶이 부끄럽다. 오늘밤에 수면제 생각보다 다시 한번 내 남은 인생에 관해 생각해 보기로 했다. 얼마나 더 아프게 내동댕이쳐질지 모르지만.... 아! 아버지.

(잡지: '좋은 생각'에서)

18) 〈아버지의 숨은 사랑〉

아버지가 또 거나하게 취해 돌아오셨다. 아버지는 평소 점잖으시지만 술 드신 뒤엔 주사가 좀 있다. 그 주사를 어머니는 늘 받아 주셨는데, 그 날은 오후 늦게 외출하신 어머니가 아직 돌아오지 않은 상황이었다. 현관문을 열자 술 냄새가 훅 끼쳤다. 나는 썩 내키지 않은 표정으로 아버지를 맞았다. 그리고는 다시 읽던 책에 눈을 돌리자 아버지

"우리 아버지를 함께 불러보자"[19]

가 나직나직 말씀하셨다.

"네 엄마는 참 고운 사람이다."

어머니는 정말 선이 곱고 아름다운 분이셨다. 가끔 나는 왜 어머니를 닮지 않았을까, 원망할 정도로..... 이미 알고 있는 사실이지만 아버지에게서 그런 말을 들으니 기분이 묘했다. 내가 책에서 시선을 떼자 아버지는 다시 천천히 입을 여셨다.

"어제 이를 닦으려고 하다 깜짝 놀랐다. 칫솔이 새 것으로 바뀌어 있더구나. 지난 이십여 년 동안 네 엄마는 칫솔이 닳으면 항상 그렇게 바꿔 두었지."

그랬다. 어머니는 늘 그렇게 조용히 우리의 일상에 그 고운 모습을 하나하나 새겨 두고 계셨다.

"매번 바뀐 칫솔을 보고 이를 닦을 때마다 고맙다고 말해야지 하면서도 이를 닦고 목욕탕을 나오는 사이 깜박 잊어버리는......"

아버지는 목이 메이는지 말을 끝맺지 못했다. 아버지는 항상 마음속에 묻어 두었던 아내에 대한 깊은 감사를 술에 취해 내게 털어놓으신 것이다. 나는 책을 덮고 아버지 곁에 앉았다. 내가 생각했던 것보다 더 고운 내 어머니의 마음을 아버지에게서 더 듣고 싶기에....

나는 그런 어머니의 일상 같은 사랑에 감사하는 아버지를, 그리고 아버지께 그런 넘치는 사랑을 주시는 어머니를 사랑했다. (잡지: '좋은 생각'에서)

19) 〈우리 아버지를 함께 불러보자〉

술을 좋아한 아버지는 15년째 정신 병동에서 지내고 있다. 행상으로 3녀 1남 자식을 뒷바라지한 어머니에 비할 수 없지만 우리 형제들의 삶도 고달팠다. 맏딸인 나는 야간 고등학교를 다니며 번 월급 25만 원 가운데 20만 원을 저축하며 악착같이 살았다. 그러나 그 돈을 한푼도 써 보지 못하고 아버지 병원비로 고스란히 보내야 했다. 둘째 역시 중학교만 졸업하고, 셋째는 초등학교만 졸업하고 세상 속으로 나갔다.

얼마 전 아버지 환갑을 계기로 여섯 식구가 한 자리에 모였다. 내가 열일곱에 집을 떠나고 처음이었다. 한 식당을 예약하고 아버지가 오래 전 입던 바지를 찾아내고 양말과 셔츠를 사서 병원에서 아버지를 모셔왔다. 17년만에 이루어진 가족 외식이었건만 나오는 건 한숨이었다. 그럭저럭 시간은 흘러 아버지는 사탕봉지와 사이다 한 박스를 들고 웃으며 병원으로 돌아가셨다.

무거운 마음으로 네 남매는 둘러앉았다. 어렵지만 조금씩 모아 이젠 아버지를 병원이 아닌 유료 요양원에라도 모시고자 내가 말문을 열었다. 그런데 동생들은 어린 시절 겪은 아버지의 횡포 속에서 굳어진 마음이 여전히 그대로였다. 아버지가 아직도 밉고 싫다고 했다. 아, 가슴이 답답했다. 동생들의 얼굴을 바라보며 속으로만 말할 뿐이었다.

'동생들아..... 곧 아버지가 그리워질 거야. 그때 아버지가 안 계시면 어떡하니. 널 위해서야. 아버지를 위한 게 아니야. 후회하지 않으려면 지금 해야 해. 나도 너희 마음과 같았지만 결혼하고 애 낳고 살아보니 그게 아니더라.' (잡지: '좋은 생각'에서)

▪ 활동의 결과 분석

텍스트 구성별 텍스트 이해 활동 분석은 각 텍스트의 구성 방식에 따른 학습 요소를 중심으로 이루어졌다. 결과 분석은 인식하기 단계, 해석하기 단계, 이해하기 단계의 각 학습 요소가 글에 얼마나 드러났는가를 살펴, 각 텍스트 구성 방식에 따라 텍스트 이해 과정의 특성이 어떻게 다른지를 분석하고 정리한다. 결과 분석 방법은 학습자가 쓴 글을 읽어 가면서 텍스트 속에 텍스트 이해 활동 요소를 적용한 결과로 나타난 내용이 있는지를 살핀다.

먼저 학생들의 글을 분석하여 학습 요소가 적용되어 나타난 글의 빈도를 조사하고, 그 다음 각 텍스트 구성 방식에 다른 이해 과정의 특성을 정리한다.

1) 텍스트 구성 방식에 따른 텍스트 이해 양상 분석

각 텍스트의 구성 방식에 따라 텍스트 이해 과정별로 어떤 차이가 있는지를 분석하여 보았다. 먼저 각 텍스트 구성 방식에 따른 학습 요소에 대한 빈도를 정리하면 다음 [표3-1]과 같다.

[표3-1]에서 보면, 텍스트의 내용을 인식하는 데 있어 단일 텍스트는 독자의 경험 내용과 텍스트의 내용을 관계짓고 통합하는 학생이 각 6명씩 나타났으며, 텍스트의 관점에 대해서는 모두가 알고 있는 것으로 나타났다. 대화 관계 텍스트 구성에서는 다중 텍스트 간의 관계짓기와 통합하기가 각 7명씩 나타났고, 텍스트의 관점에 대해서는 모든 학생이 알고 있는 것으로 나타났다. 보완 관계 텍스트 구성에서는 모든 학생이 텍스트 간의 관계짓기와 통합하기를 하고 텍스트의 관점을 아는 것으로 나타났다.

[표3－1] 텍스트 구성 방식에 따른 텍스트 이해 과정 양상

N=10

이해 절차	학습 요소	텍스트 구성			비고
		단일텍스트	대화 관계	보완관계	
인식하기	관계짓기	6	7	10	단일 텍스트는 독자의 경험과 관계짓기와 통합하기
	통합하기(보)	6	7	10	
	관점알기(대)	10	10	10	
해석하기	추론하기	1	7	10	
	선별하기	8	7	10	단일 텍스트는 텍스트의 관점 선택하기
	병치하기		7	10	
	연합하기	7	8	10	단일 텍스트는 텍스트의 관점에 동의
	구체화하기(보)	2		9	
	일치점찾기(대)		6	9	
이해하기	평가하기	1	4	2	
	재구성하기	3	8	9	
	성찰하기		4	6	
	적용하기	7	6	9	
	심화하기(보)	3		9	
	확장하기(대)		6	9	
	수용하기	10	3		텍스트의 관점(의미)을 그대로 따름

※ (보):보완 관계 텍스트 구성 활동 요소, (대):대화 관계 텍스트 구성 활동 요소

인식하기 활동의 결과로 볼 때, 단일 텍스트는 주로 텍스트와 자신의 경험을 연결하여 텍스트를 인식한다는 것을 알 수 있다. 이것은 텍스트의 인식이 독자의 경험 범위 속에서 이루어진다는 것을 나타내기는 하나 몇 명의 학생은 텍스트의 내용을 확장하지 못함을 알 수 있다. 대화 관계와 보완 관계 텍스트 구성에서는 텍스트 간의 연결 관계를 지을 수 있는 학생이 7명과 10명으로 나타났는데 이는 텍스트 간의 관계 파

악이 보완 관계로 구성하였을 때 효과적으로 나타남을 알 수 있다. 이것은 학습자들이 텍스트의 관계를 분명히 알 수 있을 때 연결을 더 잘할 수 있음을 나타낸다.

텍스트의 내용에서 의미를 찾아내는 해석하기에서 보면, 단일 텍스트의 경우에는 추론하기 1명, 텍스트 관점(의미)선택하기 8명, 텍스트의 관점에 동의하기 7명, 의미를 구체화하는 것이 2명으로 나타났다. 대화 관계에서는 다중 텍스트에서 의미를 추론하고, 의미를 선택하고, 의미를 병치하는 학생이 각 7명으로 나타났으며, 텍스트의 의미를 자신의 생각과 연합하는 학생이 8명, 텍스트 간에 의미의 일치점을 찾은 학생이 6명이었다. 보완 관계에서는 대부분의 학생이 활동 요소로 제시된 것을 할 수 있는 것으로 나타났다.

단일 텍스트를 활용한 해석하기에서는 텍스트의 의미를 추론하여 찾기보다는 텍스트에 제시된 생각이나 관점을 선택하여 그것에 동조한다는 것을 알 수 있다. 대화 관계 텍스트 구성에서는 독자가 다중 텍스트와의 상호작용을 통하여 의미를 찾아내어 병치하고, 일치점을 찾아 정리할 수 있다는 것을 알 수 있다. 또한 보완 관계보다는 빈도수가 적지만 단일 텍스트에서는 일어나지 않는 텍스트와 텍스트, 독자와 텍스트의 상호 작용이 활발하게 일어남을 알 수 있다. 보완 관계 텍스트 구성에서는 모든 활동 요소들에 대하여 많은 학생들이 반응함을 알 수 있다. 이러한 면에서 볼 때, 다중 텍스트를 활용할 경우 텍스트와 텍스트, 독자와 텍스트의 상호작용을 통하여 다양한 의미를 찾아낼 수 있음을 알 수 있다. 텍스트의 의미와 자신의 생각을 융합하고 점검하는 이해하기에서 보면, 단일 텍스트로 접근한 활동에서는 평가하기가 1명, 재구성하기가 3명, 적용하기가 7명, 심화하기가 3명으로 나타났다. 단일 텍스트의 이해하기에서 대부분의 학생들은 텍스트의 관점을 그대로 수용하는 것으로 나타났다. 대화 관계 텍스트 구성에서는 평가하기 4명, 재구성하기 8명, 성찰하기 4명, 적용하기 6명, 확장하기 6명, 수용하기가 3명으로 나타났다. 보완 관계 텍스트 구성에서는 평가하기 2명, 재구성하기 9명,

성찰하기 6명, 적용하기, 심화하기, 확장하기는 대부분의 학생들이 하는 것으로 나타났다.

이해하기 활동에 있어 단일 텍스트를 활용할 경우에는 독자들이 텍스트에 제시되었거나 찾은 하나의 의미에 대하여 공감하고 동조함을 알 수 있다. 대화 관계 텍스트 구성에서는 텍스트 의미에 대하여 자신의 생각을 바탕으로 의미를 새롭게 구성하고 성찰하며 적용하여 넓히는 것이 일어나기는 하지만 그 빈도가 보완 텍스트에 비하여 낮은 것으로 나타난다. 이것은 텍스트의 내용을 인지적으로 처리하는 데 어려움이 있고, 각기 다른 생각(의미)들을 학습자의 관점에서 재구성하는 것이 어렵다는 것을 나타낸다. 보완 관계 텍스트 구성에서는 평가하기 외의 활동 요소에 대하여 많은 학생들이 높은 빈도를 보이고 있는데 이는 텍스트의 내용이 하나의 주제로 집중되는 면이 있기 때문에 텍스트의 의미를 쉽게 재구성하고 심화 확장할 수 있는 것으로 볼 수 있다. 평가하기가 낮은 빈도로 나온 것은 보완 관계 텍스트의 의미들이 하나의 의미로 통합되고 있어 비교점이 없기 때문이라고 할 수 있다.

이들을 종합하여 볼 때, 단일 텍스트로 접근할 경우 학습자들의 텍스트 이해는 내용 파악이 중심 활동이 되고, 의미에 대한 접근은 텍스트의 관점(의미)을 따라가는 것으로 볼 수 있다. 이것은 텍스트 이해에서 텍스트의 의미를 바탕으로 자신의 생각을 재구성하거나 확장하는 것이 잘 일어나지 않음을 의미한다. 다중 텍스트를 활용하여 텍스트 이해에 접근할 경우에는 내용 파악이 확장적으로 일어날 뿐만 아니라 텍스트의 의미 찾기와 찾은 의미를 바탕으로 독자가 자신의 생각을 재구성하는 활동이 활발하게 일어난다는 것을 알 수 있다. 이를 통하여 볼 때, 텍스트 이해 지도에서 다중 텍스트의 활용은 이해의 확장과 심화를 가져오고 의미를 중심으로 독자의 생각을 재구성하여 텍스트의 내용이 독자의 마음에 효과적으로 작용할 수 있음을 알 수 있다.

2) 텍스트 구성 방식에 따른 텍스트 이해 과정 특징 분석

각 텍스트의 구성 방식에 따라 학습한 학생들이 쓴 글을 분석하여 읽기의 각 과정에서 어떻게 의미를 구성하게 되는지 분석하여 본다. 분석 방법은 학생들이 쓴 글의 내용을 인식 · 해석 · 이해하기의 결과가 어떤 특성을 드러내는지를 구체적인 예를 들어 정리하여 본다.

(1) 단일 텍스트를 활용한 활동 결과 분석

각 글들을 하나씩 분석하기보다는 전체적인 측면에서 어떤 특성이 있는지 분석하여 보았다. 단일 텍스트를 중심으로 학습을 진행하였을 때 학습자들이 학습한 결과의 특징을 정리한다.

① 인식하기

ⓐ 텍스트 내용을 선별하여 인식한다.

단일 텍스트를 바탕으로 텍스트 이해 지도를 하고 나서, 학습자들이 쓴 글을 분석하였다. 학습자들은 텍스트의 내용 중에 학습자들이 중요하다고 생각되는 부분의 내용을 선별하여 인식하는 것을 알 수 있다. 즉 텍스트의 몇몇 주요 내용을 선별하여 텍스트의 내용을 표상한다.

예:

· 이렇게 (세대 문화의 갈등이) 심하게 나타나고 있는 이유는 언어사용과 옷차림, 대화의 단절, 이기주의, 대중매체의 영향 때문이다. 특히 그 중에 대표적인 큰 원인은 대화의 단절과 대중 매체의 영향이라고 생각한다.

· 세대 문화의 갈등이라고 하면, 언어, 옷차림, 행동, TV프로그램 등에 대한 문제가 있을 것이다. 특히 내가 생각하는 것 중에는 우리들과 어른들의 사고방식이 많이 다른 것부터 문제가 되는 것 같다.

ⓑ 텍스트 내용과 관련하여 일상적인 내용을 끌어온다.

학습자들은 자신의 직접 경험 내용을 끌어들여 내용을 정리하기보다는 텍스트 내용에 대한 일상적인 생각('우리'로 대표 됨)과 의견들을 끌어와 내용을 인식하는 면이 있다. 즉 텍스트의 내용과 자신의 직접적인 경험과의 연결은 잘 일어나지 않는 것으로 보인다. 이러한 경향은 학습 주제에서 비롯된 측면도 있다고 할 수 있으나, 교과서라는 텍스트에 대한 권위적인 인식에서 생각이 자유롭지 못하기 때문에 그렇다고 볼 수도 있다.

예:

· 내가 친구들하고 놀러간다고 하면, 우리를 어린애로만 생각하는 어른들은 걱정으로 보내 주시긴 해도 물가에 내놓은 어린이 같이 생각하시고, 또 친구들과 도서관에 간다고 하면 "놀기만 하고 공부는 안 하려고?" 등 우리와는 다르게 생각하셔서 이럴 때 생각의 차이를 느낀다.
· 예를 들어 PC방이 긍정적이라고 생각하는 우리와 PC방이 부정적이라고 생각하는 어른들, 둘 중에 하나가 옳다는 것은 아니다.

② **해석하기**[20)]

ⓐ 텍스트의 특정한 생각에 동조한다.

해석하기는 텍스트의 내용을 바탕으로 텍스트의 의미를 찾는 것이라 할 수 있는데, 단일 텍스트의 경우에는 텍스트가 제시하고 있는 생각에 독자가 따라가는 면이 있다. 이것은 텍스트가 드러내는 의미에 대하여 비교할 수 있는 대상이나 생각을 넓히는 자료가 없기 때문에 일어나는 것이라 할 수 있다.

예:

· 어른들은 아이들의 사고방식에 관심을 가지고 따뜻하게 대해 주고 아이들은 어른들을 존중하며 어른들의 일에 대해 관심을 가져야 한다.

---

20) 단일 텍스트에서의 해석하기와 이해하기는 잘 구별되지 않는 면이 있다. 그것은 주어진 텍스트에서 제시된 의미를 받아들이려고 하기 때문이다. 즉 독자의 주관적인 의미 찾기나 찾은 의미와 독자의 기존 생각과의 연결이 적극적으로 일어나지 않기 때문이다. 이것은 독자의 텍스트 이해가 단일 텍스트에 의존하기 때문이라 할 수 있다.

· 우리는 그 벽을 허물고 어른과 어린이들의 공통점과 장점만 보아서 함께 이루는 사회를 만들어야 할 것이다.

ⓑ 자신의 생각을 제시한다.

텍스트에서 제시하는 의미 외에 학습자가 텍스트의 내용을 바탕으로 자신의 입장을 밝히는 것이 있다. 이것은 해석하기에서 중요한 의의를 갖는다. 단일 텍스트를 읽고 학습자들이 제시하는 생각은 일정한 특징을 갖는다. 그것은 텍스트의 내용에 대하여 독자 자신의 일방적이고 주관적인 의미 부여를 하는 경우가 많다는 것이다. 이것은 함께 생각을 넓힐 수 있는 자료가 없기 때문에 독자 중심의 의미 찾기가 이루어지는 것으로 볼 수 있다.

예:

· 세대 문화는 물론 일어날 수 있는 것 같다. 아무리 사람들이 세대 문화의 갈등이 안 일어나도록 노력을 해도 생각의 차이가 나기 때문에 노력을 하더라도 일어날 것이다. 또한 어른들은 고정 관점을 가지고 있기 때문에 무조건 안 좋은 것은 못하게 하고, 좋은 것만을 꼭 해야 한다고 생각한다. 나는 이런 것을 고쳤으면 좋겠다.
· (어른들은) 우리의 문제를 너무 심각하게 받아들인다. 그냥 각자의 개성이라고 생각한다. 그런 걸 나쁘게 보기보단 이해해야 한다고 생각한다.

③ 이해하기

ⓐ 텍스트에서 한 가지 관점을 선택하여 그것을 따른다.

단일 텍스트를 활용한 활동에서 텍스트 의미에 대한 이해는 주로 텍스트에서 제시하는 의견을 수용한다. 새로운 의견을 제시하거나 넓혀진 관점을 가지기보다는 텍스트에서 제시하고 있는 의미를 자신의 생각으로 받아들인다. 그래서 텍스트의 내용과 독자의 의견이 일치하는 것을 이해라고 생각하는 면이 있다.

예:

· 그러므로 같이 함께 생활하여 대화를 늘리고 이기적인 생각을 버려 이해해 나가야만 한다 그렇게 한다면 세대 문화의 갈등이 없어질 것이다.
· 글쓴이가 이런 갈등 해결 방법에서 대화로 풀어 나가야 한다고 했듯이 어른과 어른이 대화를 하면 서로의 생각이 무엇인지 알 수가 있고, 서로 생각을 하며 이해할 수가 있을 것이다.

ⓑ 텍스트의 관점에 자신의 생각을 덧붙인다.

단일 텍스트의 의미를 이해하는 과정에서 텍스트에서 제시하는 의미에 자신의 생각을 덧붙여 확장하기도 한다. 그러나 텍스트가 제시하는 의미에서 크게 벗어나는 것은 아니라고 할 수 있다. 이것은 텍스트의 의미 이해가 텍스트가 열어 주는 생각의 범주 속에서만 일어난다는 것을 의미하는 것이기도 하다.

예:

· 그래서 세대 문화의 갈등을 해결하려면 어른들은 우리의 문화를 어느 정도 받아들이고 우리가 좋아하는 가수들을 같이 좋아해 주고, 우리는 어른들과 함께 있는 시간을 늘리고, 친구네 집에 놀러 가는 것을 좀 자제하고, 부모님과의 시간을 가져야 될 것이다. 그렇게 되면 자연스럽게 세대 문화의 갈등이 조금씩 사라질 수 있을 거라고 생각한다.
· ……대화를 많이 해서 서로의 생각을 알아보았으면 좋겠고, 엄마 아빠께서는 우릴 나무라실 것만 아니고 자기 자신을 생각해 보고, 우리 또한 어른들이 왜 그러시는지 생각해 본다면 세대 문화의 갈등은 조금이나마 줄일 수 있을 것이다.

ⓒ 자신의 주관적인 생각을 드러낸다.

단일 텍스트 중심의 학습 활동에서 보면, 학습자들은 자신들의 생각을 제시하기도 한다. 그러나 그 의미는 독자의 주관적인 관점에서 이루어지는 것이 많다. 또한 독자는 텍스트가 드러내는 의미에 대하여 자신의 관점을 제시하지만 그것은 일반적인 의미를 수용하여 제시하는 면이 있다.

예:

· 내가 멋을 부리고 유행을 따르는 것은 어른들이 어렸을 때에도 다 겪었던 일들이었다. 하지만 어른이 된 지금은 자신이 어렸을 때를 생각하지 않고 무조건 어른의 입장만 생각한다. 어른들은 우리를 이해하려고 조금이나마 노력하고 애썼으면 좋겠다.
· 마지막으로 세대 간의 갈등을 해결하는 방법에 대하여 나의 생각은 우리들도 어른들의 말씀을 잘 따르고, 그런다면 어른들께서도 우리의 생각을 이해해 주실 것 같다.

(2) 대화 관계 텍스트를 활용한 활동 결과 분석

다중 텍스트를 대화 관계로 구성하였을 때 학습자들은 텍스트 내용의 인식을 각 텍스트별로 한다. 그러나 각 텍스트가 내용 면에서의 상관 관계가 있다는 전제를 가지고 접근한다. 그렇기 때문에 텍스트의 내용을 전체 관계 속에서 각각의 역할을 인식한다. 그 결과의 특징을 간단히 요약하면 다음과 같은 것이 된다.

① 인식하기

ⓐ 텍스트 내용을 요약하여 표상한다.

대화 관계로 텍스트를 구성하였을 경우, 독자는 각 텍스트의 내용을 요약하여 인식한다. 각각의 텍스트의 내용을 통합하거나 특정 내용을 중심으로 결합시키는 것이 아니라 각각의 텍스트의 내용을 요약의 형태로 표상한다.

예: 아래 ⓑ의 예 참조

ⓑ 텍스트의 내용을 나열한다.

각각의 텍스트가 요약의 형태로 하나의 텍스트에 각기 제시된다. 학습자들은 다중 텍스트가 어떤 관계 속에 있다는 인식은 하지만 각 텍스트의 내용을 따로 표상하는 것으로 보인다. 이것은 텍스트의 관점과 내용에 대한 관계성을 인식하나 각각의 내용을 구분하여 인식한다는 것을 나타낸다.

예:

· 난 네 편의 이야기를 듣고 나서 많은 생각을 가지게 되었다. '세대 문화의 갈등', 'ID', '하숙비', '나는 신세대를 걱정하지 않는다' 네 가지 이야기를 듣고 나는 많은 생각을 하게 되었다. 어른들을 이해할 수 있었고, 한편으로는 어른의 생각이 이해가 가지 않았다.

나는 세대 문화의 갈등인 신세대들의 옷차림, 언어 등, 많은 것에 대해 이해가 가지 않는다. 어른들은 충분히 그럴 수 있다고 생각한다. 난 언어 중에 '웬 내숭', 이런 말은 심하지 않는데 이런 말을 심하다 하니 이해가 가지 않았다. 이 글에서 이야기하는 것은 세대 문화의 갈등을 가족들과 대화와 신세대, 구세대들의 장점을 서로 이해하면서 세대 문화의 갈등을 덜기 위해서인 것 같다.

'ID'란 이야기는 아들이 인터넷 게임에 필요한 ID를 사만 원을 주고 샀다는 것에 이해가 가지 않는 것이었다. 난 이야기를 읽고 나도 그 아버지의 마음을 이해할 수 있게 되었다. 나 같으면 당장 혼내고 컴퓨터를 없앴을 텐데. 나는 정말 그 아들의 생각이 이해가 가지 않는다.

'하숙비'라는 이야기는 한 학생이 방학 동안 난방을 하지 말라고 했는데, 그것을 까먹어서 난방을 한 주인 아주머니께서는 돈을 못 주겠다고 한 학생의 말을 듣고 화가 나셔서 난방비를 달라는 것이었다. 난 이렇게 생각한다. 학생이 정중히 난방비를 주면 그 아주머니는 돈을 받지 않고 돌려주었을 텐데. 아주머니의 마음을 알 수가 있었지만 아주머니께서도 잘못하신 것 같다. 학생의 말대꾸 때문에 이런 갈등이 생기다니

'나는 신세대를 걱정하지 않는다'라는 이야기는 한 학생이 뇌종양에 걸려 머리카락이 없는 것이었다. 그래서 친구들은 병에 걸린 친구의 마음을 알고 다같이 삭발을 했다는 것이었다. 난 이 이야기를 읽고 놀랐다. 이 글을 쓴 지은이와 생각이 같다라고 생각이 든다. 신세대들은 그런 생각으로 행동한 것은 부모님들이 걱정할 수 있겠지만 한편으로는 자식들이 대견스러웠을지 모른다.

② **해석하기**

ⓐ 텍스트의 의미를 추론한다.

대화 관계 텍스트에서는 각 텍스트의 의미가 무엇인지를 찾아보기 위하여 학습자들은 추론을 한다. 이러한 추론은 다중 텍스트의 내용에서 같은 의미를 나타낼 것이라는 관점에서 이루어지는 것이라 할 수 있다. 추론은 텍스트의 의미가 분명하지 않을 때 사용하는 것이기는 하나 텍스트의 의미가 주어져 있어도 독자의 관점에서 의미를 찾을 때 사용한다.

예:

· 하지만 부모는 옛날에 컴퓨터조차도 없었기 때문에 심한 충격을 받았을 것이다. 나이와 개인차가 많은 상태에서 인터넷을 중심으로 하는 사회에는 갈등은 생기기 마련이다.

ⓑ 각 텍스트의 의미를 찾는다.

독자들은 텍스트의 의미를 개별적으로 찾아 정리하려는 특성을 갖는다. 모든 텍스트에 의미가 따로 존재한다고 보고 각각의 의미를 찾으려는 것이다. 이것은 각 텍스트가 같은 화제를 다루고 있지만 각자의 입장이 다르기 때문이라고 할 수 있다.

예:

· 하숙비라는 글에서 하숙생이 난방비를 빼 달라고 했는데 하숙집 아줌마는 빼 주지 않는 것도 문제가 있지만 하숙생이 아줌마에게 따지려고 드는 것은 어른을 공경할 수 없는 사람이 될 수 있는 것 같다.

· '나는 신세대를 걱정하지 않는다'에서는 앞에서 볼 수 없었던 신세대의 다른 모습이 나왔다. 바로 신세대에게도 따뜻한 마음이 있다는 것을 알려 주었기 때문이다. 그러나 모두가 그런 건 아니니까 서로가 서로를 본받아야겠다.

ⓒ 각 텍스트의 의미를 병치한다.

이렇게 찾은 의미는 텍스트의 순서대로 텍스트의 의미가 병치되는 특성을 갖는다. 즉 독자는 텍스트의 의미를 텍스트별로 찾기 때문에, 각 텍스트가 드러내는 의미는 순서대로 여러 개가 병치되는 특성을 갖는다. 이것은 해석하기에서 각각의 텍스트가 드러내는 의미를 모두 인정하기 때문이기도 하고, 하나의 의미로 뭉치기 위한 준비 활동이기도 하다.

예: 인식하기 ⓑ의 예 참조

③ 이해하기

ⓐ 텍스트의 관점을 평가한다.

대화 관계에서 텍스트에 제시된 의미에 대하여 학습자가 평가하기도 한다. 즉 텍스트의 의미가 타당한 것인지 아니면, 자신의 관점에서 보았을 때 어떻게 보는 것이 더 타당한 것인지를 평가한다. 이러한 평가는 대화 관계에 놓인 각 텍스트의 관점을 바탕으로 평가가 이루어지는 것으로 볼 수 있다. 다시 말하면 평가를 한다는 것은 어떠한 관점을 가졌을 때 가능한 것인데 이러한 것은 다른 텍스트를 함께 읽음으로써 나름대로의 관점을 가진 것이라 할 수 있다.

예:

· 여기서의 주제는 신세대가 어떤 행동을 하든 걱정을 하지 않고 믿는다는 것을 말하는 것 같다. 내 생각에는 신세대들이 나쁜 길로 빠져들면, 그것을 바로 고쳐 주고 잘한 일이 있으면 칭찬도 해 주는 게 옳은 것 같다.

ⓑ 생각을 종합하여 재구성한다.

대화 관계 텍스트 구성의 이해 내용에서 보면, 그 구체적인 생각의 형태 모두 종합하여 재구성한다는 것이다. 이것은 단일 텍스트의 어떤 하나의 관점을 선택하는 것을 좋아하는 것이 아니라 텍스트가 드러내는 여러 가지 의미들을 종합하여 자신의 생각을 구성하는 것이 많음을 나타낸다.

예:

· 네 편의 글을 읽기 전에는 세대 간의 갈등이 심한지 몰랐고, 어른들이 이해해야 한다고 생각했는데 글을 읽고 세대 간의 갈등이 얼마나 심한지 알게 되었고, 무조건 어른이 이해해야 한다는 것은 잘못된 생각인 것을 알았다. 어른과 어린이들이 다 같이 이해해서 대화도 많이 하고 자신만 생각하는 것을 없애야 된다. 그래야 세대 간의 갈등이 없어질 수 있기 때문이다.
· 여태까지 길거리에 나다니는 신세대들은 내가 봐도 버릇이 없다고 생각되는데 마지막 이야기의 학생들을 보니 저런 신세대도 있구나 하는 생각이 들었다. 나는 이 학생들처럼 더 바르게 행동해야겠고, 웃어른을 잘 공경해야겠다.

ⓒ 여러 입장을 고려한다.

대화 관계 텍스트를 바탕으로 하는 이해는 단일한 관점으로 생각이 수렴되지 않고 여러 입장을 고려한다. 여러 가지 관점에서 제시되는 생각들을 반영하는 측면이 있다. 그렇게 해서 텍스트의 의미를 자신의 관점을 바탕으로 새롭게 구성하는 면이 있다.

예:

· 네 가지를 읽으면서 내 생각이 흔들리고 바뀌고 한다. 어떻게 생각하면 어른들은 이해가 안 갔는데... 점점 다시 생각해 보면 어른들을 이해할 수 있다. 나는 처음엔 유행에 나쁘게 생각하는 것이 이해가 가지 않았다. 그런데 점점 내 생각이 바뀌는 것이었다. 지금은 유행에 따라 가더라도 바른 마음가짐을 가지고 있어야 한다고 생각한다.
· 나는 신세대들이 다 따라 간다고 해서 그냥 따라갈 것이 아니라 신중히 생각해서 따라가야 하고, 가족 간에 대화가 이루어지려면 서로의 세대 문화를 이해해 줄 수 있어야 한다고 생각한다.

(3) 보완 관계 텍스트를 활용한 활동 결과 분석

보완 관계 텍스트 구성은 텍스트가 드러내는 의미에 대하여 구체화하거나 확장하는 내용의 텍스트를 제시하는 방식이다. 이 방식으로 구성된 텍스트를 읽고 학생들이 텍스트를 이해하는 활동 과정에 대하여 살펴보면 다음과 같다.

① 인식하기

ⓐ 텍스트 내용을 선별하여 결합한다.

보완 관계에 있는 텍스트의 내용에 대해서 학습자들은 텍스트의 주요 내용을 선별하여 표상한다. 다중 텍스트의 내용을 간략하게 요약하든가 내용 관계를 파악하여 결합한다. 각 텍스트의 내용에서 서로 관련성을 찾아 결합한다.

예:

- 읽기 자료 2의 "아버지의 숨은 사랑"이라는 글에서는 아버지께서 술에 취해 그동안 마음에 두었던 고운 어머니에 대해 말씀하셨다. 이 글의 아버지는 어머니에 대한 사랑을 간직하고 항상 고마운 마음을 가지고 계셨다.
- 아버지의 마음이란 모두 자기 자식이 사랑스럽고 잘 키우려고 노력하고 무언가를 해 주고 싶은 것 같다. 읽기 자료에서 나오는 아버지 1, 3은 형편이 아주 좋지 않다. 그러나 읽기 자료 2는 형편이 중간 정도인 것 같고, 아버지는 아이보다는 엄마에게 사랑을 베푼다.

ⓑ 자신의 경험을 적극적으로 끌어들인다.

다른 텍스트의 구성에서와는 달리 독자는 텍스트의 내용을 파악하는데 있어 자신의 직접적인 경험을 적극적으로 끌어들인다. 이것은 이 주제가 아버지를 다룬다는 점에서 생겨난 것일 수도 있으나 각 텍스트에서 제시되는 내용이 구체적인 사례를 중심으로 구성되어 있기 때문에 이루어진 결과라고 할 수 있다.

예:

· 우리 아버지는 평소에는 말이 별로 없는 편이시다. 술을 드실 때가 많지만 술 주사가 그렇게 많지는 않으시다. 늦게 들어오시면 엄마와 우리가 자고 있는데 깰까봐 발소리도 내지 않고 들어오셔서 옷을 갈아입고 주무신다.
· 아빠는 무슨 고민이 그렇게 많은지 가끔가다 술을 마시고 들어오신다. 그럴 때마다 아빠한테 만 원씩 달라고 해도 술 마시고 들어오실 때는 정말 속상하다. 하지만 매일 그러는 것은 아니니 크게 걱정은 안 했지만 이 글을 읽고, 좀 더 걱정해야 할 것 같다.

② 해석하기

ⓐ 개별 텍스트에 대한 의미를 찾는다.

텍스트가 드러내는 의미를 찾기 위해서 학습자들이 하는 일은 각 텍스트가 드러내는 개별 텍스트의 의미를 찾는다. 서로 관련이 있는 텍스트의 내용을 가지기는 하지만 각 텍스트가 드러내는 의미를 찾으려고 한다. 그러면서 각 텍스트에 대한 자신의 입장을 드러내려고 한다.

예:

· 은행 빚을 막으려고 노력하며, 돈까지 통장으로 보내는 그런 아버지. 오늘 나는 '아버지'라는 존재를 다시 느낄 수 있었다.
· 우리에게 아무 것도 주지 않는 아버지라도 우리는 '아버지'이기 때문에 우린 아버지를 진정으로 사랑해야 한다.

ⓑ 일반화를 시킨다.

텍스트가 드러내는 의미를 일반적인 것으로 보려는 경향이 있다. 즉 텍스트의 의미를 독자의 관점에서 그 의미가 일반적인 것으로 인정하려고 한다. 이것은 텍스트의 의미에 대하여 독자가 깊이 공감하는 면이 있음을 나타내는 것이기도 하다.

예:

· 나는 이 글들을 읽고 아버지의 존재를 깨달을 수 있었다. 세상의 모든 아버

지들은 모두 비슷한 것 같다.
· 우리에게 아무 것도 주지 않은 아버지더라도 우리의 '아버지'이기 때문에 우린 아버지를 진정으로 사랑해야 한다.

③ 이해하기

ⓐ 독자의 생각을 확장한다.

텍스트 의미에 대한 확장이 일어난다. 단순히 주제에 대한 막연한 생각을 가지고 있다가 보완관계 텍스트를 읽고, 이들이 드러내는 의미들에 대하여 생각하게 됨으로써 텍스트가 드러내는 의미나 자신의 생각에 대한 확장이 일어나는데 이것은 생각을 넓히는 것이면서 심화하는 것이라 할 수 있다. 다중 텍스트에서 다루는 주제가 아버지의 사랑에 대한 것이었는데 학습자들은 아버지의 사랑에 대한 넓은 이해를 하게 되는 것으로 볼 수 있다.

예:
· 이 세 글에서 아버지는 각각 다르지만 아버지는 모두 똑같고, 소중하고, 고마운 분이라는 것을 깊게 깨달았다.
· 아버지는 우리를 미워하는 척 혼도 많이 내시지만 우리가 잘 되라고 하는 것이다. 아버지들은 다 자식을 미워하지 않는 것을 알았다. 앞으로 나는 이때까지 사랑한 것만큼 아니 보다 더 부모님을 사랑해야겠다.

ⓑ 이해한 내용을 생활에 적용한다.

텍스트를 통하여 구성한 의미를 자신의 생활과 관련시켜 이해하는 경우가 많다. 텍스트의 의미로부터 생각을 확장하는 것으로 끝나는 것이 아니라 생활 속에서 자신이 구성한 의미가 의의를 가질 수 있도록 하는 경향이 있다. 이것은 생각을 확장하는 것이면서 자신의 생각이 의미 있게 생활 속에 반영되도록 하는 것이라 할 수 있다.

예:
· 술을 드시고 돌아오시는 아버지를 보면, 밉고 이야기 듣는 것도 지겹지만

나의 생각은 180도 바뀌었다. 이제부터는 아버지가 말씀하시는 것 다시 생각해 보고, 미워하지 않을 것이다. 다 우리가 잘 되라고 하는 것이기 때문이다. 우리 아버지는 꿈과 희망을 주시고 그리고 우리를 도와주시는 소중한 분이시다.

· 정말 이 세상에 있는 모든 아버지들은 가족을 위해 몸을 희생하고.... 아버지들은 가장 위대한 사람 같다. 우리는 그런 아버지께 실망시키지 않도록 열심히 노력해야겠다.

2) 텍스트 구성 방식에 따른 활동 내용 비교

각 텍스트 구성 방식에 따라 학습자들의 활동이 어떻게 차이 나는가를 알아보기 위하여 학습 활동 후, 글을 분석하여 본 결과 다음과 같은 내용을 알 수 있었다. 여기 제시된 학습 결과 분석의 내용을 일반화할 수는 없겠지만 다중 텍스트를 활용한 접근과 단일 텍스트를 중심으로 활동하였을 경우에 텍스트 이해 방식과 결과에 차이가 있을 수 있다는 단서를 제공한다. 단일 텍스트와 다중 텍스트의 이해 과정의 특성을 분석한 결과를 먼저 간략히 정리하고 세부 내용을 살펴본다. 먼저 표[3－2]에 이해 과정의 특성을 간략히 정리한다.

[표3－2] 텍스트 구성별 이해 활동 결과 분석 비교

	인식하기	해석하기	이해하기
단일 텍스트	㉠텍스트 내용 선별 표상 ㉡일상적인 내용과 연결	㉠텍스트 생각에 동조 ㉡독자의 주관적 생각 제시	㉠텍스트의 주장 따라감 ㉡텍스트의 관점에 독자의 생각 덧붙임. ㉢주관적인 생각 드러냄.
대화 관계 텍스트 구성	㉠텍스트 내용 요약 ㉡다중 텍스트 내용 나열	㉠텍스트 의미 추론. ㉡개별 텍스트 의미 찾기 ㉢텍스트의 의미 병치 ㉣텍스트의 의견 평가	㉠의미 재구성 ㉡여러 관점을 고려한 의미 구성
보완 관계 텍스트 구성	㉠텍스트 내용 요약 결합 ㉡독자 경험 내용과 연결	㉠개별 텍스트 의미 찾기 ㉡의미 일반화	㉠독자의 생각 확장 ㉡구성한 의미 적용

(1) 인식하기 활동 분석

텍스트 내용 인식에 대한 활동의 결과를 비교하여 보면 다음과 같다. 단일 텍스트를 활용한 텍스트 이해 활동에서 학습자들의 내용 파악은 주로 텍스트의 주요 내용에 관심을 집중하여 텍스트의 내용을 표상하는 면이 있다. 특정 내용에 대하여 독자가 공감하는 부분의 내용을 중심으로 인식한다. 또한 텍스트의 내용과 관련하여 외부 내용을 연결하는 경우도 있는데, 이때는 자신의 직접적인 경험보다는 일반적인 내용을 연결하는 경향이 있다. 글의 주제 때문이라고 할 수 있으나 세대 간의 갈등에 관련된 내용이라는 면에서 볼 때, 주제가 내용 연결에 영향은 미치지 않는다고 할 수 있다. 교과서의 텍스트 내용에 대한 객관성과 일반성에서 오는 학습자의 심리적 거리감에서 생긴 것이라 할 수 있다.

대화 관계 텍스트 구성에서 보면, 학습자들은 단일 텍스트의 경우와 같이 내용을 선별하여 인식하는 측면도 있었으나 다중 텍스트의 내용을 전체적으로 요약하여 인식하려는 경향이 있었다. 이러한 인식은 텍스트의 내용 전체를 비교하려는 의도로 파악된다. 한 독자가 구성한 텍스트의 전체 내용을 보면, 다중 텍스트의 내용을 나열하는 것으로 나타났다. 이러한 나열은 텍스트 내용을 하나로 통합하지 못하고 각 텍스트의 내용을 그대로 표상하는 것으로 볼 수 있다. 즉 텍스트의 내용이 같은 주제를 가지고 있지만 이질적인 내용이 있을 때는 각각의 텍스트의 내용을 요약하는 방식으로 내용을 표상한다는 것을 알 수 있다. 또 하나의 특징은 대화 관계에서는 텍스트 외의 외부적인 내용을 끌어오지 않는 경향을 보이고 있다. 이것은 각 텍스트의 내용에 독자의 내용 처리의 인지적 부담으로 인하여 외부 연결을 할 수 없는 것으로 보인다.

보완 관계 텍스트 구성의 경우에서 보면, 앞의 두 가지와는 다른 형태를 띈다. 독자가 텍스트의 내용을 요약하는 것은 대화 텍스트와 비슷하나 텍스트의 내용을 요약하여 나열하는 것이 아니라 서로의 관계를 중심으로 결합하는 경향을 보인다. 이러한 결합은 텍스트의 내용에서 공통점이 많기 때문이라고 할 수 있다. 이러한 연결은 또한 텍스트의 내용이 쉽거나 독자에게 친숙하기 때문이기도 하다. 보완 관계 텍스트 구성에서 또 한 가지 특성은 텍스트의 내용과 독자 자신의 경험에 대한 연결이 많다는 것이다. 이것도 텍스트의 내용이 독자들에게 친숙하기 때문이라고 할 수 있으나 대부분의 학습자들이 자신들의 직접 경험과 연결하여 텍스트의 내용을 표상하는 면이 많았다. 이것은 텍스트의 내용이 독자들에게 공감되면서, 텍스트의 내용이 구체적인 예를 중심으로 논의된 측면도 있다고 할 수 있다. 텍스트의 내용을 결합하거나 독자의 경험을 텍스트 내용에 연결하는 것은 보완 관계 텍스트 구성의 특징적인 면이다.

(2) 해석하기 활동 분석

단일 텍스트 해석하기 활동에서 보면 텍스트의 의미를 깊이 생각하여 찾아내려고 하기보다는 텍스트에서 제시하는 특정한 생각을 따라가는 경향을 보인다. 이렇게 텍스트에서 제시하는 의견을 따른 결과 이해하기에서도 텍스트의 의미를 심화하거나 확장이 일어나지 않음을 알 수 있다. 또한 텍스트가 제시하는 의미에 대하여 자신의 관점에서 내용에 대한 의미를 부여하기 위한 생각을 제시하는 것이기는 하나 텍스트에서 드러내는 의미를 부연하는 정도이다. 이러한 것은 텍스트의 의미를 독자가 수용해야 한다는 의식을 반영하고 있고, 의미를 찾기 위한 관련 내용이 없기 때문에 단일 텍스트의 의미를 따라가는 것이라 할 수 있다.

대화 관계 텍스트 구성에서 보면 단일 텍스트의 해석하기와는 차이가 있다. 독자는 텍스트에서 제시하는 의미를 추론하여 의미를 찾으려고 한다. 이것은 다중 텍스트에서 제시하는 내용이 각 텍스트를 새로운 관점에서 볼 수 있게 하는 근거를 제공하기 때문이라 할 수 있다. 또한 다중 텍스트에서 각기 다른 의미를 제시한다는 관점으로 각 텍스트의 의미를 찾는다. 그래서 텍스트별로 의미를 찾으려고 한다. 이렇게 개별 텍스트의 의미를 찾아서 다중 텍스트의 의미를 나열한다. 의미의 나열은 대부분의 학습자들이 텍스트를 읽은 순서에 따른다.

보완 관계 텍스트 구성에서 해석하기의 특징을 보면 또 다른 특성을 가진다. 독자는 개별 텍스트의 의미를 찾아내는 것은 대화 텍스트 구성과 크게 다르지 않다. 그러나 대화 관계 텍스트 구성에서보다는 개별적인 의미 찾기가 전체적으로는 적다. 즉 텍스트의 의미를 개별 텍스트별로 찾기도 하지만 다중 텍스트를 전체로 묶어서 의미를 찾기도 한다. 또한 보완 텍스트의 구성은 개별 텍스트에서 찾은 의미나 또는 전체 텍스트를 통하여 찾은 의미를 일반적인 것으로 확대하려는 경향이 있다. 이것은 텍스트의 의미에 대하여 확신하기 때문에 그런 결과가 생긴 것이라고 할 수 있다. 즉 여러 텍스트에서 같은 의미를 드러내고 있기 때문에 자신의 생각에 확신을 가지는 것을 볼 수 있다.

(3) 이해하기 활동 분석

단일 텍스트를 중심으로 이해하는 활동에서 보면, 의미 찾기와 이해하기가 분명하게 구분되지 않는 면이 있다. 다시 말하면 텍스트에 드러난 생각을 대부분 따라가기 때문에 텍스트의 의미와 상호작용이나 독자의 재구성이 그렇게 드러나지 않는다. 이것은 텍스트의 의미에 대하여 독자에게 새롭게 생각할 관점이 없거나 텍스트의 내용을 당연하고 객관적으로 여기는 것으로 볼 수 있다. 텍스트에서 제시한 의미에 대하여 독자의 생각을 덧붙이기도 하는데 이것은 텍스트의 의미를 보충하는 정도이다. 또한 단일 텍스트 이해하기의 활동 중에 한 특징이 텍스트의 의미에 대하여 주관적인 생각을 드러낸다는 것이다. 이것은 읽은 텍스트의 내용을 바탕으로 한 자신의 의견 제시이다.

대화 관계 텍스트 구성의 이해하기에서 보면, 텍스트에서 제시하고 있는 생각에 대하여 독자 나름의 평가를 한다. 이러한 평가가 될 수 있는 것은 주변 텍스트에서 텍스트의 내용을 평가할 수 있는 관점을 얻었기 때문에 가능한 것이라고 할 수 있다. 또한 독자들은 여러 텍스트를 통하여 찾아낸 의미들을 바탕으로 독자의 관점에서 의미를 재구성하는 특징을 가지고 있다. 특정 텍스트의 관점을 따라가는 독자들도 있지만 텍스트에서 제시하는 의미를 바탕으로 독자의 생각을 새롭게 구성하는 특성을 가진다. 이것은 여러 의미에 대하여 비교 검토함으로써 전체를 포괄하면서 자신의 관점을 반영하여 생각을 구성한 것으로 볼 수 있다. 또한 이 대화 관계 텍스트 구성에서 독자는 어느 특정 텍스트의 관점보다는 여러 텍스트의 관점을 고루 수용하려는 의도를 가진다고 할 수 있다. 각 텍스트는 각기 다른 의미를 가지기에 독자는 이들을 고려하여 의미를 재구성하는 것으로 볼 수 있다.

보완 관계 텍스트 구성에서 이해하기는 대화 관계와는 또 다른 특성을 갖는다. 보완 관계에서 독자는 텍스트에서 드러내는 의미를 바탕으로 자신의 생각을 확장하는 것으로 나타났다. 학습자들은 텍스트에서 제시하는 의미를 바탕으로 자신의 막연하던 생각을 분명하게 하고 확장하는 것을 볼 수 있다. 보완 관계 텍스트 구성 자료가 아버지에 관계된 것이어서 그럴 수도 있지만, 텍스트 구성 자체가 특정 주제에 편중되어 있기 때문에 독자에게는 텍스트의 의미로부터 자신의 생각을 확장하는 것이 당연한 것일 수 있다. 또한 학습자들은 자신이 구성한 의미에 대하여 자신의 생활과 관련시켜 적용하는 경우가 많이 나왔다. 대화 관계 텍스트 구성에서도 없는 것은 아니었지만 적극적으로 적용하기를 드러내는 것은 보완 관계 텍스트 구성이었다.

각 텍스트 구성 방식에 따라 학습자들의 반응을 살펴보았다. 전체적인 텍스트 구성 방식에 대한 검토가 아닌 점에서 문제가 있지만 각 텍스트 구성 방식에 따라 학습자들이 텍스트를 이해하는 방식이 차이가 남을 알 수 있었다. 단일 텍스트를 활용하기보다는 다중 텍스트를 활용하였을 때 학습자들은 풍부한 반응을 하고, 이해의 폭이 깊고 넓어질 수 있다는 것을 알 수 있었다. 단일 텍스트를 활용한 경우에는 독자가 텍스트의 내용에 의존하여 의미를 구성하고 이해하는 반면 다중 텍스트를 활용한 경우에도, 여러 텍스트의 의미들을 바탕으로 텍스트의 의미를 반영하여 새롭게 의미를 구성한다는 것을 알 수 있었다. 또한 독자의 생각을 확장하거나 자신이 구성한 의미를 자신의 생활에 적용하려는 경향을 보인다는 것을 알 수 있었다. 이러한 것은 텍스트의 이해라는 것이 단순히 독자와 거리를 두고 이루어지는 것이 아니라 독자의 현재의 삶 속에서 이루어지는 것이라는 것을 알 수 있다. 또한 텍스트 이해 지도를 위해서는 단일 텍스트를 활용하여 접근하기보다는 다중 텍스트를 활용하여 의미 구성의 상호텍스트성을 도울 때, 텍스트의 이해가 효과적으로 이루어 질 수 있음을 알 수 있다.

지금까지의 논의를 간단히 정리하면 다음과 같다.

첫째, 다중 텍스트를 활용하게 되면, 독자의 텍스트 내용에 대한 인식의 폭을 넓힐 수 있다. 독자는 다중 텍스트를 활용함으로써 함께 제시된 텍스트의 내용뿐만 아니라 자신의 경험을 연결하여 내용 파악의 폭을 넓힌다. 이것은 해석하기와 이해하기가 효과적으로 일어날 수 있게 하는 바탕이 된다.

둘째, 텍스트의 의미 찾기 과정에서도 다중 텍스트의 내용으로부터 의미를 다양하게 찾는다. 텍스트 구성 방식에 따라 차이는 있지만, 텍스트의 내용을 비판적으로 검토할 뿐만 아니라 이를 바탕으로 각 텍스트의 의미를 개별적으로나 다중 텍스트 전체의 의미를 통합적으로 찾는다. 이러한 접근은 단일 텍스트의 의미 찾기에서 독자가 텍스트의 의미에 동조하여 따라가는 것과는 차이가 있다.

셋째, 다중 텍스트를 활용한 읽기 지도에서의 의미 이해 과정을 보면, 학습자들은 적극적인 사고 활동을 통하여 자신의 생각과 텍스트의 의미를 연결하여 의미를 재구성한다. 또한 텍스트의 의미를 바탕으로 독자의 생각을 심화하거나 확장한다. 이것은 다중 텍스트가 제시하는 의미에 대하여 독자의 적극적인 이해 활동의 반영이면서 다중 텍스트의 여러 관점에서 제기되는 의미를 통합하려는 의식적인 노력 때문이라고 할 수 있다.

넷째, 텍스트 이해 과정 면에서 보면 독자는 폭넓은 사고 활동을 하고, 자신의 다양한 경험을 이해 과정 속에 끌어들인다. 또한 텍스트를 통하여 자신이 새롭게 구성한 의미를 자신의 생활에 적극적으로 적용하려고 한다. 이것은 텍스트의 의미가 독자와 떨어져 있는 것이 아니라 독자의 삶과 관련 있다는 것을 인식하는 것이라 할 수 있다.

다섯째, 텍스트 이해의 결과면에서 보았을 때, 다중 텍스트를 활용한 접근은 학습자들에게 여러 텍스트를 활용한 읽기가 유용하다는 인식의 변화를 주고, 텍스트 이해 활동에 흥미를 가지게 할 수 있다. 또한 다중 텍스트의 활용이 독자의 내재 텍스트의 상호텍스트성을 강조함으로써 독자가 구성하는 의미의 타당성을 높일 수 있다. 아울러 다중 텍스트의 의미로 독자의 생각을 재구성하게 함으로써 이해가 독자의 마음에 적극적으로 작용하게 할 수 있다.

참고문헌

1. 국내 참고 자료

강돈구(2000), 『슐라이어마허의 해석학』, 서울: 이학사.

강인애(1996), "구성주의 모델들의 특징과 차이점", 한국교육공학회, <교육공학연구>, 제12권 1호.

구인환 외(1999), 『문학교육론(3판)』, 서울: 삼지원.

김경용(2000), 『기호학이란 무엇인가』, 서울: 민음사.

김근식 역(1989), 『도스또예프스키 시학』, 서울: 정음사.

김도남(2000), "상호텍스트성을 바탕으로 한 읽기 수업 방법 탐구," 한국초등국어교육학회, <한국초등국어교육> 17집.

김도남(2000), "상호텍스트성의 개념과 국어교육적 함의," 한국교원대학교 한국어문교육연구소, <한국어문교육> 9집.

김도남(2001), "상호텍스트성에 기반한 읽기 지도를 위한 전제," 한국어문교육연구소, <한국어문교육> 10집.

김도남(2001), "언어와 교과의 내면화," 청람어문교육학회, <청람어문교육> 23집.

김도남(2002), "상호텍스트성을 바탕으로 한 읽기 지도 방법 연구", 한국교원대학교 박사학위 논문.

김도남(2004), "독자의 의미 표상 방법 고찰", 한국초등국어교육학회, <한국초등국어교육연구> 제25집.

김도남(2009), "읽기 상호텍스트성의 기제와 교육", 한국초등국어교육학회, <한국초등국어교육> 제40집.

김명순(1998), "텍스트 구조와 사전 지식이 내용 이해와 중요도 평정에 미치는 영향," 교원대 석사논문.

김민수(1998), 『국어문법론』, 서울: 일조각.

김방한(1998), 『소쉬르』, 서울: 민음사.

김병욱(1995), "텍스트 상호성과 글쓰기," 한국불어불문학회, <불어불문학연구> 30집.

김봉순(1996), "텍스트 의미구조 표지 연구," 서울대 박사논문.

김성곤(1990), “탈구조의의 문학적 의의와 전망,” 김성곤 편, 『탈구조주의의 이해』, 서울: 민음사.
김성도(1998), 『현대 기호학 강의』, 서울: 민음사.
김성동(1993), “상호주관성이론의 재구성,” 서울대 박사논문.
김억환 · 박은혜(1998), 『정신의 도구: 비고츠키와 유아교육』, 서울: 이화여대출판부.
김언주 · 강영하 · 최건수(1989), 『인지발달과 교육』, 서울: 양서원.
김열규 외(1996), 『정신 분석과 문학 비평』, 서울: 고려원.
김영란(1999), “텍스트의 결속구조 연구,” 고려대 석사논문.
김영한(1993), 『하이데거에서 리쾨르까지』, 서울: 박영사.
김욱동(1990), 『바흐친과 대화주의』, 서울: 나남.
김욱동(1993), 『모더니즘과 포스트모더니즘』, 서울: 현암사.
김욱동(1997), 『포스트모더니즘의 이론』, 서울: 민음사.
김인환 역(2000), 『시적 언어의 혁명』, 서울: 동문선.
김인환(1994), “J. 크리스테바의 텍스트 유형에 관한 연구,” 한국불어불문학회, <불어불문학연구> 29집.
김인환(1995), “줄리아 크리스테바의 담론 연구,” 한국불어불문학회, <불어불문학연구> 30집.
김재윤 외(1991), 『국어과교수법』, 서울: 선일문화사.
김정우(1998), “상호텍스트적 시교육에 관한 연구,” 서울대 석사논문.
김정희(1999), “시 텍스트 수용 능력 평가,” 서울대 석사논문.
김진권(1996), “상호텍스트성 −차우더의 거시텍스트이론을 중심으로”,<텍스트언어학> 4
김창원(1998), 『시교육과 텍스트 해석』, 서울: 서울대출판부.
김치수(1989), “바르트의 기호학1,” 한국불어불문학회, <불어불문학연구> 24집.
김치수(1993), “롤랑 바르트의 기호학2,” 한국불어불문학회, <불어불문학 연구> 28집.
김치수 · 김성도 · 박인철(1998), 『현대기호학의 발전』, 서울: 서울대학교출판부.
김태옥 · 이현호 역(1991), 『담화 · 텍스트 언어학 입문』, 서울: 양영각.
김형효(1998), 『데리다의 해체철학』, 서울: 민음사.

김형효(1999), 『구조주의 사유체계와 사상』, 서울: 인간사랑.
김형효(2000), 『하이데거와 마음의 철학』, 서울: 청계.
김호정(1995), “텍스트의 함축 의미 해석에 관한 연구,” 서울대 석사논문.
김희영 역(1999), 『텍스트의 즐거움』, 서울: 동문선.
김희영(1988), “롤랑 바르트의 텍스트론과 그 실천,” 한국불어불문학회, <불어불문학연구> 23집.
노명완(1988), 『국어과 교육론』, 서울: 한샘
노명완(1990), “읽기의 개념과 읽기 지도의 문제점,” 한글학회, <한글교육> 제3호.
노명완 · 박영목 · 권경안(1994), 『국어과교육론』, 서울: 갑을출판사.
노진호(1996), 『존듀이의 교육이론』, 서울: 문음사.
동성식(1992), “배덕자와 성격의 간텍스트성 연구,” 한국불어불문학회, <불어불문학연구> 27집.
문선모(1997), 『교재학습연구』, 서울: 학지사.
박수경(2000), “현대시 교육에서의 상호텍스트성 연구,” 아주대 석사논문.
박수자(1995), 『독해와 읽기 지도』, 서울: 국학자료원
박수자(2001), 『읽기 지도의 이해』, 서울: 서울대학교출판부.
박건용(2005), “성호텍스트성 이론의 형성, 수용 및 적용에 대한 연구”, 한국독어독문학교육학회, <독어교육> 제32집,
박여성(1995), “간텍스트성의 문제: 현대 독일어의 실용텍스트를 중심으로,” 텍스트연구회편, <텍스트언어학> 3, 서울: 박이정.
박영목 · 한철우 · 윤희원(1996), 『국어교육학원론』, 서울: 교학사.
박진용(1997), “텍스트 의미구조의 과정중심 분석 방법 연구,” 교원대 석사논문.
박찬기 외(1992), 『수용미학』, 서울: 고려원.
박태호(2000), “장르 중심 작문 교육의 내용 체계와 교수 · 학습 원리 연구,” 교원대 박사논문.
박혜영(1991), 『라캉의 이론을 통해 본 주체형성에 있어서 언어의 역할과 은유, 환유의 기능,“ 한국불어불문학회, <불어불문학연구> 26집.
서정철(1999), 『기호에서 텍스트로』, 서울: 민음사.
서　혁(1996), “담화 구조와 주제 구성에 관한 연구,” 서울대 박사논문.
선주원(2002), “상호텍스트성의 관점에 의한 소설 교육”, 청람어문교육학회,

<청람어문교육> 제24집.
손정표(1985),『독서지도 방법론』, 서울: 학문사.
신헌재 외 역(2005), 『구성주의와 읽기 · 쓰기』, 서울: 박이정.
송기한 역(1988),『마르크스주의와 언어철학』, 서울: 한겨레.
안성수(1998), "상호텍스트성과 문학교육," 문학교육연구회 <문학교육학> 여름호, 서울: 태학사.
오만석(1997), "현대 해석학의 관점에서 본 교육적 의미소통과정," 허숙 · 유혜령 편,『교육현상의 재개념화』, 서울: 교육과학사.
우창효(1994), "텍스트와 독자," 경북대 박사논문.
원철(1996), "포스트구조주의의 상호텍스트성 연구," 부산외국어대 석사논문.
이경식(1979),『새로운 독서 지도』, 서울: 집문당.
이경화(1999), "담화구조와 배경지식이 설명적 담화에 미치는 효과에 관한 연구," 교원대 박사논문
이구슬(1996),『해석학과 비판적 사회 과학』, 서울: 서광사.
이기상 역(2000),『존재와 시간』, 서울: 까치.
이미숙(1996), "하이데거의 존재와 이해," 오인탁 · 최종욱 외,『해석학과 정신과학적 교육학』, 서울: 사회평론.
이삼형(1998), "언어사용교육과 사고력," 서울대국어교육연구소, <국어교육연구> 5집.
이삼형(1999), "인지적 읽기 모델의 비판적 고찰," 한국독서학회, <독서연구> 4호.
이삼형 외(2007), 『국어교육학과 사고』, 서울: 역락.
이상구(1998), "학습자 중심 문학교육 방안 연구," 교원대 박사논문.
이성규(1999), "텍스트에 제시된 정보의 통합 훈련이 추론 능력 신장에 미치는 효과," 교원대 석사 논문.
이성만(2007), "텍스트 이해에서의 상호텍스트성의 역할", 언어과학회, <언어과학연구> 41집.
이성영(1997), "직접교수법에 대한 비판적 고찰," 초등국어교육학회 편,『국어수업방법』, 서울: 박이정.
이수진(2001), "후기 과정 중심 작문교육이론 연구", 교원대 석사학위 논문.

이은숙(1997), “텍스트 구조지도가 독해에 미치는 효과,” 교원대 석사논문.
이은희(1993), “접속관계의 텍스트언어학적 연구,” 서울대 박사논문.
이은희(2000), 『텍스트언어학과 국어교육』, 서울: 서울대학교출판부.
이재승(1999), “과정 중심의 쓰기 교재구성에 관한 연구,” 교원대 박사논문.
이정우 엮음(1996), 『하버마스의 비판적 사회이론』, 서울: 문예출판사.
이현주(1990), 『한송이 이름없는 들꽃으로』, 서울: 종로서적.
이홍우(1998), “교육과정: 개관,” 『교육학 대백과사전』, 서울대학교 교육연구소 편, 서울: 하우동설.
이홍우(2000a), 『성리학의 교육이론』, 성경재 총서1, 서울: 성경재.
이홍우(2000b), “마음의 신비와 교육의 신비,” 이홍우 외,『마음과 교과』, 성경재 연구총서4, 서울: 성경재.
이홍우(2000c), “교과와 실재,” 대한수학교육학회, <수학교육학연구발표대회 논문집>.
이홍우(2000d), “교과의 내면화,” 『아시아 교육연구』1, 서울대학교 교육학과.
임병덕(1998), 『키에르케고르의 간접전달』, 서울: 교육과학사.
임봉길 외(2000), 『구조주의 혁명』, 서울: 서울대학교 출판부.
임지룡(1999), 『국어의미론』, 서울: 탑출판사.
임진수(1996), “라캉의 언어이론(1),” 한국불어불문학회, <불어불문학연구> 33집.
장진호(2001), “사고구술을 통한 읽기 과정 연구,” 교원대 석사논문.
정동화 외(1984), 『국어과교육론』, 서울: 선일문화사
정재찬(2007), “상호텍스트성을 통한 현대시 교육 연구”, 국어교육학회, <국어교육학연구> 제 29집.
주경복(1995), “언어와 기호의 개념적 확장과 인식에 관한 문제론,” 한국불어불문학회, <불어불문학연구> 31집.
진권장(1997), “교육과정 개발 과정과 간주관성의 해석학적 이해,” 허숙 · 유혜령 편, 『교육현상의 재개념화』, 서울: 교육과학사.
차봉희 편저(1993), 『독자반응비평』, 서울: 고려원.
차봉희(1992), “현대문예학과 수용미학,” 박찬기 외,『수용미학』, 서울: 고려원.
천경록 · 이재승(1997), 『읽기 교육의 이해』, 서울: 우리교육.
최승언 역(1990), 『일반언어학 강의』, 서울: 민음사.

최현무 역(1987), 『바흐찐 문학사회학과 대화이론』, 서울: 까치글방.
최현섭 외(1994), 『국어교육학의 이론화 탐색』, 서울: 일지사.
최현섭 외(1999), 『국어교육학 개론』, 서울: 삼지원.
한국철학사상연구회 편(1989), 『철학대사전』,서울: 동녘, 1989
한철우 · 심영택(2000). "독서교육학교재개발 연구," 교과교육 공동연구소.
한철우 · 김명순 · 박영민(2001), 『문학중심 독서지도』, 서울: 대한교과서(주)
홍기수(1995), "하버마스의 의사소통적 합리성 개념의 의의와 한계," 한국 해석학회 엮음, 『해석학은 무엇인가』, 서울: 지평문화사.
황윤환(1999), "교수-학습 이론으로서의 구성주의," 교원대 초등교육연구소, 구성주의와 교과교육 <초등교육연구> 1집, 서울: 문음사.

교육인적자원부(1997), 국어과 교육과정, 대한교과서주식회사.
교육인적자원부(2007), 국어과 교육과정, 교육인적자원부.

2. 국외 참고 자료

Adler, M. J. & Doren, C.V., *How to Read Book*, 민병덕 역(1999). 『독서의 기술』, 서울: 범우사.
Allen, G.(2000), *Intertextuality. NY: Routledge*.
Bakthin, M. M.(1981), The dialogic imagination: Four essays of M. M. Bakhtin, Translated by C. Emerson and Holquist. Austin, Tex.: University of Texas Press.
Beach, R., D. Appleman, and Dorsey, S.(1994), Adolescent's user of intertextual links to understand literature. Ruddell, R. B., Ruddell, M. R., Singer, H., (4th ed) *Theoretical Models and Processes of Reading*, IRA.
Becker, A. D.(1987), Reader theories and educational media analysis. ED 285 526.
Bloome, D. Egan-Roberson, A.(1993), The social construction of intertextuality in classroom reading and writing lesson, *Reading research quarterly*. 28/3.
Bloome, D. & Dail, A. R. K.(1997), Toward (re)defining Miscue Analysis: reading as a social and cultural process, *Language Arts*. Vol.84, No.8,

610~617.
Braddlee(1989), Intertextuality and television discourse: the max headroom story. ERIC ED 310 462.
Cairnet, T. H.(1989), Text meets text, reader meets writer. ERIC ED 322 476.
Cairney, T. H.(1992), Fostering and Building Student's Intertextual Histories. *Language Art*, Vol 69.
Celia, O. & Anne, B.(1996), Intertextual connections in read－alouds of information books. *Language Arts*. Vol.73. 324~239
Chi, F. (1995), EFL readers and a focus on intertextuality. *Journal of reading*. 38.
Clark, E.(1995), Popular culture images of gender as reflected through young children's story, ERIC ED 388 966.
Cole, P. G. & Chan, L. K. S., 권낙원 역(1994), 『수업의 원리와 실제』, 서울: 성원사.
Coreth, E.(1969), *Grundfragen der Hermeneutik: Ein philosophischer Beitrag*. 신귀현 역(1993), 『해석학』, 서울: 종로서적.
Crismore, A. (1985), Landscapes: A state of the art of assessment of reading comprehension research. ERIC ED 216 350
Davidson, P. & Stephen, N.(1989), Reflexive Process and the developing writer. ERIC ED 308 497.
Detweiler, J. A. (1993), Forms of (Re)sil(i)ence: Engaging unsaid resistances in disciplinary discourses. ERIC ED 358 484.
Dewey, J.(1933), *How we think*. (2nd ed) 임한영 역(1981), 『사고하는 방법』, 서울: 법문사.
Eco, U. et al.(1992), *Interpretation and Over Interpretation*. (ed) 손유택 역(1997), 『해석이란 무엇인가』, 서울: 열린책들.
Ewald, H. R.(1990), “Mikhail Bakhtin and ‘expressive discoures’.” ERIC ED 318 031.
Egan－Robertson A. & Bloom, D.(1993), The social construction of intertextuality in classroom reading and writing lessons. *Reading Research*

Quarteriy. V.28.

Egan－Robertson, A.(1998), Learning about culture, language and power: understanding relationships among personhood, literacy and intertextuality. ERIC ED 416 498.

Erkila, K.(1999), Ways of seeing the entrepreneurial education debates in the united states. The United Kingdom and Finland. ERIC ED 432803.

Ewald, H. R.(1990), Mikhail Bakhtin and "expressive discourse." Ed 318 031.

Fleer, Marilyn. ed (1997), Australian Research in Early childhood Education. Volume 1. ERIC ED408 057

Gambrell, L. B. & Almiasi, J. F.(1996), *Lively discussions: fostering engaged reading*, IRA.

Hamilton－Wieler. S.(1988), The fallacy of decontextualization. ERIC ED 292 125.

Harris, P. & Trezise, J.(1997), intertextuality and beginning reading instruction in the initial school years. ERIC ED 408 061.

Hartman, D. K.(1991), 8 readers reading: the intertextual links of able readers using multiple passage. University of Illinois Ph. D.

Hartman, D. K.(1992), Intertextuality and Reading : The Text, the Reader, the author, and the context, *Linguistics and Education*. V.4.

Hartman, D. K.(1994), The Intertextual Links of Readers Using Multiple Passage. Ruddell, R. B., Ruddell, M. R., Singer, H., (4th ed) *Theoretical Models and Processes of Reading*, IRA., Inc.

Hartman J. A. & Hartman D. K.(1995), Creating a classroom culture that promotes inquire－oriented discussion: reading and talking about multiple text. ERIC ED 392 013.

Hartman. D. K., and Allison, J(1996), Promoting inquiry－oriented discussion using Multiple texts. In *Lively discussion*: fostering engaged readers. edited by L. Gambrell and J. F. Almasi, 106－33. Newark, Del.: International Reading Association.

Heidegger, M.(1993), *Sein und zeit*. 이기상 역(2000), 『존재와 시간』, 서울: 까치.

Hoy, D., The Critical circle : Literature and history in contemporary hermeneutics. 이경순 역(1994), 해석학과 문학비평, 서울: 문학과지성사.

Hunter, P.(1986), Intertextual knowledge: a new look at rhetoric－as－epistemic. ERIC ED 273 966.

International Reading Association(IRA) and National Council of Teacher of English(NCTE)(1996), *Standards for the English Language Arts*. Newark, Del.: IRA and Urbana, NCTE.

Irwin & Baker(1989), *Promoting active reading comprehension.* 한철우 · 천경록 역(1999), 『독서지도방법』, 서울: 교학사.

Irwin, W.(1988), (Inter)textuality, Semantics, and Coherence. ERIC ED 293 132.

Jan Renkema, *Discourse studies: an introductory textbook.* 이원표 역(1999), 『담화연구의 기초』, 서울: 한국문화사.

Kelder, R.(1999), Examining the role of sociocultural contexts and tasks in teaching academic writing: a review of the literature. ERIC ED 428 389.

Lemke, J. L.(1992), Intertextuality and Educational research. *Linguistics and Education* V.4.

Lemke, J. L.(1994), Genre as a strategic resource. ERIC ED 377 515.

Lenski, S. D.(1998), intertextual intentions: Making connection across texts. *The clearing House*; Washington; Nov/Dec. 74~80.

Lenski, D., & John(1997), Patterns of reading－to－write. *Reading research and instruction.* 37(1).

Lipson, M. Y., Valencia, S. W., Wixson, K. K., Peters. S. W.(1993), Interations and tematic teaching: Interation to improve teaching and learning. *Language arts* 70:25243.

Mackey, M.(1997), Good enough reading: Momentum and Accuracy in reading of complex fiction. *Research in the teaching of english.* 31 (4): 428~58

Mcginley, W.(1992). The role of reading and writing while composing from sources. *Reading Research Quarterly*, 27.

Min, Eung－Jun(1992), Can political economy of communication be incorporated with cultural studies in postmodern era? ERIC ED 351 735.

Mullis, I., J. Campbell, and Farstrup, A.(1993), Executive of the NAEP 1992 reading report card for the nation and the states: Data from the national and trial state assessments. Washington, D. C.: national center for Education Statistics.

Musthafa, B.(1996), Nurturing children's response to literature in the classroom context. ERIC ED 398 577.

Muth, D.(1987), Teachers' connections questions: Prompting students to organize text ideas. *Journal of reading* 31:254~59.

Ogden C. K., & Richards(1946), *The meaning of meaning*. 김봉주 역(1986), 『의미의 의미』, 서울: 한신문화사.

Oyler, C. Barry, A.(1996), Intertextual Connections in read－aloud of Information Books. *Language arts*, Vol 73.

Palmer, R. E.(1969), *Hermeneutics: interpretation Theory in Schleiermacher, Dilthey, Heidegger, Gadamer*. 이한우 역(1998), 『해석학이란 무엇인가』, 서울: 문예출판사.

Pauline, H. Jillian, T.(1997), Intertextuality and Beginning Reading Instruction in the initial School years. ERIC ED 408 061.

Paulston, R. G.(1999), Comparative education after postmodernity. ERIC ED 430 912.

Plett, H. F.(1991). (ed) *Intertextuality*. Berlin:Walter de Gruyter.

Posselt, N. M.(1986), Reading "Guernica": making modern art accessible to student, ERIC ED 283 765.

Reiser, R. A. & Dick W.(1998), *Instructional Palling: A Guide for Teascher*, 양영선 역(1999), 『교사를 위한 체계적 수업 설계』, 서울: 교육과학사.

Rowe, D. W.(1986), Literacy learning as an intertextual process. ED 283 124.

Richardson, E.(1994), Where did that come from: black talk for black text. ERIC ED 374 420.

Rousculp, E. E.(1990), Writing portfolios for a community of learners in a content area reading course. ERIC ED 324 687.

Scholes, R.(1985), *Textual power: Literary theory and the teaching of english.*

김상욱 역(1995), 『문학이론과 문학교육』, 서울: 하우.
Short, K. G.(1991), Intertextuality: making connections across literature and life. ERIC ED 342 001.
Smagorinsky, P. & Coppock, J.(1993), Broadening the nation of text: an exploration of an artistic composing process. ERIC ED 357 031.
Smith, M. W.(1991). Autobiography and intertextuality, ERIC ED 374 526.
Spivey. N. N. & King J. R.(1989), Readers as writers composing from sources. ERIC ED 303 785.
Spivey, N. N.(1991), The Shaping of meaning: Options in writing the comparison. *Research of the teaching of english*, 25.
Spivey, N. N.(1997), *Constructivist Metaphor*. NY: Academic press.
Swann, J. M. (1997), An Investigation into the Effectiveness of the Emergent Reader Literacy instruction Model. ERIC ED 404 636.
Thomas, G. G.(1996), *Creating Reading Instruction for all Children*. Allyn and Bacon.
Timothy, P. M., Diana, L. M., John, D. B.(1991), Mental Models and reading comprehension, in Robecca, G., etal. (ed). *Handbook of Reading Research*. Longman.
Tucker, S. A. & Dempsey, J. V.(1991), Semiotic criteria for evaluating instructional hypermedia. ERIC ED 337 155.
Turner, A. & Greene, E., The construction and use of a propositional text base. Technical Report n.35, 문선모(1996), 『교재의 명제분석 요강』, 서울: 문음사.
Vandenberg, P.(1994), Keyword in composition studies: intertextuality. ERIC ED 373 323.
van Dijk, T. A. and Kintsch, W.(1983), *Strategies of Discourse comprehension*. New York:Academic Press.
Ward, I.(1994), *Literacy, Ideology, and Dialogue*, NY: State University.
Worton, M., Still., J.(1990). (ed). *Intertextuality* NY: Manchester University Press.
Warnke, G.(1987), *Gadamer: Hermeneutics, Tradition and Reason*. 이한우 역

(1999), 가다머: 해석학, 전통 그리고 이성』, 서울: 민음사.

Weaver, C.(1994), *Reading process and practice*: from socio－psycholinguistics to whole language. NH: Portsmouth.

Witte, S. P.(1992), Context, text, intertext: Toward a constructivist semiotic of writing. *Written Communication*, 9(2).

찾아보기

(ㄴ)

(ㄷ)

(ㅂ)

(ㅇ)

(ㅊ)

(ㅋ)

(ㅌ)